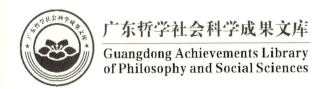

广东哲学社会科学成果文库
Guangdong Achievements Library of Philosophy and Social Sciences

中国早期史书叙事模式的形成及流变

ZHONGGUO ZAOQI SHISHU XUSHI MOSHI DE XINGCHENG JILIUBIAN

史常力 著

中山大学出版社
SUN YAT-SEN UNIVERSITY PRESS

·广州·

版权所有　翻印必究

图书在版编目（CIP）数据

中国早期史书叙事模式的形成及流变/史常力著.—广州：中山大学出版社，2019.8

（广东哲学社会科学成果文库）

ISBN 978-7-306-06661-9

Ⅰ.①中…　Ⅱ.①史…　Ⅲ.①史籍—研究—中国　Ⅳ.①K204

中国版本图书馆 CIP 数据核字（2019）第 148426 号

出 版 人：	王天琪
策划编辑：	金继伟
责任编辑：	徐诗荣
封面设计：	曾　斌
责任校对：	王　睿
责任技编：	何雅涛
出版发行：	中山大学出版社
电　　话：	编辑部 020-84110771，84110283，84111997，84110779
	发行部 020-84111998，84111981，84111160
地　　址：	广州市新港西路 135 号
邮　　编：	510275　传　真：020-84036565
网　　址：	http://www.zsup.com.cn　E-mail: zdcbs@mail.sysu.edu.cn
印 刷 者：	广州一龙印刷有限公司
规　　格：	787mm×1092mm　1/16　17 印张　305 千字
版次印次：	2019 年 8 月第 1 版　2019 年 8 月第 1 次印刷
定　　价：	78.00 元

如发现本书因印装质量影响阅读，请与出版社发行部联系调换

《广东哲学社会科学成果文库》
出版说明

　　《广东哲学社会科学成果文库》经广东省哲学社会科学规划领导小组批准设立，旨在集中推出反映当前我省哲学社会科学研究前沿水平的创新成果，鼓励广大学者打造更多的精品力作，推动我省哲学社会科学进一步繁荣发展。它经过学科专家组严格评审，从我省社会科学研究者承担的、结项等级"良好"或以上且尚未公开出版的国家哲学社会科学基金项目研究成果，以及广东省哲学社会科学规划项目研究成果中遴选产生。广东省哲学社会科学规划领导小组办公室按照"统一标识、统一封面、统一形式、统一标准"的总体要求组织出版。

广东省哲学社会科学规划领导小组办公室
2017 年 5 月

内 容 提 要

本书是国家社会科学基金项目"中国早期史书叙事模式的形成及流变"(项目号：13CZW055）的结项成果。本研究以中国早期史书作为主要研究对象，通过对中国早期历史典籍的认真梳理，系统地勾画出中国叙事方式的存在形态与多样类型，由此可以对中国早期史书若干与叙事相关的问题得出更加清晰的认识。

目 录

绪 论 ………………………………………………………………… 1

第一章 中国早期纪时方式的演变与编年体史书的产生 ………… 6
 第一节 纪时体系的初步形成——商周甲骨文与钟鼎铭文 ……… 9
 第二节 纪时体系停滞阶段——《尚书》与《逸周书》 ………… 17
 第三节 纪时系统的成熟与编年体史书的出现——《春秋》 …… 22
 第四节 《春秋》之后的编年体 …………………………………… 32

第二章 早期史书的空间叙事——国别体史书的叙事策略 ……… 40
 第一节 国别体史书产生的基础——空间概念的出现以及"分地记事"模式的萌芽 …………………………………… 40
 第二节 分地记事的早期形态——以《山海经》为中心 ………… 48
 第三节 国别体史书的初始形态——《国语》和《战国策》 …… 55
 第四节 国别体史书的完善——《史记》中的世家体 …………… 66
 第五节 中国早期空间叙事的地域中心理念 ……………………… 78

第三章 综合性的史书体例——纪传体史书 ……………………… 94
 第一节 《史记》五体的源流及特点 ……………………………… 94
 第二节 纪传体体例特征及产生基础 ……………………………… 125

第四章 中国早期史书的叙事意义 ………………………………… 133
 第一节 "前史书"阶段的道德评判 ……………………………… 137
 第二节 道德评判体系的形成——从《尚书》《逸周书》到《春秋》 ……………………………………………………… 141

第三节　道德评判的强化——从《国语》到《左传》 …………… 150
　　第四节　《史记》中的道德评判 …………………………………… 167

第五章　中国早期史书叙事中的叙事者和隐含读者 ………………… 185
　　第一节　叙事者与隐含读者 ………………………………………… 186
　　第二节　中国早期史官活动概述 …………………………………… 189
　　第三节　甲骨文的作者与叙事者 …………………………………… 201
　　第四节　钟鼎铭文的作者与叙事者 ………………………………… 208
　　第五节　《春秋》的作者与叙事者 ………………………………… 216
　　第六节　《左传》的叙事者 ………………………………………… 221
　　第七节　《国语》《战国策》的叙事者 …………………………… 227
　　第八节　《史记》的叙事者和隐含读者 …………………………… 231

附录　"汤武革命"意义解读模式的形成与古代中国政权更替的政治学诠释 …………………………………………………………………… 244

结　论 ……………………………………………………………………… 260

参考文献 ………………………………………………………………… 263

后　记 ……………………………………………………………………… 266

绪　　论

中国是一个具有悠久历史的文明古国，同时也具有悠久的历史记载传统。虽然已知最早的史书要等到《春秋》的出现，但在中国最早的文字中，实际上就已经在孕育着诸多史书的因素。《史记·秦本纪》中记载："（秦文公）十三年，初有史以纪事，民多化者。"① 秦文公十三年为公元前 752 年，此时尚未进入春秋时代，这条记录说明当时远在西陲且文化落后的秦国对于历史也已经有极大的重视，形成文字的史书在现实中也起着教化民众这样重要的作用。随着时间的推进，对于历史的重视在早期中国愈发显著，史书逐渐演化为能够干预现实的强大工具。如果说有的史书能够达到令"乱臣贼子惧"② 的地步还是学者们一种理想化的想象，那么到了汉代隽不疑以《春秋》义理处理棘手的戾太子案以及董仲舒《春秋决狱》中收纳的二百三十二件以《春秋》断案的实例，③ 则展示了史书地位空前提高的情况。正如葛兆光所指出的："对于历史想象、回忆和追溯，给古代中国人建构了关于历史时间的知识，这些知识给中国思想世界提供的是一种来自遥远的古代的神圣证据，使人们从一开始就相信，古已有之的事情才具有合理性与合法性。"④ 史书在汉代就确立了超越其他所有文类的至高地位。

对于历史与史书之间的关系，冯友兰曾指出："历史有二义：一是指事情之自身。……历史之又有一义，乃是指事情之纪述。……总之，所谓历史者，或即是其主人翁之活动之全体，或即是历史家对于此活动之纪述。"对于这两种历史，冯友兰将其分别称为"客观的历史"以及"主观的历史"，并进而认为："历史家只能尽心写其信史，至其史之果信与否，则不

---

① 司马迁：《史记》，中华书局 1959 年版，第 179 页。
② 杜预注，孔颖达正义：《春秋左传正义》，见阮元《十三经注疏》，中华书局 1980 年版，第 2715 页。
③ 《后汉书·应劭传》："故胶西相董仲舒老病致仕，朝廷每有政议，数遣廷尉张汤亲至陋巷，问其得失。于是作《春秋决狱》二百三十二事，动以经对，言之详矣。"见范晔《后汉书》，中华书局 1965 年版，第 1612 页。《春秋决狱》一书不存，清人有辑佚得其六例，见苏舆《春秋繁录义证》所附《春秋繁录考证》，中华书局 1992 年版。
④ 葛兆光：《思想史的写法——中国思想史导论》，复旦大学出版社 2004 年版，第 29 页。

能保证也。"① 在这里，冯友兰非常明确地区分了真实存在过的历史事实以及后代历史文本的不同意义，并且认为历史文本不可能完整真实地将历史事实展现出来。类似的观点刘知几在《史通·鉴识》篇中也表达过："斯则物有恒准，而鉴无定识。"②"物"指的是已经发生在过去的客观历史，这是永恒不变的，但后人对这永恒不变的历史本身却因为各种原因产生出不同的认识结果，这就造成了所谓的"鉴无定识"——面对相同的历史会衍生出若干不同的甚至是完全矛盾的历史记载。但是，因为所有的历史本身都需要使用历史文本进行记录，历史与史书之间的关系实际上已经无法分割，正如学者所指出的："我们所说的历史事实包含着事实和描述这一事实的语言：后者既是形式又是内容。我们很难把历史事实和表达这种事实的话语分开。"③ 在早期中国，形成文本的历史在所受到的重视程度方面远远超过了实际历史本身。《左传·襄公二十年》记载了这样一件事：

> 卫宁惠子疾，召悼子曰："吾得罪于君，悔而无及也。名藏在诸侯之策，曰：'孙林父、宁殖出其君。'君入则掩之。若能掩之，则吾子也。若不能，犹有鬼神，吾有馁而已，不来食矣。"悼子许诺，惠子遂卒。

宁惠子在去世前对于自己曾经驱赶国君的事实耿耿于怀的原因并不在这件事本身，而是因为惧怕"名藏在诸侯之策"，也就是被记载于史书当中。《史记·廉颇蔺相如列传》中记载秦赵两国渑池相会一事，秦国的挑衅行为之所以引起蔺相如的激烈回击，并不仅仅在于"赵王鼓瑟"这个动作本身，更在于秦御史将这一动作正式记载为"秦王与赵王会饮，令赵王鼓瑟"。而蔺相如做出的回击也就不仅包括强迫秦王击缶，更重要的是"顾召赵御史书"，也就是说将秦王为赵王击缶这件事记录在史书当中，赵国君臣才认为己方反击成功，获得了胜利。④ 无论是挑衅的秦国，还是反击的赵国，双方都有一个共识：与实际的动作行为本身相比，记录在册的历史文本反而显得更加重要。从这两个例子中可以看出，史书中如何记载一个事件所受到的重视程度已经远远超过事件本身，正因如此，如何书写历史、如何将历史事件进行文本化就显得非常重要了。本书就将关注点聚焦在中

---

① 冯友兰：《中国哲学史》，河南人民出版社2001年版，第254—257页。
② 刘知几撰，浦起龙释：《史通通释》，上海古籍出版社2009年版，第189页。
③ 耿占春：《叙事美学》，郑州大学出版社2002年版，第145页。
④ 司马迁：《史记》，中华书局1959年版，第2442页。

国早期史书如何进行文本表达这个问题上。

本研究以中国早期史书作为主要研究对象,何谓"中国早期史书"?哪些作品属于"中国早期史书"?本研究的研究对象的时代下限划定在《史记》的诞生,那么"中国早期史书"的范围就包括《史记》在内以及时代在《史记》之前的所有史书,主要包括《春秋》、《春秋》三传、《国语》、《战国策》以及《史记》。如此框定研究范围的出发点在于中国史书发展到《史记》,在叙事体例、叙事方式、叙事意义等方面基本涵盖了后代史书的所有样态,《史记》既开启了后代史书的多种传统,同时又是中国早期史书各方面发展的最好总结。另外,为了更好地探讨中国早期史书诸种特点的形成过程,本研究将关注的范围主要在时限方面往上推,将若干与史书密切相关的材料列为"前史书"范围,主要包括甲骨文、金文中的相关表述,以及《山海经》《尚书》《逸周书》《竹书纪年》等文献。通过对若干研究专题历时性的梳理,对于中国早期史书若干与叙事相关的问题将得出更加清晰的认识。

具体来讲,本书分为五章。前三章关注史书叙事体例方面的演变,体例是史书叙事中最为关键的环节,本研究在此方面也给予重点关注。任何学科的学者都可以使用过往的历史资料,史书的作者必须按照一定的方式,把特定的历史素材搭建成为人们能理解的、负载一定意义的文本,才算完成史书的写作。在这些被史书作者所应用的写作方式中,最重要的也是能够决定一部史书基本面貌的就是体例。中国早期史书体例的发展路径非常清晰:一切历史人物和事件都存在于一定的时空环境当中,以时间和空间为叙事框架的编年体及国别体史书就成为中国成熟最早的史书体例。而随着史书内部复杂叙事需求的出现以及外部社会发展对于"人"的逐渐重视,以人物传记为核心的纪传体史书伴随着司马迁的天才创造最终出现。

第一章以"中国早期纪时方式的演变与编年体史书的产生"为题,主要探讨中国早期时间观念及纪时方式的演变与早期史书中编年体的形成、发展。其中重点讨论了甲骨文、金文中反映出的早期纪时方式的演变,到了金文时期,中国古代的纪时系统已经基本成熟;而在《尚书》《逸周书》等早期史料汇编性质的著作中,纪时方式却发生了普遍的缺失;《春秋》作为我国第一部编年体史书,以严密的时间框架搭建整体叙事结构,这与其想要表达的叙事意义以及中国古代循环的时间观念都有关系;《春秋》后的编年体史书则基本放弃了这种异常严格的时间框架,但却以更加广泛的形式存在。

第二章以"早期史书的空间叙事——国别体史书的叙事策略"为题,

主要探讨空间地理因素在史书叙事中的作用以及国别体史书的产生及其叙事特点。其中重点讨论了"时间—空间"观念的关系以及早期主要空间概念的产生；《山海经》的空间叙事特点及文字与图画配合叙事方式对后代产生较大影响；《国语》《战国策》作为最早国别体史书，在体例特征方面并无明显特色；国别体史书缺乏鲜明体例特征的根本原因在于空间因素基本不存在意义诠释能力；国别体史书中孕育着以人为中心的传记体史书以及以事件为中心的纪事本末体史书；《史记》中存在着成熟的国别体史书；分析了史书体例突破的实例。

第三章以"综合性的史书体例——纪传体史书"为题，主要探讨纪传体史书的相关问题。重点讨论了纪传体的构成及各个部分的体例来源；人物传记体出现的社会背景为"人"的被发现以及来自史书内部的叙事动力；以人物传记为中心的史书存在的优点是不受空间和时间限制，但缺点则在于无法形成宏大的历史印象。

第四章以"中国早期史书的叙事意义"为题。中国史书的一个突出特征就是特别重视道德意义的开掘和宣扬，本章梳理这种意义表达传统的形成、演变及强化为一种叙事模式的过程。重点讨论了"前史书"阶段的道德评判，中国史书道德评判的传统自金文就已经出现，并在《尚书》等原始文献中得到强化；《春秋》则以简洁但鲜明的褒贬写法确立了这种传统；《左传》和《国语》则又以叙事实践强化了这种意义表达方式；到了《史记》，这种道德评判却发生了新变——某些方面强化了道德评判，却又在某些方面明显偏离了这种意义表达方式。

第五章以"中国早期史书叙事中的叙事者和隐含读者"为题，引入西方叙事学中非常实用的一对概念：叙事者及隐含读者，用以分析中国早期史书中与作者及读者相关的问题，这种研究方法对于中国早期史书这种作者普遍缺失的情况，将会显示出特有的有效性。甲骨文、金文中的叙事者虽然明显呈现出对于神灵的极度虔诚，却也显示了理性思维抬头的趋向；《春秋》的叙事者则以一种异常典重的姿态出现，借助隐含读者的分析视角，会发现《春秋》更像是史官群体内部流传的专业读物；《左传》的叙事者显然更加关心事件本身的来龙去脉，自觉地采取多种叙事方式，力图将事件叙述得更加清晰；《史记》中的叙事者则呈现出多变的姿态，至少存在史官、士人、"司马迁"三种不同的叙事者声音。

本研究主要参照西方的叙事学理论，并结合中国早期史书自身在叙事各个方面所表现出来的特点展开研究。这种叙事学的分析方法尽管是舶来品，但好的理论、好的分析方法并不只局限于针对某一个国家或者文化背景下的作品，结构主义对于中国早期史书叙事的有效分析同样是一把利器。另外，需要承认的是，叙事学的理论来源为结构主义语言学，诞生背景又在工业化甚至是后工业化时代的西方，但如果将这些理论进行完全生搬硬套应用在两千多年前中国史书分析上的话，那么很有可能不是造成研究对象的削足适履，就是造成研究方法的水土不服。而且我们应当坚信，中国既然存在着如此悠久的史书叙事传统，也一定存在着更加契合我们自身传统的研究方法。所以在研究方法的使用上，本研究既立足于向内于中国自身的叙事传统中寻找解决问题的线索，又不排斥向外借鉴西方叙事学理论以及具体的分析方法，但在这种综合运用的同时，又较为明显地倾向于中国自身叙事特点、叙事理论的发掘和运用。整体上来看，除了第五章对"叙事者"和"隐含读者"理论有较多借鉴以外，并无过多地使用西方概念。

第一章　中国早期纪时方式的演变与编年体史书的产生

过往留下的一切档案、文物、遗迹，无论多丰富，都不能算作历史，因为任何学科的学者都可以使用这些资料，史书的作者必须按照一定的方式把特定的历史素材搭建成为人们能理解的、负载一定意义的文本，才算完成史书的写作。这些被史书作者所应用的写作方式中，最重要的也是能够决定一部史书基本面貌的就是体例。《荀子·正名》指出了这样一种普遍现象："名无固宜，约之以命。约定俗成谓之宜，异于约者，谓之不宜。"[①]也就是说，很多被绝大部分人所普遍接受的事物其实并不具备真理层面的正确性，只是在发展过程中形成了约定俗成的若干特性，约定俗成就是最大的合理性。而这种已经固化的特征又有较大的排斥性，其他拥有全新特点的"异于约者"的发展就会受到极大抑制。以上这种现象在史书体例发展过程中同样适用：一种固定的体例以及相对成熟的叙事方式的确立需要相当长时间的发展，成熟之后又会表现出较长时间的稳定性，而全新史书体例则需要不断克服原有史书的固有缺陷才能得到发展。

中国早期史书体例的发展路径非常清晰：一切历史人物和事件都存在于一定的时空环境当中，以时间和空间为叙事框架的编年体及国别体就成为中国成熟最早的史书体例，而随着史书内部复杂叙事需求的出现以及外部社会发展后对于"人"的逐渐重视，以人物传记为核心的纪传体史书伴随着司马迁的天才创造最终出现。以下即以编年体、国别体、纪传体史书为中心，探讨不同体例史书产生的基础、背景及叙事特征。

在人类认知世界的过程中，"时间"这个无声无形但又无所不在的自然现象被人们发现并认识，这是一个飞跃。在时间观念产生之后，人们开始使用各种方式将"时间"固定、记录下来。《尚书·洪范》中记载箕子回答周武王提问时提到了"五纪"："五纪：一曰岁，二曰月，三曰日，四曰星辰，五曰历数。"唐代孔颖达给出了具体的解释：

---

① 王先谦：《荀子集解》，中华书局1988年版，第420页。

五纪者，五事，为天时之经纪也。一曰岁，从冬至以及明年冬至为一岁，所以纪四时也。二曰月，从朔至晦，大月三十日，小月二十九日，所以纪一月也。三曰日，从夜半以至明日夜半周十二辰为一日，所以纪一日也。四曰星辰，星谓二十八宿，昏明迭见；辰谓日月别行，会于宿度，从子至于丑为十二辰。星以纪节气早晚，辰以纪日月所会处也。五曰历数，算日月行道所历，计气朔早晚之数，所以为一岁之历。凡此五者，皆所以纪天时，故谓之"五纪"也。①

所谓的"五纪"就是古人所具有的时间观念。由白天黑夜的转变产生"天"的概念，由月亮的圆缺变化产生"月"的概念，再由四季更迭循环产生"年"的概念，这些最早的时间观念基本上都来自于人们对以日月星辰运行为主的自然现象的观察和总结。②顾炎武指出："三代以上，人人皆知天文。'七月流火'，农夫之辞也。'三星在天'，妇人之语也。'月离于毕'，戍卒之作也。'龙尾伏晨'，儿童之谣也。后世文人学士，有问之而茫然不知者矣。"③也就是说，在早期社会中，即使是普通人，对于天文知识也有相当程度的熟知，而这些对于后代已显陌生的天象知识正是时间观念产生的基础。孔颖达指出："日之在天，随天转运，出则为昼，入则为夜，故每一出谓之一日。日之先后，无所分别，故圣人作甲乙以纪之。"④这句话说明了"日"这个时间单位被人们使用"甲乙"这种方式记录下来的目的就是要"分别先后"，也就是要形成一个可供人们使用的纪时系统，其他时间单位的被发明也都根源于这种"分别先后"的目的。

时间这一自然现象在被人们发现以及使用诸如"年、月、日"这样的人工记时单位将其变为能够度量、把握后，很快便在人们的认知当中就成为进一步认识世界的知识基础，时间就非常自然地成为人们记录事件的天然标尺。侯外庐就因为"殷代世系称号"而断言"时间观念的发现，是人类最初的意识生产"。⑤叙事，特别是历史叙事的前提之一，就是对时间的

---

① 王弼注，孔颖达正义：《周易正义》，见阮元《十三经注疏》，中华书局1980年版，第189页。

② 甲骨文中的"年"即稔，卜辞中凡出现"十年"这样的表达，"皆非纪时，它们可能是若干个收获季节"，见陈梦家《殷墟卜辞综述》，中华书局1988年版，第224页。也就是说，在商人的意识中，"年"这个时间单位关乎农业生产的一个周期，但甲骨文中也有与后代"年"相对应的时间单位，就是"祀"。

③ 顾炎武著，黄汝成集释：《日知录集释》，上海古籍出版社2014年版，第660页。

④ 杜预注，孔颖达正义：《春秋左传正义》，见阮元《十三经注疏》，中华书局1980年版，第1703页。

⑤ 侯外庐：《中国思想通史》（第一卷），人民出版社1957年版，第61页。

认识和使用。圣奥古斯丁就曾指出："时间（time）变为人的时间（human time）是因为它按照叙事的形式被组织起来；反过来，叙事变成有意义是因为它表现了时间体验的诸种特征。"① 时间，自然地成为人们记录历史、对历史事件进行归纳分类最早的衡量体系。杨义指出："时间意识一头连着宇宙意识，另一头连着生命意识。时间由此成为一种具有排山倒海之势的、极为动人心弦的东西，成为叙事作品不可回避的反而津津乐道的东西。"② 在世界范围内，"依时纪事"几乎都是史书叙事的第一选择，中国史书也不例外。顾炎武曾说："自《春秋》以下，纪载之文必以日系月，以月系时，以时系年，此史家之常法也。"③ 根据顾炎武的总结，"依时纪事"已经成为古代中国的"史家之常法"。与此种"常法"相悖的，在叙事过程中没有"编年"，也就是没有严格按照时序纪事的陆机的《晋书》就遭到了刘知几激烈的批评："列纪三祖，直序其事，竟不编年。年既不编，何纪之有？"④ 徐复观曾指出："历史是在时间中进行；历史的秩序，是由时间的秩序所规定的。……由史实而得以使时间赖以人类生活的内容所充实，由时间而得以使事实有条不紊地呈现。"⑤ 胡宝国曾说："'按时间顺序'，应该说是对历史著作的天然要求。"⑥ 这种时间顺序的要求之所以是"天然"的，其实就在于时间顺序在历史著作中，在绝大多数情况下，同时也就是逻辑顺序。事件向前发展，前序的事件必定对后续事件产生影响，这种因果关系无论是在事实上还是在人们的理解中，都是确定无疑的。"按时间顺序"记事不仅能够将事件排列整齐，而且还能够简单明了地揭示事件内部的因果关系，所以成为历史著作的"天然要求"。时间对于历史记载具有极为重要的意义，而最能体现时间对于历史叙事影响的则莫过于编年体史书，本文的目的就是探讨早期纪时方式的演变与编年体史书产生之间的关系。

---

① ［美］鲁晓鹏著，王玮译：《从史实性到虚构性：中国叙事学》，北京大学出版社2012年版，第37页。
② 杨义：《中国叙事学》，人民出版社1997年版，第120页。
③ 顾炎武著，黄汝成集释：《日知录集释》，上海古籍出版社2014年版，第447页。
④ 刘知几撰，浦起龙释：《史通通释》，上海古籍出版社2009年版，第34页。
⑤ 徐复观：《两汉思想史》（第三卷），九州出版社2014年版，第242页。
⑥ 胡宝国：《汉唐间史学的发展》，商务印书馆2003年版，第27页。

第一节 纪时体系的初步形成——商周甲骨文与钟鼎铭文

学界一般认为,《尚书》和《春秋》是中国最早的史书。但在这之前,依时记事的方式即已存在于中国最早的文字——甲骨文和钟鼎铭文——当中。

与后代篇幅完整、结构严密的叙事文相比,甲骨文确实显得比较"幼稚",但作为华夏文明最初的文字叙事,甲骨文的诸多叙事特点对后代叙事产生了深远的影响,① 在叙事中初步确立依从时序叙事的方式即为其中之一。甲骨文刻于龟甲兽骨之上,是记录整个占卜过程的文字,在一条完整的甲骨卜辞中,崇信上帝神鬼的殷人会将占卜的问题、得到的答案以及后来的征验结果一并刻画在卜骨上,这就完成了一次简单但完整的叙事。受载体以及文化发展水平的限制,甲骨文叙事非常简单,但在这种简单的叙事中,人们已经对时间表现出了特别的重视。

傅修延谈到甲骨文对时间的运用时,认为这种记录还很不成熟,突出标志就是还没有形成规范:"(甲骨文的)时间的表述还未形成规范。殷墟甲骨一般纪日于文前,纪月、年于文后,与后世习用的从大到小纪时方法(年、月、日、辰)不符,到周代金文时期这种纪时方式才调整过来。"② 翻检《甲骨文合集》,确实多为此种情况,即甲骨文中标记时间采取的方法,大都是文前纪日,而在纪事之后再补充纪月和年,当然也有一部分文后没有补充月、年。比如"癸丑卜,贞今岁受禾。弘吉。在八月,隹王八祀。"③ 这条卜辞分别在开头和结尾处标示了占卜发生的时间:"癸丑""在八月,隹王八祀"。再看下面几个例子:

① 癸未王卜,……,在四月,隹王二祀。(37836 版)
② 癸丑王卜,贞旬亡畎。王曰:大吉。在十月又一。(37969 版)
③ 癸巳卜,贞王旬亡畎。在十月又二。(37970 版)

---

① 傅修延将这种影响归纳为四点:赋予叙事高度的严肃性乃至神圣性;创立了一种能够容纳基本叙事因素的文字组织形式,为书面形态的叙事提供了发展基础;带来了一种简练经济的叙事风格;开启了一种从问答导入正文的叙事模式。见傅修延《先秦叙事研究——关于中国叙事传统的形成》,东方出版社 1999 年版,第 42—48 页。
② 傅修延:《先秦叙事研究——关于中国叙事传统的形成》,东方出版社 1999 年版,第 46 页。
③ 胡厚宣:《甲骨文合集释文》,中国社会科学出版社 2009 年版,第 1882 页。

④ 癸卯卜，黄，贞王旬亡畎。在十月又二，隹征人方。（36484 版）
⑤ 癸巳卜，贞旬亡。八月。（34991 版）
⑥ ……隹王十祀又九。（37861 版）①

可以看出，甲骨文标示时间的主要方式确如傅修延所概括：段首纪日，如果在卜辞中除了"日"这个时间以外还有更大级别的时间单位，那么就会置于卜辞的文末，只有"月"则纪月，"月"和"年"都有则按照"月、年"的顺序进行标示。甲骨文中标示时间的方式都是这种"文首纪日，文末纪月、年"的形式，虽然与周代开始出现并为后代广泛继承的"年、月、日"纪时方式不同，但是，这种方式本身又何尝不是一种较为成熟稳定的规范呢？笔者认为，甲骨文对"时间"表现出了特别的重视，在标记时间方面已经形成了一套稳定的规范并广泛运用，这种纪时方式可以归纳为：干支纪日＋事件＋（月＋王祀纪年）。

甲骨卜辞之所以对时间给予重点关注与这些卜辞的生产方式密切相关。尽管以科学的观念看待甲骨占卜以及相伴产生的卜辞，会认为这些都是愚昧荒唐的举动，但在甲骨占卜盛行的那个年代，先民们却以充满崇敬与畏惧的心态在进行相关活动，这种心理带给甲骨占卜以严格、周密的程序和相当严谨、规范的记录。从已经出土的甲骨来看，不少较为完整的甲骨除了有卜辞之外，还清楚地记录了该片甲骨的进贡者、加工者甚至保管者，这充分说明在当时，甲骨问事是一件有着严密组织的官方活动，在各个环节都有专人负责。确切记下某次占卜的日期，是可供日后查验的基本条件，而甲骨卜事的独立性又使得每一条卜辞都独立成篇，卜辞之间并不存在内在联系，这就使得卜辞的纪时系统满足内在的纪时需求即可，无须兼顾与其他卜辞的联系，所以更大一级的时间单位就常被省略了。甲骨文中使用"祀"来纪年，《尔雅·释天》中解释："载，岁也。夏曰岁，商曰祀，周曰年，唐虞曰载。"② 也就是说，"祀"与周代开始频繁使用的"年"意思相同。但实际上，甲骨卜辞中如上例①、例⑥那样在篇尾以"祀"标示年份的例子非常少见，也只有一部分标示了月份。

如上例②、例③、例④、例⑤所示，甲骨文纪时常使用"旬"。"旬"指十天，这个时间量词虽然也为后代所沿用，但在甲骨文中却异乎寻常地频繁出现。另外，商代晚期乙辛时代，商人纪时系统中开始加入"祀季"

---

① 胡厚宣：《甲骨文合集释文》，中国社会科学出版社 2009 年版，第 1881、1889、1889、1801、1722、1883 页。
② 郭璞注，邢昺疏：《尔雅注疏》，见阮元《十三经注疏》，中华书局 1980 年版，第 2608 页。

这个与商代重祭祀习俗关系密切的时间单位，这个时间单位就"以整齐的旬为单位"。① 可见，商人对于"旬"这个时间单位的重视。至于殷人何以重视"旬"这个时间单位，可从"旬"字的字形进行推断。甲骨文中"旬"写作：𠣙，以周匝循环的形状来表示周遍、循环之意，所以《说文解字》中说："旬，遍也，十日为旬。"② 有的日本学者进而推断这是因为"殷民族似乎相信天上相当于十干而有十个太阳，十天轮换一次"③。另外，在甲骨文中商朝祖先都以"十干"命名。尽管学界对于殷人使用这种命名方式的原因还有争议，但殷人循环使用"十干"作为其祖先的庙号说明殷人对"十干"、对于"十"极为重视。④ 从更深层的原因来看，殷人对于十天、"十干"、十个太阳等有关"十"的崇拜，很可能源于殷人对"十"这个数字的崇拜。商人是世界上最早使用十进位制的民族之一，在甲骨文中发现有"五百七十四天"的实例，这比欧洲人早了差不多两千年。⑤ 商人在具体计数过程中又创造并使用了"百""千""万"这些基于十进位制的数字。陈梦家指出："殷代的数字是十进制的，所以殷尺分十寸，十日为一旬，……一年为十二个月或十三个月，但卜辞称'十月又一''十月又二'，仍以十月为基础。"⑥ 上边所举例②、例③、例④、例⑥中的"在十月又一""隹王十祀又九"等都是这种表达法。而且，类似的用法在商代金文中也较为常见，例如"惟十月又一月"⑦。可见，商人已经较为熟练地使用十进位制进行计数。⑧ 在这套计数方法中，最为关键的就是这个"十"。商人对于"十"以及"旬"的崇拜，与其对于十进位制的发明密切相关。

另外，卜辞中已经有了复杂多样的时间指示系统，比如使用"昔日""之日"等表示"过去"，使用"今月""兹夕"等表示"现在"，使用

---

① 陈梦家：《殷墟卜辞综述》，中华书局1988年版，第237页。
② 许慎撰，徐铉校定：《说文解字》，中华书局2013年版，第185页。
③ 贝塚茂树：《古代历史记述形式的变化》，载《松辽学刊》1985年第1卷第2期。
④ 《史书上的商王庙号》，见陈梦家《殷墟卜辞综述》，中华书局1988年版，第401—405页。
⑤ [英]罗伯特·坦普尔著，张鸿林译：《十位计数制》，载《数学教学研究》1987年第1卷第5期。
⑥ 陈梦家：《殷墟卜辞综述》，中华书局1988年版，第109页。
⑦ 中国社会科学院考古研究所：《殷周金文集成释文》，香港中文大学出版社2001年版，卷二第346页。
⑧ 西方学者指出："澳洲和非洲最原始的部落，和今天的爱斯基摩人一样，尚未达到以指头计数的阶段，亦未发明序列数字，而只有一种二进制系统，由1和2这两个独立的数组成，复合数字最高只能数到6。6以上的数在他们的感知中，只不过是浑然一体的'一堆'。"见马歇尔·麦克卢汉著，何道宽译《理解媒介——论人的延伸》，商务印书馆2000年版，第150页。使用十指计数是十进位制产生的基础，但这一现代人看起来极简单的计数方式却是人类历史发展过程中的一大飞跃，参照以上学者对发展滞后民族的考察即可知商人三千多年前的这一发明有多么难得和重要。

"羽日""来岁""生月"等表示"未来"。① 可见，在卜辞时代，关于"过去""现在""未来"的概念已经成熟，说明当时已经产生了相当成熟的线性时间观念。正因为有了这种对于时间先后的区分，才有可能将较为复杂的事件按照发展先后顺序进行记录。

尽管频繁使用了后代较为少见的"旬"，纪时形式与后代相比也较为独特，但甲骨文作为我国最早的叙事文字，已经将时间作为记事的重要标示，而且也形成了较为稳定的纪时模式，这都为纪时方式的进一步发展准备了条件。

现存的商代青铜器较之后起的周代青铜器不仅总体数量上少得多，而且刻铸有文字的更少。以单体器皿的铭文字数衡量，商代青铜器更无法与周代相比，商代青铜器字数最多的四祀邲其卣共有铭文42字，周代的毛公鼎则有499字的铭文（一说497字），差距很大。商代铭文虽然简短，但在纪时方式上则表现出与甲骨文基本相同的特点。

小臣艅犀尊被认为铸造于商代末年帝乙、帝辛时期，铭文如下："丁巳，王省夔，王赐小臣俞夔贝。惟王来征人方，惟王十祀又五，肜日。"② 这篇铭文整体行文风格与甲骨文非常类似。从纪时方式来看，篇首以"丁巳"纪日，篇末以"惟王十祀又五"补充纪年，就更是甲骨文所习用的模式了。下边再看几例：

二祀邲其卣：丙辰，……，惟王二祀。
六祀邲其卣：乙亥，……，在六月惟王六祀。
我方鼎：惟十月又一月丁亥，……③

从以上例子能够看出，商代铭文中纪时的方式与甲骨文如出一辙：以甲子纪日于篇首，如果有更大的时间单位，则置于篇尾。但是，商代晚期的我方鼎铭文则出现了变化，按照先月后日的顺序纪时，这已经开始向周代纪时方式转变了。商人对于纪时已经形成了一套完整的规范，这套规范无论是在甲骨文中还是在金文中都有较为一致的表现，那就是篇前纪日，如果纪月、年，则会依次置于篇尾。

---

① 陈梦家：《殷墟卜辞综述》，中华书局1988年版，第114—119页。
② 中国社会科学院考古研究所：《殷周金文集成释文》，香港中文大学出版社2001年版，卷四第263页。
③ 以上三处铭文均引自中国社会科学院考古研究所《殷周金文集成释文》，香港中文大学出版社2001年版，卷四第156、158页，卷二第346页。

铸造于商纣王四年的四祀邲其卣,是现存商代铜器铭文中字数最多的一件,叙事较甲骨文和其他商代铭文复杂,已经初步显现出向复杂叙事文发展的特征。铭文如下:

<u>乙巳</u>,王曰:"尊文武帝乙,宜在召大庭",<u>遘乙翌日丙午</u>,□;<u>丁未</u>,□;<u>己酉</u>,王在栐,必其赐贝。<u>在四月惟王四祀,翌日</u>。①

这篇铭文不仅篇幅增长,最重要的是开始较为详细地记录事件发生的过程。如引文中所标示,这篇铭文的时间提示词较多,几乎每进行一项祭祀活动都会使用确切的时间进行标示。正是在这些时间标示词的不断提示之下,整个事件才被记录得条理清楚。而且还可以看到,这篇铭文总体纪时方式仍然是甲骨文的纪时模式,即开头用"乙巳"纪日,结尾以"惟王四祀"纪年。

关于甲骨文以及商代铭文的纪时方式,王国维先生曾指出:"书法先日次月次年者,乃殷周间记事之体,殷人卜文乃庚申父丁角戊辰彝皆然;周初之器,或先月后日,然年皆在文末,知此为殷、周间文辞通例矣。"② 这正指出了殷商时代纪时方式的普遍特点。陈梦家也指出:"约当乙辛时代,卜辞、兽骨刻辞和铜器铭文,有了共同的较整齐的纪时法。"③ 在商代最主要的两种文字书写方式——甲骨文和钟鼎铭文中,都使用了同一种纪时方式,这充分说明商人已经有意识地在进行纪时,并且形成了较为规范、稳定的纪时模式。

周代以后"年、月、日"这种将时间单位由大到小排列的纪时方式,比较明显地建立在整体认识论基础之上,甲骨文与商代金文则与此完全不同,这应当与商代文字的生产方式以及商代整体文化发展水平相关。在商代,无论是甲骨文还是金文,都是单独生产出来的,篇章之间没有联系,单独即可完成表义功能,无须使用相互联系的结构方式,所以更加重视小一级的时间单位。杨义曾指出:"同样的组合因素以不同的结构组合,或以不同的顺序排列,是具有不同的意义的。"而这种不同的意义则又与深层文化背景相联系:"时间的整体观是与天地之道的整体观相联系的,或者说,

---

① 中国社会科学院考古研究所:《殷周金文集成释文》,香港中文大学出版社2001年版,卷四第157页。
② 王国维:《观堂集林》(上卷),中华书局1959年版,第40页。
③ 陈梦家:《殷墟卜辞综述》,中华书局1988年版,第233页。

前者是后者的一部分或一种表现形式。"① 笔者认为，商代的这种纪时方式，与当时尚未形成整体的天地宇宙观有关系。葛兆光认为商、周未必存在一个明显的思想断层，但在举例论述商、周时期"宇宙的结构、亲族的感情、社会的等级，就在这仪式中被奇妙地叠合在一道"的过程中，所举的文献资料又都来自周代，而所说的这种"仪式"本身就是周代创立的礼仪制度。② 所以，即使商、周两代的知识、思想具有相当的连续性，但是这种将宇宙、天地、人世看作统一整体的认识应当在周代才比较明确地出现。商代思想界尚未形成完善的整体宇宙人生观，而这应当就是商代纪时体系使用"日、月、年"这种更倾向于分析而非整体纪时方式的原因。

周代铭文，特别是一些长篇铭文，整体叙事水平较之甲骨文以及商代铭文有巨大进步。周代钟鼎铭文纪时方式与商代相比，发生了较大变化，在经历过一个逐渐演化阶段之后，形成从大到小排列时间标示词的纪时模式，这种方式沿用至今。

铸造于周初武王时的天亡簋铭文中纪时："乙亥，王有大礼"，这是仅纪日。周成王时的何尊铭文："在四月丙戌"，这是纪月、日，但与甲骨文在顺序上已经完全不同，开始由大到小排列时间单位。周康王时的大盂鼎铭文篇首纪时："惟九月，王在宗周令盂"，这是在篇首纪月，但篇尾则又有"惟王廿又三祀"，这种篇尾纪年的方式又与甲骨文类似了。同为周宣王时期的几篇铭文在纪时方式上就不一致。兮甲盘铭文篇首纪时："惟五年三月既死霸庚寅"，这里不仅按照"年、月、日"的顺序纪时，而且还在月与日中间插入了"既死霸"这个表示月相的词；不期簋铭文篇首纪时："惟九月初吉戊申"，这是按照"年、月相、日"纪时；著名的虢季子白盘铭文同为篇首纪时："惟十又二年正月初吉丁亥"，这又是按照"年、月、月相、日"来纪时。③

从以上所举实例可以看出，周代铭文纪时方式总的演进趋势比较明显，那就是绝大部分铭文都已经能够按照从大到小的顺序排列时间标示词，后代常见的"年、月、日"纪时方式已经开始形成，所以有学者即认为："周孝王时，铭文中的时间链已大致形成，与后世编年史的时间链相比已十分接近。"④

---

① 杨义：《中国叙事学》，人民出版社1997年版，第122—123页。
② 葛兆光：《中国思想史》，复旦大学出版社2007年版，第56页。
③ 本段六处铭文均引自中国社会科学院考古研究所《殷周金文集成释文》，香港中文大学出版社2001年版，卷三第374页、卷四第275页、卷二第411页、卷六第131页、卷三第463页、卷六第130页。
④ 周晓瑜：《编年体史籍的时间结构》，载《文史哲》2004年第1期。

商人好用"旬",而周代铭文纪时常常会使用表示月相的词,上举兮甲盘使用了"既死霸",虢季子白盘使用了"初吉"。类似的例子很多:

小臣守簋:惟五月既死霸辛未
庚儿鼎:惟正月初吉丁亥
事族簋:惟三月既望乙亥
效尊:惟四月初吉甲午
己伯鼎:惟十又五年既霸丁亥
散伯车父鼎:惟王四年八月初吉丁亥①

按照王国维的说法:"余览古器物铭,而得古之所以名日者凡四:曰初吉、曰既生霸、曰既望、曰既死霸。""初吉""既生霸""既望"和"既死霸"将一个月分为四段,每段对应七八天,这也就是王国维所说的"四分一月"。② 这种较为频繁使用月相标示词纪时的情况,说明当时人们的时间观念主要来自对于自然天象特别是对于日、月运行规律的观察和总结。而且从前引铭文可以看出,常见月相后又附有干支纪日的情况,比如"惟六月既生霸乙卯",这实际上是一种重复,因为一个月内不可能出现两个"乙卯",后来这种以月相纪时的方式使用渐少。

能够看出,尽管还处于初朴阶段,周代铭文在纪时方式上已经具备一种演进的大致趋势,所以有的学者能够总结出周代铭文的基本纪时方式:一是"王年(或无)+月+日干支+叙事式",二是"王年+月+月相+(日)干支(或无)+叙事式"。③

但是,钟鼎铭文的纪时方式还处于一种初朴的阶段,正如顾炎武所说:"史家之文必以日系月,以月系年。钟鼎之文则不尽然,多有月而不年、日而不月者。"④ 不仅如此,有相当多的周代铭文通篇都没有任何时间标示词出现。比如周代中期共王时的史墙盘铭文,这篇铭文以宏大开阔的视野颂扬了周代前期七位君王的重要史迹,另外还自述了家世以及与周王朝的心腹关系,全篇共计284字,却没有一个时间标示词。铸造于秦景公时期的秦公簋,共有50字,主要记载秦景公歌颂祖先以及表达任用贤能以治国图强

---

① 本段六处铭文均引自中国社会科学院考古研究所《殷周金文集成释文》,香港中文大学出版社2001年版,卷三318页、卷二第326页、卷三第268页、卷四第271页、卷二第373页、卷三第319页。
② 王国维:《观堂集林》(上卷),中华书局1959年版,第21页。
③ 叶正渤:《略论西周铭文的记时方式》,载《徐州师范大学学报》2000年第1卷第3期。
④ 顾炎武著,黄汝成集释:《日知录集释》,上海古籍出版社2014年版,第445页。

的决心，通篇也没有时间标示词。商周青铜铭文中字数最多的毛公鼎铭文，全篇将近 500 字，同样也没有任何具体的时间标示，全为静态的记录周宣王对毛公的训诫，此篇铭文号称"抵得一篇《尚书》"，这种忽略时间的叙事方式，倒真的与后来的《尚书》非常接近了。

另外，商周时期还存在着一种"以事纪年"的情况，即以某一个重大事件作为一个时间标志，记事时常带追叙口吻：这件事就发生在某个重大事件那一年。比如前引甲骨文例④"隹征人方"、小臣艅犀尊中"隹王来征人方"等，就都是以"征人方"这场重要战争来进行时间标示。另外，在铭文中有一个常见用语："立事岁"，意思是在某年开始担当某种政事，比如春秋中晚期的国差𬭚铭文，篇首这样说："国差立事岁□丁亥"①，就是说国差在这一年开始担任某种职位。王国维先生谈到过这个问题，他认为这是古人"以事纪年"的例子。② 其实直到《尚书》，还有这种纪时方式的遗存。比如《金縢》篇中"既克商二年"③，就是以"克商"这一重大事件来纪时。在对时间的感知上，先民通常会把对一个民族具有重要意义的事件（上举例子都是战争）作为一个基础，作为时间上的一个起点来看待，后来发生的事件即以这一重大事件作为坐标来确定时间。这种纪时方式较为广泛地存在于商周时期的甲骨文以及钟鼎铭文之中，但是这种纪时方式的缺陷非常明显，顾炎武指出："春秋之世，各国皆自纪其年。发之于言，或参互而不易晓，则有举其年之大事而为言者，若曰'会于沙随之岁'，'叔仲惠伯会却成子于承匡之岁'，'铸刑书之岁'，'晋韩宣子为政，聘于诸侯之岁'是也。"④ 任何一个事件，无论影响有多大，后人对这一事件的记忆有多深刻，都只能起到标记某一个时间点的作用，无法承担对线性时间特征明显的一系列历史事件进行系统标记的功能，特别是当《春秋》这样涵盖时间长达 200 多年、叙事也越来越复杂的史书出现以后，这个缺陷越发突

---

① 中国社会科学院考古研究所：《殷周金文集成释文》，香港中文大学出版社 2001 年版，卷一第 798 页。

② 王国维：《观堂集林》（卷一），中华书局 1984 年版，第 897 页。

③ 孔安国传，孔颖达正义：《尚书正义》，见阮元《十三经注疏》，中华书局 1980 年版，第 196 页。

④ 顾炎武著，黄汝成集释：《日知录集释》，上海古籍出版社 2014 年版，第 445 页。

出,这种"以事纪年"的纪时方式就被淘汰了。①

从整体上来看,殷商甲骨卜辞依托于占卜活动,而占卜是预测未来,通常不是指向遥远的未来,而是与当下距离很近的时期,是非常切近的短暂期间。为占卜的这种性质所决定,因此,卜辞首先出示占卜的具体日期,即纪日发端。至于占卜是否应验,通常也是以天数计算,而不是以月和年为单位。但是,只用天干标示具体的日期,所做的纪时是不完整的,所以后边又标示月和年。而铜器铭文则大多具有纪念意义,而不是预测吉凶,因此,无须对所述事件进行验证。它们叙述已经发生的事件,而且往往是王对臣下的赏赐,由此而来,必须突出王的权威,这样一来,王的在位时段就成为必须优先考虑的因素,纪时以年为开端有其必然性、合理性,为后来按照年、月、日顺序纪时做了铺垫。

第二节 纪时体系停滞阶段——《尚书》与《逸周书》

《尚书》与《逸周书》还都不是成熟的史书,只能看作周代文献汇编。从整体看,《尚书》的叙事并无一个能够将各个篇章整合在一起的统一框架,诸篇文章非常零散地排列在一起。这种零散不仅表现在各篇文章并无逻辑联系,还表现在能够给人直接线索的纪时方式的普遍缺失。前边论述的甲骨文以及金文中形成的、在叙事中以越来越规范的形式标示时间用以纪时的叙事方式,在《尚书》与《逸周书》中几乎没有任何表现。这两部书的绝大部分篇章都缺少时间标示,只通过某篇文章本身难以得知所记录的某件历史事件发生的确切时间。

《尚书》以记言为主,但对时间却是忽略的,作者好像对于重要人物发表重要讲话的具体时间并不太重视。也正是因为缺少了时间作为串联、作为叙事的框架,所以《尚书》就只是"商周记言史料的汇编"②,而并不是成熟的史书。《尚书》中仅有少部分篇章标示了时间,比如《泰誓》开篇:

---

① 其实后代史书中仍有一些"以事纪年"的残留,比如《左传·昭公七年》中记载:"铸刑书之岁二月,或梦伯有介而行",这里就以郑国子产在昭公六年主持的"铸刑书"这一重大事件作为纪年标志。顾炎武在《日知录·史家追纪月日之法》中列举出数例《左传》使用此种纪时方式的实例。见顾炎武著、黄汝成集释《日知录集释》,上海古籍出版社2014年版,第446页。但相对《左传》整体编年纪时方式来讲,这种"以事纪年"的方式毕竟只是发生概率很小的补充,后代出现得更少。

② 袁行霈:《中国文学史》(第一卷),高等教育出版社2005年版,第75页。

"惟十有一年,武王伐殷。一月戊午,师渡孟津,作《泰誓》三篇。"《多士》:"惟三月,周公初于新邑洛,用告商王士。"《多方》:"惟五月丁亥,王来自奄,至于宗周。"另外有些篇章,虽然暗示了时间,但却没有直接记载时间。比如《盘庚》三篇,上篇开始即说"盘庚迁于殷,民不适有居",这表明已经迁都完毕。但中篇的时间却又倒退回盘庚迁都之前:"盘庚作,惟涉河以民迁",后边都是盘庚发表的劝诫臣民迁都的训诫。而下篇"盘庚既迁"① 一句,则又将时间拉回到盘庚迁都以后,主要记录盘庚再一次向臣民阐发迁都的原因。将这三篇看作一个整体,就会发现时间的变化在搭建整个叙事结构,甚至在形成整体叙事意义方面发挥了非常重要的作用,但是这种意义和作用却要依靠读者的领会。很多时候,时间的确定以及变化,在《尚书》的大部分篇章中都只能依靠分析得出,而并无明确标示。

谈到《尚书》的叙事成就,很多学者都会提到《金縢》这一篇,认为其代表了《尚书》那个年代能够达到的最高叙事水平。比如谭家健认为:"《金縢》篇是《尚书》中成功的以叙事为主的作品,文学性很强,已经有意制造悬念,富于传奇色彩。……其结构与手法对后世的史传文学和野史小说都有所启发。"② 傅修延说:"它突出的贡献在于完整地交代了事件的始末,历史记载四要素(时间、地点、人物与事件始末)在《金縢》中第一次获得了完全的满足。"③《金縢》篇之所以得到广泛推崇,与其叙事的平实清晰有关。在这一篇开头使用了"既克商二年"这种"以事纪年"的方式用以交代整个故事发生的时间,在故事临近高潮时又专门标示"秋,大熟,未获"④ 这一在特定时间发生的特殊自然现象。在《金縢》篇不长的文本中,这两处时间标示起到了交代事实、引领读者阅读的作用。另外,《召诰》篇叙事较为复杂,对时间也给予了较多关注:

> 惟二月既望,越六日乙未,王朝步自周,则至于丰。惟太保先周公相宅,越若来三月,惟丙午朏。越三日戊申,太保朝至于洛,卜宅。厥既得卜,则经营。越三日庚戌,太保乃以庶殷攻位于洛汭。越五日甲寅,位成。若翼日乙卯,周公朝至于洛,则达观于新邑营。越三日

---

① 本段《尚书》六处引文引自阮元《十三经注疏》,中华书局1980年版,第179、219、227、168、170、171页。
② 谭家健:《中国古代散文史稿》,重庆出版社2006年版,第54页。
③ 傅修延:《先秦叙事研究——关于中国叙事传统的形成》,东方出版社1999年版,第173页。
④ 孔安国传,孔颖达正义:《尚书正义》,见阮元《十三经注疏》,中华书局1980年版,第196页。

<u>丁巳</u>，用牲于郊，牛二。<u>越翼日戊午</u>，乃社于新邑，牛一，羊一，豕一。①

以上所引的这一段文字主要叙述召公、周公先后到达洛邑以及营造洛邑并举行祭典的过程。如引文中所标示，这段文字频繁使用了准确的时间词汇，这造成了明显的阅读效果：在精准时间提示词的标示下，所有行动很自然地显示出有条不紊的节奏，原本稍显复杂的事件呈现出清晰明了的叙事效果。

《逸周书》性质与《尚书》类似，是一部以记言为主的资料汇编。此书多数篇章可以认作为西周作品，②但从整体看，存在体例不一、内容庞杂的问题，纪时体系比较明显地体现出过渡时期的特点。《逸周书》共71篇，虽然多数篇章缺乏时间标示，但明确标示时间的篇章远远超出《尚书》，大概有20多篇，能够归纳出一些纪时规律。首先，《逸周书》中纪时顺序基本确定，大体遵循着"祀（年）—月—月相（日）"这种由大到小的排列顺序，比较明显地带有周代纪时的特点。但是，与周代常用"年"不同，《逸周书》更常出现的反而是"祀"这个商代特征明显的纪年单位，根据笔者统计，《逸周书》中仅有1次使用"年"来纪年，但却出现10次以"祀"纪年的情况。③另外，《逸周书》也较为频繁地使用比如"既生魄""旁生魄""既旁生魄"等月相词来纪时，学者们对于这些月相词的具体所指还未形成共识。④尽管对于具体意义还存有疑问，但使用月相词是《逸周书》纪时的一个特点，这与周代铭文非常类似。

需要说明的是，《逸周书》"各篇不出一手，年代不同"⑤，缺乏整体编排规则，以上特点只是笔者归纳出来的一个大概规律，但这种从接近于原

---

① 孔安国传，孔颖达正义：《尚书正义》，见阮元《十三经注疏》，中华书局1980年版，第211页。

② 学界对于《逸周书》内部篇章的产生年代有较为严苛的分辨，比如白寿彝引郭沫若、顾颉刚说法，认为《逸周书》中"只有《世俘解》、《克殷解》、《商誓解》可信为宗周初年的作品"。见白寿彝《中国史学史》，北京师范大学出版社2004年版，第7页。《逸周书》所收入的篇章很有可能存在年代不一的问题。

③ 唯一使用"年"来纪年的情况在《尝麦解》："维四年孟夏"。见黄怀信、张懋镕、田旭东撰《逸周书汇校集注》，上海古籍出版社2007年版，第720页。

④ 可参看黄彰健《释〈武成〉与金文月相》，载《历史研究》1998年第1卷第2期，此文否定了王国维"四分一月"的说法；但张闻玉认为黄的考证并不能确指，见张闻玉《关于〈武成〉的几个问题——兼论〈释〈武成〉与金文月相〉》，载《历史研究》1999年第1卷第2期。

⑤ 黄怀信、张懋镕、田旭东撰：《逸周书汇校集注》"序言"，上海古籍出版社2007年版，第2页。

始材料中归纳出的规律与人为整理过的资料相比，往往更能说明某个时代纪时的特点。

另外，《逸周书》中的某些篇章对时间给予了特别的重视，在叙事中每每精确到具体的日期，以《世俘解》表现得最为突出，仅引开篇一段文字为例：

> 维四月乙未日，武王成辟，四方通殷命有国。惟一月丙辰旁生魄，若翼日丁未，王乃步自于周，征伐商王纣。越若来二月既死魄，越五日甲子朝，至，接于商。则咸刘商王纣，执天恶臣百人。大公望命御方来，丁卯，望至，告以馘俘。①

经过顾颉刚的厘定，《世俘解》即为《尚书·武成》的说法基本成为学界共识。②《世俘解》非常详细地记载了武王伐商从出发、克商到归周的整个过程。如引文中所标示，此文常能将事件发生的时间精确到某一天。像《世俘解》这样将历史事件的进程以密集且精确的日期来记载的例子，在周代文献中非常罕见。尽管未必正确③，但这种记录一定有作者所认为准确的其他材料存在，而且最重要的是，这样的记载体现出对历史记载精确化的明确意识。《世俘解》的作者已经意识到，历史的准确，很大程度上就来自于时间的准确，时间在历史记载中的重要意义已经开始凸显。

尽管有《召诰》和《世俘解》这样在叙事过程中对时间表现出特别重视的特例，但是，《尚书》和《逸周书》的大部分篇章却往往对于事件发生的时间视而不见。傅修延谈到《尚书》叙事时曾说："严格地说，《尚书》代表的是一种无序的叙事，史官在诵记史事时没有稳定的内在框架可供依循。"④ 将《尚书》定义为"无序的叙事"，考量的出发点即在于从整体来看，《尚书》的叙事并无一个能够将各个篇章整合在一起的统一框架，诸篇文章非常零散地排列在一起。这种零散不仅表现在整体架构方面，各篇文

---

① 黄怀信、张懋镕、田旭东撰：《逸周书汇校集注》，上海古籍出版社 2007 年版，第 411—416 页。

② 顾颉刚：《〈逸周书·世俘篇〉校注写定与评论》，见《文史》（第二辑），中华书局 1963 年版，第 1962 页。

③ 黄怀信主要参照《世俘解》的记载，判定"武王伐纣于公元前 1045 年 12 月 9 日出发，公元前 1044 年 1 月 9 日克殷、2 月 24 日归周"，见黄怀信《由〈武成〉、〈世俘〉与〈利簋〉看武王伐纣之年》，载《西北大学学报》1999 年第 8 期。但是，学界对于这样精确的推断还未达成共识。

④ 傅修延：《先秦叙事研究——关于中国叙事传统的形成》，东方出版社 1999 年版，第 179 页。

章并无逻辑联系，还表现在能够给人直接线索的纪时方式的普遍缺失。前边论述的甲骨文以及金文中形成的、在叙事中以越来越规范的形式标示时间用以纪时的叙事方式，在《尚书》和《逸周书》中几乎没有任何表现，这种发展态势一下子中断了。造成这种现象的原因应该与两部书的文体性质有关，唐代司马贞在《史记·伯夷列传》索隐中说："又《书纬》称孔子求得黄帝玄孙帝魁之书，迄秦穆公，凡三千三百三十篇，乃删去一百篇为《尚书》，十八篇为《中候》。"① 司马贞所说类似《尚书》的文献有多达"三千三百三十篇"，当然未必为确，但这种原始文献散失的情况在那个年代应当普遍存在，《尚书》和《逸周书》应当就是留存下来古代文献的汇编。钱玄同对于《尚书》也有过比较尖锐的疑问："《书》似乎是'三代'时候底'文件类编'或'档案汇存'，应该认为历史。但我颇疑心它并没有成书。"② 近年来，随着出土文献的发现，司马贞和钱玄同所论的情况已经被证实。比如廖名春对郭店楚简中的《成之闻之》《唐虞之道》进行分析后就认为，这两篇文章应当属于先秦的《书》，但要比今本《尚书》更接近原本的形态。③ 也就是说，《尚书》和《逸周书》只是被后人搜集汇合在一起，篇与篇之间并无逻辑上的联系，篇章内部的文本形态也处于一种较为初朴的阶段。正因为这种文献资料汇编的性质，造成了《尚书》与《逸周书》在整体叙事结构以及具体叙事方式上的无规范和不成熟。杜维运曾说："《尚书》与《逸周书》的缺陷，是没有记载明确的时间"，并认为"可能由于过分注重记言，以致形成这种缺陷"④。《尚书》和《逸周书》记言性质明显，关注的重点在于人物言论本身，至于发表言论的地点、时间、环境，以及人物发表言论时的仪态、动作，基本都不在叙事者的观察记录范围之内，这就造成了《尚书》和《逸周书》大部分篇章纪时环节的缺失。

原本在商周甲骨卜辞和钟鼎铭文中已经有清晰发展线索并初具形态的纪时系统，在《尚书》和《逸周书》这一类资料汇编类文献中出现了停滞状态。纪时系统发展的需求，需要有成熟史书的出现进行推动。

---

① 司马迁：《史记》，中华书局1959年版，第2121页。
② 钱玄同：《答顾颉刚先生书》，见顾颉刚主编《古史辨》（第一册），上海古籍出版社1981年版，第76页。
③ 廖名春：《郭店楚简〈成之闻之〉、〈唐虞之道〉篇与〈尚书〉》，载《中国史研究》1999年第1卷第3期。
④ 杜维运：《中国史学史》，商务印书馆2010年版，第72—73页。

第三节　纪时系统的成熟与编年体史书的出现——《春秋》

《春秋》是我国第一部真正意义上的史书,① 全书以鲁史为大纲,记载了自鲁隐公元年（前722）到鲁哀公十四年（前481）共242年的历史。而且当时很可能不仅鲁国有《春秋》,各个诸侯国都有类似的史书。比如《墨子·明鬼下》中在说明引用的几个事件出处时,分别说是"著在周之《春秋》""著在燕之《春秋》""著在宋之《春秋》"和"著在齐之《春秋》";②《孟子·离娄下》中孟子也曾说:"晋之《乘》,楚之《梼杌》,鲁之《春秋》,一也。"③《国语·晋语七》中有"羊舌肸习于《春秋》"的说法,徐元诰注:"时孔子未著《春秋》。"④ 也就是说,羊舌肸所熟习的《春秋》,应当另有其书。从以上记载来看,与《春秋》性质类似、名称类似的编年体史书很可能曾经较为普遍地存在。

《春秋》以"春秋"为名,这直接表现出对于时间的高度重视。杜预指出:"故史之所记,必表年以首事,年有四时,故错举以为所记之名也。"⑤孔颖达指出:"年有四时,不可遍举四字以为书号,故交错互举,取'春秋'二字,以为所记之名也。春先于夏,秋先于冬,举先可以及后,言春足以兼夏,言秋足以见冬,故举二字以包四时也。"⑥ 无论是杜预的"故错举以为所记之名也",还是孔颖达的"错举春秋而包四时",其实都认为《春秋》命名实际上就是使用"春秋"二字来代指一年的"春夏秋冬"。但其实从古文字学方面考证,甲骨文中仅有"春""秋"而无"夏""冬","后世春夏秋冬四季的分法,起于《春秋》以后。此以前恐怕只有两季"⑦。

---

① 与章学诚提出"六经皆史"的主张不同,清末的皮锡瑞在《经学通论》中明确提出"《春秋》非史"的主张,他说:"《春秋》有大义,有微言。所谓大义者,诛讨乱贼以戒后世是也;所谓微言者,改立法制以致太平是也。"见皮锡瑞《经学通论》,中华书局1954年版,第1页。但即使如皮锡瑞所说,《春秋》也与其他儒家经典在形态上全不相同,也是"经有史衣"。

② 吴毓江撰,孙启治点校:《墨子校注》,中华书局1993年版,第337—339页。

③ 赵岐注,孙奭疏:《孟子注疏》,见阮元《十三经注疏》,中华书局1980年版,第2728页。

④ 徐元诰:《国语集解》,中华书局2002年版,第415页。

⑤ 杜预注,孔颖达正义:《春秋左传正义》,见阮元《十三经注疏》,中华书局1980年版,第1703页。

⑥ 杜预注,孔颖达正义:《春秋左传正义》,见阮元《十三经注疏》,中华书局1980年版,第1703页。

⑦ 陈梦家:《殷墟卜辞综述》,中华书局1988年版,第226页。

所以，虽然《春秋》书中将一年分以"春夏秋冬"四季，但使用"春秋"代表一整年，进而成为书名，很有可能延续了前代的固定用法，不是"错举"，而是统称，但这更加说明《春秋》这部书对于时间的重视。关于《春秋》一书名称的由来，尚可作进一步辨析。

第一，从历书的书写方式考察，《大戴礼记·夏小正》经文记载的是夏代历法，材料来源较早。孔子见过夏代历法文献，《夏小正》经文的生成至迟在春秋以前。《夏小正》纪时按月份推移，每年十二个月，没有出现春、夏、秋、冬之语。另一部历书是《礼记·月令》和《吕氏春秋》十二纪，二者都成书于战国时期。每年十二个月不但划分为春、夏、秋、冬四季，而且每个季节又划分为孟、仲、季。《春秋》成书于孔子生活的时段，界于《夏小正》和《礼记·月令》、《吕氏春秋》十二纪之间，因此它的纪时也体现出这个历史阶段的特点：每年划分为四个季节、十二个月，但各个季节内部未用孟、仲、季加以标示。

第二，《春秋》之名体现的是农业文明的属性，农业生产的规律是春种、夏长、秋收、冬藏，植物的生长规律是春华秋实。在一年四季中，对于农耕经济而言，春与秋至关重要，因此，可以用春秋指代一年，也可以把它作为史书的名称。

第三，孔子所处的时代各诸侯国史书有多个名称，"春秋"是其中之一。孔子之所以把鲁国史书定名为《春秋》，因为这个名称有鲜明的时间感，而其他名称的史书则缺少这方面因素。楚国史书名称为"梼杌"，是传说中的吉祥神灵，楚史以它为名，取的是吉祥之义。晋国史书称为《乘》，根据王力先生的《同源字典》，"乘、腾、登、升"四者为同源字，乘，取其上升之义。①《梼杌》《乘》都缺乏表示时间的属性和功能，故不为孔子所取。

谭家健先生曾经指出过，《春秋》中某些段落的记事用词、文法、记事习惯与甲骨卜辞有一定联系，并举出两例。《春秋·僖公二十六年》："齐人侵我西鄙，公追齐师，至崔弗及。公至自伐齐。"② 以及《春秋·定公十五年》："丁巳，葬我君定公，雨，不克葬。戊午，日下昃，乃克葬。"③ 谭家健认为，这是古代占卜之巫与记事之史职掌不分而造成的现象，并认为孔

---

① 王力：《同源字典》，中华书局2014年版，第261页。
② 杜预注，孔颖达正义：《春秋左传正义》，见阮元《十三经注疏》，中华书局1980年版，第1821页。
③ 杜预注，孔颖达正义：《春秋左传正义》，见阮元《十三经注疏》，中华书局1980年版，第2152页。

子是殷人后裔，他的先祖即居于宋国，孔子很可能亲眼见过甲骨文，以上纪时方式的类似当为孔子借鉴甲骨文的结果。① 以上谭先生举出的第二例，仅从纪时方式来看，与甲骨文中的"验辞"部分即记录占卜结果如何实现的文字很类似：都使用精简的语言按照确切的日期一步步记录事件的发展。对于孔子是否见过甲骨文这件事虽然不能下断语，但《春秋》对于已有文化成果、已有叙事方式的继承却是可以想见的，这种行文方面的类似是很自然的情况。

作为编年史，《春秋》建立起一套完整、严密的时间标示系统，并严格地执行了这套系统。学者们谈到《春秋》对后代史书影响时，大多认为寓褒贬于叙事的"春秋笔法"是《春秋》留给中国史书叙事的最大遗产，但其实细究起来，所谓能让"乱臣贼子惧"的"春秋笔法"一点都不严密，出于各种原因，《春秋》作者根本就没有在全书一以贯之地执行这个历史评价体系。与此相比，《春秋》的纪时体系却极其严密规整，绝少有例外，严密规整的纪时体系是《春秋》留给中国史书叙事的重要遗产。司马迁在《史记·三代世表》中指出："自殷以前诸侯不可得而谱，周以来乃颇可著。孔子因史文次《春秋》，纪元年，正时日月，盖其详哉！"② 可以看出，司马迁认为《春秋》最重要的特点就在于其中纪时方式的整齐。

首先，《春秋》没有采用其他纪年法，而是以最高统治者（鲁国十二位国君）的年号来纪时，这种纪时方式对中国史书影响极大。顾炎武指出：

> 《广川书跋》载《晋姜鼎铭》曰"惟王十月乙亥"。而论之曰："圣人作《春秋》，于岁首则书王，说者谓谨始以正端。今晋人作鼎而曰'王十月'，是当时诸侯皆以尊王正为法，不独鲁也。"③

这种明确书"王"的纪时方式虽然在甲骨文和金文中已经初现端倪，但《春秋》将其确立为一种固定的模式，在后代被普遍接受，就使得纪年这样一个原本纯粹的技术问题在中国成为政治活动的核心事件。颁布或更改年号也成为一个政权宣示自身统治力量最简单有效的方法，而接受和使用某个年号，则明确表明对某个政权、某位君王的臣服。

这种纪年方式并不始于《春秋》，在甲骨文及钟鼎铭文中即已经出现，但外在形态还稍嫌简单，运用也不规范。比如前引的一句甲骨卜辞："惟王

---

① 谭家健：《中国古代散文史稿》，重庆出版社2006年版，第59页。
② 司马迁：《史记》，中华书局1959年版，第487页。
③ 顾炎武著，黄汝成集释：《日知录集释》，上海古籍出版社2014年版，第75页。

三祀"，只是知道这是某位商王即位后的第三年，但到底是哪一位商王，只看这条记载就很难获知。商周铭文中同样有这样的问题，比如前引兮甲盘铭文："佳五年三月既死霸庚寅"以及虢季子白盘铭文："佳十又二年"，这两篇铭文的篇首都标示了年份。根据学者考证，这两篇铭文都出自周宣王时期，所以现在注释这些铭文，都会把帝王的年号补全：周宣王五年、周宣王十二年。可以看出，在使用甲骨文和铭文记事的年代里，使用最高统治者的年号进行纪时已经比较普遍，但大部分使用的都是这种不完全的纪年方式，如果没有专门的考证，单纯依靠铭文本身，对于这种脱离具体语义环境的年份则很难确指。

甲骨文和金文的这种纪时方式尽管使用起来比较简便，但最大的问题就是时间一旦相隔稍远，就无法判断出确切的时间。另外，甲骨文与金文都是单独成篇，远未形成一个完整的叙事体系，这也限制了其形成一个完整规范的纪时系统。《春秋》则为有意识地将200多年的历史编于一册，在具体叙事时就有必要明确具体年份，也就需要明确具体的国君。这是历史叙事系统化发展的必然结果。

《春秋》以鲁国国君年号纪时的意义影响深远，从《春秋》开始，国君的年号被普遍运用于史书纪时，这些使用在史书中的年号，也逐渐变成了史书纪时体系中最大的一个"单位"。虽然帝王年号与"年、月、日"相比并不是一个长度固定的时间单位，有的帝王在位时间长达五六十年，有的则可能只有几个月，但是这种以帝王年号指代一段历史时期的做法在后代成了一种惯例。"汉武帝元狩四年""成化八年""乾隆五十八年"等年号如果只是使用与这些年号相对应的、后来从西方引进的公元前119年、公元1472年、公元1793年等来标示，就只是一个历史进程中普通的年份。但是，使用了某一位帝王的年号来纪时，有些时候就会使这段时间沾染上某种特定的感情色彩或褒贬意义。比如说到"汉武帝元狩四年"，总会让人联想到昂扬雄壮的塞外鏖兵和随之而来的埋骨沙场（李广即卒于此年）；说到"明代成化八年"，则会让人联想到妖孽宫廷中的群魔乱舞，很多反映忠奸斗争的文学作品喜欢把背景设置在"明代成化年间"；说到"乾隆五十八年"，则在感受繁华的同时又有一种老大帝国行将没落的怅惘。当然，这些都是帝王年号成为一种纪时传统后才会出现的特殊群体情感寄托方式，而《春秋》最早广泛系统地使用国君年号纪时，正是这种古老传统的开启者。

《春秋》已经形成稳定的纪时模式，杜预概括《春秋》的叙事体例为："记事者，以事系日，以日系月，以月系时，以时系年。所以纪远近，别同异也。故史之所记，必表年以首事，年有四时，故错举以为所记之名也。"① 根据杜预的归纳，《春秋》纪时采取的是"年、时、月、日"的体系。但实际上《春秋》完整的纪时模式为："某君、某年、某季、某月、某日"。例如，《春秋·隐公三年》："三年春王二月，己巳，日有食之"②，就包含了五层时间单位，只是省略"隐公"未标明而已。这种纪时模式按照由大到小的顺序排列，严密规整。针对《春秋》将"时"也就是季节这个时间单位列入纪时体系中这个问题，顾炎武指出："《春秋》时、月并书，于古未之见。……《春秋》独并举时、月者，以其为编年之史，有时、有月、有日，多是义例所存，不容于阙一也。"③ 杨伯峻也说："《春秋》纪月，必于每季之初标出春、夏、秋、冬四时，如'夏四月'、'秋七月'、'冬十月'。虽此季度无事可载，亦书之。考之卜辞、西周及春秋彝器铭文与《尚书》，书四时者，彝铭无一例。"④ 可见"季节"这个时间单位用于史书纪时，前所未见，从现存材料来看，为《春秋》首创。

但是《春秋》纪时也并不是每一处都包含有以上所有的时间单位，有时会省去月，有时会省去日。"隐公八年"这个年份所记事件密度较高，纪时方式较为多样，摘引如下：

<u>八年春</u>，宋公、卫侯遇于垂。<u>三月</u>，郑伯使宛来归邴。<u>庚寅</u>，我入邴。<u>夏六月己亥</u>，蔡侯考父卒。<u>辛亥</u>，宿男卒。<u>秋七月庚午</u>，宋公、齐侯、卫侯盟于瓦屋。<u>八月</u>，葬蔡宣公。<u>九月辛卯</u>，公及莒人盟于浮来。螟。<u>冬十有二月</u>，无骇卒。⑤

从以上引文的纪时方式可以看出，《春秋》纪时总体上的规则是严守"国君年号、年、季、月、日"的顺序，但在具体应用时，则经常有省略。为什么会省略某些时间单位呢？对于《春秋》这一部号称满是"微言大义"的儒家经典，人们已经习惯对其中的每一个字（很多时候甚至对没有写出来的文字）挖空心思地去寻找答案。比如对于这段经文中的纪时，《公羊

---

① 杜预注，孔颖达正义：《春秋左传正义》，见阮元《十三经注疏》，中华书局1980年版，第1703页。
② 杜预注，孔颖达正义：《春秋左传正义》，见阮元《十三经注疏》，中华书局1980年版，第1722页。
③ 顾炎武著，黄汝成集释：《日知录集释》，上海古籍出版社2014年版，第445页。
④ 杨伯峻：《春秋左传注》，中华书局1981年版，第5页。
⑤ 杜预注，孔颖达正义：《春秋左传正义》，见阮元《十三经注疏》，中华书局1980年版，第1732—1733页。

传》对于"庚寅,我入邴"为何纪日给出的解释是:"其日何?难也"①,意思是进入邴这个地方遇到了困难,所以特意标示出具体日期。再比如对于"八月,葬蔡宣公"这条的解释是:"卒何以日而葬不日?卒赴,而葬不告。"② 也就是说,诸侯去世需要赴告于周天子,而下葬不需要再通知天子,所以去世就有具体日期而葬则无。但是,这种解释的问题很明显:同样记载有具体日期的"秋七月庚午,宋公、齐侯、卫侯盟于瓦屋"以及"九月辛卯,公及莒人盟于浮来"两条,为什么《公羊传》就没有给出相应的解释?所以,以上这种纪时方面的差别其实并无深意,很有可能只是《春秋》的作者能够掌握和确定这几个事件的确切时间而记下了具体日期,另外几处缺失具体日期的情况则只是因为当时已经无法确定才缺载而已。孔颖达已指出:"其要盟、战败、崩薨、卒葬之属,虽不尽书日,而书日者多,是其本有详略也。……史非一人,辞无定式,故日月参差,不可齐等。"③ 顾炎武在《日知录》中也指出:

> 孔子生于昭、定、哀之世,文、宣、成、襄则所闻也,隐、桓、庄、闵、僖,则所传闻也。国史所载,策书之文,或有不备,孔子得据其所见以补之。至于所闻,则远矣!所传闻,则又远矣!虽得之于闻,必将参互以求其信。信则书之,疑者阙之,此其所以为异辞也。公子益师之卒,鲁史不书,其日远而无所考矣!以此释经,岂不甚易而实是乎?④

按照孔颖达和顾炎武的思路,《春秋》中有很多记载之所以出现纪时方式"参差不齐"的原因在于这些事件在当时就已经是"传闻",确切的时间已经无法考证。也就是说,以上有的事件记载了具体时间,有的则缺载,原因很可能只是材料的存缺而已。顾颉刚谈到这一问题时,引清人江永的解释表示认同:"疑当时《鲁春秋》惠公以上鲁史不存,夫子因其存者修之,未必有所取义也。"⑤ 这应当是最符合实际情况的推测。

---

① 何休注,徐彦疏:《春秋公羊传注疏》,见阮元《十三经注疏》,中华书局1980年版,第2209页。
② 何休注,徐彦疏:《春秋公羊传注疏》,见阮元《十三经注疏》,中华书局1980年版,第2209页。
③ 杜预注,孔颖达正义:《春秋左传正义》,见阮元《十三经注疏》,中华书局1980年版,第1703页。
④ 顾炎武著,黄汝成集释:《日知录集释》,上海古籍出版社2014年版,第101页。
⑤ 顾颉刚:《春秋三传及国语之综合研究》,巴蜀书社1988年版,第13页。

《春秋》纪时有一种特殊的情况，就是只纪时而不记事，例如《春秋》的第一句话就是"元年春，王正月"，没有记录任何事件。谭家健说《春秋》记事"逐年逐月，没有间断，而且准确可信"①，但实际的情况是，《春秋》纪时确实是"逐年逐月，没有间断"，记事则就完全谈不上了，这种情况在整部《春秋》中非常多见。李廉做过专门统计："无事书'春正月'者二十四，自隐公元年始；书'夏四月'者十一，自桓九年始；书'秋七月'者十七，自隐六年始；书'冬十月'者十一，自桓元年始。"②也就是说，此类只列时间而无记事的情况在《春秋》中共有63处之多。

　　《春秋》中这种情况随处可见，仿佛时间框架固定不变，历史事件只是被嵌入这个已经搭建完成的框架中，即使某一个时间单元没有事件可以记录，但也要将这一个时间单元分毫不差地填入整个框架体系中去。《春秋》在纪时方面具备非常严密的体例，这种对时间有着极度严苛要求的体例不仅是首创，而且可以说是后无来者。从文本表现来看，《春秋》"纪时"的特征要高于"记事"属性，或者说《春秋》的叙事框架（也就是时间框架）早就搭建完毕，事件则是按照所发生的时间被填入这个框架当中，事件可以缺失，时间框架本身却没有缺失的环节。

　　《春秋》纪时系统在精严之下仍然有些许例外，桓公四年、七年记事到夏为止，但是按照体例，即使秋冬无事，也应该记"秋七月"及"冬十月"。类似情况在定公十四年、昭公十年、僖公二十八年等处也出现过。按照经学家特别是今文学者们搜寻意义的习惯，这种缺省当然有深意存焉。比如公羊学者何休解释说："下去二时者，桓公无王而行，天子不能诛，反下聘之，故为贬，见其罪，明不宜。"③ 这种释经方式未免迂腐，还是孔颖达说得通达："《春秋》二百四十二年之间，有日无月者十四，有月无时者二，或史文先阙而仲尼不改，或仲尼备文而后人脱误。"④ 顾炎武也有类似的说法："皆《春秋》之阙文，后人之脱漏也。"⑤ 也就是说，这几处时间架构的缺失，应该只是常见的史籍佚文，而且缺失的这几个时间段落，相对于整部《春秋》200多年的时段来说，所占比例很小，并不影响整部

---

　① 谭家健：《中国古代散文史稿》，重庆出版社2006年版，第59页。
　② 转引自过常宝《先秦散文研究——早期文体及话语方式的生产》，人民出版社2009年版，第136页。
　③ 何休注，徐彦疏：《春秋公羊传注疏》，见阮元《十三经注疏》，中华书局1980年版，第2215页。
　④ 杜预注，孔颖达正义：《春秋左传正义》，见阮元《十三经注疏》，中华书局1980年版，第1703页。
　⑤ 顾炎武著，黄汝成集释：《日知录集释》，上海古籍出版社2014年版，第81页。

《春秋》纪时系统的严谨。

为什么《春秋》对于时间有如此异乎寻常的重视，甚至不肯留下一点时间的空白？善于挖掘《春秋》"大义"的《公羊传》以及《穀梁传》都注意到了这个问题。《公羊传·隐公六年》中说："此无事，何以书？《春秋》虽无事，首时过则书。首时过，何以书？《春秋》编年，四时具，然后为年。"①《穀梁传》则说："冬十月。无事焉，何以书？不遗时也。《春秋》编年，四时具而后为年。"② 这都是说，四时俱全才是完整的一年。《公羊传》和《穀梁传》作为专门解释《春秋》的作品，年代距离又不远，而且两部书都不约而同地将原因归之于"四时具而后为年"，这种观点应当得到重视。就连对公羊学派攻击甚深的孔颖达也持相同观点，他说："史之记事，一月无事不空举月，一时无事必空举时者，盖以四时不具，不成为岁，故时虽无事，必虚录首月。"③ 相对于《公羊传》和《穀梁传》整体释经时好做"微言大义"式的意义挖掘，孔颖达的观点在实质上却是从文本内部的架构方面进行解释。但《公羊传》和《穀梁传》两部书都注意到了《春秋》在叙事过程中搭建严谨时间架构的做法，并且认为这实际上反映了《春秋》对时间完整性的重视。钱穆曾指出："因若更不写一个王正月，恐人疑是史书有忘脱。故正月无事书二月，二月无事书三月，三月无事空写一个王正月，下面再接上夏四月，全部《春秋》皆如此。"④这种解释实际正延续了《公羊传》中的说法，"恐人疑是史书有忘脱"，正是指出了《春秋》作者搭建完整时间框架的叙事意图。时间是《春秋》叙事的根本框架，对完整时间框架的重视也就是对叙事整体性的重视，所以这种对于时间架构的追求其实饱含着来自于文本内部的叙事动力。这种绝对理性的时间结构布局，清楚地显示出《春秋》作者对于秩序的执着追求，这种对于秩序的追求又不是仅仅停留在表层结构之上，而是与《春秋》所要完成的叙事意义——理想道德体系的建构紧密相关。这种表层时间结构其实是深层叙事意义的直接反映。正如刘尚慈所说："如桓公九年只春冬两季有事记录，如果不书'夏，四月。秋，七月'，确实会有空落缺失不完整之感。"⑤ 尽管

---

① 何休注，徐彦疏：《春秋公羊传注疏》，见阮元《十三经注疏》，中华书局1980年版，第2208页。
② 范宁注，杨士勋疏：《春秋穀梁传注疏》，见阮元《十三经注疏》，中华书局1980年版，第2372页。
③ 杜预注，孔颖达正义：《春秋左传正义》，见阮元《十三经注疏》，中华书局1980年版，第1704页。
④ 钱穆：《中国史学名著》，生活·读书·新知三联书店2013年版，第28页。
⑤ 刘尚慈：《春秋公羊传译注》，中华书局2010年版，第39页。

我们不能完全同意后代经学家对于《春秋》"微言大义"的牵强解说，但绝不能否认《春秋》最重要的写作目的就是"褒善惩恶"式的道德评判，而达到道德评判目的最为直接有效的方式就是建立一种严谨且简单的叙事模式，在这个模式中，要求所有的叙事要素清楚、整齐地排列，才能够发挥直接、明确的作用。

另外，何休谈到这个问题时说："首，始也。时，四时也。过，历也。春以正月为始，夏以四月为始，秋以七月为始，冬以十月为始。历一时无事，则书其始月也。明王者当奉顺四时之正也。《尚书》曰'钦若昊天，历象日月星辰，敬授民时'是也。有事不月者，人道正则天道定矣。"① 这其实正反映了周人观念中时间并不是简单的自然现象，而是天地神灵意志的表现，神灵意志当然需要遵循，也就是需要"奉顺四时之正"，通过尊奉时序并严格地在叙事中表现这种时序，达到"人道正则天道定矣"的目的。司马迁也曾说："天下有道，则不失纪序；无道，则正朔不行于诸侯。"② 所谓"不失纪序"，就是纪时体制的正确完整，而这被认为是"天下有道"的重要象征，而与之相反的情况就是纪时系统出现问题，则意味着"无道"。《春秋》纪时体系的完整，正是尊奉神灵意志的反映。过常宝认为："古人认为四季时序是神灵意志的体现，而按时祭祀，并且依照神灵的意志来安排自己的活动，安排自己的人生节律，体现了人们对神灵意志的尊重和服从。这就是所谓'顺时而动'，它所体现的价值原则就是'时也'。"③ 从何休、司马迁开始，一直到现代学者，都注意到了这一点，即《春秋》严谨的时间框架这种外在形态，确实受到当时重视天地神灵这种文化背景的影响。

最后，时间的根本特征虽然在于不可逆、不可重复的线性发展，但对于尚处于蒙昧时代的先民而言，一系列能够体现出时间运转的自然现象：白天黑夜有规律的变化、月相以三十天为一个周期完成圆缺更迭、黄河流域四季分明的季节转换等，却又在向人们提出暗示——时间是"循环"的。而在当时的农业生产中，每个季节中特定的某一段时间又涉及农业社会的实际生产需要，在某个特定的时间段一定要进行某种农事操作，才能获得收成，这种来自于生产甚至是生存方面的压力又加重了时间循环观念在人

---

① 何休注，徐彦疏：《春秋公羊传注疏》，见阮元《十三经注疏》，中华书局1980年版，第2208页。
② 司马迁：《史记》，中华书局1959年版，第1258页。
③ 过常宝：《"春秋笔法"与古代史官的话语权力》，载《北京师范大学学报》2003年第1卷第4期。

们心中的影响。李约瑟曾指出:"在某种以农业为主的文明中,人们必须精确地了解在特定的时间做什么事,所以在中国进行的阴阳历法的颁行,乃是天子神圣的宇宙职责。"① 某些固定的也就是一直处于循环之中的时间段对于生产具有指导性意义,王权以控制历法发布权的方式来宣示自身权威,而最终王权的加入又使得这种循环的时间观念被进一步披上无可动摇的神圣性。《周易·泰》九三爻辞:"无往不复,天地际也"②,表达的就是这种往复运行的天地至理;《老子》中说:"万物并作,吾以观其复。夫物芸芸,各复归其根。"③这里形容的还是一种以循环往复的观念看待世界的心态。"江月年年只相似""月有阴晴圆缺"等这些说法虽然来自后代,但类似的循环时间观念在《春秋》那个时代已经成熟。在这种循环的时间观念中,最重要的就是固定,就是不能缺失,这也决定了《春秋》重视每一个时间段的结构方式。

综上所述,时间作为外部的叙事框架,在《春秋》中被一丝不苟地搭建起来的原因,既有来自文本内部的叙事动力,又受到外部文化背景的影响,并根基于古代中国农业立国的社会基础。

春秋时期使用的历法还不完善,仅以作为调整时间的闰法来说,《左传·文公元年》记载:"先王之正时也,履端于始,举正于中,归余于终。"④ 这句话里所谓"归余于终",就是指在岁末设置闰月。但这种岁末置闰方式并不稳定,陈梦家指出,殷人武丁时期年终十三月置闰,乙辛时则年中置闰,西周改为年终置闰,春秋文宣以后又改回年中置闰。⑤《左传·襄公二十七年》记载:"司历过也,再失闰矣"⑥;《史记·历书》中也有相似记载:"周襄王二十六年闰三月,而《春秋》非之。"⑦ 这说明在春秋时期不仅闰法不固定,而且失闰这类严重错误还在出现,这就表明早期历法仍处于完善当中。1975年出土的睡虎地秦简,有秦昭襄王元年到秦始皇三

---

① 乐黛云:《北美中国古典文学研究名家十年文选》,江苏人民出版社1997年版,第358页。
② 王弼注,孔颖达正义:《周易正义》,见阮元《十三经注疏》,中华书局1980年版,第28页。
③ 陈鼓应:《老子注译及评介》,中华书局1984年版,第121页。
④ 杜预注,孔颖达正义:《春秋左传正义》,见阮元《十三经注疏》,中华书局1980年版,第1836页。
⑤ 陈梦家:《殷墟卜辞综述》,中华书局1988年版,第218页。
⑥ 杜预注,孔颖达正义:《春秋左传正义》,见阮元《十三经注疏》,中华书局1980年版,第1704页。
⑦《史记》中这句话认为周襄王二十六年闰三月不合于历法规定,《春秋》对于这次置闰有非议,但查今本《春秋》,并无相关记录,不知司马迁所据为何。见司马迁《史记》,中华书局1959年版,第1259页。

十年的《编年记》,但在这部横跨 90 年的大事记中,大多数都只笼统纪年,比如"八年新城归",绝少有纪月,更未有纪日。① 这个事实正与司马迁在《六国年表》中的说法吻合:"独有《秦记》,又不载日月,其文略,不具。"② 睡虎地秦简的《编年记》要晚于《春秋》,但纪时方式相比之下却又极简略,这不仅说明早期纪时方式本身的发展并不是一路稳步向前,而且更凸显出《春秋》纪时方式成熟的可贵。

《春秋》作为中国第一部史书,使用并未达到完善的纪时工具,即以自身的叙事实践创立出了成熟且稳定的编年体时间架构,这说明《春秋》作者对于时间有深刻认识并给予高度重视,同时需要高度自觉的追求以及精巧的设计,而这种成就的取得同样离不开对前代纪时传统的继承。有的学者认为这种影响直接发生在两种文献之间:"如《春秋》记事,在王年、月、干支日等时间提示下,载录国家大事,其体例即受甲骨卜辞的影响。"③ 因为年代隔绝久远,现在已经不大好判断这种直接的影响关系是否真的存在,但是可以肯定的是,这种历经甲骨文、钟鼎铭文,直到《尚书》《逸周书》等文献中虽然有过停滞,但总的趋势却在不断演化成熟的纪时模式,作为大的文化背景和叙事基因一定给予《春秋》如此成熟的纪时体系以影响。《春秋》纪时体系的出现,并非来自某一位天才人物的独立创造,这既不是文化史的"飞跃发展",也不是文化发展过程中的"基因突变",而是建立在渊源有自的纪时体系演变基础上的创造。

第四节 《春秋》之后的编年体

《春秋》之后,比较典型的编年体史书当为《竹书纪年》。关于《竹书纪年》的体例,见过出土实物的杜预留下了珍贵的记载:

> 其纪年篇,起自夏殷周,皆三代王事,无诸国别也。唯特纪晋国,起自殇叔,次文侯、昭侯,以至曲沃庄伯。庄伯之十一年十一月、鲁隐公之元年正月也,皆用夏正建寅之月为岁首,编年相次。晋国灭,

---

① 黄盛璋:《云梦秦简〈编年记〉的初步研究》,载《考古学报》1977 年第 1 卷第 1 期。
② 司马迁:《史记》,中华书局 1959 年版,第 686 页。
③ 过常宝:《先秦散文研究——早期文体及话语方式的生成》,人民出版社 2009 年版,第 19 页。

独记魏事，下至魏哀王之二十年，盖魏国之史记也。①

杜预的话表明，《竹书纪年》至少在庄伯十一年到魏哀王二十年这段时间内，对事件记录的方式是"编年相次"，也就是编年体。比较可惜的是，整部《竹书纪年》早已亡佚，但通过一些片段，我们还是能够窥其一斑：

> 七年，芮伯万之母芮姜逐万，万出奔魏。八年，周师、虢师围魏，取芮伯万而东之。九年，戎人逆芮伯万于郏。
>
> 七年，大旱，地长生盐。九年，丹水出，相反击。十年九月，桃杏实。②

从以上两处片段能够看出，《竹书纪年》采用依时记事的方式，体例是比较典型的编年体。只从辑录本的情况来看，同样为编年记事，但时间框架似乎没有《春秋》严整，但记事却较《春秋》细致。《竹书纪年》的存在说明除了《春秋》之外，还存在着其他编年体史书，这种史书体例被应用得相当广泛。

《春秋》以严整的时间框架进行叙事，完成了我国编年体史书体例上的创设，编年体也是我国史书最早发展成熟的史书体例。刘知几在论及编年体史书的优点时说："夫《春秋》者，系日月而为次，列时岁以相续，中国外夷，同年共世，莫不备载其事，形于目前。"③确如刘知几所论，编年体最大的优势就是能够将同时段发生的事件汇总在一起，而这种方式又最能够反映出某个时段内最重要的历史发展状况。但是，《春秋》的编年体却存在一些问题。钱穆在《国学概论》中评价《春秋》："若谓谨事记录，不异诸史，则孔子不如丘明。……今称情而论，则《春秋》诚有功于文献，而粗略简陋，殆不胜后儒之尊美也。"④确如钱穆所说，《春秋》最主要的缺陷就在于叙事上的"粗略简陋"。首先，《春秋》叙事太简略，甚至根本算不上是真正的叙事，因为大部分事件只有标题式的简介，基本没有具体的描述，如果单独阅读《春秋》，对于很多历史事件，并不是知道得更清楚了，相反却会留下一头雾水；其次，《春秋》时间框架严谨之余就带来了死板的

---

① 杜预注，孔颖达正义：《春秋经传集解后序》，见阮元《十三经注疏》，中华书局1980年版，第2187页。
② 范祥雍订补：《古本竹书纪年辑校订补》，上海古籍出版社2011年版，第44、57页。
③ 刘知几撰，浦起龙释：《史通通释》，上海古籍出版社2009年版，第25页。
④ 钱穆：《国学概论》，商务印书馆1997年版，第8—12页。

缺陷，很多具有紧密联系的一系列事件被打散在不同的时间片段中，叙事上的碎片化，也就必然带来意义理解方面的不成体系。《春秋》编织了一张规矩谨严的时间大网，但在这张大网之下所记录的事件，仅从叙事内容的复杂性以及叙事手段的多样化来考察，不仅并无实质发展，对照有些长篇铭文甚至还多有退化。过常宝就指出过："《春秋》的叙事形式呈现出孤立、松散的特征，而这一叙事特征是和古代其他巫史文献，如甲骨文、钟鼎铭文相似。"①

《春秋》之后最为重要的史书就是号称"依经作传"的《春秋》三传——《春秋公羊传》《春秋穀梁传》和《春秋左氏传》。但是前面两种与以叙事为主的《左传》完全不同，"《公羊传》、《穀梁传》都将《春秋》纳入教义问答的结构之中，以此深入探究文本。它们的工作假设是认为孔子的道德判断曾编码为'微言'，所以注释应将文本解码为普通语言"②。两部书都采取问答形式，主体内容均为对《春秋》的分析和解说，所论内容又都不出儒家经义范畴，几乎没有叙事性，基本上是负载儒家大义的解经类著作，所以很难被认定为史书。《左传》则是《春秋》之后成就最高、叙事最为复杂的编年体史书。虽然是以《春秋》为纲组织叙事，但《左传》并不以解经为主要目的，在叙事中对经文多有超越。③

《左传》承袭《春秋》的编年史结构，但并没有囿于线性的叙事时间，对于时间这个编年体史书中最关键因素的具体运用，则显多变灵活，常常为了结构的完整与线索的清晰而采用更加多变的叙事方式。这表现在以下几个方面。

首先，《左传》不再严守《春秋》谨严有序的时间框架，而是"因事生文"：对于重大事件可以不惜花费笔墨详细铺陈，对于小事则只记梗概，而对于有些时间段，则干脆完全略过，会把《春秋》中如同"秋七月""冬十月"这样的时间框架完全抽走，不再保留。例如，《春秋》在隐公六年有"秋七月"，但以下并无事件，《左传》在缺省记事的同时，连"秋七月"这一时间标示词都省略掉了。而且对于一些不那么重要的事件，《左传》也

---

① 过常宝：《〈左传〉源于史官"传闻"制度考》，载《北京师范大学学报》2004年第1卷第4期。

② 孙康宜、宇文所安：《剑桥中国文学史》（上册），生活·读书·新知三联书店2013年版，第76页。

③ 比如刘知几就说："观《左传》之释经也，言见经文而事详传内，或传无而经有，或经阙而传存。"见刘知几撰、浦起龙释《史通通释》，上海古籍出版社2009年版，第10页。杨伯峻就将《左传》与《春秋》的不同简单概括为：《左传》将几条经文合写为一条；《左传》多无经之传；《左传》对经文的直接纠正等。见杨伯峻《春秋左传注》，中华书局1981年版，第25页。

会省略不记。比如《春秋》于庄公二十三年这一年记事"春夏秋冬"俱全，但是《左传》则记完"秋，丹桓宫之楹"后，就结束了这一年的叙事，《春秋》中则有"冬，十有一月，曹伯射姑卒。十有二月，甲寅，公会齐侯盟于扈"①，发生在冬季的这两件事都被《左传》省略掉了。相反，对于重要事件，《左传》会倾斜很多笔墨，尽量详尽地展现事件的来龙去脉。钱穆在《国学概论》中指出："左氏之书，成之者非一人，录之者非一世，可谓富矣。而夫子当时未必见也。史之所不书，则虽圣人有所不知焉者。"② 这种叙事上变《春秋》平均分配笔墨为有详有略的安排，特别有利于显示某些事件的重要性：无须进行额外的说明或者评论，从叙事内容所占的比重上就可以展示出事件的重要程度。这之后的史书，基本都不会平均分配笔墨，而是延续《左传》这种根据事件重要程度而进行重点叙事的方式。

其次，《左传》较为频繁地使用倒叙和预叙的叙事方法，将原本发生在不同时间的事件整合在一起，造成远较《春秋》意义清晰得多的叙事效果。

叙事方式中有一种方式就是因为《左传》的大面积使用而成熟的，那就是倒叙。《左传》倒叙常用"初"字领起，这种辨识度很高的倒叙共有86次之多，③而还有相当多的倒叙并没有使用"初"字领起。这是《左传》在试图解释"现在"的问题而不得不回到"过去"去找寻答案而采取的"闪回"式叙事方式，这明显是对于编年体"依时叙事"的一种突破。倒叙这种叙事方式与时间关系密切，从时间的角度来看就是站在"现在"来阐释"过去"。如此阐释的结果，通常会赋予先前发生的事件全然不同的意义，因为一旦身处事后，在得知一系列事件的整体情况后，在了解某个人物一生的成败功绩后，再来回忆式地书写整个过程时，不可能不把后来的"结果"投射到"前因"之上，这样写作的结果就是使得前序事件的意义全部被这个"结果"所笼罩。例如，《左传·宣公二年》：

> 秋九月，晋侯饮赵盾酒，伏甲将攻之。……初，宣子田于首山，舍于翳桑，见灵辄饿，问其病。曰："不食三日矣。"食之，舍其半。问之，曰："宦三年矣，未知母之存否，今近焉，请以遗之。"使尽之，而为之箪食与肉，置诸橐以与之。既而与为公介，倒戟以御公徒，而

---

① 杜预注，孔颖达正义：《春秋左传正义》，见阮元《十三经注疏》，中华书局1980年版，第1778—1779页。
② 钱穆：《国学概论》，商务印书馆1997年版，第13页。
③ 傅修延：《先秦叙事研究——关于中国叙事传统的形成》，东方出版社1999年版，第201页。

免之。问何故。对曰:"翳桑之饿人也。"问其名居,不告而退,遂自亡也。①

晋灵公埋伏甲士攻杀赵盾,在原本应该充满紧张感的叙事中,《左传》突然以"初"字领起赵盾之前救治灵辄的事件,这样一来灵辄救护赵盾就有了可理解的意义:灵辄是知恩图报,而赵盾则因为平日能够救护困苦从而才能在危机时刻豁免于难。《左传·隐公元年》记载的"郑伯克段于鄢"事件,有着类似的情况:郑庄公攻灭反叛的弟弟这件事发生在隐公元年,但以"初"字领起的庄公之弟共叔段何以得宠、如何积极准备反叛、庄公如何表面纵容这一系列事件,都属于前序事件。这其中最重要的是庄公两次拒绝了大臣抑制共叔段扩大势力的建议,一直在纵容自己的弟弟,但因为后来庄公对共叔段给予致命一击,前序事件的意义一下发生了反转:原来郑庄公对于弟弟的反叛一直洞若观火并且有充分准备,只等时机成熟从而彻底消灭。

人们获知事件的顺序或者说对于事件意义进行解释的顺序在大部分时候与事件本身发生的顺序是不同的,很多时候,是在获知后续事件之后,才去寻找此前发生过的"相关"事件,并将这一系列事件编排在一起,并赋予其意义,从而使最早发生的那个事件得到全新的阐释。倒叙这种叙事方式正是这种认识方式的文本表现。

《左传》预叙的实现主要通过各种占卜、预言、灾异、梦兆等来实现,根据已有统计,《左传》中共有神异记录105条,② 这其中大部分的功能都指向预叙。虽然这些具体的叙事方式有一层虚构不实的外衣,但是却能通过提前告知或暗示结果的方式,将原本时间上相隔很远的事件联系起来。《左传·僖公三十三年》记载了这样一个预言:

> 三十三年春,秦师过周北门,左右免胄而下。超乘者三百乘。王孙满尚幼,观之,言于王曰:"秦师轻而无礼,必败。轻则寡谋,无礼则脱。入险而脱。又不能谋,能无败乎?"③

---

① 杜预注,孔颖达正义:《春秋左传正义》,见阮元《十三经注疏》,中华书局1980年版,第1867页。
② 周旻:《左传研究》,北京师范大学博士学位论文,2001年。
③ 杜预注,孔颖达正义:《春秋左传正义》,见阮元《十三经注疏》,中华书局1980年版,第1833页。

无论是倒叙还是预叙，实质上都是对事件发生自然时间的破坏和重新排列，通过这样的方式，事件本身的各个情节可能并没有发生内容上的变化，但是这种结构性变化就足以改变读者对于整个事件原有意义的理解。如前所述，倒叙提前告知事件的结果，这种方式就将倒叙引出的前序事件涵盖在后续事件之中，自然地与后续事件构成了因果关系。预叙在将事件结果明确告知读者后，主要的叙事任务就变成将如何实现这个已经确定结果的过程交代清楚，所以预叙这种方式在结果已知的情况下同样是有悬念的，有学者将其称为"过程性悬念"①。而在大多数时候，"过程性悬念"因为将结果如何实现作为叙事的重心，那么事件当中蕴含的意义就得以凸显，在《左传》中通常表现为道德说教。刘知几对预叙这种叙事方法曾做出过尖锐批评："若乃前事已往，后来追证，课彼虚说，成此游词，多见其老生常谈，徒烦翰墨者矣。"②但实际上，预叙不仅起到勾连情节的结构性作用，在很多时候还起到了建构意义表达的作用。王靖宇谈到《左传》叙事方面的进步时指出："显然不仅仅是对一系列事件的罗列，它还意味着一种尝试，即把所报告的种种孤立事件联系起来，从混乱而不连贯的往事中找出某种道理和意义。"③

编年体在包含有多种叙事体例的《史记》中仍然存在，几乎所有的本纪都使用编年体，但基本只记载重大事件，相比《春秋》时间上的严密以及《左传》叙事上的详瞻，这些本纪所记事件就要疏朗得多。另外，后代的一些史书虽然体例并不是编年体，但是在叙事过程中，无论是以地域为划分标准的国别体，还是以人物传记为核心的纪传体，绝大部分都按照时序进行叙事。就连《国语》和《战国策》这样在大部分时候对于时间信息都忽略掉的史书，各个独立的事件之间也大体依照时序进行排列。④ 编年体史书的核心叙事特征就是依照时序进行叙事，这从本质上符合时间顺时前进的自然规律，因而依照时序记事也自然地成为几乎所有叙事门类组织材料并进而表达意义的首选方式。对于一系列事件，想要将其理出头绪并总结出特定意义最简单也是最有效的组织方式就是按照时间顺序进行排列，所以即使那些非编年体的史书，在具体叙事过程中，依然能够看到比较明显的编年叙事痕迹。"时间是人类经验得以显影的最基本的一种范畴，人类

---

① "倒述与预述都能制造悬疑，只是制造方式不同。……倒叙是结构性悬疑，预叙是过程性悬疑。"见赵毅衡《苦恼的叙述者》，四川文艺出版社2013年版，第161页。
② 刘知几撰，浦起龙释：《史通通释》，上海古籍出版社2009年版，第62页。
③ 王靖宇：《左传与中国传统小说论集》，北京大学出版社1989年版，第38页。
④ 可参看周峰、郝建杰《国语文系年注析》，广西师范大学出版社2011年版，第7页；柯镇昌《战国策文系年注析》，广西师范大学出版社2014年版，第7页。

生命意识的觉醒便是从时间意识的形成而开始的。"① 对于编年体的性质以及体例方面的优势,刘知几做出过精到的总结:"系日月而为次,列岁时以相续;中国外夷,同年共世,莫不备载其事,形于目前。"② 周晓瑜评价说这段话"首先从时间的顺序性与持续性指出编年体的结果特征;其次从空间的广延性和伸张性上指出编年体的内容编排"③。确实如刘知几所论,根植于时间观念的编年体史书是成熟最早的史书体例,同时也是影响最深远的一种叙事方式,原因就在于这种体例特别适合从宏观角度将一个阶段的所有历史现象都涵盖进来。编年体在中国叙事文学中的影响在后代就超越了史书的界限,后代虚构的小说中都表现出对于时间的高度重视,赵毅衡在分析了《水浒传》中的例子后指出:"如此不厌其烦地交代时间接续方式,用了许多指点干预,无非是再三证明时间上已全部交代清楚,并不是真害怕读者会搞不懂,而是借此机会强调线性叙述的完整。"④ 虚构文学作品本不需要强调时间的完整,因为其所叙事实本身就并不真实,这种潜在的对叙事时间的重视,应当来自编年体史书的影响。

　　但是对于编年体这种成熟最早的史书体例,我们需要承认,以上论述到的这些叙事技巧在面对固有叙事体例时能够起到的弥合作用,其实非常有限。比如《左传》中有关重耳流亡的记录,重耳首次出场是在庄公二十八年,这一年晋献公在骊姬蛊惑下驱逐群公子,重耳也被安置在蒲城,直到僖公二十四年重耳在秦国支持下结束流亡生活归国即位,这中间相隔了31年时间。《左传》中另一位重要人物子产与重耳的情况非常类似,在襄公八年,还是"童子"的子产即对国事发表自己独特的见解,直到昭公二十年在去世前向继任者以水火之别喻政,子产的事迹至此全部结束。作为被孔子崇敬赞赏的"古之遗爱"、春秋时期最成功的政治家,子产的事迹散落在襄公八年到昭公二十年这44年当中。另外,《左传·哀公十二年》在记录郑、宋之间的一场冲突时,还补叙了一段子产之前从大局出发让地于宋的事件,但此时距离子产去世已经整整40年了。如果再算上这一段补叙,子产的事迹在《左传》中横跨了将近百年时间。历史叙事发展到《左传》,无论是外部对于史书的社会期待,还是文本内部的发展需要,都已经达到了一个新的高度——对于历史意义的寻找及解读超越了对于历史事件简单的记录,成为史书叙事需要达成的最高目标。而以上这种对于重要历史人

---

① 徐岱:《小说叙事学》,商务印书馆2010年版,第275页。
② 刘知几撰,浦起龙释:《史通通释》,上海古籍出版社2009年版,第25页。
③ 周晓瑜:《编年体史籍的时间结构》,载《文史哲》2004年第1期。
④ 赵毅衡:《苦恼的叙述者》,四川文艺出版社2013年版,第128页。

物如重耳、子产事迹的分散记载，对于构建一个易于被读者理解的历史人物形象并通过这一形象传达更进一步的意义，则非常不利。如果读者想要建立起对重耳、子产这两个人物的整体理解，如果不在《左传》中进行专门地翻检寻找，是很难做到的。《左传》承袭了《春秋》的编年体例，但已经在很多地方溢出了线性的叙事时间，常常为了结构的完整与线索的清晰而采用了插叙、倒叙等叙事方式，用来弥补编年体例的天然缺陷。对于某位历史人物的整体理解，编年体已经可能造成如此的障碍，对于一件头绪繁多、历时较长的历史事件，就更会造成整体意义理解方面的问题。亚里士多德曾说："缀段性的情节是所有情节中最坏的一种，我所谓缀段性情节是前后毫无因果关系而串接成的情节。"[①] 这里所说的"缀段性情节"其实就是指将一个宏大历史事件的前因后果打散后再进入编年体史书所形成的叙事文本，这样的叙事确实存有"前后毫无因果关系"的问题。史书叙事最早采用的编年体例因为以时序为纲目，所以在早期可以很便利地将历史事件按照时间发展顺序编排起来。但是待到需要从更长的时间段、从更加复杂的角度对历史事件、历史人物进行记载时，编年体的天然缺陷就显露出来，并且几乎是无法克服的。既然编年体已经无法更有效地完成对于历史意义解读这项任务，史书叙事期待着一种全新史书体例的诞生。实际上，《左传》的作者已经意识到这一问题，并且在个别部分采取了大胆的创新，力图从根本上突破编年体例的桎梏。

---

① 亚里士多德著，陈中梅译注：《诗学》，商务印书馆1996年版，第89页。

第二章　早期史书的空间叙事——
　　　　国别体史书的叙事策略

刘勰在《文心雕龙》中说："文之思也,其神远矣。故寂然凝虑,思接千载;悄然动容,视通万里。"① 这句话正指出了所有的文章都应当具备时间和空间因素的特点,具体表现为"思接千载"以及"视通万里"。这种情况在历史叙事中尤为重要,史书中所有的人物和事件都存在于一定的时空之内,时间和空间是历史叙事必不可少的基本要素:一切人物和事件都在一定的时间和空间中展开,时间和空间是所有历史因素得以存在的基本因素。中国最早的史书体例也正是沿着时间与空间这两个基本要素而展开的。本章将讨论中国早期史书叙事中的空间因素以及受空间因素影响最大的国别体史书的表现形态及叙事方式。

第一节　国别体史书产生的基础——空间概念的出现
　　　　以及"分地记事"模式的萌芽

从现今学界的普遍认识来看,一般认为国别体创始于《国语》,这是一种以地域为纲记录历史的方式。国别体史书与编年体史书在体制编排方面有类似处,即都以空间或时间这种"自然"的标准作为整齐篇章、搭建结构的标准或线索。与编年体建立在对于时间认知基础之上相类似,国别体史书在体例方面出现的基础是人们对于地域方位具有相当程度的认知,在此基础上才能进行分国叙事。

根据已有统计,"卜辞所记载的地名约在五百个以上"②,可见在甲骨文时代人们对于地理相关知识不仅给予充分关注,而且已经取得了相当大的成就。从人们对现实世界的感受以及认知顺序来看,地点相对于时间更加

---

① 刘勰著,范文澜注:《文心雕龙注》,人民文学出版社1958年版,第493页。
② 陈梦家:《殷墟卜辞综述》,中华书局1988年版,第249页。

直观，相对于时间概念，空间观念以及一系列概念出现得更早，空间观念甚至对于时间观念的产生具有直接启发意义。有学者即指出："在蒙昧的时代，时间概念原就是倚赖空间概念而建立的；初民对于抽象时间的认识，多借助于所处空间中事物之具体情状和光影变化来作区分。"① 但是从史书体例发展来看，"依地记事"的出现迟于"依时记事"，而且与时间因素相比，空间因素在史书叙事中所起的作用也要小得多。

与全然抽象的时间不同，某个地点、某个区域是一个可以直接感知的实物，但这一地点或区域如何进入语言系统，该使用怎样的方式将这个地方说清楚，则需要定位方式的出现以及成熟且系统的表达方式。在这一过程中，"左右""四方"以及"中"这些概念产生最早，也最为关键。

"左右"应当是人类最早产生的空间概念，这两个方向的产生来自于人类双手也就是左右手的指代。甲骨文中即以左手ㄣ象形左，以右手ㄋ象形右；金文与之类似，左写作"ㄕ"，右写作"ㄋ"。我们可以想象，当时人们使用"左""右"指示方向时，与今天并无太大差别：伸出左手指示左边，右手则代表右侧。这应该是人们最早使用的方位词。尽管非常方便，但使用"左右"指示方向存在一个巨大且无法克服的问题，那就是这一对方向指示系统太过于依靠行为主体的位置，指示方向的个体甚至不需要改变位置而只需稍作转向，所示方向就发生了变化。正因为能够指示的方向存在不确定性，"左右"这一对空间概念尽管使用方便且产生时间甚早，但却不能成为准确的空间指示标准，特别是很难脱离实际环境而进入文字这类抽象表意系统中。但是值得注意的是，进入文明社会后，"左右"在中国具备了另外一种重要的功能——区分尊卑，而且尚左或尚右的习惯并不固定，随时代而变化。大体来讲，在先秦时代，战国之前尚左较多，战国至汉则变为尚右。例如，《礼记·祭义》记载："建国之神位，右社稷而左宗庙"，郑玄注："周尚左也"，② 在周代，处于左边的宗庙地位要高于位于右侧的社稷。汉代建国后设左右丞相，但以右为尊，最典型的例子是汉文帝即位后大力提拔对其拥立有功的周勃："于是乃以太尉勃为右丞相，位第

---

① 邱宜文：《时空之钥——〈山海经〉的神秘数字探析》，载《东南大学学报》2004 年第 1 卷第 1 期。
② 郑玄注，孔颖达正义：《礼记正义》，见阮元《十三经注疏》，中华书局 1980 年版，第 1601 页。

一；平徙为左丞相，位第二。"① 这条记录明确说明了汉代以右为尊的情况。②

"四方"的概念是继"左右"而起较早的空间概念。与"左右"以说话人为中心而时常变化从而有无法确指的缺点不同，"四方"这一组概念是不变的，绝对性很强，因而实用性也就更强，可以成为更进一步确定方位的基础概念。唐兰在《释四方之名》中指出："四方之名，最初见于《尧典》，然《虞夏》书多后世追述，未可信据也。惟卜辞习见东西南北之称，足证其名在商世已甚通用矣。"③ 殷商时期的甲骨文中频繁出现四方之名，足以说明这一组概念产生时间极早。甲骨文中"东西南北"四字分别写作：🀰、⊗、🀱、🀲。但这四个字都属假借使用，对于这四个字唐兰曾做过较为细致的考证并进而总结说：

> 依文字学观点，四方之名，均无专字，仅就他字引申或假借为之，其发生必在既有此诸字以后。然方向之名称，在原始语言中，或已发生，未必不在文字发生以前也。……如于语源方面作冒险之推测，则东西南北四字，似与日光有关。东西者，日所出入，日出而动，日入而栖息，故东动声近，西与息亦声近也。④

这种说法指出了作为辨识方位基础的"四方"概念，很有可能是以太阳作为标识而产生的。直到《礼记·祭义》中还有这样的说法："祭日于坛，祭月于坎，以别幽明，以制上下。祭日于东，祭月于西，以别外内，以端其位。日出于东，月生于西，阴阳长短，终始相巡，以致天下之和。"⑤ 这说明，人们对于"东西"这两个方向的认识根源于太阳、月亮的运行规律。殷人尚神鬼，所以殷人观念中的"四方"还与神灵纠缠在一起，陈梦家指出："四个方向之帝，配四个方向之风；四个之帝名即四方之名。四方的帝名与方名有专名，如东方曰析。在地方帝之上有一'上帝'。殷之四方

---

① 班固：《汉书》，中华书局 1962 年版，第 2049 页。
② 汉代尚右其实只是一个能够涵盖大部分情况的说法，至少在军队系统中还有尚左的习惯。见姚国旺《西汉官制尊右尊左考》，载《历史研究》1987 年第 1 卷第 3 期。又见庄春波《也谈汉代官制的尚左与尚右》，载《历史研究》1988 年第 1 卷第 3 期。
③ 唐兰：《释四方之名》，载《考古社刊》1936 年第 1 卷第 4 期。
④ 唐兰：《释四方之名》，载《考古社刊》1936 年第 1 卷第 4 期。
⑤ 郑玄注，孔颖达正义：《礼记正义》，见阮元《十三经注疏》，中华书局 1980 年版，第 1595 页。

帝与上帝是只与方位有关的。"① 这些方位既然与神灵具有同等意义，可见在殷人观念系统中对于方位的重视。虽然在文字方面属于假借而用，但殷人已有明确的"四方"观念应无疑问。

"四方"这一组概念不再借助于人的位置而相对固定，这不仅对于人们表达、标记自己的生活空间有极大的帮助，而且成为人们进一步认识、表述更大范围空间的基础。根据陈梦家的总结，卜辞中地名的命名方式已经普遍出现在单名前或后加上方位字的情况，比如中商、南洮、北洮、攸东、京北、邑南等。② 这一类地名的出现，说明当时以某一个地方为中心或坐标，再与方位观念相结合从而将所能认识、表达的区域延伸出去的观念已经很成熟，借助于这些方位词，人们对于地理区域的认识可以得到极大扩展。中国最早的地理类书籍《山海经》中的《五藏山经》，就是以这种方式将空间认识向外扩张。比如《南山经》开篇即说："《南山经》之首曰鹊山"，介绍完鹊山物产后，依次介绍："又东三百里，曰堂庭之山""又东三百八十里，曰猨翼之山"等，最后总结："凡鹊山之首，自招摇之山，以至箕尾之山，凡十山，二千九百五十里。"③ 也就是说，从鹊山开始，一直向东方延伸了近三千里，记录了十座山。《西山经》《北山经》《东山经》《中山经》都是如此编排。虽然所列举的地名以及物产均无法确指，甚至荒诞不经，但是这种以某个地方作为中心或起点的空间延伸意识应当与以上甲骨文地点的命名方式一脉相承。就连今天仍在使用的地名，很多还采用此种命名方式，仅省级地名就有山东、山西、河南、河北、湖南、湖北等，这一地点命名模式的影响可谓深远。

另外，与"四方"这一组概念相关，在中国传统空间体系中极为重要的就是"中"。"中"这个词在甲骨文中经常与"左右"连用，比如以下两条卜辞：

丁酉贞：王作三师，右中左。
丙申卜。贞：肇马左右中人三百。④

可以看出，"中"与"左右"连用的情况都涉及军队的队列或阵型，而军事为当时最受重视的活动，对于方位情况的掌握有较为准确的要求，

---

① 陈梦家：《殷墟卜辞综述》，中华书局1988年版，第591页。
② 陈梦家：《殷墟卜辞综述》，中华书局1988年版，第253—254页。
③ 袁珂：《山海经校注》，北京联合出版公司2014年版，第1—7页。
④ 胡厚宣：《甲骨文合集释文》，中国社会科学出版社2009年版，第1358页。

"中"这个方位词在军事活动中得到了广泛运用，意为己方阵型的核心位置。"中国"这个词在《诗经》时代就有了统治核心区域的意思，例如，《民劳》第一章："惠此中国，以绥四方"，第三章又说："惠此京师，以绥四国"，① 可以看出，在这首诗中，"中国"与"四方"对举，而且"中国"与"京师"同义，"中国"就是指周王朝的核心区域。陈梦家曾经总结说，当时与"四方"相对应的还有"王国""周邦""有周"等。② 所以，"中国"或者"中"这个方位词应当与"周邦""有周"同义，都是指周人生活的核心区域。实际上，不仅周人如此表达，之前的商人也频繁使用"天邑商""大邑商""大邑"这样"尊贵"的称呼来指称自己居住的核心区域，③ 只是周人使用的"中"和"中国"在后代影响更深远。"中"这个方位词很早就带有比较鲜明的政治色彩：这是一种从部族优越感生发出来的空间优越感，并进而发展为文化优越感。从商周开始，这种居于"大"、居于"中"的优越感一直延续下来：在古代中国人的观念里，历史悠久、文化优越的汉族人另一个值得骄傲的地方，就是居住在整个世界的中心。"中华"这个词中"华"的意义比较丰富，文化方面自我夸赞的意义浓厚，但是"中"的意思很简单：就是居于中心。

其实以上所举《山海经》中依次介绍"南西北东"各个方向上诸座大山的方式，就是以一个地点作为"中心"而延伸出去的思路，在这个空间指示体系中，作为"中"的这个起始坐标非常重要。这种以某个地方作为中心对其他地点进行命名的思维方式，在更加深刻的层面上影响了后世使用地理概念进行记事的方式。后代的国别体史书，虽然记事分国分地域，但总有一个叙事的"中心"，这个"中心"并不是指处于真正地理上的核心位置，在意义表达方面通常表现为叙事立场，这在《三国志》这部国别体史书中表现得最为明显。在这一历史时期，魏、蜀、吴三个割据而立的政权三分天下，但《三国志》的作者在记录这一时期历史时，则尊魏为正统，《蜀书》《吴书》甚至不列本纪，整体叙事以曹魏为中心的特点异常鲜明。当然，作为国别体史书记事的标准，并不是自然地理，而是用以区分不同政权的国家或诸侯国的疆域划分。但是这种与行政区划相关的划分在具备政治概念的同时也是一种地理概念，所谓的"国别"，不仅指政权差别，还指地域上的不一致。

---

① 郑玄注，孔颖达正义：《礼记正义》，见阮元《十三经注疏》，中华书局1980年版，第548页。
② 陈梦家：《殷墟卜辞综述》，中华书局1988年版，第320页。
③ 陈梦家：《殷墟卜辞综述》，中华书局1988年版，第321页。

因为商人特别重视祭祀，所以在卜辞之中还存有另一种空间指示系统。陈梦家指出："宗庙神主排列是分高下、先后、左右、内外的，此种分别乃按亲属关系和生卒及位的先后为序，所以一方面表示神主的方位，一方面也表示神主的序次。"① 属于这一系统的方位词大都成对出现，比如陈梦家归纳出的"高后""大中小""上下""外内"等。但是，这种系统因为本身包含有比较强烈的表示序次的功能，所以像其中用以分"高下"、别"先后"、区分"内外"的这些方位词，意义逐渐向表示序次尊卑等方面集中，标示方位空间的意义则趋弱了。

从以上论述可知，至少在殷商时代，人们就已经具备了成熟的空间观念。葛兆光谈到殷商时代空间观念时，有过一段较为系统的归纳：

> 殷商时代已经具有了相当完整的空间秩序观念，大邑商是天下之中，四夷是四方，除了在天的中央有象征了始基意味的"帝"之外，殷商时代还有地之中央象征了大地的大邑商的社神，而以"东"、"西"命名的很可能是"帝"之辅佐的"东"、"西"神祇，四方又各有其神。他们相信，自己所在处是中央，而四夷就是四方，他们头顶上是天，四方都围绕着他的头上的"天"在出入旋转。②

由此可见，殷商时代人们的空间观念已经形成了成熟的系统。另外，根据中国台湾地区学者邱宜文的说法，"四方"这一概念还与《山海经》中体现出的对于"四"这个数字的崇拜密切相关："'四'数之神秘魔力很可能就源自于人类'空间'意义的诞生"。而"四方"再加上"中"则决定了《山海经》中对于数字"五"的崇拜："圣数五，标示'世界之中'，有'完美'、'圆满'之意；此数是为'帝数'，在《山海经》里为数之至吉。"③ 虽然这种说法还不能坐实，但这种对于自然地理、宇宙空间的认识，因为是本原性非常强的宇宙天地秩序，所以对于人们其他观念的形成，一定会产生重要影响。这种影响除了以上学者所指出的空间观念与数字崇拜之间的联系以外，以地域为主要标准的国别体史书的产生以及一系列相关特点的形成，也主要根源于以上这些空间观念。

另外，尽管我们将"时间—编年体"与"空间—国别体"分开讨论，

---

① 陈梦家：《殷墟卜辞综述》，中华书局1988年版，第120页。
② 葛兆光：《中国思想史》（第一卷），复旦大学出版社2004年版，第22—23页。
③ 邱宜文：《时空之钥——〈山海经〉的神秘数字探析》，载《东南大学学报》2004年第1卷第1期。

但实际上时间与空间概念的成熟在很大程度上是同步完成的，很多纪时方式的进步来自于生活空间拓展后的推动甚至是倒逼，而更精准纪时系统的出现同样有赖于空间地理知识的提升。对于这种关系，刘宗迪阐释得很清楚：

> 方圆几十里、上百里的部落社会根据当地动、植物的物候变化和《大荒经》那样的望山观日的授时历法也就足以应付农时的需要了。但当社会发展，国家疆域扩大，这种依赖于区域地形地貌和气候水文条件的原始历法就丧失了普适性，因此难以在举国之内通行无误了，于是，不再依赖地域性标志的立表测影方法就应运而生。而一旦天下万国融会为一个疆域辽阔的王国，立表测影的方法由于其观测结果与地理纬度的相关也失去了普适性，于是，诸如二十八宿、十二次等完全脱离地理参照物而以恒星背景为依据的天文坐标系就建立了起来，直到这时，才进入成熟的天文历法时代。①

既然纪时体系的演变依赖于人们生存空间的拓展，那么商代甲骨文当中已经发展成熟的纪时系统也就说明在那个年代人们对于生存空间的探索已经相当广远，否则无法支撑起精准纪时系统的不断进化。

空间观念及表达方式在周代的钟鼎铭文中还有新的发展。断代为西周晚期周厉王时铸造的散氏盘，铭文主体内容是记载两国贵族对争议土地进行划界一事，其中表现出来的地理空间观念已经非常纯熟，铭文中对争议土地的空间存在进行了准确的界定：

> 封于单道，封于原道，封于周道。以东，封于桮东强。右还，封于履道。以南，封于仇道。以西，至于莫。履井邑田。自棍木道左至于井邑，封，道以东，一封，还，以西一封，陟刚三封。降以南，封于同道。陟州刚，登，冈，降械二封。②

这段铭文步骤分明地记录了对双方存有争议地域进行勘定的整个过程，其中所使用的地点标记方法，与后代已经非常类似。这条记录充分说明到

---

① 刘宗迪：《失落的天书——〈山海经〉与古代华夏世界观》（增订本），商务印书馆2016年版，第386页。
② 中国社会科学院考古研究所：《殷周金文集成释文》，香港中文大学出版社2001年版，卷六第134—135页。

了周代，人们已经能够使用较为有效且精确的方式表达一个确定的空间。

另外，根据傅修延的研究，周代铭文中多次出现"某人在某地做某事"这样一种叙事模式，这表明当时已经初步形成了一种"某人在某地，某事行于某处"的思维方式，这应该是以地域为线索记录事件的发端。①

《左传·襄公四年》有这样的记载："芒芒禹迹，画为九州"②，所以，在古代中国，《禹贡》被普遍认为就是大禹治水时通过跋山涉水得来的第一手有关各地山川、河流、物产等知识的汇编，近年发现的燹公盨铭文开篇也有类似的说法："天令禹敷土，堕山浚川"③，又与以上《左传》的记载相合。虽然以现代学术眼光来看，这篇文字并不能与大禹直接联系起来，但是《禹贡》篇集中记录了九州、四山、九河、五服等地域区划及相应物产等中国早期的地理知识，学者们普遍认为这是古老的较有系统的地理撰述。虽然这种地理撰述与以地域为区划的国别体史书还不能画上等号，但《禹贡》篇的出现确定无疑地说明当时人们对于中华大地的地理情况已经有了大致精确的掌握，对于主要的山川河流等标志性很强的地理符号更是有了清晰的认识。相比《山海经》的虚幻，《禹贡》的地理知识更加征实，而且更为重要的是，《禹贡》中所描绘的"天下九州"的图景，很明显并不是纯粹自然地理的划分，基本上是从行政区划角度进行考量的结果。这种空间整体把握比《山海经》那种"一山望一山"的空间推演具备更加清晰的整体观念，华夏"九州"也成为后代对中国地理形势、政治区划最具认同感的一个概念。另外，《禹贡》篇在篇尾提出的所谓"甸服""侯服""绥服""要服""荒服"等"五服"制度，其中明显体现出以王朝统治的核心区域作为"中"，并依次向外扩展的空间思维方式。这种构想虽然从未在现实中得以实现，但却是整个周代理想政治区划的范本，并成为后代想象中最理想的政治图景以及最具有号召意义的政治口号。所以，《禹贡》中的空间观念无论是征实的"九州"，还是虚幻的"五服"，都对后代中国构建完整的地理观念产生了极其重要的影响。

总之，空间观念的系统出现和成熟以及被人们越来越纯熟地应用甚至是成为崇拜对象，这为分国记事的国别体史书的出现，进行了必要的观念方面的准备。

---

① 傅修延：《先秦叙事研究——关于中国叙事传统的形成》，东方出版社1999年版，第59—60页。

② 杜预注，孔颖达正义：《春秋左传正义》，见阮元《十三经注疏》，中华书局1980年版，第1933页。

③ 裘锡圭：《燹公盨铭文考释》，见裘锡圭《中国出土古文献十讲》，复旦大学出版社2008年版，第46—77页。

第二节　分地记事的早期形态——以《山海经》为中心

《山海经》旧说为大禹所作，袁珂在《〈山海经〉的写作时地及篇目考》一文中将《山海经》成书年代确定为战国时期，这一说法得到大部分学者的认同。① 《山海经》全书结构简明清晰，按照地理方位依次展开，比如被认为是最古老、地理学价值最大的《五藏山经》部分即按照《南山经》《西山经》《北山经》《东山经》《中山经》的顺序排列。《五藏山经》中绝大部分的条目都以"某处有某山，某山上有何特产或神怪，这些特产或神怪有怎样的形态和功能"这样的模式展开，几乎没有时间方面的叙事性。《山海经》的其他部分如《大荒经》《海内经》《海外经》的结构框架和主要内容也大致如此。

《山海经》这种按照地域进行分类编排的方式结构性很强，具有明显的规律。《五藏山经》的次序依次为："南山—西山—北山—东山—中山"。《海经》依次为："海外南—海外西—海外北—海外东"，"海内南—海内西—海内北—海内东"，"大荒东—大荒南—大荒西—大荒北"。可以看出，这几个部分在进行编排时，除了《大荒经》按照"东—南—西—北"的顺序排列以外，其他都遵循着"南西北东"的方位顺序。《山海经》五大部分中有四个都使用"南西北东"的顺序排列，这绝不是巧合，也不是随意而为，应当有其原因。有学者认为，这是因为"在商代以前，古人的方位概念是二维的，即南与东、西与北可混用"。② 其实这种空间表达顺序与后来更加习用的"东南西北"顺序尽管起点不同，③ 但其实都根源于很早就形成的"天道左旋"观念。这种观念来自初民对于天体特别是太阳运行规律的观察：北半球的人们以地球为出发点观察，太阳自东向西以顺时针也就是"左旋"的方式运动。以这种自然现象作为认识基础，初民大概在6500年

---

① 袁珂：《〈山海经〉的写作时地及篇目考》，载《中华文史论丛》1978年复刊号。
② 朱玲：《论〈山海经〉的叙述结构及其文化成因》，载《清华大学学报》2002年第1卷第1期。
③ 根据陈梦家的说法，殷商人不但对四方有了确切的认识，对四方神有固定的祭祀，还对四方有较为固定的指称顺序，即"东南西北"。见陈梦家《殷墟卜辞综述》，中华书局1988年版，第37页。

前就形成了这种观念,后来又加进了所谓的"地道右旋"与之相配合。① 有的学者进而认为《大荒经》采取"东南西北"这种不同于其他篇章的方位标示顺序,"可见它的创作时间较晚"②。大部分学者确实认为《大荒经》形成年代较晚,这至少可以成为这一观点进一步的佐证。

前文提到过古代时间和空间认知体系存在着一种相互影响的关系,而纪时系统的发展在相当大程度上依赖于某些空间标志物的标识作用。《山海经》中的《大荒东经》以及《大荒西经》中有六对(一说七对)关于某座大山为"日月所出"以及"日月所入"的记载。③ 这些"日月所出入"的山峰前都会冠以"大荒之中"的特殊标记,这种记载应当不是一种巧合,而属于借助空间标志物以纪时的遗存。但是,《山海经》中的这些记载应当只是对于这种原始纪时方式的想象,因为几乎不可能存在这样一个"大荒之中"的地点,同时存在这样一批在方位上排列整齐可供人们定位并用以纪时的群山。

对于《山海经》一书的性质,不仅现在学界还未形成一致的意见,在古代就已经有不小的分歧。《汉书·艺文志》将"《山海经》十三篇"列为数术略形法类,与《山海经》同归于此类的图书多为《宫宅地形》《相人》《相六畜》等书籍,《山海经》入选的原因大概是因为其中"大举九州之势",较为详细地记载了一些地域以及相应特产。④ 但将《山海经》与以上这些单纯识别器物的图书归于一类,并不符合其最主要的特点,所以从《隋书·经籍志》开始,正史一般都将其划入史部地理类,而以纪昀为代表的四库馆臣则又将其归入子部小说类,前者实际上是从全书结构角度分类,而纪昀的认定原则却是从内容出发。到了"五四"时期,大概受到西方传入的文化人类学观点的影响,鲁迅提出了全新的观点:"(《山海经》)所载祠神之物多用糈,与巫术合,盖古之巫书也。"⑤ 在以上这些说法中,鲁迅的"巫书说"影响最大,而这种说法实际上是从其用途方面进行考查得出的结论。《山海经》产生在巫觋盛行的时代,内容又多荒诞不经,与巫术当

---

① 郑杭生、胡翼鹏两位学者认为根据现有众多考古发现,"天道左旋"观念产生在 6500 年前。见郑杭生、胡翼鹏《天道左旋:社会运行的溯源和依据——若干考古成果的社会学开发》,载《浙江师范大学学报》2007 年第 1 卷第 3 期。

② 朱玲:《论〈山海经〉的叙述结构及其文化成因》,载《清华大学学报》2002 年第 1 卷第 1 期。

③ 吕子方认为有七对日月出入之山,见吕子方《中国科学技术史论文集》(下册),四川人民出版社 1984 年版,第 27 页。郑文光则主张有六对,见郑文光《中国天文学源流》,科学出版社 1979 年版,第 52 页。

④ 班固:《汉书》,中华书局 1962 年版,第 1774—1775 页。

⑤ 鲁迅:《中国小说史略》,上海古籍出版社 1998 年版,第 7—8 页。

有重大关联。过常宝发展了这种观点,认为"《山海经》是一部'备百物,知神奸'的巫师用手册,它的功能是帮助巫师祭祀各地山川之神,是巫觋居职的基本条件"①。这就进一步将《山海经》坐实为当时巫师使用的一本工具书,不仅其中所记载的各种精灵仙怪是这些巫师们时常使用的道具,而且书中的那些神山圣地也应该常常被用以自神其说。

《山海经》在意义表达方面具有其他绝大多数中国早期典籍所没有的特点,那就是这部书很有可能是以图画配合文字的形式完成意义表达的。清代郝懿行对这个问题有过系统梳理:

> 《后汉书·王景传》云:"赐景《山海经》、《河渠书》、《禹贡图》。"是汉世《禹贡》尚有图也。郭(郭璞)注此经而云:"图亦作牛形",又云:"在畏兽画中";陶徵士(陶渊明)读是经诗亦云:"流观《山海图》",是晋代此经尚有图也。《中兴书目》云:"《山海经图》十卷,本梁张僧繇书,咸平二年校理舒雅重绘为十卷,每卷中先类所画名,凡二百四十七种。"是其图画已异郭陶所见。②

根据郝懿行的梳理,虽然在梁代所见的图画已经与郭璞、陶渊明见到的并不一致,但根据以上这些记载,《山海经》配有图画的可能性很大。另有不少学者(包括郝懿行)将《山海经》图画配合表达意义的方式追溯至《左传·宣公三年》中对"九鼎"图案的记载:

> (王孙满)对曰:"……昔夏之方有德也,远方图物,贡金九牧,铸鼎象物,百物而为之备,使民知神、奸。故民入川泽山林,不逢不若。螭魅罔两,莫能逢之,用能协于上下以承天休。"③

著名学者余嘉锡则在《四库提要辨正》中将这个问题坐实,认为《山海经》原图就是《左传·宣公三年》所说的《九鼎图》。他说:"《山海经》本因《九鼎图》而作。《左传》之叙九鼎也,曰:'贡金九牧,铸鼎象物,百物而为之备,使民知神、奸。故民入川泽山林,不逢不若,螭魅罔两,

---

① 过常宝:《论上古动物图画及其相关文献》,载《文艺研究》2007 年第 1 卷第 6 期。
② 郝懿行:《山海经笺疏叙》,见袁珂《山海经校注》,北京联合出版公司 2014 年版,第 404—405 页。
③ 杜预注,孔颖达正义:《春秋左传正义》,见阮元《十三经注疏》,中华书局 1980 年版,第 1868 页。

莫能逢之。'夫既图魑魅罔两之形,安得不参以神怪乎?"① 虽然笔者并不完全同意余嘉锡先生的说法,但从上文《左传》中的描述来看,九鼎上铸刻的图案确实与《山海经》留存的文字有很高的契合度。

其实文字与图画相配合叙事的做法,在中国不仅古已有之,而且延续了很长时间。李山对《诗经》中的《大雅·大明》就做过类似的推测:"原来,《大明》篇中的描绘,是对祖庙中先祖先妣事迹的图画的讲述与赞美。诗人对周家开国历史的追述,原来是借着对祖庙图像的观阅完成的。如此,'俔天之妹'及'造舟为梁'的'太过具体',乃是诗篇在颂赞画中的图景;'时维鹰扬'的'太过笼统',乃是诗人在感叹图像太公雄伟精神。"② 到了战国末期屈原写作《天问》时,文字与图画相配合的性质就更加确定了。王逸的《楚辞章句·天问序》这样说:

> 屈原放逐,忧心愁悴,彷徨山泽,经历陵陆。嗟号昊旻,仰天叹息。见楚有先王之庙及公卿祠堂,图画天地山川神灵,琦玮僪佹,及古贤圣怪物行事。周流罢倦,休息其下,仰见图画,因书其壁,呵而问之,以渫愤懑,舒泻愁思。③

王逸认定《天问》是屈原在看了"先王之庙"及"公卿祠堂"后所写的类似后代题画诗一类的作品。这一说法得到了后代大多数楚辞研究者的认可。④《天问》作为依壁画而作的作品,可以与屈原所见壁画对照而观,在那个年代里对于不熟悉壁画内容的人来说,《天问》无疑可以起到解释说明的作用。

图文结合的方式在汉代依然得以延续。汉代开国君臣大都来自楚国旧地,因而在汉初及以后很长一段时间内楚风大炽,带有强烈楚地文化色彩的各种艺术形式均得以广泛流传和充分发展。像屈原所见的这种在宫殿墙壁上作画,且所画内容取材于神话传说、历史故事的现象十分普遍。王延寿所作《鲁灵光殿赋》中就记录了景帝之子鲁恭王修造的灵光殿的壁画,

---

① 余嘉锡:《四库提要辨正》,中华书局1980年版,第1121页。
② 李山:《诗经的文化精神》,东方出版社1997年版,第186页。
③ 洪兴祖:《楚辞补注》,中华书局1983年版,第85页。
④ 关于对这一问题历代学者的论述,可参看萧兵《楚辞的文化破译》一书中第三部分第一章"《天问》与壁画传统"和第二章"《天问》与绘画题铭",对《天问》图文配合的方式有详细讨论。见萧兵《楚辞的文化破译》,湖北人民出版社1991年版,第845页。又见刘石林《〈天问〉呵壁说质疑》一文,此文立论为质疑"呵壁说",因而对历代学者赞同王逸观点者有系统梳理,以作为批驳对象,此文见《中国楚辞学》(第八辑),学苑出版社2007年版,第254—255页。

文中写道:"图画天地,品类群生,杂物奇怪,山神海灵。……上纪开辟,遂古之初,五龙比翼,人皇九头,伏羲鳞身,女娲蛇躯。"① 从以上这些描写中可以推测,灵光殿中的壁画有相当多的内容以奇物神怪或传说中的神人为主人公,这些绘画所表现的内容与《山海经》当中那些文字描写相似度很高。

汉代画像石在西汉末和整个东汉都十分流行,石碑、石阙及墓室中均有大量画像石,分布地区极为广泛,是了解汉代社会状况宝贵的材料。山东武氏祠画像石是汉代画像石中重要的发现,其中有不少刻画有文字。其中有一块"伯榆悲亲"的画像石,除了有"榆母"这样的提示文字外,还刻有"伯榆伤亲年老,气力稍衰,笞之不痛,心怀楚悲"十八字。② 这十八个字是对故事的简要介绍说明。另有一幅是"表彰齐国一位继母的石刻画",专家对这块画像石有如下说明:

> 图八九上共刻五人。中间仰卧在地的是被害人,上有榜题"死人"二字;其左有三人,拱手跪地者是弟弟,榜题"后母子"三字;其后是哥哥,躬身而立,右手握匕首,榜题"前母子"三字;最左的身穿长裙的是他俩的母亲,榜题"齐继母"三字;死人之右的骑马者为官吏,榜题"追吏骑"三字。③

很显然,因为这个故事人物比较多,画像石的作者怕画中的故事被人误解,或者不能理解画中的人物关系,所以在画面上每个人物的旁边都加上了文字说明,明确交代这个人物是什么身份,就连被杀的人旁边也特意标上了"死人"两字。画像石需要在砖面上进行雕刻,这是一种比较复杂且难度较大的艺术生产方式,较之书于竹简或绘于布帛,所能附加的文字量不可能过多。但是,以上这种实物却能直接证明图画与文字相配合用以表达意义的方式在汉代确实存在。

以上我们用来比较的这些艺术形式,距离《山海经》成形的年代并不遥远,发展沿袭路径清晰可辨。根据艺术发展的一般原则,后代发展较为成熟的艺术形式中一定会有前代遗留下来的艺术基因,《山海经》附带有图画的可能性很大。而且结合图画,对于《山海经》中某些问题会得出新颖

---

① 王延寿:《鲁灵光殿赋》,见严可均《全上古三代秦汉三国六朝文》,中华书局1987年版,第790页。
② 吴曾德:《汉代画像石》,文物出版社1984年版,第149页。
③ 吴曾德:《汉代画像石》,文物出版社1984年版,第148页。

的解读。比如，朱熹指出《山海经》那些所谓的动作形态只不过是对图画的描摹：

> 予尝读《山海》诸篇记诸异物飞走之类，多云东向，或云东首，皆为一定而不易之形，疑本依图画而为之，非实纪载此处有此物也。古人有图画之学，如《九歌》、《天问》皆其类。①

根据朱熹的说法，《山海经》中"东向""东首"这一类表达，已经成为一种固定模式，这种模式的由来却很简单：图画上的这些异物本就齐齐向东，与之相配合的文字说明也就如实陈述了。

傅修延曾指出："我们主要依据文字记载来研究先秦叙事时，必须考虑到有时候文字是和其他形式一道在相互配合中传播信息的。"②《山海经》这种图文相配合的特点，也必然会影响到其文字部分的叙事特点。整部《山海经》几乎没有纵向时间上的推进，全为横向空间层面的静态陈述。此种情况一方面归结于当时整体叙事水平的欠发达，另外更为重要的原因则与《山海经》这种图文相配合完成意义表达的方式密切相关。毫无疑问的是，读者在最初能够有图可看的情况下，对于意义理解方面可以收到事半功倍的效果，相比于更加直观且吸引人的图画，文字部分则只是起到辅助说明作用，这就能够解释《山海经》的文字说明性质明显而普遍缺乏叙事性情况的原因了。

《山海经》虽然以空间为纲结构全书，但其中的空间概念却又非常模糊随意，甚至很多时候因为其无限夸张而让人感觉是在信口胡说。例如，《南山经》一开篇就说："《南山经》之首曰鹊山。……"这一条说完，后边一条是"又东三百里，曰堂庭之山"，往下就依次排列："又东三百八十里""又东三百七十里""又东三百里""又东四百里"等，③后边的《西山经》《北山经》等向外延伸的程度更为夸张。以中国疆域衡量，这种空间距离不可能为真，如果对这种所谓的"记载"信以为真的话，那么《山海经》当中的很多地方恐怕都要远赴重洋去寻找了。所以，《山海经》以地域为纲对资料进行分类整理，整部书缺少时间上的推进，满是空间方面的堆砌，而

---

① 朱熹：《记山海经》，见朱熹《朱文公文集》（卷七一），上海古籍出版社2010年版，第3427页。
② 傅修延：《先秦叙事研究——关于中国叙事传统的形成》，东方出版社1999年版，第148页。
③ 袁珂：《山海经校注》，北京联合出版公司2014年版，第1—3页。

这样一部极度缺乏叙事性的大杂烩式著作中的空间观念却极不规范严谨。

中国史书在很早就展现出对于时间的高度重视，在很多早期古籍中就有对于事件发生时间的准确记录，而且很多都能精确到具体的某一天。这种记录真实与否是另外的问题，只是这种记录本身就已经说明对于时间的高度重视。但与对于时间高度重视形成鲜明对比的是，在中国早期史书中，空间的阻隔对于事件发展的影响在很多时候都被忽略，而且特别需要考虑的是在两千多年前交通极度不便的情况下，这种空间、距离对于历史事件的影响很多时候其实是非常关键的，但在早期史书叙事中却几乎都被忽略了。直到唐代的刘知几对于空间距离以及地理环境给历史记录造成的影响开始有了较多的关注。他在《史通·烦省》篇中说：

> 当春秋之时，诸侯力争，各闭境相拒，关梁不通。其有吉凶大事，见知于他国者，或因假道而方闻，或以通盟而始赴。苟异于是，则无得而称。鲁史所书，实用此道。至如秦、燕之据有西北，楚、越之大启东南，地僻界于诸戎，人罕通于上国。故载其行事，多有阙如。且其书自宣、成以前，三纪而成一卷，至昭、襄已下，数年而占一篇。是知国阻隔者，记载不详，年浅近者，撰录多备。此丘明随闻见而成传，何有故为简约者哉！①

对于《左传》中记事的详略问题，刘知几给出两个原因，除了"年浅近者，撰录多备"与时间间隔有关之外，重点论述了"国阻隔者，记载不详"这种空间阻隔给史书撰述带来的困难。如刘知几所说，春秋战国之时，各国时常处于对抗状态，边境管制当属常态，消息传播并不容易；特别对于远离中原，处于西方的秦国、北方的燕国、南方的楚国及越国，因为相隔遥远，任何消息的传播都会受到很大限制。另外，刘知几挑出《公羊传》中的一处错误，所依据的就是地理知识：

> 语曰："彭蠡之滨，以鱼食犬。"斯则地之所富，物不称珍。案齐密迩海隅，鳞介惟错，故上客食肉，中客食鱼，斯即齐之旧俗也。然食鲂鳜鲤，诗人所贵，必施诸他国，是曰珍馐。如《公羊传》云：晋灵公使勇士杀赵盾，见其方食鱼飧。曰：子为晋国重卿而食飧，是子之俭也。吾不忍杀子。盖公羊生自齐邦，不详晋物，以东土所贱，谓

---

① 刘知几撰，浦起龙释：《史通通释》，上海古籍出版社2009年版，第245页。

西州亦然。遂目彼嘉馔，呼为菲食，著之实录，以为格言非惟与左氏有乖，亦于物理全爽者矣。①

《公羊传》的作者公羊高为齐国人，齐国临海故鱼类易得，所以在描写晋国赵盾生活简朴时也随手写其"方食鱼飧"，但殊不知地处内陆太行山地区的晋国，食鱼却正是生活奢侈的表现。"以东土所贱，谓西州亦然"，这种失误正是忽略了地理差异造成的。

人类生活在一个时间与空间交互影响而构成的世界中，但作为记录人类生活的史书却在绝大多数时候更多地以时间作为记录事件的标尺，时间也成为史书叙事中最重要的因素，史书在绝大多数时候都被看成表现时间维度的叙事文本。与空间相关的诸多因素，在史书叙事中基本上都被忽视了，或者沦为纯粹的背景，很少会影响到事件进程和故事情节的展开。

第三节　国别体史书的初始形态——《国语》和《战国策》

学界对于《国语》的成书年代有一个大致的推测，即战国前期，略早于《左传》。陈桐生进而指出，《国语》中仅有11篇文章与《左传》有可比性，其他224篇文章的写作年代都早于《左传》。② 正因为《国语》形成时间早于《左传》且内容芜杂，所以对其性质的认定，有一种观点认为这部书是《左传》的史料或者就是《左传》编成后所舍弃不用的一堆"废料"，是所谓的"《春秋外传》"。但实际上，中国早期古籍有很多都存在类似情况，很多相近甚至几乎相同的段落会出现在不同的作品中，年代久隔，已经很难确定哪段材料最早出于哪本著作。所以，《国语》更有可能的情况应该是这样的："《左传》与《国语》共有的不少相同段落，或许说明存在一个以各种书面、口头形式流传的广泛的传统知识库。"③ 对于这个"传统知识库"中的材料，《左传》在用，《国语》在用，其他著作也在用。

《战国策》成书过程比较特殊，学界一般认为其中篇章不出于一人之

---

① 刘知几撰，浦起龙释：《史通通释》，上海古籍出版社2009年版，第425页。
② 陈桐生：《〈国语〉的性质和文学价值》，载《文学遗产》2007年第1卷第4期。
③ 孙康宜、宇文所安：《剑桥中国文学史》（上册），生活·读书·新知三联书店2013年版，第80页。

手，大都作于战国中晚期，其中有些篇章也可能来自秦汉时人的创作。但这些原始材料被整理编纂为一部著作，一直等到西汉末年刘向才完成。刘向谈到其对《战国策》的整理时说：

> 护左都水使者、光禄大夫臣向言：所校中《战国策》书，中书余卷，错乱相糅莒。又有国别者八篇，少不足。臣向因国别者，略以时次之；分别不以序者以相补，除复重，得三十三篇。……中书本号，或曰《国策》，或曰《国事》，或曰《短长》，或曰《事语》，或曰《长书》，或曰《修书》。臣向以为，战国时游士辅所用之国，为之策谋，宜为《战国策》。①

这里需要特别注意的是，刘向明确说明了自己整理这些原始材料的两个原则或方法，一是"因国别者"，另一个则是"以时次之"。"因国别者"就是将原始材料按照国别进行分类，这显然只是初步的整理，但分类所依据的标准就是"国别"。"以时次之"则是在"因国别者"的基础上，对于一国之内的材料按照时序再进行较为细致的编排。这种编排方法与刘向整理图书时所常用的"以类相从"的方式完全相同。② 所以，我们今天看到的《战国策》，其实留有编纂者刘向明显的个人印记，作为对象进行研究的这部著作，很有可能从整体结构的设计到选章定篇的具体安排，都出自刘向之手。但是根据学界的一般认识，并没有将《战国策》的著作权归入刘向名下，而且从刘向自述来看，他也并没有认为自己在进行创作，所以还是仍将《战国策》看作战国时期的作品为宜。③

从刘知几开始，《国语》和《战国策》就被认定为与《春秋》《左传》《史记》等史书相并列的具备鲜明体例特征的史书：

> 《国语》家者，其先亦出于左丘明。既为《春秋内传》，又稽其逸文，纂其别说，分周、鲁、齐、晋、郑、楚、吴、越八国事，起自周

---

① 严可均：《全上古三代秦汉三国六朝文》，中华书局1958年版，第331页。
② 作为我国目录学的开创者，"以类相从"是刘向治学以及从事著作的一条重要原则，现存刘向的作品《新序》《说苑》以及《列女传》的编排，都遵循着这条原则。
③ 其实关于《战国策》的版本，有学者指出，现在我们看到的《战国策》，至少存在三种可能，一是刘向编定之《战国策》，可称为古本《战国策》；二是宋人曾巩校订之《战国策》，可称为今本《战国策》；三是很有可能还有一个"《战国策》底本"，也就是刘向据以编为古本《战国策》的原始资料。

穆王，终于鲁悼公，别为《春秋外传国语》，合为二十一篇。①

刘知几又将《战国策》以及西晋司马彪所著《九州春秋》等史籍列入"《国语》家"，其中《九州春秋》据刘知几所述，"当汉氏失驭，英雄角力。司马彪又录其行事，因为《九州春秋》，州为一篇，合为九卷"②。《九州春秋》全书已佚，从现有辑本来看，全书基本以人物为叙事描写的单位，合于刘知几所说"英雄角力""录其行事"的介绍。之所以被归入"《国语》家"这一体例之中，只是因为这部书最大的分类标准为"九州"这个地理范畴。

刘知几谈到"《国语》家"这一类型史书的衰落时说：

> 自魏都许、洛，三方鼎峙；晋宅江、淮，四海幅裂。其君虽号同王者，而地实诸侯。所在史官，记其国事，为纪传者则规模班、马，创编年者则议拟荀、袁。于是《史》、《汉》之体大行，而《国语》之风替矣。③

也就是说，在刘知几看来，以《国语》为代表的国别体之所以衰落，根源在于社会现状发生了巨大变化，中国在魏晋时期甚至连周天子那样名义上的天下共主都不存在，各国史书均各自为政，采用的体例也为《史记》《汉书》式的纪传体。所以在刘知几看来，《三国志》虽然属于典型的分国记事，但却与《国语》在体例方面并不一致。综上所述，虽然并没有明确提出"国别体"这一称呼，但刘知几对于以《国语》为代表的这部分史书，认为具有较为明确的特点，在体例上自成一体。这应当是对国别体最早的辨体分类工作。

有学者认为不能将《国语》称为"国别体"史书，认为所谓"国别体"只是史书的一种外在表现形式，而划分体裁的标准是其内在的记事方法，故其应是一部以国别形式编纂的"语体"史书。④ 但是所谓的"语体"属于内容，而体例则属于外在形式，这是不应该纠缠在一起的两个概念。而且这种划分方法难免回到中国古代"左史记言，右史记事"的老路上去，就像我们不能因为《左传》记事详细完整而将其称为"事体"一样，《国

---

① 刘知几撰，浦起龙释：《史通通释》，上海古籍出版社2009年版，第13页。
② 刘知几撰，浦起龙释：《史通通释》，上海古籍出版社2009年版，第14页。
③ 刘知几撰，浦起龙释：《史通通释》，上海古籍出版社2009年版，第14页。
④ 李坤：《〈国语〉的编纂》，载《史学史研究》1988年第1卷第4期。

语》的体例还应当是"国别体"。①

但是与《春秋》以及《左传》等史书相比，《国语》和《战国策》存在着致命的缺陷，即缺少确切的时间、地点等关键性信息，所以很难讲是严格意义上的史书，更像是人物言论或故事集的汇编。日本学者内藤湖南谈到《国语》性质时引《史记·秦始皇本纪》中李斯的上书为例：

> "古者天下散乱，莫之能一，是以诸侯并作语，皆道古以害今，饰虚言以乱实。人善其所私学，以非上之所建立。"这里所说的"语"应当正相当于《国语》之类。……总之，《国语》大体上说是儒家思想的说客们，为了陈述自家的某种主张而引用各种往事，《国语》即是对这种陈述故事的汇集。②

李斯所说的"语"很有可能如内藤湖南所说，性质与《国语》中保存的材料相同，《国语》中被搜罗在一起的这些材料都确实以言论为核心内容而忽略基本历史信息的保存。杨宽也有类似的意见："（《国语》）当是战国初年学者选辑春秋时代各国称为'语'的史书而成。所收辑各国的'语'详略不一，文风也不一致。"③梁启超曾经严厉批评过《国语》的这种叙事散漫的风格："一条纪一事，不相联属，绝类村店所用之流水账簿。……又绝无组织，任意断自某年，皆成起讫。"④虽然章学诚曾指出"古人未尝离事而言理"⑤，但《国语》所叙的事件却大多只有一个梗概，只是作为其叙事核心"语"的一层外皮，作为引出"语"的模糊语境以及为证明"语"应验与否提供一个必要的结局。

《国语》和《战国策》分国叙事，但在某一国别内部叙事的安排上基本遵循时间顺序，所记事件大都按照所发生的时序排列。但是，《国语》和《战国策》叙事却又不是严格的依时叙事，所记事件既缺乏时间标示，整体方面又没有一个纪时体系统辖所记事件，只是将这些事件大致按照时间发

---

① 中华人民共和国成立后常见的文学史以及史学史，对于《国语》体例的认定，大都认为应当归于"国别体"，以下仅举几个代表性的例子。"有依国别编次，并无叙述的系统的《国语》、《国策》"，见郑振铎《中国文学史》（插图本），人民文学出版社1957年版，第79页；"《国语》是我国最早的一部国别史"，见郭预衡《中国古代文学简史》，首都师范大学出版社2000年版，第32页；"《国语》是一部国别史"，见袁行霈《中国文学史》，高等教育出版社1999年版，第98页；"（《国语》）遂为后来国别史之祖矣"，见金毓黻《中国史学史》，商务印书馆1999年版，第39页。
② ［日］内藤湖南著，马彪译：《中国史学史》，上海古籍出版社2008年版，第60—61页。
③ 杨宽：《怎样学习春秋战国史》，上海人民出版社1984年版。
④ 梁启超：《中国历史研究法》，上海古籍出版社1998年版，第12页。
⑤ 章学诚著，叶瑛校注：《文史通义校注》，中华书局1985年版，第1页。

展先后顺序排列，无论是一个事件的情节展开，还是某位人物的行动，都是一种片段式的记载。所以，《国语》的纪时系统凌乱而不完整，很多段落根本不列时间，有纪时者则形式混乱，有以类似编年体史书纪时方式纪时的，如"定王八年""十七年冬，公使太子伐东山"等，①有提示"穆王将征犬戎"的、有标以"麋笋之役"的等。②后一种方式是很明显的"以事纪年"的残留，即以重大事件作为一种时间标志，这种纪时方式缺点就在于无法系统纪时，但这正与整部《国语》纪时系统混乱的特点相合。根据学者统计，《国语》200多篇中在篇章开头明确交代时间的仅有30多篇，③《战国策》则更少，所以郑振铎评价其为"并无叙述的系统"④。

整部《国语》21篇，《晋语》独占9篇，《晋语》是《国语》中记载最详、作者用力最深的部分，这从《晋语》中记载的君主世系远较他国详细即可看出，《晋语》仅仅缺失了在位时间7年的晋成公（前606—前599）的史事没有记录。但这种不成系统的叙事方式仍然很普遍，比较典型的例子可见《晋语六》中连续的5条记录，这些记录都是关于"晋楚鄢之战"这一重大事件的，但这5条记录在情节、逻辑方面缺乏连续性，只是记录了"鄢之战"发生过程中的几个独立事件，而且多有重复。这5条记录没有具体时间，都以"鄢之战"起首，独立地记载了5个与"鄢之战"有关的事件。这5个事件从内容方面可以概括为"晋郤至三逐楚平王""晋范文子不欲战（一）""晋范文子不欲战（二）""晋范文子不欲战（三）""晋范文子执戈退荆师"等。这5个事件不仅在情节上毫无前后相继的联系，而且其中3条都是写晋国大臣范文子主张不与楚国开战，其中第三条稍有情节，写了范文子与另一位大臣栾武子之间关于开战与否的争执，又以预叙的方式预言晋厉公被弑，并将晋君被弑的原因归结为"鄢之战"的胜利。而第一条和第二条则都是记录范文子本人发表的"不欲战"言论，且都是从同一角度论述，第一条中说："为人臣者，能内睦而后图外，不睦内而图外，必有内争"；第二条中说："君人者刑其民，成，而后振武于外，是以内和而外威"。⑤ 这两条的理论依据非常类似，都是从"攘外必先安内"的角度立论，认为晋国内部矛盾已经显现，如果不先解决这些矛盾，即使对外作战侥幸胜利，对于晋国来说也未必是好事。从言说内容以及所表达的意义

---

① 徐元诰：《国语集解》，中华书局2002年版，第29、267页。
② 徐元诰：《国语集解》，中华书局2002年版，第1、381页。
③ 李佳：《试论〈国语〉的篇章结构及其笔法特征》，载《北京大学学报》2010年第1卷第6期。
④ 郑振铎：《中国文学史》（插图本），人民文学出版社1957年版，第79页。
⑤ 徐元诰：《国语集解》，中华书局2002年版，第391—392页。

来看，这三条记录高度重复。"鄢之战"的胜利对于晋国重新称霸非常重要，但对于这样重大的事件，《国语》却没有从整体上对事件的发展进程进行记录，而只是记录了几个零星片段，并且内容上有重复出现的问题。这种零碎、重复、缺乏系统的问题，贯穿整部《国语》。

现代学者著有《国语文系年注析》《战国策文系年注析》二书，这两部著作最突出的特点就是采用编年体方式将《国语》和《战国策》中原有资料进行重新编排。① 这其实正说明了《国语》《战国策》原书的杂乱无章。从整体来看，《国语》和《战国策》叙事都存在前后缺乏关联、零散重复的问题，这一结构方面的缺陷使得这两部书更像是简单的资料汇编。正如徐复观所论："年月日的次序，实际即是历史的秩序。《国语》亦出于左氏，但《国语》缺少了由年月日而来的明显的历史的秩序。"② 既然缺少了鲜明的"历史的秩序"，从严格意义上来讲，《国语》和《战国策》就很难被认定为史书。有的学者干脆将《战国策》定义为"半历史性著作"③，原因也在于书中对基本历史信息的普遍忽略。

《国语》和《战国策》在叙事方式上都存在模式化倾向明显的特点。《国语》的模式化叙事倾向为大多数研究者所承认。例如，俞志慧认为《国语》大部分篇章存在固定的结构模式，绝大多数故事都存在背景或缘起、嘉言善语、结果三段式的结构。④ 程水金将《国语》叙事模式概括为"事由—议论—后果"三段式，"故而其行为体例乃是就事以析理，理由事发，具有事理昭彰的特点"。⑤ 李佳则认为《国语》叙事一般包括"背景""言语""结果"和"尾声"四个部分，以"言语"为核心，具体过程则大都是："背景"交待引起"言语"的原因、介绍事件缘起，"言语"是人物就"背景"提出的事件表达意见或进行规劝、预言，"结果"则是听到"言语"后的反应，"尾声"则是"背景"中的事件在一段时间后的历史回响。⑥ 实际上，李佳所归纳的"结果"和"尾声"一个是短时间内的结果，一个则为

---

① 周峰、郝建杰：《国语文系年注析》，广西师范大学出版社 2011 年版，第 7 页；柯镇昌：《战国策文系年注析》，广西师范大学出版社 2014 年版，第 7 页。

② 徐复观：《两汉思想史》（第三卷），九州出版社 2014 年版，第 259 页。

③ 孙康宜、宇文所安：《剑桥中国文学史》（上册），生活·读书·新知三联书店 2013 年版，第 83 页。

④ 俞志慧：《〈国语·周鲁郑楚晋语〉的结构模式及相关问题研究》，载《汉学研究》2005 年第 1 卷第 2 期。

⑤ 程水金：《从鉴古思潮看〈国语〉之编纂目的及其叙述方式——兼论〈国语〉与〈左传〉之关系》，载《武汉大学学报》2008 年第 7 期。

⑥ 李佳：《试论〈国语〉的篇章结构及其笔法特征》，载《北京大学学报》2010 年第 1 卷第 6 期。

时段稍长的结果,所以,李佳概括出的《国语》叙事模式与以上两位学者的说法基本一致。综合以上学者们的意见,《国语》大部分段落的叙事模式是较为典型的三段式:事由或背景、言论以及结果,这其中人物的言论处于核心地位。同样是记"曹刿论战",《国语·鲁语上》这样开篇:"长勺之役,曹刿问所以战于庄公。公曰:……"① 《左传·庄公十年》中记载:"十年春,齐师伐我。公将战,曹刿请见。……"② 可以明显看出,相比《左传》,《国语》记事并不在意事件发生的具体时间,给出一个大的背景或者笼统的时间即可。但是通过对比,可以明显看出,相比《左传》中曹刿与鲁庄公两人对话的记录,《国语》更加有意识地突出曹刿个人的言论,本段落的主体被集中在曹刿的个人言论上。

《战国策》叙事模式化倾向同样非常明显,黄震就指出过这一问题:"展转相因,无非故智,投机辄用,有同套括"③,其中"故智"和"套括"正指明了这种模式化倾向。相比《国语》容易归纳出来的明显存在的三段式结构模式,《战国策》的叙事内容以及故事结构显得有些"异彩纷呈",其中比较常见的言说方式就有说服、雄辩、问询、讨论等多种形式,并无明显规律可循,完全没有《国语》中以一人言论为中心的单一化。《战国策》中的部分篇章甚至还记录了正式游说活动之前的"练习辞",比如《中山策》中的《中山与燕赵为王》篇中记载:

> 张登曰:"请令燕、赵固辅中山而成其王,事遂定。公欲之乎?"蓝诸君曰:"此所欲也。"曰:"请以公为齐王,而登试说公,可,乃行之。"蓝诸君曰:"愿闻其说。"……蓝诸君曰:"善。"④

在正式进行游说活动之前,张登演习了一遍说辞,得到了蓝诸君的认可。《魏策二》中《田需死》篇也有这种现象:苏代请昭鱼"扮演"梁王,而自己则预演了一遍游说梁王的过程,结果不仅演习成功,而且在现实中依照以上推演顺利达成目的。⑤ 面对这种看似纷繁的现象,有的哲学研究者从非形式逻辑及论辩理论出发对《战国策》的论辩方式进行了研究,并得出一条极具启发性的结论,《战国策》中存在着这样一种反复出现的叙事模

---

① 徐元诰:《国语集解》,中华书局 2002 年版,第 143 页。
② 杜预注,孔颖达正义:《春秋左传正义》,见阮元《十三经注疏》,中华书局 1980 年版,第 1767 页。
③ 转引自缪文远《战国策考辨》,中华书局 1984 年版,第 44 页。
④ 何建章:《战国策注释》,中华书局 1990 年版,第 1237—1238 页。
⑤ 何建章:《战国策注释》,中华书局 1990 年版,第 874 页。

式:"谋臣策士对自我智慧的自信和对被说服方智慧的轻视。"① 在《战国策》的400多则故事中,谋臣策士通常处于一种政治及身份地位的弱势,而被说服方则占据着强势地位,笔者认为,这样一种身份地位与智慧充满反差的关系以及所带来的结果就是在《战国策》中反复出现的叙事模式。无论在具体的故事中使用哪种言说方式,《战国策》始终站在充满智慧的谋臣策士们的角度,无论与对方身份地位差距如何悬殊,无论使用阴谋诡计还是据实陈说,无论过程简单轻松还是曲折困难,无论单刀直入还是迂回反复,事件的演变发展始终掌控在自信的谋臣策士手中,而与之相对的被说服方原本所拥有地位方面的优势,在策士们绝对自信的智慧和策略面前只有注定被瓦解的命运,这就更加衬托出策士们的机智。这一贯穿于整部《战国策》中的叙事模式,又与《战国策》全书推崇谋略计策而轻视传统礼义规范的思想倾向相统一。

《国语》和《战国策》这种强烈的模式化叙事方式的形成,与其所要表达的思想倾向存在较为明显的因果关系。尽管两部著作的思想倾向存在较大差异甚至针锋相对——《国语》满篇都在宣扬道德至上,而《战国策》则在强调权谋计策的同时明确表达了对传统礼义的蔑视。但是,这两部作品在表达各自的思想倾向方面,却又存在明显的相同之处,那就是无论是对道德的宣扬还是对权谋的提倡,都作为各自纯粹的思想倾向一以贯之地存在于整部作品之中。以上反复出现的叙事模式正是为了更好地服务于表达单一思想倾向这一目的的结果,因为这种反复出现的叙事模式尽管看起来单调,但却能够清晰地表达并反复地强化各自单一的思想倾向。无论任何人物、任何事件,都被纳入各自的叙事模式之中,那么其中所包含的思想意义也就同样被纳入意义表达体系之中了。

作为国别体史书,《国语》和《战国策》最为突出的体例特征本来应当是对于空间地理因素的重视及运用,就像《春秋》作为编年体史书对于时间因素表现出的极端重视一样。但是,实际情况却并非如此。

首先,无论是《国语》还是《战国策》,虽然都以地域为纲,但划分地域的方式却与自然地理全无关系,而是以行政区划为依据,《国语》全书按照周、鲁、齐、晋、郑、楚、吴、越等八国进行编排,《战国策》则分为《东周策》《西周策》《秦策》《齐策》《楚策》《赵策》《魏策》《韩策》《燕策》《宋卫策》《中山策》,同样以政治区划为分篇归类的依据。这种依照"以国相别"的原则将历史事件进行归类的方式,是《国语》及《战国

---

① 王启:《〈战国策〉中论辩说服的逻辑分析》,河南大学硕士学位论文,2009。

策》之所以成为国别体最重要的外在特点。《国语》八语的编排顺序，是学者们较为关注的一个问题。白寿彝认为《国语》的编排依循两个原则：一是以周天子为中心，按照周与各个诸侯国的亲疏远近来安排；二是以各国兴起的先后顺序排列。① 李坤则将这种思路进一步落实，引董增龄说法"（周）虽号令止行于畿内，而为天下共主，故首列焉"，认为《周语》列于首位；而后为《鲁语》《齐语》，则为"周初分封，鲁为周公，齐为太公，其时皆对拱卫屏障周朝起了重要的作用"；"可见《国语》编者次第编排《晋语》《郑语》在一起，是出于表彰晋、郑两国在春秋初期助周东迁所建立的殊勋所致"等。② 朱维铮在谈到《国语》八国排列顺序时做出过这样的猜测：

> 春秋时代诸侯争霸，以争当盟主为归依。霸业的中心，先在黄河流域，由东部的鲁、齐，向中部的晋国转移，然后折而南移，转向长江流域中部的楚国，再转向长江下游地区的吴、越。而《国语》以"国"分类的编次，大体追随霸业中心的位置移动，先是诸侯争相挟持的周王室部分，接着依次记录春秋初年强大的鲁国，前期霸主齐国，中期霸主晋国，后起霸主楚、吴、越三国。只有《郑语》显得特别，夹在晋、楚二语之间。③

以上的推论虽然以国势霸业的兴衰转移为依据，但实际上仍然是从各个国家在一个历史时期地位变化的角度来分析这个问题。《战国策》以记录战国史事为主，此时周王朝进一步衰落，已经分裂为"东周"及"西周"两个更小的国家，但在编排时仍然将"东周""西周"置于全书之首，尊周天子为天下共主的意思非常明显。以下各个国家的顺序应当以各国在战国时期国力的顺序进行排列：秦、齐、楚最强，赵、魏、韩次之，燕、宋、卫、中山则国小力弱，故位于最后。

笔者认为，《国语》和《战国策》既然分国记事，那么对于各个诸侯国就一定会涉及编排顺序的问题。但是，对照这两部书对于每一国内部事件记录的零乱状态，这种外部更大层面结构的组合事先也未必有非常精巧的设计，很有可能只是将某一种大致的线索作为编排的参考，并无过多深意。

其次，《国语》及《战国策》除了使用"以国相别"的方法对材料进

---

① 白寿彝：《〈国语〉散论》，载《人民日报》1962年10月16日。
② 李坤：《〈国语〉的编纂》，载《史学史研究》1988年第1卷第4期。
③ 朱维铮：《中国史学史讲义稿》，复旦大学出版社2015年版，第44页。

行归类之外,几乎再也找不出对空间地理因素的有效运用。事实上,这两部书对于每个诸侯国内部事件的记载,虽然显得零散不成系统,并且缺少史书必要的基本要素,但是对于事件的编排大体上仍旧依照时序进行。所以严格说来,《国语》和《战国策》在体例上杂糅着国别体和不规范的编年体。这种情况不仅仅是《国语》和《战国策》存在的问题,几乎所有的国别体史书都存在这样一种几乎无法克服的问题,即除了在较大的层面上对所记载的人物、事件进行分类之外,作为体例的"国别体"很难具备属于自身独特的体例特征。造成这种情况的原因与历史事件的本质以及人们对历史的理解有着至关重要的关系。一切历史事件都在一定的时间和空间中展开,对于这些事件的记录当然可以时间或空间为线索进行编排,但是在对历史事件的意义这个涉及历史著作根本性问题进行解读时,时间的推移所带来意义层面上的展现和变化,在重要程度上——至少是在人们的理解中——则远远超出某种空间改变所带来的影响。在人们的普遍理解中,甚至无须进行额外的解读,时间的先后顺序往往就暗含了逻辑上的因果性:只要存在一定的关联,时间在前的事件往往被认为是造成后续事件的原因。[①] 但是,某个事件发生在空间上的改变如果不进行充分的说明,则很难自然地建立起这种逻辑上的联系。正因为时间因素与空间因素这种在构建事件意义方面的天然差别,造成了史书中空间因素的不受重视,也造成了所谓的"国别体"史书体例特点并不清晰的情况。

我们在以较为严苛的眼光审视《国语》和《战国策》史书资格的同时,还应当看到,这两部书尽管从严格意义来讲并不能被视为史书,但其中却孕育着全新的史书体例——人物传记体。

《国语》这种"国别体"的体例,其中还包含有全新的史书体例的因素,孕育着更加新颖的叙事方式。《国语》叙事每一"语"除了篇幅最长的《晋语》之外,大都能围绕一个中心来组织史事,比如《周语》主要记录周穆王直到周敬王时期周王朝日渐没落的过程,《鲁语》则多记录鲁国君臣个

---

① 历史事件在时间上的先后关系,是否就一定意味着意义上的必然关系?冯友兰指出:"其实所谓一事之原因,不过一事之不能少的先行者;所谓一事之结果,不过一事之不能少的后起者。凡在一事之后所发现之事,皆此事之后起者。一事不能孤起,其前必有许多事,其后必有许多事。"可以看出,冯友兰对于历史事件之间以时间先后构成所谓的必然联系这一点是存有疑虑的。见冯友兰《中国哲学史》,河南人民出版社2001年版,第255页。葛兆光对这种"必然联系"的怀疑表达得更为直接:"其实,所谓的'历史的原因'常常是后来的、选择的、理性的解释,它们需要把很多'偶然的'事情'淘汰'出去才能成立或凸显。"见葛兆光《中国思想史导论》,复旦大学出版社2004年版,第87页。但在大多数人的普遍理解上,时间的先后顺序往往就意味着因果这种逻辑关系。

人有关德行礼义方面的言说,《齐语》则主要记录管仲辅佐齐桓公称霸一事,《郑语》最为简单,只记桓公与大臣议论天下形势之事,《吴语》《越语》则着重记录吴越争霸之事。所以,《国语》中其实既蕴含着后代以事为中心的纪事本末体,又包含有以人物为中心的纪传体因素。比如王寒冬认为,《国语》将各国所记国史以及记言体史料汇编的方法,已经在不经意间创造了后代纪事本末体的叙事方法;① 陈平原则指出:"《国语》的体例虽以记言为主,但已有通过一系列言行展示某一人物风采的趋势,可视为语录体向人物传记的过渡。"② 这两种观点尽管结论不同,但都指出了《国语》这种体例功能之一其实就是将有关材料汇编在一起,虽然编者的主要依据为这些材料是否有关于同一地域,但是却在客观上为以事件为中心的纪事本末体和以人物为中心的纪传体做足了准备,只需要后来的史学家从中提炼出新的线索,即可完成新体例的创新。

与《国语》相类似,尽管《战国策》全书缺乏系统,但是对于后代史书体例方面的创新,仍然具有启发作用。有学者指出,《战国策》对于某一位人物的相关事件,有"缀辑"的写法,就是"有些拟托文把多个真实历史事件缀于一人之上,组接成一个完整的故事,成为虚构叙事发生的又一种方法"③,但是这种方法如果剔除虚构的问题,正是史书纪传体对于人物故事编纂的方法。现今流传最广的《中国文学史》对这个问题阐述得更加明确:"(《战国策》)出现了一个人物的事迹有机集中在一篇的文章,为以人物为中心的纪传体的成立开创了先例。"并举《齐策四》中《齐人有冯谖者章》为例,认为冯谖一生主要的事迹均集中于此章,"这类作品,显示了由《左传》编年体向《史记》纪传体的过渡"④。这一论断当然是正确的,但冯谖在《战国策》中只出现在这一章之中,而且只是关于他的若干事迹记载得较为详细,真正能够体现出向人物传记体转变的例子应当来自不同章节对于某一位人物的集中记载,《齐策》中有关孟尝君的记载就是这方面的典型。从《齐策三》的《孟尝君将入秦章》开始,连续有《孟尝君在薛章》《孟尝君奉夏侯章以四马百人之食章》等 7 篇以孟尝君为中心人物,《齐策四》中又有《孟尝君为从章》《鲁仲连谓孟尝君章》等 3 篇,实际上

---

① 王寒冬:《略论〈国语〉体例对后世史书的影响》,载《长江大学学报》2010 年第 1 卷第 4 期。
② 陈平原:《从言辞到文章,从直书到叙事——秦汉散文论稿之一》,载《文学遗产》1996 年第 1 卷第 4 期。
③ 倪爱珍:《〈战国策〉中虚构叙事的发生及范式》,载《江西社会科学》2012 年第 1 卷第 5 期。
④ 袁行霈:《中国文学史》,高等教育出版社 1999 年版,第 99 页。

《齐人有冯谖者章》中冯谖的所有事迹也都围绕辅佐孟尝君而展开。以上这十几篇文章不仅前后相继,最重要的是即使核心人物为冯谖或鲁仲连而非孟尝君本人,也都围绕着孟尝君展开情节。将这十几篇文章串联在一起,实际上就是一个粗略的孟尝君传记了。

第四节　国别体史书的完善——《史记》中的世家体

　　尽管《国语》和《战国策》被认为是中国最早的国别体史书,但是如上文所分析,这两部著作在严格意义上缺乏史书应有的基本特征。刘知几谈到《战国策》时指出:"夫谓之策者,盖录而不序,故即简以为名。"[①]所谓"录而不序",实际上就指出了《战国策》叙事缺乏逻辑、结构混乱的问题。《国语》已经不太成体系,《战国策》则更加重了这种零散性。中国早期分地域编排史料的两部著作,都有不成系统的缺陷,这个问题的解决,要等到《史记》世家体中对一些诸侯国历史的记录,才得到实现。

　　得益于占有大量材料以及年轻时数次大规模的漫游,司马迁的地理知识非常丰富,这在《史记》的多篇文章中都有表现,顾炎武对这一点大加称赞:"秦楚之际,兵所出入之途,曲折变化,唯太史公序之如指掌。以山川郡国不易明,故曰东、曰西、曰南、曰北,一言之下,而形势撩然。……盖自古史书兵事地形之详未有过此者,太史公胸中固有一天下大势,非后代书生之所能几也。"[②]但是地理知识的丰富只是丰富了《史记》相关篇章的地理类知识的介绍,并没有直接造成《史记》叙事中空间因素的飞速提升。所以,《史记》在空间叙事方面的表现是矛盾的,一方面,在某些篇章中空间因素被成功运用,甚至成为推动情节发展的决定环节;另一方面,对于空间阻隔、距离障碍的忽略,又在某些篇章中有明显的表现。

　　在司马迁笔下,在某些重大历史节点上,空间因素起着举足轻重的作用。余英时先生有文《说鸿门宴的座次》,该文以著名的"鸿门宴"为中心,另外又选取了几次空间描写的实例,非常明确地展示了司马迁在叙事过程中对于空间因素的运用。该篇文章中所举的几个例子其实都与特定方向所代表的主从、尊卑等观念有关,也就是说,处于一定场景中的个人,选取或者接受了特定的空间位置,也就意味着确定了自己在某一个事件中

[①] 刘知几撰,浦起龙释:《史通通释》,上海古籍出版社2009年版,第14页。
[②] 顾炎武著,黄汝成集释:《日知录集释》,上海古籍出版社2014年版,第562页。

的角色。例如，在《孝文本纪》中，面对群臣几次三番的劝进，"代王西乡让者三，南乡让者再"①，当时还是代王的文帝先以主人西向待客之礼见群臣，最后虽然还在"让"，但却改为南向见群臣，而南向则是君王接见臣子的位置，所以文帝只通过悄然改变与群臣的方向位置，就向劝进的大臣们暗示了自己接受帝王之尊位，而改换方向在下行礼的大臣们也一定从这种方位的改换中收到了来自新皇帝的信息，君臣之别从这一"南向"动作中就已经得以确认。

而在著名的鸿门宴这一影响深远的事件当中，其实刘邦赴宴过程中所经历的那些惊险环节，只是徒增惊吓而已。因为根据司马迁在鸿门宴开始主宾落座的描写来看，在项羽、刘邦以特定次序落座之时，项羽就已无杀害刘邦之心：

> 项王即日因留沛公与饮。项王、项伯东向坐，亚父南向坐。亚父者，范增也。沛公北向坐，张良西向侍。②

参加这次宴会的各位人物依照以上次序落座的时候，正像余英时所指出的："项羽最后同意自己'东向坐'和刘邦'北向坐'，这说明他已把刘邦看作他的部属，并正式接受了刘邦的臣服表示。"③ 而安排这种座次的人，不可能是来做客的刘邦君臣，更不可能是一心想除掉刘邦的范增，最有可能的其实就是项羽本人。也就是说，项羽在通过座次确立对刘邦领导权的同时，也就打消了除掉他的念头。根据余英时的总结，以上这种将空间作为历史事件发展进程重要影响因素的情况还出现在《魏其武安侯列传》《南越列传》等篇章中。以上这些例子其实基本都是将空间位置与尊卑观念联系在一起才得以成立，但也足以说明司马迁对于空间观念给予了更多的关注。

但是，《史记》中又存在极度忽略空间因素的例子，最典型的例子来自《仲尼弟子列传》中有关"子贡安鲁"的故事。齐国计划攻打鲁国，在孔子的动员下，子贡开始了一次规模空前的纵横游说活动。子贡先到齐国，劝说齐国国君田常放弃攻打鲁国而与南方的吴国作战，田常中计，但提出一个问题："吾兵业已加鲁矣，去而之吴，大臣疑我，奈何？"④ 也就是说，齐

---

① 司马迁：《史记》，中华书局1959年版，第416页。
② 司马迁：《史记》，中华书局1959年版，第312页。
③ 余英时：《余英时文集》（卷一），广西师范大学出版社2014年版，第91页。
④ 司马迁：《史记》，中华书局1959年版，第2197页。

国军队此时已经陈兵于鲁，此时改变作战计划恐怕不妥。子贡却说：没关系，我再去劝说吴国主动来进攻齐国，到时齐国反击吴国，这就顺理成章了。子贡于是出发到了吴国，劝说吴国攻打齐国，吴王夫差同样中计，但提出自己的顾虑：处于南方的越国对吴国虎视眈眈，随时准备进攻。子贡又说：没关系，我再去劝说越国对吴国彻底臣服，并且出兵随您北征。于是子贡又到了越国，成功劝说越王勾践假意臣服于吴，使吴国打消顾虑，准备北上攻打齐国。子贡又从吴国到了晋国，游说晋国提前做好准备与即将北上的吴国作战。在完成所有的游说活动后，子贡才回到了鲁国。子贡的这次大规模游说活动确实比较传奇，司马迁对子贡的这次游说活动神往不已，这段文字占去了《仲尼弟子列传》整篇大概三分之一的篇幅，并极力称赞："存鲁，乱齐，破吴，强晋而霸越。子贡一使，使势相破，十年之中，五国各有变。"[①] 但是，早已有学者对子贡此次游说的真实性提出了质疑，泷川资言引梁玉绳说："自哀公八年齐伐鲁，至廿二年吴灭越，首尾十五岁，云何十年？倾人之邦以存宗国，何以为孔子？纵横捭阖，不顾义理，何以为子贡？即其所言了无一实，而津津言之。子胥传亦有勾践用子贡之谋，率众助吴等语。岂不诞哉？"[②] 其实，子贡这一次游说活动，可疑之处实在太多，地理的阻隔理应作为考量条件之一。子贡的这次游说，从鲁国出发，历经齐国、吴国、越国、晋国，最后回到鲁国，在交通条件极为不便的春秋时代，单靠步行、驾车完成这样一次游历所需的时间一定不短，但从《史记》中的记录来看，丝毫看不出这种空间阻隔给子贡的此次游历带来任何阻碍。特别是子贡离开齐国之前田常所说的"吾兵业已加鲁矣"这种迫在眉睫的压力也一下子消失或者说凝固住了，齐国军队老老实实等着子贡完成了这一次旷日持久的游说，直到被子贡游说来的吴国军队主动进攻才放弃攻打鲁国。子贡在这次游说活动中，从一国到达另一国，仿佛只是从这个院子转身出门进入另一个院子，巨大的空间间隔对其活动没有构成任何影响，空间障碍在这次叙事中就被抹平到一点痕迹都看不出了。此段文字又见于《吴越春秋》卷五、《越绝书》卷七，为小说家言的可能性极大。史书中与此例相似的记载很多，原本应当在那个年代对于事件进展极具影响力的空间地理因素，在绝大多数的叙事中都被忽略了。

尽管对于空间因素的使用存在以上矛盾之处，但从整体上看，《史记》中蕴含着多种史书体例的因素，其中很重要的一种就是"国别体"。本纪体中的《夏本纪》《殷本纪》等如果说可能还是"王朝史"的话，《秦本纪》

---

① 司马迁：《史记》，中华书局1959年版，第2201页。
② ［日］泷川资言：《史记会注考证》，文学古籍刊行社1955年版，第3386页。

则就毫无疑问属于"国别"了。世家体中从《吴太伯世家》直到《韩世家》，共 16 篇世家都是关于春秋战国时期某个重要诸侯国的历史，已经非常典型地采用了"分国记事"的编排方式。在每篇内部，司马迁又基本按照时序记事，对于单独的事件也较为严格地使用编年方式，基本上克服了《国语》和《战国策》结构松散、不成系统的缺陷。但是，论到国别体史书的所谓进步和完善，《史记》中这些世家的完善实在不能说是"国别体"史书本身的完善，因为真正达到完善的方式其实恰恰与国别体无关，而是在记事的时候更加系统，并且添加了必要的时间标示，所以，这种完善其实是借助于"编年体"来实现的。这就又涉及国别体史书的本质——空间地理因素在以文字为载体的史书中因为无法形成有效的意义表达途径，所以，建构在这种因素上的国别体史书实际上也就无法展现出更为清晰的体例特征。

虽然从体例本身的发展来看，《史记》的世家并无明显的创新，但国别体史书在中国史书体例演进过程中却有比较明显的承上启下作用。《史记》中这 16 篇世家因为能够将注意力集中于某一国之内，所以能够给予对于某一国影响深远的人物以特殊关注，比如《吴太伯世家》中对于季札的记录、《晋世家》中记重耳、《越王勾践世家》中记勾践等。《国语》和《战国策》中即有类似情况，学者们也指出这种写法其实距离以人物为中心的纪传体已经非常接近了，但到了《史记》这些世家中，面貌更加明显的人物传记开始大量出现。《越王勾践世家》这篇世家干脆将"勾践"写进了篇名，可见该篇中勾践事迹的重要性。更为典型的例子来自于《晋世家》中对于重耳事迹的记载，因为《晋世家》相比《越王勾践世家》篇幅更长，所记载的其他事件更加丰富，所以更能体现出国别体中融入人物传记的特点。下面以"重耳出亡"这一事件为例，对比分析《左传》《国语》和《史记》的不同记载，以期揭示由编年体、国别体向人物传记体演变的过程。

"重耳出亡"这一历史事件发生在春秋前期，这一事件对整个春秋时期的历史进程产生了深远的影响，事件的主人公重耳日后成为春秋前期的霸主，跟随重耳出亡的若干位大臣也确立了在晋国的政治地位。下面即以中国早期的三部重要史书《左传》《国语》和《史记》的相关记录为中心，从史书体例的角度对这一事件予以关注，并希望借此发现不同史书在情节安排方面的各自特点及它们在面对固有叙事体例的叙事困境时所做出的突破尝试。

"重耳出亡"这一事件实际包含两个大的部分，一个是"重耳出"，也就是作为晋国公子的重耳如何被逼逃离晋国；另一个则是"重耳亡"，也就是重耳逃出晋国后在外流亡直到重回晋国的过程。按照故事情节的发展，整个"重耳出亡"的事件可以分为19个情节单元，列表统计如表2-1①：

表2-1 《左传》《国语》和《史记》三部史书关于"重耳出亡"的记载

序号	情节	《左传》	《国语》	《史记》
1	骊姬通于优施		√	
2	献公逐群公子	√	√	√
3	献公立骊姬为夫人	√		
4	太子将下军		√	√
5	太子伐东山		√	√
6	骊姬夜泣		√	
7	骊姬下毒，谗毁太子	√	√	√
8	太子自杀	√	√	√
9	重耳出奔	√	√	√
10	重耳处狄	√	√	√
11	（重耳过卫）乞食于野人	√	√	√
12	重耳过齐	√	√	√
13	重耳过卫		√	
14	重耳过曹	√	√	√
15	重耳过宋	√	√	√
16	重耳过郑	√	√	√
17	重耳过楚	√	√	√
18	重耳过秦	√	√	√
19	重耳归晋	√	√	√

表2-1中，1至9情节单元为"重耳出"，从第10个情节单元开始为"重耳亡"。相比"重耳亡"的大致相同，三部史书对"重耳出"的记载从情节构成来看存有较大差异，其中《国语》最详，《左传》则最略。三部史书在对这些情节的安排上也比较类似，"重耳出"的9个情节单元分散在多个时段的记载中，"重耳亡"包含的10个情节单元则都是连续排列，这说明三部史书对这段历史的理解非常接近，才会采用相似的结构。在"重耳

---

① 以下每个情节的小标题均为笔者所起，用以概括该情节最主要的事件。

出"这个事件中,史书作者都认为重耳还是一个次要人物,只是晋国动荡政局中的受害者之一,他在这个事件中的作用比不上晋献公、骊姬以及太子申生,所以仅仅作为事件参与者的重耳的相关记载就随着主要事件的发展分散在了各个时间段中。当然,这还受制于三部史书的叙事体例:《左传》为编年体,大部分事件中的情节都按照时间的先后顺序排列;《国语》是国别体,但在记录某个诸侯国的历史时,也基本上按照时序排列情节;《史记》则在记录先秦时期诸侯国的世家体中采用了编年体例,《晋世家》即是如此。但这种编年体例却都在记录"重耳亡"这个事件时发生了改变,三部史书都对这个事件进行了特殊处理,打乱了正常的时序,将这19年中发生的多个情节汇总到一起来叙述。这种与整体叙事特征相比的明显断裂更能说明史书作者对历史事件的独特理解,以及挣脱固有叙事体例羁绊的努力。

对于"重耳出"这一事件的记载,三部史书的差异比较大,最简略的《左传》竟然缺失了4个情节,但却也有1个《国语》《史记》都没有的情节。另外,如果说到材料方面的借鉴,很有可能《史记》在这一事件的记录方面参考《国语》的较多,除了第1个情节"骊姬通于优施"没有被《史记》采用外,其他的情节《史记》都延续了《国语》的安排:《国语》有的《史记》也有,《国语》没有的《史记》也没有。

那么在对这段史事的记载中,存在于《左传》和《国语》之间的这种较大差异又是怎样造成的呢?粗看起来,两部史书在对这9个情节单元的记录中就有多达5处不同,原因当然可以很简单,那就是两部史书参考了不同的原始材料。但是,我们却可以从叙事安排的角度对这个问题给出解释。

相比于《国语》和《史记》,《左传》所缺失的情节中最主要的就是表2-1中的情节4、情节5、情节6,而这3个情节其实都具备同一个意义指向,即描写骊姬逐渐夺权的过程,制造太子申生逐渐失势的气氛,为后边晋国发生的大政变进行情节铺垫和气氛准备。其中,在"太子将下军"以及"太子伐东山"这2个情节中,分别通过士蒍和里克的预言,营造了一种越来越浓厚的悲剧气氛:太子申生正被一步步逼入险境,他即将面临的危险已经近在眼前。紧接着发生的"骊姬夜泣"则更加明确地表明了晋献公在骊姬的蛊惑下已经同意对太子申生下手,政变已经一触即发。《国语》一书虽然号称国别体,但其中对晋国史事的关注度远超另外几个国家,记载也详细得多,此处进行的如此铺陈正符合其整体叙事特征,并不让人意外。我们无从猜测《左传》对这段史事缺载的具体原因,因为很有可能这并不是《左传》作者的主观意愿,而只是因为《左传》作者并不掌握这段史事的原始材料而造成缺失。但如果从整体来看，这几个情节的缺失依然从属于《左传》全书的叙事特点。《左传》叙事以精简为特色，对于事件发展主干的关注度更高，这种烘托气氛、表现人物性格的事件被《左传》作者舍弃是可以理解的。

除了以上3处集中的差异外，《国语》又比《左传》增加了一个"骊姬通于优施"的情节。这一情节只写了骊姬和她的情人优施密谋如何加害太子申生的过程，整个过程只有两人密谋而无第三者在场。这样的情节即属于钱钟书所说的"或为密勿之谈，或乃心口相语，属垣烛隐，何所据信依"①，出于史家虚拟的可能性非常大。不能说《左传》中没有这样的虚构，但《国语》当中这种"密谋式"的情节更多更普遍，出现的频率远超《左传》。这又与《国语》一书的整体叙事特点有关，因为《国语》全书既然侧重于记录人物语言，那么就很可能像钱钟书所说的那样："夫私家寻常答酬，局外事后只传闻大略而已，乌能口角语笑以至称呼致曲入细如是？貌似'记言'，实出史家之心摹意匠。"②《国语》中那么多大段大段的人物对话，很多时候出于作者拟作的可能性其实更大。所以，这一处《国语》所独有的情节其实也符合其全书的叙事特征。而且这一个情节也是"重耳出"这一事件中《史记》与《国语》唯一的不同处，很有可能司马迁也是从征实角度出发删去了这一处"死无对证"的密谋。

情节3"献公立骊姬为夫人"则为《左传》所独有：

初，晋献公欲以骊姬为夫人，卜之，不吉；筮之，吉。公曰："从筮。"卜人曰："筮短龟长，不如从长。且其繇曰：'专之渝，攘公之羭。一薰一莸，十年尚犹有臭。'必不可。"弗听，立之。生奚齐，其娣生卓子。③

从时间角度分析，这个情节非常特殊，即倒叙中又套着一个预叙。这一情节以"初"字领起，在《左传》中这是典型的倒叙类型。因为是用"初"字领起，所以这是对过去发生事件的追记，是回忆过去；但回忆的事件则又是一次对未来的占卜，而这次占卜所表达的对晋献公执意立骊姬为夫人的担忧以及骊姬成为国君夫人这个事件所产生的影响，则不止覆盖到

---

① 钱钟书：《管锥编》，中华书局1979年版，第165页。
② 钱钟书：《管锥编》，中华书局1979年版，第347页。
③ 杜预注，孔颖达正义：《春秋左传正义》，见阮元《十三经注疏》，中华书局1980年版，第1793页。

《左传》作者倒叙这次占卜的时间点，还对日后相当长一段时间晋国的历史产生了重要影响。《左传》虽然并不是完全的解经之作，但依托《春秋》叙事的特征却很明显。受《春秋》编年体的影响，《左传》叙事大部分采用的是依照事件发展的本来时序进行叙事的方式。在这种绝大部分顺时的叙事中，时序的突然改变往往也就意味着作者需要表达特殊的意义，而倒叙则基本上承担着补充解释说明的作用，预叙在叙事方面则更多地起到一种将复杂事件更好地连接起来的作用。这一情节既是倒叙，又是预叙，在叙事中也同时起到了这两种作用。在《左传》中，这一情节之前是"献公逐群公子"，在这之后则直接发展到"骊姬下毒，谗毁太子"，前面说过，因为《左传》中没有"太子将下军"等3个情节单元，那么如果没有晋献公执意立骊姬为夫人这个情节，后边"骊姬下毒"那一段就会显得突兀，这一段实际上是对骊姬敢于陷害太子的解释：她既得到晋献公的宠爱，更重要的是她已经成为晋国夫人，拥有了很高的地位，才敢于构陷太子。相比于倒叙，这个情节在预叙方面的作用则更为重要。作为编年体史书，《左传》在叙述重大、复杂历史事件时有天然的缺陷，即因为这些历史事件时间跨度较大，很多属于同一事件的诸多情节因为发生在不同时间段，就面临着被打散的困境，对整个事件建立起全面的理解往往需要从这些散落在不同时间的记录中将有关情节"挑选"出来。"重耳出亡"整个事件在《左传》中横跨了从庄公二十八年直到僖公二十四年这么长的时间，即使经过作者的处理，相关情节还是零散地分布在庄公二十八年、僖公四年、僖公二十三年、僖公二十四年等4个年份中。《左传》作者还无法改变编年体的叙事体例，能够进行的操作就是在这种体例之内运用恰当的叙事方法，将这种有可能对事件意义理解的干扰降到最低。而预叙就是一种常用的手段，通过占卜、解梦、预言等形式的预叙，《左传》会把跨度较长的历史事件串联起来，从而减少编年体对重大历史事件的干扰。所以，《左传》当中的很多预叙，一方面，当然具有文化学方面的意义，说明当时社会普遍存在的对于占卜、解梦一类事件的信仰；另一方面，也不能忽视这些预叙在搭建整体叙事结构中所担当的串联作用。考虑到这种方式在《左传》中大量存在的事实，这种叙事方法很难不被认为是作者自觉追求的结果。

从表2-1可以看出，三部史书对重耳流亡的路线记录几乎完全一致，经过每一个地方所发生的事件也基本相同，在每一个事件当中起到关键作用的人物也很类似，比如在"重耳过齐"中，齐姜和子犯（《史记》中作"咎犯"）合谋将重耳骗出齐国；在"重耳过郑"中，关于如何对待重耳发生在郑文公和叔詹之间的分歧；在"重耳过楚"中，楚成王对重耳的热情招待、重耳不卑不亢的回答以及楚国重臣子玉的愤怒；等等。① 基于这种一致性，可以推断出无论是《左传》《国语》，还是先秦阶段的其他史书，对这段历史的记载都很接近，所以到了《史记》中还能保持这种一致性。尽管初看起来三部史书对这一部分史实的记载较为一致，但这种一致之下的差异则更能反映出三部史书在情节处理方面的特点及作者独特的安排。下边选取情节10、情节14来分析。

《左传·僖公二十三年》：

> 遂奔狄。……将适齐，谓季隗曰："待我二十五年，不来而后嫁。"对曰："我二十五年矣，又如是而嫁，则就木焉。请待子。"处狄十二年而行。②

《国语·晋语二》：

> 二十二年，公子重耳出亡，及柏谷，卜适齐、楚。狐偃曰："无卜焉。……今若休忧于狄，以观晋国，且以监诸侯之为，其无不成。"乃遂之狄。
>
> 文公在狄十二年，狐偃曰："日，吾来此也，非以狄为荣，可以成事也。……会其季年可也，兹可以亲。"皆以为然，乃行。③

《史记·晋世家》：

> 晋文公重耳，晋献公之子也。自少好士，年十七，……重耳闻之，乃谋赵衰等曰："……今闻管仲、隰朋死，此亦欲得贤佐，盍往乎？"于是遂行。重耳谓其妻曰："待我二十五年不来，乃嫁。"其妻笑曰："犁二十五年，吾冢上柏大矣。虽然，妾待子。"重耳居狄凡十二年

---

① 唯一的不同在于《国语》在重耳离开齐国后到达曹国前加入了一段"重耳过卫"的情节，但这一段发生在卫文公和甯庄之间的对话不仅为《左传》《史记》所无，而且两书都将"重耳过卫"放在"重耳过齐"之前，所以，杨伯峻认为："不知重耳由齐及曹，并不过卫，《国语》不可信。"这是从地理位置的角度认为《国语》记载不实。见杨伯峻《春秋左传注》，中华书局1990年版，第407页。

② 杜预注，孔颖达正义：《春秋左传正义》，见阮元《十三经注疏》，中华书局1980年版，第1815页。

③ 徐元诰：《国语集解》，中华书局2002年版，第281—283、321—322页。

而去。①

重耳一共在外流亡 19 年，在狄国的时间就长达 12 年，从时间上来讲最长，但从三部史书的记载来看，对这一段时间最长的流亡生活，都做了简略处理。在狄国的 12 年，应当是重耳流亡生涯中最舒适的一段时间。但是对于历史记录者来说，这种平静的生活同时也就意味着没有重要的事件可写，12 年的时间就这样几乎被一笔带过了。

《史记》的这一部分与《国语》《左传》有着明显差异，即非常明显地开始写起了"重耳列传"。在这之前，《晋世家》中对"重耳出"的整个过程已经有细致的记载，作为历史人物的重耳早已出场。但前边出场的只是作为晋国某个历史阶段上的个别人物的重耳，从这里开始，重耳将作为人物列传当中的"传主"，引领起下边一大段叙事。司马迁在这里非常明显地杂糅了两种史书叙事方式：《晋世家》整体上以编年体记录晋国大事，但这一段则属于重耳个人的传记。司马迁做出了更大的改变，但却也在叙事中留下了难以弥合的裂缝。作为人物传记，总要先简单介绍一下人物的大致情况，"重耳传记"也不例外。但是，从这一段开始一直到"重耳逾垣，宦者逐斩其衣袪"，实际上就是对上文已经记录过的"重耳出"一大段文字的缩写。这种缩写并无新意，但又是人物传记中不可缺少的一环。司马迁在这里可以说做出了一种叙事方面的大胆尝试，但从实际效果来看却并不成功，因为这一大段"重耳传记"其实是以记录重耳在列国流亡的经历为主体内容，但从编年体的角度来看，前边提到的那段对重耳早期经历的缩写在全文中因为重复叙事就显得很奇怪；从纪传体角度看，如果缺失了重耳流亡之前的重要经历，这个人物传记又不完整。

从对"重耳处狄"这一事件的具体记录来看，三部史书也不尽相同。《左传》记录最详细的是重耳即将离开狄国时重耳与季隗的一段对话，凸显的是重耳流亡期间患得患失的心境以及季隗的大度与机智。《国语》在缺失这一情节的同时则把叙事重点放在两次重要决定上，即决定前往狄国和决定离开狄国，这两次决定中间仅仅有一句描写："文公在狄十二年。"需要注意的是，《国语》作者把做出这两次决定的关键人物都设定为重耳的谋臣狐偃，这当然能够凸显重耳善于听取意见的优点，但这种频繁出现的"从善如流"却又让重耳显得未免太没有主见。《史记》则包含了以上两部史书的情节，但都有所修正。对于离开狄国的决定，司马迁很聪明地用"重耳

---

① 司马迁：《史记》，中华书局 1959 年版，第 1656—1657 页。

闻之，乃谋赵衰等"这样的记录来表述，既能够体现出这个决定是君臣商议的结果，又凸显了其中重耳的决定性作用。另外，司马迁隐去了重耳在狄国所娶妻子的姓名，只是称其为"妻"，在重耳与其告别时，大致沿用了《左传》的记载，但在描写其妻回答时，却加入了一个"笑"字，这个动作对推动情节发展没有什么实际作用，但却能使人物形象变得生动很多，而且很耐人寻味：这个"笑"是对重耳患得患失的讪笑还是理解后宽容的笑呢？司马迁在这里尽管只是加进了一个细节描写，但却比较明显地表现出对人物内心世界探索的努力。问题是，既然超出了对基本史实的平铺直叙，那么这样的写法也就与文学虚构距离不远了。

对于重耳在曹国的经历，三部史书的记载也有较为明显的不同：

《左传·僖公二十三年》：

> 及曹，曹共公闻其骈胁，欲观其裸。浴，薄而观之。僖负羁之妻曰："吾观晋公子之从者，皆足以相国。……子盍蚤自贰焉。"乃馈盘飧，置璧焉。公子受飧反璧。①

《国语·晋语二》：

> 自卫过曹，曹共公亦不礼焉，……负羁言于曹伯曰："夫晋公子在此，君之匹也，不亦礼焉？"……公弗听。②

《史记·晋世家》：

> 过曹，曹共公不礼，欲观重耳骈胁。曹大夫釐负羁曰："晋公子贤，又同姓，穷来过我，奈何不礼！"共公不从其谋。负羁乃私遗重耳食，置璧其下。重耳受其食，还其璧。③

重耳离开狄国开始了在列国之间的游荡，在曹国的这段经历大概是其中所受屈辱最大的一次。曹共公很无聊地为了满足自己的好奇心而偷看重耳洗澡，在《左传》和《国语》中，都是曹国大臣僖负羁的妻子能够见微

---

① 杜预注，孔颖达正义：《春秋左传正义》，见阮元《十三经注疏》，中华书局 1980 年版，第 1815 页。
② 徐元诰：《国语集解》，中华书局 2002 年版，第 327—329 页。
③ 司马迁：《史记》，中华书局 1959 年版，第 1658 页。

知著，意识到这样无礼的举动在将来很有可能遭致晋国报复而劝自己丈夫早做准备。但《国语》除了一如既往地在记录人物语言篇幅方面远远超过《左传》外，还多加入了一个情节，那就是僖负羁听从了妻子劝说后又去劝说曹共公，尽管他的意见并没有被曹共公采纳，但通过这个情节则能显示出僖负羁对曹国的忠诚。从整体上来讲，《国语》要更加注重在叙事的同时负载道德教化，很多学者都指出过这个问题。这一处情节的意义指向很明确，即强调无论国君贤愚，臣子都要对其绝对忠诚。《史记》关于这一事件的记载，与《左传》《国语》的差别在于实施动作的具体人物。不知道司马迁参考了何种材料，这里不仅将"僖负羁"改为"釐负羁"，而且删去了僖负羁妻子这个人物，不再将僖负羁的行为写成在其妻的鼓励下而完成，他自己成了完全的行为主体。

从上边的分析可以看出，无论在情节安排还是具体表达，三部史书对同一个历史事件的记录都存在比较大的差异。不同的史书之所以呈现出不同的面貌，固然会受到史书作者掌握不同史料的影响，但在写作过程中不同作者对材料的取舍、排列、修改等具体叙事操作层面的差异，则同样会造成不同面貌史书的产生，并进而影响到后代读者对"同一个历史"产生不同的理解。而这种外在具体的叙事方式，固然与史书作者的主动追求紧密相连，但同样受制于不同体例史书所具备的不同的体例方面的特点。概括起来，《左传》叙事尚精简，少修饰，对事件主线的关注远大于事件的枝节和细节，但囿于编年史的体例，叙述复杂事件时常会显得力不从心。作为辅助，《左传》作者已经主动地借助于倒叙、预叙等方式将发生在不同时段的事件组合在一起，而这些叙事方法在以往的编年体中是看不到的，体现着史书叙事体例发展的内在要求。《国语》的叙事体例已经大变，国别体的特点允许其能够将叙事精力集中在个别地域、个别人物身上，这个特点在"重耳出亡"这一事件中表现得很充分，因为不用担心同时期其他事件的干扰，所以可以从容不迫地将这个事件很详细地展示出来。《国语》全书重视人物语言但却有明显代言、拟言倾向，重视道德训诫却又流于琐细的叙事特点在这一段中都有表现。"重耳出亡"的相关段落并不是《史记》中最精彩的，司马迁基本上是在原有史料的基础上进行了比较简单的整合加工，但仍然体现出司马迁本人对历史的理解以及处理方式。其中司马迁将"重耳亡"这段历史处理成了相对独立的"重耳列传"的方式虽然从叙事效果来看说不上成功，但这种在编年体中插入纪传体的方式却可以看作是司马迁在意识到编年体的局限后在史书叙事体例方面的大胆探索。另外，《史记》叙事中还比较明显地对人物性格给予了较多关注，上边所举加入的

"笑"字就是明显的例证。以"重耳出亡"这一个事件为中心的分析不仅反映了不同史书的叙事特点及不同史书作者对历史的不同理解,而且这种差异和对固有叙事体例的突破尝试,又在很大程度上反映了史书叙事体例的内在演进过程。

第五节　中国早期空间叙事的地域中心理念

　　时间与空间是一切事物存在的基本条件,所有发生过的事件都凭借着特定的时间与空间定格在历史时空之中,时间与空间共同成为了历史叙事的两个基本要素。空间的转换,经常会成为事件发展的关键因素,但是在中国早期叙事中,空间因素受到的重视要远远低于时间因素。在大多数情况下,时间因为展现了情节的先后顺序而暗示着事件的因果关系,即被认为是更能够揭示事件意义的因素,所以叙事中更为重视时间的推移,常见的叙事方式如顺叙、倒叙、插叙等,都与时间的改变密切相关。人们对于空间的真正认知只能依靠身处现场才能获得,但进入叙事中的任何有关空间的描写却全部属于事后追忆。在叙事之中,原本大费周章而应当印象深刻的空间转换过程,因为是存在于人们的记忆当中,这种空间转换之间所花费的时间、所经历的路途,则经常被记忆大网过滤掉了。很多时候出现在叙事中的空间改换,就如同从一个房间进入另一个房间一样方便,这种"方便"造成了空间因素在叙事中不太受重视的结果。但是,在所有空间因素当中,地域中心以及相关理念,因为涉及由地域中心衍生出政治文化中心、等级与亲疏关系的确立等相关问题,所以在叙事中所受到的重视程度远超其他空间因素,在叙事中发挥着重要作用。本节即选取中心的确立和离开中心这两方面的表现形式,探讨中国早期叙事地域中心理念的具体表现。

　　先秦时期,人们对于空间的认知已经相当成熟,例如《尚书·禹贡》中展现出的地域空间知识就已经非常辽阔了。此时期人们不仅认知范围广阔,而且对于空间的管理也已经形成程序化极强的规范,即突出礼乐制度对于空间秩序的维护,空间因素也同车仗、服饰、音乐、舞蹈一样,成为仪式感极强的礼仪规范之一,并且脱离了普通观念认知系统,上升为一种秩序体系,而又因为这种秩序常常处于人们的美好回忆与热烈向往之中,在某种程度上带有了宗教的色彩。空间叙事的仪式感突出体现在地域中心理念当中，在这一理念系统中，人间的等级与空间的远近被结合起来，在华夏族的普遍认知当中，周天子被认为居于天地中心，诸侯则按照亲疏关系确定距离的远近环绕而居，蛮族就只能处于边缘地带。当然，所谓的边缘部族也在进行着自己的中心建构，这种饱含着政治色彩的空间建构，实质上是建构自身文化优越性的一种方便、直接的方式。确立与巩固中心，超越了对生活空间的认知范畴，成为具有浓厚政治隐喻的话语表达方式；而中心是如此重要，非正常方式离开中心对于统治者来说，就需要特殊的语言系统对这种行为进行修饰甚至是掩盖。

一、居于中心的理念

"中"，指的是某个区域的核心位置。"中国"这个词在《诗经》时代就具有统治核心区域的意思，例如《民劳》第一章："惠此中国，以绥四方"，第三章又说："惠此京师，以绥四国。"① 可以看出，在这首诗中，"中国"与"四方"对举，"中国"与"京师"同义，"中国"就是指周王朝的核心区域。实际上，不仅周人如此表达，商人也频繁使用"天邑商""大邑商""大邑"这样"尊贵"的称呼来指称自己居住的核心区域，② 只是周人使用的"中"和"中国"空间感更为强烈，在后代影响更深远。"中"这个方位词很早就带有比较鲜明的政治色彩：这是一种从部族优越感生发出来的空间优越感，并进而发展为文化优越感。从商、周开始，这种居于"大"、居于"中"的优越感一直延续下来：在古代中国人的观念里，历史悠久、文化优越的华夏族最值得骄傲的一点就是居住在整个世界的中心。

《尚书·禹贡》记载天下九州情况，首列冀州，体现了以冀州为天下中心的观念。对于此种安排，孔颖达解释道："九州之次，以治为先后，……冀州，帝都，于九州近北，故首从冀起。……是冀州尧所都也。诸州冀为其先，治水先从冀起，为诸州之首。"③ 因为传说中冀州为尧建都之地，所以记载此时代的地理空间，就以冀州为先，以冀州为中心。晚些时候的《国语》以《周语》居首，《战国策》以《周策》居首，继承的就是《尚

---

① 毛亨传，郑玄笺，孔颖达正义：《毛诗正义》，见阮元《十三经注疏》，中华书局1980年版，第548页。
② 陈梦家：《殷墟卜辞综述》，中华书局1988年版，第321页。
③ 孔安国传，孔颖达正义：《尚书正义》，见阮元《十三经注疏》，中华书局1980年版，第196页。

书·禹贡》的编排理念：天子所居之地即为天下中心。

周人同样秉持着天子所居之地为天下中心的观念，同时与神秘的上天相联系，赋予这种理念更高的权威性。古代交通不便，为加强对属地的控制，天子居于地域中心，有着至关重要的实际作用。《逸周书》中的《度邑解》和《作洛解》分别记载了洛邑的选址过程：

> 叔旦恐，泣涕其手。王曰："呜呼，旦！我图夷兹殷，其惟依天。其有宪令，求兹无远。虑天有求绎，相我不难。自洛汭延于伊汭，居阳无固，其有夏之居。我南望过于三途，我北望过于有岳，丕愿瞻过于河，宛瞻于伊洛，无远天室。其曰兹日度邑。"①
>
> 周公敬念于后，曰："予畏同室克追，俾中天下。"及将致政，乃作大邑成周于中土。城方千七百二十丈，郭方七百里。南系于洛水，北因于郏山，以为天下之大凑。②

以上两处记载探讨洛邑营建情况的分别为周武王和周公，但两人的依据却差别不大，都是较为详细地描绘了洛邑所处的空间地理位置，洛邑基本处于周王朝统治区域的地理中心，能够更为方便地对各地加以控制，这是现实层面的原因。但两人又都将主要原因归于更高一层的"天"，在周武王和周公看来，洛阳东都与天室空间位置的对应关系才是他们决定建都于洛邑的决定性因素。"无远天室""俾中天下"表达的都是这种理念。这个地点不仅处于真实的地域中心，还与上天宫殿所在之地相呼应。

《国语·周语上》记载周穆王将要征伐犬戎，祭公谋父劝谏说：

> 夫先王之制，邦内甸服，邦外侯服，侯、卫宾服，蛮、夷要服，戎、狄荒服。甸服者祭，侯服者祀，宾服者享，要服者贡，荒服者王。日祭、月祀、时享、岁贡、终王，先王之训也。……布令陈辞而又不至，则增修于德而无勤民于远，是以近无不听，远无不服。③

根据祭公的说法，周代奉行着"甸服、侯服、宾服、要服、荒服"这

---

① 黄怀信、张懋镕、田旭东撰：《逸周书汇校集注》，上海古籍出版社2007年版，第479—483页。
② 黄怀信、张懋镕、田旭东撰：《逸周书汇校集注》，上海古籍出版社2007年版，第524—529页。
③ 徐元浩：《国语集解》，中华书局2002年版，第7—8页。

样的五服制度，这种制度以亲疏远近作为基础决定诸侯以及四方诸国的级别，每一个级别又需要承担不同的义务。穆王想要征伐的犬戎属于最为疏远的荒服。对于这个层面的诸侯，周王本来无须用兵，只要"布令陈辞""增修于德"即可。但是，周穆王没有听从劝诫，"王不听，遂征之，得四白狼、四白鹿以归。自是荒服者不至"，造成了远方诸侯的离去，周王朝统治的最外层空间开始出现松动。

实际上，系统的"五服"制度虽然成熟于周代，但是在殷商时期就有类似的表达，陈梦家先生将卜辞所见与西周所述的方位表达总结并制图（图2-1）①。可以看出，殷商时代的政治空间观念同样为中心向四周扩散的结构，甚至同样为五个层次。可以确定，周代的"五服"制度渊源有自，按照空间距离确定统治级别及亲疏关系的方式，在我国起源甚早。确立中心，再依次向外围辐射的思维在中国文化中极为常见，明初的杨维桢在确定文言小说文体范畴时还在使用"城—郭（外城）—郊"的格局作为比喻②，这种思维方式即属于地域中心观念之下"五服"制度的遗留。

	卜辞所见	西周所述
A	商，大邑	商邑，天邑商
B	奠	
C	四土，四方	殷国，殷邦，大邦殷
D	四戈	殷边
E	四方，多方，邦方	四方，多方，小大邦

图2-1　卜辞所见与西周所述的方位表达

《逸周书·王会解》详细记载了周成王举行朝会，周边国家依照空间的远近，在朝会现场列队参加这场盛大典礼的具体场面。关于《王会解》一篇的性质，唐大沛提出："此篇非作于成王之世，盖后人追想盛事，绘为王会之图。今则图已泯灭久矣，幸此篇未泯，正如《山海图》失传而《山海经》尚在。"此说未必确实，但既然可以让人见字如读图，那这一大段文字对于场面描摹的整齐细致可见一斑。这场典礼在灭商之后、周王朝新君即位不久举行，此时既有展示威严、显示威信的需求，同时又有亲近亲信、

---

① 陈梦家：《殷墟卜辞综述》，中华书局1988年版，第325页。
② 参见赵毅衡《重读〈红旗歌谣〉：试看"全民合一文化"》，见赵毅衡《礼教下延之后》，四川文艺出版社2013年版，第23页。

怀柔远人的要求，所以，这场典礼的位次完全按照诸侯与周王室所处的空间距离和远近亲疏来排列。前来参加朝拜的诸侯，携带各自的贡品，以周天子所伫立的高堂为中心，按照亲疏远近依次排开："唐叔、荀叔、周公在左，太公望在右，……旁天子而立于堂上"，这是最为亲近的几个人物，陪同周天子站在高堂之上；"堂下之右，唐公、虞公南面立焉。堂下之左，殷公、夏公立焉，皆南面"，唐公、虞公等几位关系稍远的诸侯则立于堂下；再往外围则是距离更为遥远的诸侯："内台西面者正北方，应侯、曹叔、伯舅、中舅，比服次之，要服次之，荒服次之。西方东面正北方，伯父中子次之。方千里之内为比服，方二千里之内为要服，三千里之内为荒服，是皆朝于内者"，这些诸侯虽然距离周天子所处的核心较远，但还属于"荒服"以内，尚在统治圈之内。中台之外则是更为遥远的前来朝拜进贡的周边小国，数量众多，贡品稀奇古怪，例如其中一个方国："秽人前儿。前儿若弥猴，立行似小儿"①，秽人供奉的是名为"前儿"的稀奇物种。实际上，这种对于远方地域特产记载中表现出的猎奇心理，正是文化上优势心理的体现：距离中心越遥远的区域，就越是奇异蛮荒的。以上划分亲疏关系的方式，虽然其具体表述与《国语》中"五服"的说法不一致，但是根据空间距离来确定诸侯国与周王室之间关系的理念却是一致的。在这种盛大的仪式中，根据空间距离安排出的朝拜次序帮助周天子与诸侯的亲疏关系得以确认，而这种典礼仪式所带有的强烈心理暗示，又反过来强化了这种空间次序所带来的亲疏关系。

居于"中"，居于天下中心的理念，不仅存在于周人心目中，其他诸侯国在记录本国史事时，同样秉持着地域中心的叙事理念。《史记·封禅书》记载秦始皇游于齐地，祭祀齐地的八神：

> 齐所以为齐，以天齐也。其祀绝莫知起时。八神：一曰天主，祠天齐。天齐渊水，居临淄南郊山下者。②

八神是齐人源远流长的祭祀对象，齐人又将"天主"列为八神之首，可见其重要性。祭祀的主要寄托在于齐国首都临淄的天齐泉，《索隐》引解道彪说："临淄城南有天齐泉，五泉并出，有异于常，言如天之腹齐也。"③

---

① 黄怀信、张懋镕、田旭东撰：《逸周书汇校集注》，上海古籍出版社2007年版，第795—822页。
② 司马迁：《史记》，中华书局1959年版，第1367页。
③ 司马迁：《史记》，中华书局1959年版，第1368页。

"齐"字在甲骨文中写作✧✧✧,《说文解字》释为:"禾麦吐穗上平也",但是其字形亦像泉水并出,正与天齐泉所呈现的"五泉并出"类似。又齐字有"腹脐"之义,例如《左传·庄公六年》记载:"亡邓国者,必此人也。若不早图,后君噬齐。其及图之乎!"杜预释为:"若噬腹齐,喻不可及。"①腹齐,即腹脐。齐国对天齐泉进行祭祀,把它视为上天的肚脐相对的下土区域,意谓齐国居于天域中心部位所对之地。腹脐处于人身体中央,所以齐字本身又有中心的含义。《尔雅·释地》:"岠齐州以南。"郭璞注:"岠,去也;齐,中也。"②唐代李贺的《梦天》写道:"遥望齐州九点烟,一泓海水杯中泻。"此处仍使用齐州代指中州,代指九州大地。所以,齐国的国名本身就蕴含着天下中心的含义,齐国同样秉持着齐地位于天下中心的理念。

楚国相对于中原诸国,本居于南方,但在相关记载中,楚国人生活的地方,特别是传说中楚族兴盛之地,却成了中心,这在《山海经·中山经》中的某些篇章中表现得最为明显。《山海经·中山经·中次八经》记载:"荆山之首,曰景山";《山海经·中山经·中次十一经》记载:"荆山之首,曰翼望之山"。③这都是以"荆山"作为中心坐标的空间描述方式,而荆山则被楚族人认为是其发祥地之一。《左传·昭公十二年》中记载子革答复楚王:"昔我先王熊绎,辟在荆山,筚路蓝缕,以处草莽"④,非常明确地说明了楚族的发祥地就在荆山。观察视野再放大的话,可以发现以上条目均出自《中山经》,而根据已有研究,《山海经》为楚人最后编辑而成,⑤《中山经》所记载的大部分地区,均为古楚国所在地,这种编排方式体现了楚人的自我中心观念。

类似的理念还见于《山海经·海内经》中的记载:

> 西南黑水之间,有都广之野,后稷葬焉。……南海之外,黑水青水之间,有木名曰若木,若水出焉。⑥

---

① 杜预注,孔颖达正义:《春秋左传正义》,见阮元《十三经注疏》,中华书局1980年版,第1764页。
② 郭璞注,邢昺疏:《尔雅注疏》,见阮元《十三经注疏》,中华书局1980年版,第2616页。
③ 袁珂:《山海经校注》,北京联合出版公司2014年版,第139—153页。
④ 杜预注,孔颖达正义:《春秋左传正义》,见阮元《十三经注疏》,中华书局1980年版,第2064页。
⑤ 朱熹在《楚辞辩证》中认为《山海经》为释《天问》而作,见朱熹《楚辞集注》,上海古籍出版社2001年版,第186—190页。
⑥ 袁珂:《山海经校注》,北京联合出版公司2014年版,第374页。

从以上记载来看,"都广之野"距离若水较近,而若水被认为是楚族的发祥地。关于楚国始祖的世系及发祥地,司马迁在《史记·五帝本纪》中记载得最为明确:

> 嫘祖为黄帝正妃,生二子,其后皆有天下:其一曰玄嚣,是为青阳,青阳降居江水;其二曰昌意,降居若水。昌意娶蜀山氏女,曰昌仆,生高阳。高阳有圣德焉。黄帝崩,葬桥山。其孙昌意之子高阳立,是为帝颛顼也。①

根据司马迁的记载,黄帝之子昌意在若水与当地女子生下高阳,也就是颛顼,而高阳则被楚族人认为是其祖先,最为典型的例子就是屈原在《离骚》中宣称自己的身世:"帝高阳之苗裔兮。"关于楚族先祖出于若水的说法在早期文献中较为常见,比如《吕氏春秋·仲夏纪》中记载:"帝颛顼生自若水,实处空桑,乃登为帝。"② 可见,高阳(颛顼)为楚国始祖、若水为楚族重要发祥地的观念,得到广泛认可。

根据郭璞的注释,"都广之野"这个地域:"其城方三百里,盖天地之中,素女所出也。"③ 若水与居于"天地之中"的"都广之野"相邻,可见在楚人的追认中,其先祖就发祥于天地中央。与"都广之野""若水"相关,《山海经》中的一种神树——建木,与楚族的地域中心理念同样有着深刻联系:

> 有木,其状如牛,引之有皮,若缨、黄蛇。其叶如罗,其实如栾,其木若蓲,其名曰建木。在窫窳西弱水上。——《山海经·海内南经》
> 有木,青叶紫茎,玄华黄实,名曰建木,百仞无枝,有九欘,下有九枸,其实如麻,其叶如芒,大皞爰过,黄帝所为。——《山海经·海内经》④

郭璞对于第一条中出现的"建木"注曰:"建木青叶,紫茎,黑华,黄实,其下声无响,立无影也。"⑤ 这与《吕氏春秋·有始览》和《淮南子·

---

① 司马迁:《史记》,中华书局1959年版,第10页。
② 许维遹:《吕氏春秋集释》,中华书局2009年版,第123页。
③ 关于郭璞的这句注释,王逸注本中原为《海内经》原文。袁珂认为:"是知古本在经文,今脱去之,而误入郭注也。"见袁珂《山海经校注》,北京联合出版公司2014年版,第375页。
④ 袁珂:《山海经校注》,北京联合出版公司2014年版,第246、377页。
⑤ 袁珂:《山海经校注》,北京联合出版公司2014年版,第247页。

坠形训》对于"建木"的记载非常类似：

> 白民之南，建木之下，日中无影，呼而无响，盖天地之中也。——《吕氏春秋·有始览》①
> 建木在都广，众帝所自上下，日中无景，呼而无响，盖天地之中也。——《淮南子·坠形训》②

从以上记载可以看出，对于《山海经》中"建木"的特点，从战国末期开始，就已经形成了较为统一的认识：因为具备"日中无影""呼而无响"两大特点，所以可以断定其处于天地之中。"呼而无响"，说明这个地方四周空旷广大，所以没有回音；"日中无影"，则是指在正午之时阳光直射下没有影子。从纯粹的天文学角度讲，能够观测到"日中无影"现象的时间、地点条件非常苛刻：在北半球的夏至日，北回归线（北纬23.5°）沿线地区会出现这种现象。而北回归线穿过我国的地区由东到西大致为台湾嘉义、广东从化、云南蒙自，这些地方在先秦时期都是蛮荒之地，距离华夏族生活的区域远隔千山万水。所以，在建木的所在地"都广之野"，"日中无影"的现象不可能出现。

虽然绝对的"无影"在当时人生活的空间范围内并无可能，但是测影以确定中心的方式却非常古老。《周礼·地官·大司徒》中有这样的记载：

> 正日景，以求地中。日南则景短，多暑；日北则景长，多寒；日东则景夕，多风；日西则景朝，多阴。日至之景，尺有五寸，谓之地中，天地之所合也，四时之所交也，风雨之所会也，阳阴之所合也，然则百物阜安，乃建王国焉。③

以上《周礼》的相关记载属于天文观测操作的真实结果：使用确定高度的土圭，在某个地方观测到一年之中日影最短长度为一尺五寸。完成这个观测的地方就被认为是天地所合、四时之交的天下中心。一般认为这个

---

① 许维遹：《吕氏春秋集释》，中华书局2009年版，第283页。
② 何宁：《淮南子集释》，中华书局1998年版，第328—329页。
③ 郑玄注，贾公彦疏：《周礼注疏》，见阮元《十三经注疏》，中华书局1980年版，第704页。

地点就在洛邑。① 虽然观测实践"有影",但在传说或者人们的观念中,"日中无影"却成为一种特殊的、带有神秘色彩的空间确定方式,由这种方式确定的地点即为天地中心。这种空间概念不仅具有理想化的特点,又带有强烈的政治色彩:这个处于天地之中的地域中心,也就是周天子应当居处的政治中心。

另外,从文字学角度来看,"建木"这个名称本身就意味着处于中心。甲骨文的"中"字或写作 ,或写作 ,像旗帜形,上下为飘带,方框为立中之处。② 古人在居处之地树立木杆旗帜,这种木杆就是"中"字的本义。这种号令民众的方式与立杆测影具有类似的操作方式和明显的继承关系。立杆测影的原理和实施过程正是"建木"以定"中",后来就逐渐演变为"建木"居于"中"的固定理念。从民族心理的角度来讲,认为自己民族生活的地方为天下中心,这是普遍现象,族群不同,中心也就不同。但是,中心的确定需要一定的依据,不能凭空而来,"日中无影"就成为华夏族确定天下中心的权威说法,"建木"也成为处于华夏空间中心的一棵神树。楚族认为自己的祖先生活在"都广之野"、"建木"附近,就是认定自身同样居于中心这种民族心理的反映。《山海经》系楚人最后编辑而成,朱熹认为《山海经》为解《天问》而作,其实就认定楚人作《山海经》,袁珂先生对于此问题更有详细论述。③ 既然《山海经》为楚人编成,故把楚地视为九州之中心,楚人的祖先发祥地被描绘成天地的中心。

在很多时候,空间上的远近又与情感上的亲疏结合在一起。《国语·周语中》记载晋国随会到周王朝访问,"定王享之肴烝",随会提出疑问,周定王亲自向其解释说:"禘郊之事,则有全烝;王公立饫,则有房烝;亲戚宴飨,则有肴烝",因为与晋国关系亲近,所以才会用"肴烝"的礼节招待随会,定王进一步说明:

> 夫戎、狄,冒没轻儳,贪而不让。……故坐诸门外,而使舌人体委与之。女今我王室之一二兄弟,以时相见,将和协典礼,以示民训则,……以示容合好,胡有孑然其郊戎、狄也?④

---

① 现今河南省登封市告成镇有"周公测景台"遗址,传说为周公测量日影、确定天下中心的地方。这种说法对中国天文观测有重大影响,唐代"洛州无影"的说法即附会于此地,直到元代,郭守敬还在此地修建大型测影台,现在遗留为观星台遗址,是全国第一批重点文物保护单位。
② 谷衍奎:《汉字源流字典》,华夏出版社 2003 年版,第 59 页。
③ 朱熹在《楚辞辩证》中认为《山海经》为解《天问》而作,见朱熹《楚辞集注》,上海古籍出版社 2001 年版,第 186—190 页。
④ 徐元浩:《国语集解》,中华书局 2002 年版,第 57—59 页。

从周定王的描述中可知，对于戎、狄这样的蛮族，不仅安排这些人"坐诸门外"，由"舌人"送其食物，戎、狄根本无法登堂入室，双方谈不上真正地进行宴饮，而且还使用"全烝"这种看似隆重、实而疏远的饮食礼节进行招待；而对于来自晋国的随会，则安置在朝堂之上，由周天子及大臣亲自陪同，使用的也是"肴烝"这种只有亲近之人才会共享的食物。通过这个事件可以看出，情感的亲疏绝不仅仅是空洞的规范，也要透过具体可感的行为展现出来，展现的途径不仅包括饮食的对象和具体享有的方式，空间的远近也真切地暗示和体现着亲疏与否、内外之别。所有这些具体的行为，结合在一起并上升为固定的礼义规范，原本需要强烈现场感知才能获得意义的空间因素，演变成固定的规则和抽象的概念，更加牢固地存在于人们的信仰当中。

二、离开中心的特殊表达

空间叙事中的这种地域中心理念，不仅表现在以上这种直接描写处于中心位置的情况，有些时候对于离开"中心"的记录，恰好从另一个方面说明了对于"中心"的特殊重视。

《春秋·僖公二十四年》记载："冬，天王出居于郑"，周襄王因为王子带之乱而逃离洛邑。对于这次逃难，《左传》有详细记录：

> 冬，王使来告难曰："不穀不德，得罪于母弟之宠子带，鄙在郑地汜，敢告叔父。"臧文仲对曰："天子蒙尘于外，敢不奔问官守。"王使简师父告于晋，使左鄢父告于秦。天子无出，书曰"天王出居于郑"，辟母弟之难也。①

"出奔"是春秋时期经常发生的一类事件，整部《春秋》记载"出奔"87件，《左传》共有191件，去其重复，共201件。② 但是，只有这一次使用了"出居"这种记录方式。对于这条经文的特殊表达，《公羊传》解释为："王者无外。此其言出何？不能乎母也。"③ 《穀梁传》解释为："天子

---

① 杜预注，孔颖达正义：《春秋左传正义》，见阮元《十三经注疏》，中华书局1980年版，第1818页。
② 徐杰令：《论春秋时期的"出奔"》，载《史学集刊》2000年第1卷第2期。
③ 何休注，徐彦疏：《春秋公羊传注疏》，见阮元《十三经注疏》，中华书局1980年版，第2259页。

以天下为家，故所在称居。天子无出。出，失天下也。居者居其所也，虽失天下，莫敢有也。"杨士勋疏："虽实出奔，而王者无外，王之所居则成王畿，郑不敢有之以为国。"① 从以上对于"天子出居于郑"的解释来看，无论是《公羊传》所说的"王者无外"，还是《穀梁传》认为的"天子以天下为家"，各家普遍认为这一次周襄王的"出居"，不同于一般诸侯逃离本国的"出奔"。孔颖达虽然认为："出居，实出奔也。"但是，他仍然认为："出谓出畿内，居若移居然。天子以天下为家，所在皆得安居，故为天子别立此名。《释例》曰：'天子以天下为家'，故传曰：'凡自周无出'，今以出居为名，而不书奔，殊之于别国。"② 也就是说，虽然承认这就是逃难，但是因为主角是周天子，所以记载时使用了特殊的词汇。《春秋》以及《左传》中的相关记载，诸侯因为各种原因离开本国，都用"奔"，例如，《春秋·隐公十一年》："许庄公奔卫"，《春秋·僖公五年》："晋灭虢，虢公丑奔京师"，《春秋·昭公二十三年》："莒子庚舆来奔"。③ 从纯粹的地理空间来看，周天子离开洛邑，确实改变了居处的地点，离开了原有居住的"中心"；但是，从政治空间来看，天下皆为周天子所有，所以《春秋》专为这一事件使用了"出居"一词代替"出"或者"奔"，背后的理念就是天下为周天子所有，对于周天子来讲，不存在"出"这一情况。《诗经》中所谓"普天之下，莫非王土。率土之滨，莫非王臣"④，表达的就是这个意思。《穀梁传·昭公二十六年》中把这种理念说得更加清楚："冬，十月，天王入于成周。周有入无出也。始即位非其所，今得还，复据宗庙，是内故可言入。若即位在庙，则王者无外，不言出。"所谓"周有入无出""王者无外，不言出"等说法，正反映了当时人对于周天子名义上掌控天下这种政治空间观念的认可。

《春秋·僖公二十八年》记载："天王狩于河阳。壬申，公朝于王所。"⑤ 这一年晋文公在城濮击败了楚国，举行诸侯大会，周天子离开国都，也到场参加。其实早在年底周天子与以晋国为首的诸侯在河阳见面之前，

---

① 范宁注，杨士勋疏：《春秋穀梁传注疏》，见阮元《十三经注疏》，中华书局1980年版，第2401页。
② 杜预注，孔颖达正义：《春秋左传正义》，见阮元《十三经注疏》，中华书局1980年版，第1816页。
③ 杜预注，孔颖达正义：《春秋左传正义》，见阮元《十三经注疏》，中华书局1980年版，第1736、1795、2101页。
④ 毛亨传，郑玄笺，孔颖达正义：《毛诗正义》，见阮元《十三经注疏》，中华书局1980年版，第463页。
⑤ 杜预注，孔颖达正义：《春秋左传正义》，见阮元《十三经注疏》，中华书局1980年版，第1824页。

晋国方面就已经在做准备。《左传》记载:"甲午,至于衡雍,作王宫于践土。"① 晋国整治王宫也就是准备与周天子会见地点这件事发生在当年四月,城濮之战刚刚结束,距离年底双方见面还有半年之久,所以,杜预注释说:"襄王闻晋战胜,自往劳之,故为作宫。"② 事实很可能如杜预所讲,这一次会面早有安排,并非如孔子评价"以臣召君",而是周天子自愿前往。但是,离开国都,离开中心,这是重大事件,总要有合适的理由进行遮掩。《春秋》选择了使用"狩"字。"狩"这种行为不可能在国都中进行,一定要进行空间转换,要与周天子的行为相符,但是这其实是完全用另外一件事来掩盖离开国都的事实。而且按照《公羊传》的说法:"狩不书"③,也就是说《春秋》除此处外再无对天子"狩"的记载。此处不同寻常的用字,其实是《春秋》故意留下问题的惯用叙事方式。

关于这一年的记载当中,除了"天王狩于河阳"之外,还有一句值得关注:"公朝于王所。"如果以上的分析成立的话,那么这句话同样是在说反话:只有周天子在国都之内接受诸侯朝见才符合礼义规范,才是王应当处于的"所",这里直接说"王所",恰恰就指出非其所在。对于"公朝于王所"的"王所",杜预释为"王在践土,非京师,故曰王所"④。根据《穀梁传》的说法:"朝于庙,礼也。于外,非礼也。诸侯朝王,王必于宗庙受之者,盖欲尊祖祢共其荣。"⑤ 根据礼法,只能是诸侯前往朝见周天子,而周天子在宗庙之外接受朝见都是非礼行为,更不要说离开国都与诸侯会面了。"狩"与"王所"这两个特殊表达体现了《春秋》对于天子离开国都的重视。

鲁昭公二十五年,鲁国因权臣之间斗鸡引发内乱,鲁昭公遭"三桓"攻击而流亡。昭公被迫离开鲁国国都,也就意味着离开了"中心",昭公在外飘荡了7年之久,最终客死晋国。史书对其流亡过程多有记录,其中某些措辞涉及空间变化的专门表达,非常值得关注。

《春秋·昭公二十五年》记载:"九月己亥,公孙于齐,次于阳州。齐

---

① 杜预注,孔颖达正义:《春秋左传正义》,见阮元《十三经注疏》,中华书局1980年版,第1825页。
② 杜预注,孔颖达正义:《春秋左传正义》,见阮元《十三经注疏》,中华书局1980年版,第1825页。
③ 何休注,徐彦疏:《春秋公羊传注疏》,见阮元《十三经注疏》,中华书局1980年版,第2262页。
④ 杜预注,孔颖达正义:《春秋左传正义》,见阮元《十三经注疏》,中华书局1980年版,第1823页。
⑤ 范宁注,杨士勋疏:《春秋穀梁传注疏》,见阮元《十三经注疏》,中华书局1980年版,第2402页。

侯唁公于野井。"杜预注曰："讳奔故，曰孙若自孙让而去位者。"之后又解释了"孙"字："孙音逊，本亦作逊，注及传同。"① 段玉裁对"逊"字解释为："逊，遁也。字作孙不作逊。"② 对于昭公这次出亡，《春秋》作者选取了"逊"这个字进行意义诠释。值得注意的是，《公羊传》对这句话解释为："地者，臣子痛君失位，详录所舍止。"徐彦疏："地者，即经书次于杨州是也。《春秋》之义，悉皆举重。不举公孙为重，而复书次于杨州者，臣子哀痛公之失位，是以详录公之所舍止之处矣。"③（《公羊传》作"阳州"为"杨州"）也就是说，《公羊传》及其注者更看重地点的改变，认为昭公的居处空间由鲁国国都转变为齐国的阳州，这种"舍止之处"也就是空间方面的变化，并不需要特殊动词"逊"的提示，就已经说明了昭公"失位"而出的事实。"孙"这个字在《春秋·庄公元年》也曾使用："三月，夫人孙于齐"，因为桓公夫人文姜与齐襄公通奸导致桓公被杀，庄公继位后逃离鲁国。对于这句经文，孔颖达解释："鲁人责之，故出奔。内讳奔，谓之孙，犹孙让而去。"④ 可见，《春秋》对于国君及国君夫人离开故国，有着较为统一的语言使用标准。

《春秋·昭公二十五年》记载："十有二月，齐侯取郓。取郓以居公。"这是说，齐国派兵攻打下鲁国的郓地，将流亡齐国的鲁昭公安排到郓地。这里使用了"居"字，后边的记载中反复使用了这个字。

《春秋·昭公二十六年》记载："三月，公至自齐，居于郓。"对于这个"居"字，《左传》进一步解释："三月，公至自齐，处于郓，言鲁地也。"⑤ 也就是说，即使昭公未能回到国都，但却回到鲁国境内，不再属于流亡，也就不再用"逊"，而改为用"居"。《穀梁传》对此处用"居"字有明确解释："在国之文，不得实同，故言居郓以别之。"⑥ 鲁君虽然未离开鲁国，但离开了国都，所以就要"别之"，重视中心的理念非常明显。

《春秋·昭公二十七年》记载："公至自齐，居于郓。"《左传》释为：

---

① 杜预注，孔颖达正义：《春秋左传正义》，见阮元《十三经注疏》，中华书局1980年版，第2106页。
② 段玉裁：《说文解字注》，中华书局2013年版，第648页。
③ 何休注，徐彦疏：《春秋公羊传注疏》，见阮元《十三经注疏》，中华书局1980年版，第2327页。
④ 杜预注，孔颖达正义：《春秋左传正义》，见阮元《十三经注疏》，中华书局1980年版，第1762页。
⑤ 杜预注，孔颖达正义：《春秋左传正义》，见阮元《十三经注疏》，中华书局1980年版，第2112页。
⑥ 范宁注，杨士勋疏：《春秋穀梁传注疏》，见阮元《十三经注疏》，中华书局1980年版，第2440页。

"二十七年春，公如齐。公至自齐，处于郓，言在外也。"① 根据《左传》的理解，《春秋》使用"居"这个字形容昭公处于郓地的情况，是因为他虽然回到鲁国，但却处于国都之外，离开政治中心这个特定空间，就只能"居"了。这里的记载与前边讨论过的"天王出居于郑"非常类似：天下均为周天子所有，但周天子离开洛邑，行于天下任何地方均为"居"，鲁昭公同样被驱离国都，但却仍能淹留在鲁国境内，这就是所谓的"在国"，所以同样使用了"居"字。《左传·僖公二十八年》记载："卫侯出居于襄牛"，杜预注："襄牛，卫地。"② 卫国国君被驱离国都，但与昭公一样仍然滞留在国内，同样使用了"出居"一词。

《春秋·昭公二十八年》记载："公如晋，次于乾侯。"《左传》对于昭公这次转换地点的过程有详细记载：

> 二十八年春，公如晋，将如乾侯。子家子曰："有求于人，而即其安，人孰矜之？其造于竟。"弗听。使请逆于晋。晋人曰："天祸鲁国，君淹恤在外。君亦不使一个，辱在寡人，而即安于甥舅，其亦使逆君？"使公复于竟而后逆之。③

昭公一厢情愿地跑到晋国的乾侯，但晋国却以礼义为名，逼迫昭公返回晋、鲁国境之上再去迎接他。晋国此举当然有故意羞辱落难的鲁昭公之嫌，但从以上记载可以看出，空间转换并不是小事，其间蕴含着严格的礼仪规范，这种礼仪规范为诸侯间通例，不然晋国也不会在外交场合冠冕堂皇地这样做。

《春秋·昭公二十九年》记载："公至自乾侯，居于郓，……公如晋，次于乾侯。"对于"公至自乾侯"这一句，孔颖达分析说：

> 二十五年，"公孙于齐，齐侯唁公于野井"。二十六年经书"公至自齐"。公虽不至齐都，既入齐竟，得与齐侯相见，故书"公至自齐"。往年公如晋，次于乾侯。虽入晋竟，不得与晋侯相见，故书"至自乾

---

① 杜预注，孔颖达正义：《春秋左传正义》，见阮元《十三经注疏》，中华书局1980年版，第2115页。
② 杜预注，孔颖达正义：《春秋左传正义》，见阮元《十三经注疏》，中华书局1980年版，第1824页。
③ 杜预注，孔颖达正义：《春秋左传正义》，见阮元《十三经注疏》，中华书局1980年版，第2177页。

侯"，以乾侯致告于庙者，为不得见晋侯故。①

综合以上所引《春秋》原文可以看出，孔颖达的分析是正确的。《春秋》在记录空间转换的用词方面，非常慎重。见到了齐国国君，所以说"至自齐"，没有见到晋国国君，只能说"至自乾侯"。《穀梁传》持一致看法："乾侯出不同，传以见齐侯为义，虽至阳州，可以齐致，明乾侯之致，不见晋侯。"② 也就是说，国君象征着国家政权，与确定的政治空间结合在一起，这种观念已经确立并且形成了固定的表达方式。

其后《春秋》在昭公三十年、三十一年、三十二年，都重复了一句话："春王正月，公在乾侯。"《左传·昭公三十年》解释为："三十年春，王正月，公在乾侯，不先书郓与乾侯，非公，且徵过也。"③ 杜预进一步加以说明：

> 徵，明也。二十七年、二十八年，公在郓，二十九年公在乾侯，而经不释朝正之礼者，所以非责公之妄，且明过谬犹可掩，故不显书其所在，使若在国然。自是郓人溃叛，齐、晋卑公，子家忠谋，终不能用。内外弃之，非复过误所当掩塞，故每岁书公所在。④

昭公于三十二年年底客死乾侯，这三年已经是他生命中的最后阶段。根据杜预的解释，昭公刚刚开始流亡时还受到齐、晋等国的重视，子家等人还能够劝说昭公，而在这最后几年，昭公先是被赶出郓地，彻底离开鲁国，又遭到齐、晋国的轻视，更加听不进贤臣的劝谏，真的是"内外弃之"，穷途末路。《春秋》在这三年的记载中，在同一位置使用同样的记载，隐晦但又明确地提示读者，昭公犯有重大过错。在这里，特定的空间通过反复出现的方式引起读者注意：鲁昭公所处的地点实际上是一个错误的空间，作为鲁国国君，他不应当长时间身处国都之外，空间的标示起到了说明事件意义的叙事作用。

---

① 杜预注，孔颖达正义：《春秋左传正义》，见阮元《十三经注疏》，中华书局1980年版，第2122页。
② 范宁注，杨士勋疏：《春秋穀梁传注疏》，见阮元《十三经注疏》，中华书局1980年版，第2440页。
③ 杜预注，孔颖达正义：《春秋左传正义》，见阮元《十三经注疏》，中华书局1980年版，第2125页。
④ 杜预注，孔颖达正义：《春秋左传正义》，见阮元《十三经注疏》，中华书局1980年版，第2125页。

从以上记载来看,《春秋》异常谨慎但却成功地使用有关空间的词汇构建出特殊的表达体系,比如国君离开国都尚在境内用"居"字,完全离开国境则使用"在"字。① 更为重要的是,这些原本属于单纯标记空间的词汇,在这种严密的语言逻辑表达系统之下,呈现出强烈的政治化倾向。原本单纯的空间表达,开始承载深刻的意义内涵。

三、结语

空间原本只具有单纯的物理属性,但是在进入叙事话语体系之后,原本只有空间标示意义的远近、内外,甚至更为具体的东南西北、左右等概念被赋予了深刻的文化内涵,这种文化内涵又因为世俗权力加强统治秩序、梳理社会关系的需求,与礼法规范结合起来,就再也不是单纯的空间概念,而成为权力话语体系中重要的组成部分。在所有空间概念中,"中心"因为天然地能够与最高权力结合在一起,成为最受重视的一个。如何确立中心,或者说如何使用权威的话语将自身确立为中心,成为一个民族书写自身历史时的关键环节之一;中心是如此重要,统治者以非正常方式离开中心,就势必成为一个难以启齿的事件,在世俗权力遮掩的需要与史官群体秉笔直书的动力之间,这种话语权力争夺的结果就在史书中留下了明显的断裂痕迹。

---

① 《穀梁传·昭公三十年》引范例说:"在,有故。言在,非所在也。"也就是说,这里用"在"字,暗含了指责之意,可备一说。见范宁注、杨士勋疏《春秋穀梁传注疏》,见阮元《十三经注疏》,中华书局1980年版,第2441页。

第三章　综合性的史书体例——纪传体史书

中国的史书体例在经历了以时间和地域作为编订标准的编年体和国别体之后，以司马迁的《史记》作为代表的纪传体史书正式出现。对于"纪传体"这个名称，朱维铮曾有过这样的解释："所谓纪传体，因为它的主要成分是本纪和列传而得名。"[1] 纪传体史书中的本纪和列传不仅篇幅比例高，而且相比书、表，叙事性更强，更为一般读者所熟悉。而一谈到纪传体史书就会将其与人物传记联系起来，比如翦伯赞就曾指出："所谓纪传体的历史学方法，就是以人物为主体的历史学方法。这种方法是将每一个他认为足以表征某一历史时代的历史人物的事迹，归纳到他自己的名字下面，替他写成一篇传记。这些人物传记，分开来看，每一篇都可以独立；合起来看，又可显示某一历史时代的全部的社会内容。"[2] 人物传记确实是《史记》的主体，但是作为纪传体史书的开山之作《史记》，其所包含的体例因素并不是单独的人物传记所能够涵盖的。本纪和列传虽然是《史记》的主体，但从《史记》的体例构成来看，它包含有本纪、表、书、世家、列传五种不同的体例，实际上，每种体例内部其实还包含有不同的叙事方式。本章将先讨论五种体例的来源和各自特点，再重点研究纪传体史书的核心——人物传记的各方面叙事特征。

第一节　《史记》五体的源流及特点

关于《史记》体例的来源问题，钱穆曾指出："他（司马迁——引者加）不照孔子编年，而分为一个一个人来写，他这一套，正又是从孔子以下五百年中间慢慢儿造成的。这是时代演进，不是太史公的私心创造。在

---

[1] 朱维铮：《中国史学史讲义稿》，复旦大学出版社2015年版，第92页。
[2] 翦伯赞：《中国历史学的开创者司马迁》，见《历史研究》编辑部编《司马迁与〈史记〉论集》，陕西人民出版社1982年版，第3页。

太史公以前，已经有一个来源远远在那里。"① 的确，文化史的发展当然离不开天才人物的创造，但更多的时候，这种创造则又是一种建立在已有文化积淀基础上的创造。与司马迁年代接近的班彪、班固父子早已看出这个问题。班彪指出："孝武之世，太史令司马迁，采左氏《国语》删《世本》、《战国策》，据楚、汉列国时事，上自黄帝，下讫获麟，作《本纪》、《世家》、《列传》、《书》、《表》，凡百三十篇。"② 其子班固沿袭了这种说法，他在《司马迁传》中说："司马迁据《左氏》、《国语》，采《世本》、《战国策》，述《楚汉春秋》，接其后事，讫于天汉。"③ 以上班氏父子所指出的这种沿袭，可能还只是侧重在材料方面的选取，后来的学者则论到了体例方面的继承关系，而且学者们较为一致地将源头指向了《世本》。秦嘉谟指出："《春秋》为编年，《世本》为纪传，太史公述《世本》以成《史记》。纪传不自《史记》始也。"又说："按太史公书，采《世本》，其创立篇目，如本纪，如世家，如列传，皆因《世本》。"④ 瞿林东说："《世本》是一种综合体的形式，它很可能是纪传体史书的前驱。"⑤ 蒙文通则更是认为《史记》五种体例全部为因袭《世本》而来：

《世本》久亡，据群籍征引者言之，知其书有本纪、有世家、有列传，则所谓马迁创作纪传，不过因袭《世本》之体，以为纪纲，而割裂《尚书》、《左氏》、《国策》、《楚汉春秋》诸书，散入本纪、世家、列传，分逮当人之下而已，纪传之体可贵，而创之者《世本》，非马迁也。⑥

按照这种思路得出的结论，就非常接近王充的观点了："或抽列古今，纪著行事，若司马子长、刘子政之徒，累积篇第，文以万数，其过子云、子高远矣，然而因成纪前，无胸中之造。"⑦ 将司马迁的创作定性为"无胸中之造"，就从根本上否定了其在体例方面的创造性。

---

① 钱穆：《中国史学名著》，生活·读书·新知三联书店2013年版，第78页。
② 范晔：《后汉书》，中华书局1965年版，第1325页。
③ 班固：《汉书》，中华书局1962年版，第2737页。
④ 秦嘉谟：《秦嘉谟辑补本》，见宋衷注、秦嘉谟等辑《世本八种》，中华书局2008年版，第1、3页。
⑤ 瞿林东：《中国史学史纲》，北京出版社1999年版，第48页。
⑥ 蒙文通：《中国史学史》，见蒙文通《蒙文通文集》（卷三），巴蜀书社1995年版，第267页。
⑦ 王充著，黄晖校释：《论衡校释》，中华书局1990年版，第608页。

对于内部包含有多种体例样式的纪传体，无论是在体例特点以及发展来源方面都不能进行一言以蔽之式地概括，这样做实际上是忽略了纪传体这种史书自身包含的复杂情况。梁启超就认为《史记》体例实际各有所本，他说："其本纪以事系年，取则于《春秋》；其八书详纪政制，蜕形于《尚书》；其十表稽牒作谱，印范于《世本》；其世家列传，既宗雅记，亦采琐语，则《国语》之遗规也。"① 笔者虽然并不完全同意梁启超对于各种体例来源的论断，但是这种从不同体例的各自文体特点出发去寻找源头的思路，确实是解决问题并得出正确结论应有的方法。对于纪传体这样一种综合性史书，实际上不仅是体例来源，而且对其内部五种体例的文体特征、叙事方式等问题，得出正确认识的恰当方法都应当是分别进行讨论。

一、本纪

本纪置于《史记》全书之首，提纲挈领的意义非常明显。关于"本纪"的含义，张守节在《史记正义》中说："本者，系其本系，故曰本；纪者，理也，统理众事，系之年月，名之曰纪。"② 徐复观指出："《史记》'本纪'的'本'，'世家'的'世'，皆与政治地位相关连，并由政治地位形成一定的身份标准。"③ 这个判断应当符合实际，也就是说"本纪"之"本"为根本之意，这一部分记载的内容是历史中最为根本、最能提纲挈领的事件，也就是与当时最高统治者紧密相关的事件。关于"纪"这个字的意思，许慎在《说文解字》中将其释为"别丝"，清代段玉裁进一步解释说："别丝者，一丝必有其首，别之是为纪。众丝皆得其首是为统，统与纪义互相足也。"④ 也就是说，将纠缠在一起的一根丝析出头绪，这就是"纪"的本义，由这种本义很容易引申出将杂乱事务理出头绪或者将一系列事件按照某种线索贯穿的含义。段玉裁释义后在列举文献材料进行辅证时也谈到了"本纪"这种史书体例："《史记》每帝为本纪，谓本其事而分别纪之也。"⑤ 这正说明了本纪在体例上的意义。这种从字义角度理解"本纪"含义的方法，唐代的司马贞在《史记索隐》中就已经运用了，他指出："纪，理也，丝缕有纪。而帝王书称纪者，言为后代纲纪也。"⑥ 综合以上的解释，"本纪"作

---

① 梁启超：《中国历史研究法》，中华书局2015年版，第22页。
② 司马迁：《史记》，中华书局1959年版，第1页。
③ 徐复观：《两汉思想史》（第三卷），九州出版社2014年版，第352—353页。
④ 段玉裁：《说文解字注》，中华书局2013年版，第651页。
⑤ 段玉裁：《说文解字注》，中华书局2013年版，第651页。
⑥ 司马迁：《史记》，中华书局1959年版，第1页。

为史书体例的含义以及需要达成的目的就是：对一个历史阶段之内最根本、最重要的事件做出梳理，使之能够被人认识和理解。根据这样的含义，"本纪"这种体例有两个基本问题需要解决：一是要确定哪些事件才是"本"，这涉及内容的选取；二是如何"纪"，也就是采取什么叙事方式以达到"统理众事"的目的。

对于何人何事为"本"的问题，司马迁的做法是将历代帝王确立为叙事中心，以帝王为线索将重要历史事件串联起来。但是，因为将项羽以及吕后列为本纪，这一内容方面的选择在后代引发了无尽的争论。从在一定历史阶段中所起到的历史作用这个角度来看，项羽和吕后当然有资格进入本纪；但是从维护史书体例严谨的角度来讲，这两人其实并不应该进入本纪。① 后代史书处理何为"本"的问题时就要严谨得多，班固降吕后而升惠帝，《三国志》因为尊魏为正统，只在《魏书》中安排有"本纪"，都是典型的例子。由此可见，本纪这种体例关系到一个历史阶段内的关键核心问题：本纪的内容以及所表达的意义直接决定了一个历史时段整体政治意义的确立。

至于如何"纪"的问题，《史记》的十二篇本纪除了《项羽本纪》编年性质不明显而更像是项羽的个人传记之外，其他的本纪基本上都使用了编年体。② 刘知幾谈到本纪的叙事特点时说："又纪者，既以编年为主，唯叙天子一人。有大事可书者，则见之于年月，其书事委曲，付之列传。此其义也。"③ 钱穆总结说："本纪就是全书之大纲，是编年的。……一个皇帝一篇本纪，如汉高祖、汉惠帝，拿他个人做皇帝时从头到尾的大事都是提纲挈领写在里面，所以本纪是编年的，就如《史记》里的《春秋》。"④ 钱钟书直接宣称："夫'本纪'实《史记》中之体近《春秋》者。"⑤ 这就是从叙事体例方面比较的结果。可见，本纪实以编年体为主。那么本纪使用编年体例的原因何在？为什么不能将本纪写成帝王的个人传记？因为我们无从猜测作者司马迁的写作动机，所以只能在留给我们的文本内部寻找

---

① 本书无意纠缠这个绵延了2000多年的问题，但是较为同意刘知幾在《史通·序例》中提出的意见："史之有例，犹国之有法，国无法则上下靡定，史无例则是非莫准。"见刘知幾撰、浦起龙释《史通通释》，上海古籍出版社2009年版，第81页。

② 关于现存《武帝本纪》，学界普遍认为并非司马迁原文，为《史记》"十篇缺"之一，存而不论。另有学者认为《秦始皇本纪》《高祖本纪》以及《吕后本纪》也应归入传记体，但考之这三篇本纪的实际，虽然全篇专记一位帝王，但编年记事的特点仍旧非常明显，与《史记》中普遍缺失时间标示的人物传记并不相同。

③ 刘知幾撰，浦起龙释：《史通通释》，上海古籍出版社2009年版，第35页。

④ 钱穆：《中国史学名著》，生活·读书·新知三联书店2013年版，第97页。

⑤ 钱钟书：《管锥编》，中华书局1979年版，第254页。

原因。

司马迁本人在《太史公自序》中论到本纪时说："罔罗天下放矢旧闻，王迹所兴，原始察终，见盛观衰，论考之行事，略推三代，录秦汉，上记轩辕，下至于兹，著十二本纪，既科条之矣。"① 从中可以看出，司马迁非常重视本纪这种体例，并对之寄予了重大的期望，希望这种体例能够达到"原始察终，见盛观衰"的目的，那么选择编年体实际上就是为了实现这个写作目的。

徐复观分析本纪在整部《史记》中所起作用时认为，本纪有三种意义：一为帝王的世系，二为某一时代政令的中心，三为时间的统一和纵贯。对于第三种意义，徐复观特别说明："统一的空间，在流动而一贯的时间内活动，这便形成了显明的历史形象。其他的组成部分，也由此而得其纲维、条理。所以这是历史的脊骨，也是一部著作的脊骨。"② 徐复观所说的第三种意义，其实就是文本内部的意义，就是本纪在《史记》整体叙事结构中所承担的作用：《史记》中"显明的历史形象"，是依靠本纪建立起来的。所谓"显明的历史形象"，其实只能源于对某个时代政治发展、社会生活的一种整体记录，而不可能来自某个诸侯国的简史，更不可能来自某位人物的个人传记，关于某个时代历史意义整体方面的建构只能由本纪承担。本纪既然承担了这种作用，那么最适合的体例就是编年体。编年体最大的优势如同朱希祖所概括："盖编年史之所长，即在明时间之观念，叙事实之终始，使人寻其因果，以明事理。"③ 在司马迁的历史叙事体系中，最大的时间分割单位就是朝代和帝王，通过按照时间顺序将这些朝代和帝王进行排列，本身就是一种对历史发展的建构。而在某个朝代或帝王统治时期内部，则又只有通过编年体，按照时间顺序记录某个朝代或帝王时期重大事件的叙事方式，才能形成对历史发展的整体认识。正如刘知几所概括："盖纪之为体，犹《春秋》之经，系日月以成岁时，书君上以显国统。"④ "成岁时"是运用编年体呈现一种完整的历史概况，而"显国统"则为历史意义的凸显，"成岁时"的作用就是为了"显国统"，"显国统"则要依靠"成岁时"来实现。本纪采用编年体，并不全然是作者司马迁的主观意愿，更有来自文本内部的客观要求，选用编年体，就是对于规范典重、历史感强的叙事效果主动追求的结果。

---

① 司马迁：《史记》，中华书局 1959 年版，第 3319 页。
② 徐复观：《两汉思想史》（第三卷），九州出版社 2014 年版，第 309 页。
③ 朱希祖：《中国史学通论》，上海古籍出版社 2013 年版，第 25 页。
④ 刘知几撰，浦起龙释：《史通通释》，上海古籍出版社 2009 年版，第 34 页。

刘勰指出："故取式《吕览》，通号曰纪，纪纲之号，亦宏称也"①，认为本纪在体例上来自《吕氏春秋》的影响。刘知几声称："昔汲冢竹书是曰《纪年》，《吕氏春秋》肇立纪号。盖纪者，纲纪庶品，网罗万物。考篇目之大者，其莫过于此乎？及司马迁之著《史记》也，又列天子行事，以本纪名篇。"② 按照这种说法，《史记》中的本纪从体例上源自《竹书纪年》以及《吕氏春秋》中的"纪"。但是，既然本纪的体例为编年体，那么这种影响其实并不明显甚至并不存在，因为编年体是成熟最早的史书体例，谈不上从《吕氏春秋》或其他史书中继承。对于本纪这一种纪传体内部构成体例，司马迁只是以朝代或帝王作为编年的单位进行编排，体例本身则谈不上创新，沿用了编年体的记事方式。

二、表

从今本《史记》的行文顺序来看，"十表"置于本纪之后，均为编年记事，正可相济互补。但据《报任安书》中司马迁的自述："上计轩辕，下至于兹，为十表，本纪十二，书八章，世家三十，列传七十，凡百三十篇。"③ 如果这处自述中描述的是《史记》原有的顺序，那么"十表"才是置于全书之首用来提纲挈领的体例。

不同于其他体例，对于表这种体例的来历，司马迁自己在《史记》中给出了一些线索。比较典型的有两处，一处在《史记·三代世表》，篇首的"太史公曰"中说："余读谍记，黄帝以来皆有年数。稽其历谱谍终始五德之传，古文咸不同，乖异。夫子之弗论次其年月，岂虚哉！于是以《五帝系谍》、《尚书》集世纪黄帝以来讫共和为世表。"④ 谍通牒。这段话中所说的"谍记""历谱谍""五帝系谍"等，其实都有可能指的是某部书。另一处在《史记·十二诸侯年表》，开篇就说："太史公读《春秋历谱谍》"⑤，这就比较明显是指一部具体的著作了。但是，司马迁同时也指出他所读的这部谱牒存在问题："谱谍独记世谥，其辞略，欲一观诸要难。"⑥ 这里指出的缺陷"观诸要难"，就是无法通过这篇著作去把握历史发展的要点，这对

---

① 刘勰著，范文澜注：《文心雕龙注》，人民文学出版社1958年版，第282页。
② 刘知几撰，浦起龙释：《史通通释》，上海古籍出版社2009年版，第33页。
③ 萧统编，李善注：《文选》，中华书局1977年版，第581页。又见严可均辑《全上古三代秦汉三国六朝文》，中华书局1958年版，第272页。
④ 司马迁：《史记》，中华书局1959年版，第488页。
⑤ 司马迁：《史记》，中华书局1959年版，第509页。
⑥ 司马迁：《史记》，中华书局1959年版，第511页。

于年表来讲，实际上是致命的。因为根据司马贞《史记索隐》引应劭的说法，年表类著作最为重要的作用应当是："表者，录其事而见之"①，不仅仅是简单记录史事，更重要的是能让读者对于某段历史产生一目了然的印象。而从《史记》中《六国年表》以下的《秦楚之际月表》开始，司马迁再未提到某一本书给他编写年表带来的启发或参考，反而较为明确地宣称这些表都来自他自己的创作，比如《史记·汉兴以来诸侯王年表》中说："臣迁谨记高祖以来至太初诸侯，谱其下益损之时，令后世得览"②；《史记·高祖功臣侯者年表》中说："于是谨其终始，表见其文，颇有所不尽本末，著其明，疑者阙之。后有君子，欲推而列之，得以览焉。"③ 从以上司马迁的自述来看，在他创作年表之前，确实有一些谱牒类著作存在，有的还对其创作年表有所启发；但是，这类作品止于秦代之前，秦汉两代就缺少这类作品了，而且这类作品本身还存有对于年表类著作来讲无法回避的缺陷。有些学者认为《世本》中某些篇章直接影响了表的创立。《世本》孙冯翼辑本中的《王侯大夫谱》，依次记载若干部族、诸侯国的传承，如果将这些记载集中起来，似乎距离《史记》中的表并不遥远。所以，梁启超综论说：

> 《世本》一书，宋时已佚，然其书为《史记》之蓝本。……《帝系》、《世家》及《氏姓篇》，叙王侯及各贵族之系牒也；《传》者，记名人事状也；《谱》者，年表之属，史注所谓旁行斜上之《周谱》也；……④

但是，以上《世本》中较为接近《史记》中表的篇章，其实那些相似处都似是而非或者模棱两可，比如《王侯大夫谱》，只是对各国国君的顺序进行大概的记录，与《史记》中结构完善且一目了然的《十二诸侯年表》《六国年表》等还有相当差距，仅仅罗列几个诸侯国的若干位国君，与能够灵活运用时间或空间两种组织材料的方式将众多人物、事件汇总于一篇之内，这两者的差别非常明显。综合以上因素，笔者认为，在司马迁创作"十表"之前，确实有可能存在类似作品，但较为粗朴，在形态及功能两方面都不能与《史记》中严谨完整的表相比，"表"这种史书体例的出现更多地有赖于司马迁的创新。

---

① 司马迁：《史记》，中华书局1959年版，第487页。
② 司马迁：《史记》，中华书局1959年版，第803页。
③ 司马迁：《史记》，中华书局1959年版，第878页。
④ 梁启超：《中国历史研究法》，中华书局2015年版，第21—22页。

"十表"的文本形态大体相同，但具体的编排方式则略有变化，可以分为两大类：年经国纬和国经年纬。其中，《三代世表》所列远古帝王及诸侯传承次序，因为所记很多本属传说中的神话人物，并且缺乏可考的具体时间，所以实际上是以祖宗为经，以传承子孙为纬，较为特殊。《十二诸侯年表》以下包括《六国年表》《秦楚之际月表》《汉兴以来诸侯王年表》，采取"年经国纬"的方式，即以时间为纵轴、地域国家为横轴的方式编排；《高祖功臣侯者年表》《惠景间侯者年表》《建元以来侯者年表》《建元以来王子侯者年表》等四个表又变为"国经年纬"，以地域国家为纵轴，时间为横轴。《汉兴以来将相名臣年表》则为《史记》"十篇缺"之一，很可能并非司马迁原文，但编排方式又转变回年经国纬的方式。所以，除了《三代世表》比较特殊以外，其他九个表可以分为两种编排方式：年经国纬和国经年纬。这种编排方式的差异充分反映出司马迁编制年表的目的：根据所记对象的不同特点选取不同方式以达到"综其终始"这种便捷直观的目的。关于这个问题，宋代吕祖谦说得非常清楚：

> 《史记》十表，意义宏深，始学者多不能达。今附见于此。《三代世表》，以世系为主（原文为王，误），所以观百世之本支也；《十二诸侯年表》以下，以地为主，故年经而国纬，所以观天下之大势也。《高祖功臣侯年表》以下，以时为主，故国经而年纬，所以观一时之得失也。《汉兴以来将相名臣年表》，以大事为主，所以观君臣之职分也。①

一切的事件和人物都存在于一定的时间和空间之内，时间和空间也就成了将一系列事件或者人物串联起来最有效、最直观的线索，而司马迁在运用这两种线索编制年表时，真正做到了随着对象的变化而选择不同的方式，借以达到最佳效果：在以政权或地域作为主要记录对象时，年经国纬的方式可以直观地反映一个政权长时段之内的发展过程；在以人物为主要记录对象时，国经年纬的方式则可以反映出在某一个集中的时间段之内，带有鲜明群体特征的人物经历了哪些变化。特别是这些人物拥有一个共同的特征：都为拥有继承权的侯者，这种以家族、人物为单位编排的方式，更能显示出家族内部的承继关系以及地位升降演变情况。

有学者还指出，司马迁写作《史记》的年代，受制于书写工具的简陋，以上四个侯表中记侯数量最少的《建元以来侯者年表》为七十三，最多的

---

① 吕祖谦：《大事记解题》（卷十），中华书局1991年版，第500页。

《建元以来王子侯者年表》则达到了一百六十二,如果还依照"年经国纬"的写法,无论是简牍还是丝帛,都无法承担这种书写任务。"为了准确说明侯国延续时间的长短,还在每一小格内都用数字加以标明,这样做实在不如以年为经来得轻松而了然,但在客观条件的限制下,司马迁做了必要的调整。"① 这是从书写工具的角度做出的推断,也颇为有理。

《史记》中的表主要有三个功能。第一个功能在于记载,除了常规事件之外,"十表"特别适合记载一些其他体例不方便记载的人物和事件。司马贞在《史记索隐》中引郑玄说:"'表,明也。'谓事微而不著,须表明也,故言表也。"② 这就已经说明了这个道理。到了赵翼,将这一点阐述得更加清楚:"凡列侯、将相、三公、九卿,功名表著者,既为立传,此外大臣无功无过者,传之不胜传,而又不容尽没,则于表载之。"③ 也就是说,表作为一种体例,既简洁明晰,涵容性又很强,可以容纳很多无法独立成篇的人物和无法单独记载的事件。第二个功能则在于将原本分散的历史材料以时间或空间为纲汇集在一起,这有助于从宏观上把握某个阶段内的社会情况和历史发展,所以即使像刘知几这样大力反对史书中设"表"体的学者,却也承认其作用:"当春秋、战国之时,天下无主,群雄错峙,各自年世。若申之于表以统其时,则诸国分年,一时尽见。"④ 关于表的这种作用,司马迁自己就已经有清晰的认识并进行了多次表述,在《十二诸侯年表》中说"综其终始"、在《六国年表》中说"察其终始"、在《高祖功臣侯者年表》中说"谨其终始"、在《惠景间侯者年表》中说"咸表始终"。这些反复的表述明确说明了表这种体例应当具备的功能,那就是通过对大量事件排比分析的方式来理清一个时代的"终始",也就是一个时代历史发展的纲领和线索。其实表的作用远不止能够帮助读者获知在某个时间段内发生了哪些事件这样简单,在能够进行时间上以及空间上的横向对比之后,这些事件之间的内在关联会更加清晰地呈现出来,所谓的历史意义也就能够得到凸显。郑樵极力推崇表的作用,也正是看到了这种功能,他说:"《史记》一书,功在十表,犹衣裳之有冠冕,木水之有本原。"⑤ 所谓的"冠冕""本原",正说明了这种纲领性作用。徐复观也指出:"通过年表的形式,提纲挈领地以把握历史的完整性。能把握历史的完整性,始能把握由历史所

---

① 栾继生、李年群:《〈史记·十表〉三辨》,见陕西省司马迁研究会编《司马迁与史记论集》(第七集),陕西人民出版社 2006 年版,第 191 页。
② 司马迁:《史记》,中华书局 1959 年版,第 487 页。
③ 赵翼:《廿二史札记》,中华书局 1984 年版,第 4 页。
④ 刘知几撰,浦起龙释:《史通通释》,上海古籍出版社 2009 年版,第 49 页。
⑤ 郑樵:《通志》,中华书局 1995 年版,第 2 页。

透出的礼义的完整性。"① 通过与发生在同一时间内的其他事件进行对比，某一个事件的意义才能得到彰显。所以，《史记》中的表并不仅仅是关于历史事件的整理排列，其中还显示了其他体例无法揭示的深层历史意义。韩兆琦指出过这个作用："许多相同或类似的问题分散在各篇人物传记里，不容易使人感到事态的突出与严重；一旦分门别类地加以表列，事态就立刻显得触目惊心了。"②

除此之外，"十表"还有第三个功能，那就是可以依照年表对历史的"分期"记载来从更加宏观的角度对历史进行认识。张大可指出："从通古今之变的述史目的看，十表编年纪历，划分历史断限，建立了古代的年代学。这是《史记》十表的最大功用。……《史记》十表，把历史存在的空间（朝代、诸侯）和时间（纪年）二者有机地结合起来，以表现时间为主，用以反映历史发展的线索和阶段性，最有章法义例。"进而认为司马迁"虽然不是科学的，但却是我国古代第一个具体划分历史发展阶段的历史家"③。韩兆琦也有类似的看法："司马迁对我国古代社会形态变化的认识的深刻与卓越，是他首先看准了这三个历史时期的明显差别，分别对之进行了表述，从而为我国现代历史学对我国古代史分期提供了科学的原则。"④ 这两位我国当代《史记》研究的专家在这个问题上意见一致，都认为司马迁在写作这些年表时，自觉地采用了较为科学的历史分期方式。笔者认为这个观点是正确的，这种"历史断限"的观念集中体现在以下三个年表中。《十二诸侯年表》上起共和元年（前841），下至周敬王四十三年（前477），这段时间就是被现代学者称为"春秋时期"的历史阶段。《六国年表》起自周元王元年（前476），终于刘邦入关灭秦（前207），这段时间就是战国时代再加上秦国短暂的统治。《秦楚之际月表》起于秦二世元年（前209）七月陈涉起义，止于汉高祖五年（前202）九月，主要记秦亡过程及楚汉争霸。这三个年表，清晰地将几百年的历史划分为春秋、战国、楚汉争霸等三个历史时期。实际上，对于这段历史进行时代划分，与后代相对清晰的以政权更迭作为时间界限的历史分期相比较，更加需要对于历史的发展变化以及存在其间的线索脉络有准确的整体感知和敏锐的判断，上述司马迁对于历史发展分期的划分在后代得到了广泛的认可和继承，这是对司马迁独到历史眼光的充分肯定。

---

① 徐复观：《两汉思想史》（第三卷），九州出版社2014年版，第322页。
② 韩兆琦：《〈史记〉十表总论》，载《上海大学学报》2006年第1卷第6期。
③ 张大可：《论〈史记〉十表之结构与功用》，载《青海社会科学》1985年第1卷第6期。
④ 韩兆琦：《〈史记〉十表总论》，载《上海大学学报》2006年第1卷第6期。

司马迁创立了表这种史书体例，班固在《汉书》中称其为志，延而用之，但之后直到唐代编纂的多部正史，均舍弃不用，一直等到宋代编修史书开始，表这种体例才重新回归正史。了解这种大的时代知识背景，就能在一定程度上理解为何唐代的刘知几对于表抱有尖锐批评。刘知几在《史通·表历》篇中批评说：

> 夫天子有本纪，诸侯有世家，公卿以下有列传，至于祖孙昭穆，年月职官，各在其篇，具有其说，用相考核，居然可知。而重列之以表，成其烦费，岂非谬乎？且表次在篇第，编诸卷轴，得之不为益，失之不为损。用使读者莫不先看本纪，越至世家，表在其间，缄而不视，语其无用，可胜道哉！①

根据刘知几的说法，表的主要缺点在于两方面，一是重复，二是缺乏可读性。关于重复的问题，因为年表不可能舍弃已经被记载于其他篇章中的人物事件而不记，所以这是难以避免的情况。关于第二个缺点，对于大多数普通读者来讲确实存在看完本纪而直接"越至世家"的情况，但是这种枯燥乏味、可读性差的指责其实已经超出了史学的批判范畴而进入了文学领域。对于年表来讲，简洁清晰的写作目的与足够吸引读者的阅读效果，是无法得兼的，这种无法解决的矛盾甚至还不如排在后边的"八书"。

三、书

谈到《史记》纪传体体例方面的源起，很多学者会谈到《世本》的影响，特别表现在"表"和"书"这两种体例中。梁启超就认为不仅"十表"起源于《世本》，"八书"也受《世本》某些篇章影响而来："《世本》一书，宋时已佚，然其书为《史记》之蓝本。……《居篇》则汇纪王侯国邑之宅焉；《作篇》则纪各事物之起原焉。"② 以上梁启超所举的《居篇》《作篇》，以《世本》孙冯翼辑本中的《作篇》为例，该篇全为各种常见器具由何人发明的记载，这种将某一类事件集中于一篇的写法，确实与《史记》中的书体有类似处。但该篇内容却实在简陋无稽，整篇分条罗列，所记载的内容皆如"容成作历""逢蒙作射"等③，不仅缺乏实证，而且除却

---

① 刘知几撰，浦起龙释：《史通通释》，上海古籍出版社2009年版，第48—49页。
② 梁启超：《中国历史研究法》，中华书局2015年版，第21—22页。
③ 宋衷注，秦嘉谟等辑：《世本八种》，中华书局2008年版，第5页。

列举外并无进一步说明,与《史记》中善于梳理社会变迁的成熟书体文相比,相差实在太多。

  关于"书"体的起源,还有的学者将这种体例的起源上溯至《尚书》,比如梁启超曾说:"其八书详纪政制,蜕形于《尚书》。"① 钱穆则说得更加具体:"最后有'八书',那是《尚书》体例,专为一件事而特作一篇书。如记夏禹治水,《尚书》里有《禹贡》,汉代也有水利问题,太史公就作《河渠书》,如此者凡八篇。"② 范文澜也有类似意见:"书仿《尚书》《禹贡》篇及《礼经》、《乐经》的体例,总结古来文化的成就,……意义更为重大。"③ 从内容来看,《禹贡》集中篇幅记录关于地理水利方面的情况,与《史记》中的"书"体确实有些相似,但笔者并不同意将《尚书》看作《史记》"八书"的起源。从钱穆先生所举的《禹贡》篇实际情况来看,《禹贡》全篇从内容上共分为三个主要部分,基本都是描述式的记录。第一部分依次记录了天下九州的情况,重点在各地的物产以及河流状况;第二部分记录了如何疏导河流的过程,比如"导黑水,至于三危,入于南海""导河、积石,至于龙门"等,④ 但这并不是具体治水活动的记录,更像是治水情况说明;第三部分是对"五服"这种理想政治蓝图的描绘。总体上看,《禹贡》篇集中总结了当时的地理知识,所以学者们普遍认为这是我国最早的地理著作。但《禹贡》篇以"禹别九州,随山浚川,任土作贡。禹敷土,随山刊木,奠高山大川"这句话开篇,如果把以上三部分内容都看作大禹治水的具体过程或者活动踪迹,那么此篇就为大禹治水活动或过程的记录,《禹贡》篇就是有关大禹的人物传记;而如果不将以上三部分内容与这句话进行联系,这些记录才是关于山川河流说明的汇总,但是这种汇总式的记录与"八书"寻找变迁规律、线索式的梳理并不相同。以钱穆所说与《禹贡》相对应的《河渠书》为例,该篇从记载秦国的郑国主持治水开始,先后记载了李冰治水、徐伯表治水、张汤之子张昂治水等有关兴修水利的事件,《河渠书》这种水利发展简史由众多具体相关事件组成。也就是说,即使是钱穆所列举出的较为相似的《禹贡》与《河渠书》,具体写法也并不相同。另外,《尚书》内部体例并不一致,以陈述说明为主的《禹贡》与以记言为主的《盘庚》、与叙事为主的《金縢》就很不一样。学界一

---

① 梁启超:《中国历史研究法》,中华书局2015年版,第22页。
② 钱穆:《中国史学名著》,生活·读书·新知三联书店2013年版,第98页。
③ 范文澜:《中国通史简编》(上册),商务印书馆2010年版,第123页。
④ 孔安国传,孔颖达正义:《尚书正义》,见阮元《十三经注疏》,中华书局1980年版,第151页。

般认为《尚书》是中国早期资料的汇编，各篇文章来源各异，相互之间尚且存在体例不一致的问题，那么也就很难将其作为"八书"体例上的参考。

古代学者对于《史记》中书体的来源多有探讨，答案也各有不同。除了将来源归于《世本》和《尚书》之外，刘知几认为书体出自《三礼》："夫刑法、礼乐、风土、山川，求诸文籍，出于《三礼》"；①郑樵认为来自《尔雅》："志之大原，起于《尔雅》。司马迁曰书，班固曰志。"② 这种答案的不一致其实恰恰说明"书"体很有可能来源广泛，或者说类似的体例已经较为普遍地存在。比如《吕氏春秋》"八览"现存六十三篇，第一篇《有始览》的主要内容集中在描述天下九州的地理分布，主题明确，内容集中，如果进行对比，其实同样接近于《河渠书》。

实际上，《史记》书体来源之所以不好确定，另一方面原因在于书体自身体例的不完全一致。《礼书》《乐书》《律书》属于《史记》"十篇缺"，其中《礼书》中大部分内容与《荀子》的《礼论》《议兵》篇重合，《乐书》的主体内容则基本与《礼记·乐记》相同，这两篇不仅为抄撮而来，而且行文方式也基本为纯粹的说理文；《律书》关注数字与现实生活之间的神秘联系，内容较为杂乱，例如中间加入文帝决定与民休息政策的过程，即不知何故。③《历书》简单梳理前代历法，主体内容则是所谓的《历术甲子篇》，整篇基本都是描述。《天官书》前半部分描述各类天象的位置、形态等，是该篇的主体，后边则非常简单地列举前代星象与人事关系的事例。《封禅书》首先简单梳理了前代封禅的历史，描述了重要山川的位置，主体内容则为汉代特别是武帝时期所进行的众多祭祀活动，以叙事为主，讽刺意味较浓。《河渠书》和《平准书》则基本上以实际事例为主，通过历代典型的治水以及经商事例，来梳理相关活动的发展史。正因为"八书"呈现出这样一种体例不一的形态，所以司马贞在《史记索隐》中说："书者，五经六籍总名也。"张守节在《史记正义》中也有相同的观点："五经六籍，咸谓之书。"所谓的"五经六籍"，泛指书籍，在司马贞和张守节看来，"书"就是各种知识的总结、各种典籍的汇编，而负载各种知识的各种典籍，自然也就会根据所记载内容的不同而选取不同的记录方式。

虽然如上所述，《史记》中的"八书"并无统一体例，但毕竟写作目的一致，即无论采用议论、陈述、说明还是叙事等方式，其目的都在于厘清

---

① 刘知几撰，浦起龙释：《史通通释》，上海古籍出版社2009年版，第51页。
② 郑樵：《通志》，中华书局1995年版，第5页。
③ 赵翼不仅认为《律书》非司马迁原作，而且认为《律书》应为《兵书》。见赵翼《廿二史札记》，中华书局1984年版，第10页。

社会生活某一方面的发展线索,所以与《史记》中的书体文最接近的其实就是需要大量事实或事例作为基础和支持但同时也需要逻辑清晰、分析透彻的说理文章。在司马迁之前的时代中,这种说理文章早已发展成熟,最突出的表现就是战国中后期发展成熟的诸子散文。战国的诸子散文不仅发展成熟并呈现出多种样态:有以众多事例进行说理的,有逻辑性、思辨性极强的纯说理文,也有以挑剔诘难为主的驳论文。所以,《史记》中的书体可以说实际上早已发展成熟,司马迁在这种体例方面更多地继承了前人的成果,只是这种继承并不能归结于某一篇文章或某一部典籍,不仅每一种具体的表达方式都可以在这些诸子文章中找到源头,更重要的是这种综合运用多种写作手法来达到说理目的的写作目标与诸子文章有着紧密关联。

  对于《史记》中"八书"的写法,徐复观总结说:"纪、传、表都是以人为主,事附丽于人。八书则以事为主,人附丽于事。"① 这个概括不一定确切,因为无法涵盖"八书"的全部情况,但突出强调的所谓"人附丽于事",却指出了"八书"在体例上不同于《史记》整体以人物为中心的特点。这里的"事"并不是指某一个单独事件,而是指社会生活某一方面的发展演变情况,其中包含有很多与主题相关的事件,这些事件都涉及人的活动,与人物传记不同的是,它并不倾向反映某一个人物的经历,而服务于全篇说理的目的。

  《史记》中"八书"的出现,在史书体例以及相应的写法方面都是对传统史书的一种突破。以往的史官专注于记录,能够做到秉笔直书也就达到了最高标准。到了《春秋》以及后来的《左传》,史官在完成叙事工作后开始主动承担评论事件、臧否人物的职责,但多数情况下只需对具体事件和人物进行品评即可。其实就是《史记》的主体——人物传记,也还是围绕着剪裁事件、品评人物在进行,史书的功能和写法并无大的进步。但是,到了司马迁创立书体,史书的功能以及与之相关的写法就发生了巨大的改变。一篇书志的写作从选题开始就对作者提出了要求,因为书志并不以较易把握的事件和人物为中心安排材料,转而以社会生活中某一方面的情况作为写作对象,这就需要史官具备敏锐的眼光和深刻的洞察力。即使是司马迁,也要面对后代学者对其题目选择的异议,比如刘知几就批评《史记》不应该设置《天官书》:"古之天犹今之天也,今之天即古之天也,必欲刊之国史,施于何代不可也?"② 选题如此,在具体写作方法的安排方面更需要作者根据不同的对象灵活选取不同的写作方式,这也就造成了《史记》

---

① 徐复观:《两汉思想史》(第三卷),九州出版社2014年版,第327页。
② 刘知几撰,浦起龙释:《史通通释》,上海古籍出版社2009年版,第53页。

中的书体文章虽然只有八篇，但却呈现出以上这种"体无定例"的特点，所以郑樵才会发出这样的感叹："江淹有言，修史之难，无出于志。诚以志者宪章之所系，非老于典故者不能为也！"① 也就是说，要写好一篇书（志），既要对所研究的某一方面社会生活有充分的了解，又要熟悉相关典章制度，这就对史书作者提出了远比以往专注于记录更高的要求。

四、世家

从现有文献来看，"世家"这个词首见于《孟子·滕文公下》中的记载："仲子，齐之世家也"，朱熹注："世家，世卿之家。"② 但是这里的"世卿之家"，也就是诸侯国内世代为官的家族，身份地位显然要比《史记》中那些裂土封侯的世家低。司马迁自己在《史记》中也有几次使用了"世家"这个词，比如在《平准书》中说："世家子弟富人或斗鸡走狗马，弋猎博戏，乱齐民。"颜师古引如淳曰："世家，谓世世有禄秩家也。"③《太史公自序》中说："且余尝掌其官，废明圣盛德不载，灭功臣世家贤大夫之业不述，堕先人所言，罪莫大焉。"④ 这里的"世家"与《平准书》中的含义基本相同，都是"世世有禄秩家"。从以上文献以及司马迁自己的使用情况来看，"世家"这个词的含义很明确，就是指某个家族绵延数代且长期掌握政权。班彪认为"公侯传国则曰世家"⑤，重视的是"传国"，也就是家族内部的传承。刘知几曾对世家体例做出过准确的概括："世家之为义也，岂不以开国承家，世代相续？"⑥ 也就是说，能够有资格进入世家这种体例的，至少应当具备两个条件：一是"开国承家"，成为封建立国的一方诸侯；二是"世代相续"，作为一个家族能够有延续性。

司马迁自己对世家的整体设计有如下陈述："二十八宿环北辰，三十辐共一毂，运行无穷。辅拂股肱之臣配焉，忠信行道，以奉主上，作三十世家。"⑦ 但是，这一说法并没有对世家这种体例给出明确的界定，因为无论是"辅拂股肱之臣"，还是"忠信行道，以奉主上"，都无法作为区分某一个人物进入世家或者列传中的标准。标准的不确定，也就造成了《史记》

---

① 郑樵：《通志》，中华书局 1995 年版，第 5 页。
② 朱熹：《四书章句集注》，中华书局 1983 年版，第 274 页。
③ 司马迁：《史记》，中华书局 1959 年版，第 1437 页。
④ 司马迁：《史记》，中华书局 1959 年版，第 3299—3300 页。
⑤ 范晔：《后汉书》，中华书局 1965 年版，第 1327 页。
⑥ 刘知几撰，浦起龙释：《史通通释》，上海古籍出版社 2009 年版，第 38 页。
⑦ 司马迁：《史记》，中华书局 1959 年版，第 3319 页。

三十篇世家无法具备统一体例规范的问题。据白寿彝的统计："世家30篇，其中周封诸侯12篇，三晋、田齐、孔子、陈涉各1篇，汉代权贵12篇。"①三十篇世家可以很明确地分为两大类，一类是有关于春秋战国十几个诸侯国的简史，另一类则是关于汉代有功之臣的记载。前一类型都能满足世家的体例要求，但是第二类则有太多溢出世家体例之外的"破体"。朱东润谈到《史记》中世家体例的编纂时指出："史迁所言者，辅弼股肱而已。……周汉之间，凡能拱臣共毂，为社稷之臣，效股肱辅弼之任者，则史迁入之世家；开国可也，不开国也可也，世代相继可也，不能相继亦可也，乃至身在草野，或不旋踵而亡，亦无不可也。"②从以上论述中那么多的"可也""亦可也"所标明的情况来看，就可以发现这种体例涵容面之广。这也就意味着，应当严格遵守的体例规则在作者司马迁的创作实践中并没有得到严格遵守。比如《荆燕世家》中的荆王刘贾为高祖六年始封，但被黥布所杀，无后，刘邦以其地封刘濞，就是以上朱东润所说的"不能相继亦可也"的情况，这就并不符合世家体例"传国"的标准。世家这一体例存在的破体，其实远不止学者们普遍举例的《孔子世家》和《陈涉世家》这两篇，最符合世家体例的其实就只有春秋战国时期的那十几个诸侯国的简史。从一种史书体例需要保持体例边界的角度来看，世家这种体例所包含的内容未免有些芜杂。

司马迁在《卫康叔世家》篇尾的"太史公曰"中有这样的自述："余读世家言"③，似乎在司马迁写作之前存在着"世家"类作品，但至今未有此类书籍存在的确证。其实，这种以某一诸侯国或者家族传承为叙事线索的作品，起源可以追溯至遥远的青铜时代。很多青铜铭文都会赞颂夸耀祖先的功绩，这其中就有虽然粗陋但却较为清晰的家族史梳理。铸造于西周恭王时期的史墙盘铭文是一个典型实例，这篇铭文详细记载了两个家族的简史，一个是历代周王的家族史，从文王、武王、成王、康王、昭王、穆王一直到共王等七位周王。每位周王还记载了简要事迹，特别是对周昭王，隐去了其南征楚国失败的事实，而是说他"广能楚荆，隹狩南行"，这就是明显的为尊者讳的写法了。另一个就是还记载了史墙自己的家族史。兹举铭文中记载的史墙家族史为例：

惟乙祖逨匹辟，远猷腹心，兹纳舞明，亚祖祖辛，□毓子孙，

---

① 白寿彝：《中国史学史》，北京师范大学出版社2004年版，第40页。
② 朱东润：《史记考索》，开明书店1947年版，第15页。
③ 司马迁：《史记》，中华书局1959年版，第1605页。

繁福多厘，齐角炽光，义宜其禋祀，害屖文考乙公，遽爽得纯无谏，农穑越历，唯辟孝友，史墙夙夜不坠，其日蔑历，墙弗敢沮。①

如引文中所标示，铭文从乙祖开始，历述亚祖、文考（父亲），直到史墙自己家族四代人的简要活动，简洁但清晰地记载了四代家族成员尽心辅佐周王朝的过程。这两段铭文尽管文字极简，但这种梳理家族史的叙事方法很有些"世家"雏形的感觉了。学者们论到《史记》各体例源起时，通常会归之于《世本》。

陈其泰认为，《史记》中的世家："在历史叙事的基本范式上，就采取'编年体与传记体二者相兼'的撰写范式。"② 这种判断是正确的。具体地说，前边十几篇诸侯国简史采取编年体，而后边有关功臣的世家则大都使用传记体。这种体例方面的选择与所记录对象自身的特点紧密相关，某个诸侯国的发展历程当然适合使用编年体来记载。但是还应看到的是，这十几篇诸侯国简史每篇内部叙事采用的是编年体，但篇章之间却很明显地以国别加以区分。这一部分内容与国别体史书《国语》很相似——分国记事，在记载某国史事时则依照时序编排事件。而有关汉代功臣的世家，虽然名为家族史，但除了个别篇章如《绛侯周勃世家》中因为周勃之子周亚夫有过重要事迹而记载较多之外，大部分功臣世家的绝大部分内容都是功臣本身的事迹。一篇中几乎专记一人事迹，采用传记体也就是顺理成章的选择。所以《史记》中的世家体例，实际上是国别体、编年体和传记体三种史书体例的综合体。

从《汉书》开始剔除世家体之后，历代的纪传体史书，除了欧阳修的《新五代史》中有《十国世家》之外，再无其他史书中保留世家体例。造成这种现象的直接原因其实就是司马迁作为创立世家体例的作者，在创作实践中都无法维护这种体例的基本文体特征和界限，那么后代史书作者在处理相关问题时就只会更加困惑。而这种无法维护体例特征的现象其实根源于历史发展带来的社会现实的改变。刘知几在谈到世家这种体例的创设时说："司马迁之记诸国也，其编次之体，与本纪不殊。盖欲抑彼诸侯，异乎天子，故假以他称，名为世家。"③ 按照这种说法，司马迁在本纪之下、列

---

① 中国社会科学院考古研究所：《殷周金文集成释文》，香港中文大学出版社 2001 年版，卷六第 132 页。

② 陈其泰：《〈史记〉"世家"历史编纂成就析论——"应另换一副眼光读之"》，载《文史哲》2015 年第 1 卷第 6 期。

③ 刘知几撰，浦起龙释：《史通通释》，上海古籍出版社 2009 年版，第 37 页。

传之上创设世家，主要的考量依据就在于政治方面：与本纪中的天下共主相比，世家所记载的人物至多只是裂地封侯的诸侯；与列传中巨大的包容性相比，能够进入世家的人物又有一定的政治地位限制。而随着汉代景帝、武帝大力削藩政策的实施，汉代中期以后能够保有世家资格的家族也越来越少，封国建藩的事实被历史大潮席卷而去了。汉武帝就曾在元鼎五年在盛怒之下一次性消灭了列侯106个。① 所以，一旦像班固这样将历史书写范围局限在汉代这样一个历史阶段，就会发现世家这种体例确实失去了最适合的书写对象，汉代以后大部分时间内的社会实际也是如此。赵翼曾说："王侯开国，子孙世袭，故称世家，今改作传，而其子孙嗣爵者又不能不附其后，究非体矣。然自《汉书》定例后，历代因之。"② 尽管对世家体例在纪传体史书中的消失有所遗憾，但失去了最适合记录的对象，世家体例基本就从中国史书中消失了。日本学者内藤湖南就曾指出："有人曾非难司马迁设置《世家》体例是无用的，但毕竟在司马迁生活的时代之前还在实行封建制度，《世家》正是反映这一历史的写作。"③ 这种论断在为司马迁辩护之下，其实也正暗示了一旦失去了特定的社会制度，那么世家也就失去了所能描写反映的对象。虽然世家体例从后代的正史中逐渐消失，但得益于其记录家族史的优势以及中国民众祖先崇拜的盛行和宗族观念的浓厚，如徐复观所指出的："由世家而下开族谱并地方志"④，世家体例在后代非官方叙事中反而有大的发展。

五、列传

"列传"的含义比较清晰，司马贞在《史记索隐》中说："列传者，谓叙列人臣事迹，令可传于后世，故曰列传。"⑤ "列"为罗列、排列之义，"传"则为"人臣事迹"，也就是人物传记，所谓"列传"也就是若干篇人物传记的集合。

《史记》列传共七十篇，所占篇幅最多，与本纪、世家相比，最大的区别就是并不以政治地位和身份条件对入选人物进行限制，只要在一段时间内对于历史进程发挥了一定的作用，无论是刺客、游侠，还是巫者、商贾，

---

① 《汉书·武帝纪》记载："九月，列侯坐献黄金酎祭宗庙不如法夺爵者百六人。"见班固《汉书》，中华书局1962年版，第187页。
② 赵翼：《廿二史札记》，中华书局1984年版，第4页。
③ 内藤湖南著，马彪译：《中国史学史》，上海古籍出版社2008年版，第83页。
④ 徐复观：《两汉思想史》（第三卷），九州出版社2014年版，第308页。
⑤ 司马迁：《史记》，中华书局1959年版，第2121页。

都可以进入列传。所以，徐复观总结说："《史记》'本纪'的'本'，'世家'的'世'，皆与政治地位相关连，并由政治地位形成一定的身份标准。……所谓列传者，乃不复计其身份地位，而通称为传之意。"① "不复计其身份地位"，也就把过去政治地位低下或者根本没有政治地位的一大批人物收罗到历史叙事中来，还原了这些人物的历史作用，司马迁的这种历史观在后代获得了普遍的好评。

除了《太史公自序》以及《西南夷列传》等几篇少数民族史之外，列传大部分都为人物传记，那么人物传记这种体例的渊源何在？在司马迁的创造之前是否在某些文体中已经存在人物传记的发展基因呢？章学诚做出过这样的论断："若传则本非史家所创，马、班以前，早有其文。"② 在他看来，传记体早在司马迁创作《史记》之前即已存在，只是他并未做出具体说明。

以某位人物为中心来组织事件，或者在其他体例的史书中在某个片段集中笔墨于某位人物的情况，应当就是人物传记的前身。早在钟鼎铭文的时代，在某些篇幅较长的铭文中，就有集中描写某位人物身世、经历和功绩的情况。周代铭文中追述周部族先祖以及文王、武王功绩的铭文很多，比如毛公鼎铭文、班簋铭文、大盂鼎铭文等，但这些叙述多为笼统式的夸耀，对人物形象刻画并不细致。但是，也有一些铭文开始集中写人，例如兮甲盘铭文较为详细地记载了兮甲征伐猃狁取胜获得赏赐的经历；不期簋铭文则记载秦庄公兄弟奉周宣王之命，征伐西戎获胜之事；虢季子白盘铭文记载了虢季子白奉周宣王之命，征伐猃狁获胜受赏之事。现录兮甲盘铭文如下：

> 隹五年三月既死霸庚寅，王初格伐猃狁于，兮甲从王，折首执讯，休亡愍，王赐兮甲马四匹、駒车，王令甲征治成周四方积，至于南淮夷，淮夷旧我帛贿人，毋敢不出其帛、其积、其进人，其贾，毋敢不即次即市，敢不用命，则即刑扑伐，其隹我诸侯、百姓，厥贾，毋不即市，毋敢有入蛮宄贾，则亦刑。兮伯吉父作盘，其眉寿万年无疆，子子孙孙永宝用。③

---

① 徐复观：《两汉思想史》（第三卷），九州出版社 2014 年版，第 352—353 页。
② 章学诚著，叶瑛校注：《文史通义校注》，中华书局 1985 年版，第 248 页。
③ 中国社会科学院考古研究所：《殷周金文集成释文》，香港中文大学出版社 2001 年版，卷六第 131 页。

这篇铭文记载了兮甲（尹吉甫）受周宣王之命，先后征伐猃狁、经营成周（即洛阳）的经过。虽然简短，但整篇铭文的主体内容都在围绕兮甲的事迹进行，清楚地记录了兮甲的相关活动。其他几篇铭文中的主体内容，与兮甲盘铭文类似，都在围绕某个人物进行叙事，已经具备人物传记的雏形。

钱穆根据孟子所言"王者之迹熄而诗亡，诗亡然后春秋作"的说法指出："古诗三百首，其中历史事迹特别多。远溯周代开始，后稷公刘一路到文王，在《诗经》的《大雅》里整整十篇十篇地详细描述，反复歌诵，这些都是历史。……今若说，那时更接近历史记载的是《诗》不是《书》，此话也不为过。"① 根据钱穆的这种说法，《诗经》中的若干篇——也就是很多学者们所说的"周族史诗"——其实都是围绕着某位核心人物的历史记载。如果剔除掉这些篇章中的神话外衣，可以发现钱穆的这种判断有其合理性。《大明》集中歌颂文王、《绵》则记载古公亶父率领周人迁徙到岐山附近的事迹、《生民》全为周人始祖后稷的事迹、《公刘》则主要记载公刘带领周人迁到豳地的经过。虽然并不能将以上这些诗篇认定为人物传记的开端，但其中确实有围绕某一位英雄人物进行创作的特点。这种以人物为中心组织材料的意识和方法，距离人物传记已经不远，双方的差距除了是否使用诗体语言这种外在形式之外，还有在使用材料和具体表述方面尚夸饰与重事实的区别。另外，朱希祖还认为《尚书》中的某些篇章具备了人物传记的典型因素：

> 《皋陶谟》但以"粤若稽古皋陶"发端，中间杂载皋陶、禹在帝舜前相陈之昌言，而又叙述帝舜与禹、皋陶、夔之语，而殿以帝与皋陶相和之歌，盖重在皋陶，故曰《皋陶谟》，纯为叙纪之体，与《尚书》中诰、誓、命之文迥别，实为列传之权舆，与《史记》屈原、贾谊、司马相如等列传不载事功惟载言语文章者相契。②

《尚书》多篇文章为记言体，篇章主体就是某一位人物发表的言论，与朱先生提到的《屈原贾生列传》《司马相如列传》以人物作品构成人物传记主体内容的情况确有相似之处。但是对于以上各例，我们在承认它们与人物传记有相同基因的同时，还应当看到，这些相似之处只是某一方面的因素较为接近，从篇章整体上来看，还存在巨大差异。例如，《史记》中即使

---

① 钱穆：《中国史学名著》，生活·读书·新知三联书店2013年版，第21页。
② 朱希祖：《中国史学通论》，上海古籍出版社2013年版，第17页。

以人物的文章为主要内容的传记同样包含有人物的生平事迹，而像《皋陶谟》中的相关内容，与其被界定为是皋陶的文章，其实不如说更像是对皋陶话语的记录，而且《皋陶谟》整篇根本没有出现对皋陶生平事迹的介绍——而这种对于人物基本情况的介绍通常是人物传记不可或缺的内容。无论是周代铭文还是《公刘》等诗歌作品，虽然能够将某位人物作为中心组织材料，但又都只简略地集中于人物的某项功绩，这与《史记》中的人物传记大多能够较为全面地表现某个人物的生平是无法比拟的。所以，我们只能说以上这些例子中孕育了传记的某些因素，而无法确指在《史记》前有成熟的人物传记出现。

《史记》之前的史书体例集中于编年体和国别体，其实在这两种体例中，都孕育着人物传记的因素，有些片段已经非常接近成熟的传记体。有学者认为《左传》中即包含有传记体因素，例如"赵盾弑其君"一节，包含若干有关赵盾的故事，"但又都贯穿在赵盾与荒淫暴虐的晋灵公之间矛盾斗争这条线索之上"①，通过这条线索贯穿起来的这些事件，主人公都是赵盾，这其实已经是人物传记的雏形。更典型的例子来自《左传》和《国语》中对于"重耳出亡"的记载。

"重耳出亡"整个事件在《左传》中横跨了从庄公二十八年直到僖公二十四年长达 30 年的时间，但是经过作者的处理，在很大程度上突破了编年体的体例，相关情节被集中在庄公二十八年、僖公四年、僖公二十三年、僖公二十四年等 4 个年份中，而其中晋文公重耳在外 19 年的流亡生活，更是被作者整合到僖公二十三年这一个时间段中集中叙述，从"晋公子重耳之及于难也"这一句开始，先写重耳如何逃出晋国，辗转狄国、卫国、齐国、曹国、郑国、楚国，最后在秦穆公的武力干预下，重返晋国成为国君。这一大段文字完全围绕重耳一个人展开，传记特色已经非常明显。特别是将发生在不同时间段的事件整合在一起的写法，其实已经突破了编年体史书的体例特征。《国语》的叙事体例已经大变，国别体的特点允许其能够将叙事精力集中在个别地域、个别人物身上，所以"重耳出亡"这一事件集中在《晋语二》中，因为不用担心同时期其他事件的干扰，所以可以从容不迫地将这个事件很详细地展示出来，重耳这个人物形象也得到更加充分的表现。正如陈平原所指出的："《国语》的体例虽以记言为主，但已有通过一系列言行展示某一人物风采的趋势，可视为语录体向人物传记的过渡。"② 实

---

① 易平：《〈左传〉中的传记体雏形》，载《安徽师大学报》1982 年第 1 卷第 4 期。
② 陈平原：《从言辞到文章，从直书到叙事——秦汉散文论稿之一》，载《文学遗产》1996 年第 1 卷第 4 期。

际上，因为摆脱了时间框架的限制，以地域为划分因素的《国语》，其中所蕴含的人物传记因素，较之《左传》，更加鲜明。

传记体史书以某一位人物的行事活动为中心组织材料，《史记》中另有多篇双人合传、多人合传的情况，实际上就是多个人物传记的集合，这种合传的写法在后代史书更加常见，比如《汉书》中的《张周赵任申屠传》就是张苍、周昌、赵尧、任敖、申屠嘉5人的合传。多人合传与一人独传在写法上并无本质区别，其实就是将几个人的传记集合在一起编排而已。

《史记》中一篇典型的人物传记，通常以介绍人物的籍贯、祖先、出身等自然信息开篇，但是在交代人物自然信息方面，《史记》确实存在班彪所批评的情况："若序司马相如，举郡县，著其字，至萧、曹、陈平之属，及董仲舒并时之人，不记其字，或县而不郡者，盖不暇也。"① 也就是说，对于传记人物的自然信息，存在着比较明显的交代不平等的问题。

> 司马相如者，蜀郡成都人也，字长卿。
> 萧相国何者，沛丰人也。
> 平阳侯曹参者，沛人也。
> 陈丞相平者，阳武户牖乡人也。②

这样的例子有很多，比如"李斯者，楚上蔡人也"③ 介绍了李斯的籍贯；"蒙恬者，其先齐人也"介绍了蒙恬的祖先，但很笼统；"张仪者，魏人也"④ 则更加简单，只记载了张仪的国籍；"魏公子无忌者，魏昭王少子而魏安釐王异母弟也"⑤ 却又非常细致地介绍了信陵君的身世；"樗里子者，名疾，秦惠王之弟也，与惠王异母"⑥ 同样详细地介绍了樗里子的身世。可以看出，对于人物自然信息的介绍，《史记》各篇人物传记存在较明显的差异，而且以今天的标准衡量，某个人物的自然信息其实应当包括出生日期、籍贯、身世背景等情况，《史记》对于人物以上信息记载存在不均等的问题。这种情况的存在应当并无深意，班彪的解释是"盖不暇也"，也就是司马迁无意之中造成的差别。但对于这个问题稍加比较探讨，还是能寻找到一些规律来，笔者认为这并不仅仅是司马迁的无意行为，而是与他掌握相

---

① 范晔：《后汉书》，中华书局1965年版，第1327页。
② 司马迁：《史记》，中华书局1959年版，第2999、2013、2021、2051页。
③ 司马迁：《史记》，中华书局1959年版，第2539页。
④ 司马迁：《史记》，中华书局1959年版，第2279页。
⑤ 司马迁：《史记》，中华书局1959年版，第2377页。
⑥ 司马迁：《史记》，中华书局1959年版，第2307页。

关信息量的多少有关。大体上讲，出身贵族的人物例如信陵君、樗里子等，因为文献相对齐全，所以有关这些人物的自然信息相对完备；而像以上所举李斯、张仪这样出身平民的人物，除了籍贯之外就很难再有进一步的自然信息了。班彪所举的几个人物，司马相如距离司马迁时代更近，作为声名在外的当代著名文士，信息材料自然丰富；而萧何、曹参等人，虽然贵为开国元勋，但出身贫贱，也只能留下基本的信息。比较特异的是《李将军列传》开篇对李广的介绍："李将军广者，陇西成纪人也。其先曰李信，秦时为将，逐得燕太子丹者也。故槐里，徙成纪。广家世世受射。"① 很明显，对于自己比较倾心的人物，司马迁还是更加用心地将其自然信息交代得清楚很多，就连曾经迁徙过住地都一并列入记载。

另有比较特殊的来自《老子韩非列传》中对老子身份信息的记载："老子者，楚苦县厉乡曲仁里人也，姓李氏，名耳，字聃，周守藏室之史也。"② 内藤湖南就曾指出以上记载的特异之处："记了氏，记了名，记了字，记了谥，记了官，还记了其子孙。"③ 在《史记》所有人物传记中，再也找不出第二篇对于人物的自然信息有如此详细的记载。实际上，这篇传记存在着一个很大的矛盾：表面上看身份信息如此清晰的一个人物，却不一定就是传主老子本人。因为传记中还记载："或曰：老莱子亦楚人也，著书十五篇，言道家之用，与孔子同时云。"④ 也就是说，身份信息特别明确的李耳反而很可能并不是老子，而是后边记载的这位"老莱子"。所以，这篇传记对于人物信息的记载较为特异，并不符合《史记》的一般情况。

《史记》确立的这种开篇介绍人物基本信息的人物传记叙事模式影响深远，不仅在后代纪传体史书中陈陈相因，这种叙事方式还进入虚构文学中。赵毅衡曾引周桂笙的说法："我国小说体裁，往往先将书中主人翁之姓氏来历叙述一番，然后评其事于后，或亦有楔子、引子、辞章、言论之属，以为之冠者，盖非如是则无下手处矣。陈陈相因，几乎千篇一律，当为读者所共知。"⑤ 后代无论注重实录的史书，还是完全虚构的小说、戏剧，人物一出场就会附带着基本情况的介绍，这种写法始自《史记》。

在以一两句简单交代人物的自然信息后，一般情况下，《史记》的人物传记会直接进入该人物主要事迹的记载，比如《李将军列传》在交代李广

---

① 司马迁：《史记》，中华书局1959年版，第2867页。
② 司马迁：《史记》，中华书局1959年版，第2139页。
③ ［日］内藤湖南著，马彪译：《中国史学史》，上海古籍出版社2008年版，第94—95页。
④ 司马迁：《史记》，中华书局1959年版，第2141页。
⑤ 赵毅衡：《苦恼的叙述者》，四川文艺出版社2013年版，第131页。

自然信息后，直接就从孝文帝十四年李广初次从军写起，依次介绍李广一生主要事迹。这些"主要事迹"一般都是与人物的政治活动、社会贡献相关的事件，这也是这些人物之所以进入司马迁的选择视野、成为历史人物的原因。但《史记》中人物传记的一个突出特点，就是司马迁会在记录人物主要政治活动之外，关注一些细微、琐碎的"小事"。这种写法当然可以被理解成人物塑造的方式，但是这种更倾向于文学性的解读可能并不符合司马迁的本意。无论如何，司马迁是以一种非常庄重的态度写作史书，采用哪些材料，运用何种写法，都要围绕这个目的进行。以这种思路进行解读，这些"小事"应当在完成某位人物的历史意义建构方面同样具有重要作用。《陈涉世家》中写到陈胜的垄上之叹就应当是在为其后来的首举义旗进行铺垫；《萧相国世家》中写萧何早年在别人都给刘邦"奉钱三"的情况下却"独以五"，通过这一个细小的举动就明确了萧何与刘邦的亲密关系，为后来萧何成为刘邦集团最重要成员提前做好交代；《张仪列传》中写张仪早年被打后问其妻："视吾舌尚在不？"这一句话不仅透露了张仪执拗的性格，更对他日后凭借口才成就事功进行了暗示。

当然我们还要承认的是，《史记》人物传记大量出现这些以往史书并不会关注的微小事件，这种写法无论作者司马迁的主观意愿如何，所造成的客观效果至少可以说偏离了既有的只关注重大事件的史书叙事模式。对于在以纪实为第一要务的史书中出现如此多的细节描写，评论家们的意见分成两种。

一种意见认为，这是明显的破体，不符合史书征实的根本特点。扬雄在《法言·君子》篇就批评过司马迁："子长多爱，爱奇也"，在《法言·问神》篇又说："淮南、太史公者，其多知与，何其杂也？"[1] 这里所说的"爱奇""何其杂也"，既是指大的选材方面关注了社会底层如刺客、货殖等人物，又是指在具体人物的事迹选取方面安排了很多以往绝少出现在史书中的细小事件。扬雄对司马迁的评论实际上读不出明显的批评意味，只是指出《史记》在内容选择方面的某种特点。但"爱奇"一语到了刘勰就变成了"爱奇反经之尤"[2]，一下子成为某种溢出儒家经义范畴之外而带有一些异端的意思了。

另一种意见则从完全相反的角度认定司马迁写活了人物，塑造了更加完美的人物形象。鲁迅先生评价《史记》的著名论断："无韵之离骚"，就是对其中鲜明文学色彩的高度认可。进入新时期以后，受到西方亚里士多

---

[1] 扬雄：《扬子法言》，见《二十二子》，上海古籍出版社1986年版，第823、816页。
[2] 刘勰著，范文澜注：《文心雕龙注》，人民文学出版社1958年版，第284页。

德所主张的"诗比历史更加真实"①这种文艺主张的影响，支持司马迁的学者们更进一步认为这种写法表现了更深层面的真实，比如韩兆琦即说：

> 小说因素主要是用于描写细节，并且正由于这种手法的适当运用，从而更加增强了历史本质的真实性，使历史人物、历史事件更生动、更感人、更有说服力了。……这里边有许多夸张虚构的成分是显而易见的，但是它们大都与基本史实统一和谐。这类作品有四十多篇，占《史记》人物传记的三分之一以上，这是一种很大的成功。②

笔者对于以上两种主张都不认同，因为这两种主张结论虽然不同，但出发点其实是一致的，即都把以上这些细小事件剥离出历史范畴而将其作为文学性明显的部分来看待。对于这个问题的理解，笔者认为应当从历史文本自身的角度考虑，才能得出更接近事实的结论。对这一问题的理解，应当承认一个前提，那就是作者司马迁无论使用了哪些材料，运用了何种叙事手法，他的主观意图都非常明确，那就是他在进行写作的，是一部他在父亲病榻前流泪发誓要完成的史书，而不是其他任何文体。对于这些微小事件意义的解读，如果我们承认历史只应当关注巨大的社会变革、有深远影响力的事件等等这些属于"宏大"的内容，那么这些事件其实就溢出了历史的范围，以介入人物性格甚至心理的方式沾染上了明显的文学因素；但如果我们将这些历史人物看成是一个个独立的历史组成因素，那么对于完成这个"人"本身的有重要影响的事件——很多时候这些事件脱离了这个人物之后就不再显得重要，甚至一下子变为微小事件——就应当成为人物传记所着力记录的内容。司马迁既然创立了以人物为中心记录历史的方式，那么在他的历史意义构建中，这些人物本身就是同时也必须是一个可以自足成立的历史组成部分。在这些完全自足的历史组成要素中，能够表现人物性格、暗示人物命运的这些事件，其实并不微小，反而非常重要。

在具体写法方面，钱穆指出："但在传人的体裁之内，同样包括着记事和编年。即是说：记事和编年这两体，已在太史公《史记》以人物为中心的列传体之内包融了。"③ 也就是说，《史记》的人物传记基本依照时序叙

---

① "诗是一种比历史更富哲学性、更严肃的艺术，因为诗倾向于表现带普遍性的事，而历史却倾向于记载具体事件。"见[古希腊]亚里士多德著、陈中梅译注《诗学》，商务印书馆1996年版，第81页。
② 韩兆琦：《〈史记〉选注集说》，南海出版公司2003年版，第16页。
③ 钱穆：《中国史学名著》，生活·读书·新知三联书店2013年版，第96页。

事,与编年体差别不大。但经过对比可以发现,人物传记的依照时序叙事与普通的编年体史书并不相同。在外在形式上,人物传记在组织材料记录人物事迹时,对于这些事件并没有像编年体那样严格记录发生的具体时间,很多时候仅仅是依照发生的先后顺序排列而已。例如《李将军列传》这篇传记,虽然也有一些具体的时间提示词,比如对于李广最后一战传记中就有明确记载:"是岁,元狩四年也",但总体上对于事件的记载,更多的是以下这些较为模糊的时间提示词:"及孝景初立""吴楚军时""后二岁"等。《史记》中的其他人物传记大都如此,对于具体事件普遍不记具体时间。这种外在形式的大量出现,应当被认为是作者有意为之的结果,原因很简单,因为这些具体的时间对于司马迁来讲,并不是不可获知的信息,以上关于李广那几个事件的时间,无论是"孝景初立"还是"吴楚军时"其实都非常明确,只不过没有明确标示而已,而"后二岁"那一年其实正是元狩四年。在时间这个重要信息普遍被作者掌握情况下的这种时间缺失,从文本角度分析,就应当是一种明确的"别一种写法"造成的结果。也就是说,司马迁对于人物传记,自觉地采用了不同于编年体史书的写法。而隐去一些事件的具体时间,会带来怎样的阅读效果呢?

如果人物传记对于每一个事件都标示明确的时间,那么这个人物就更像是一个被嵌入时间之网或者填充进入历史序列中的一个为了完成某一项任务而存在的元素,不利于更好地将人物理解成为真正意义上的"人"。这样说并不是要将《史记》的写作目的定位于写人,前边强调过,司马迁首要的写作目的就在于写史。但是,正如白寿彝所指出的:"从史学的角度看,最重要的还在于《史记》善于透过人物的言语、活动和遭遇,去揭示当时的政治情况,去说明、判断历史问题。"① 也就是说,将所要记录的人物塑造好,与写史的目的不仅并不相悖,反而是从更深层面反映历史发展的前提。根据司马迁的自述,"究天人之际"② 是他写史的终极目标之一,而这一目标与人物传记联系最紧密。那么司马迁所要穷究的"天人之际"是一种什么样的关系呢?关于"天人之际"中"天"的含义,首先应当承认,受制于时代因素,"天"在司马迁的理解中最重要的还是来自占星术的影响,也就是来自神秘的天地神灵的各种充满暗示的旨意。但同时还应该看到,特别是在对于具体历史事件的解读中,这个"天"有很多时候隐去了神秘主义的背景,出现了较为明显的"时势"含义。比如《六国年表》

---

① 白寿彝:《中国史学史》,北京师范大学出版社 2004 年版,第 52 页。
② 司马迁:《报任安书》,见严可均辑《全上古三代秦汉三国六朝文》,中华书局 1958 年版,第 272 页。

中司马迁总结秦国何以能够吞并六国时说:"秦之兵不如三晋之强也,然卒并天下,非必险固便形势利也,盖若天所助焉。"① 在《秦楚之际月表》中感慨秦崩楚亡时连着用了两个:"岂非天哉!"这两个"天",就不再是神秘莫测的上天旨意,而带有历史发展到一定阶段后所形成的必然趋势的意思了。而在《项羽本纪》中,项羽在灭亡前反复叨念的"天亡我"这句话,如果将其理解为被时势所亡的意思也更加贴切。从以上实例可以看出,"天人之际"中的"天"尽管还包裹着一层神秘主义的外衣,但却也隐含着"时势"也就是历史发展趋势的意思。个人命运的形成绝不仅仅取决于上天的旨意和神明的力量,还受到其所处社会一切条件的影响,更是其所处历史位置赐予的结果。一个人极少能摆脱社会条件和历史赐予的影响,个人所有的经历,包括交友、事业、婚配甚至是死亡,都无法摆脱其所处的历史位置。这就是时势,也就是"天"。在这种"天"的影响下的"人",消极接受上天旨意的意味也就逐渐褪去,代之以更加主动、昂扬的姿态,单独的、渺小的个人,也就成为构成历史演变的关键因素。所以,《史记》为了更加全面、更加深刻地反映历史的演变,就势必要将构成历史发展演变基本要素的人物塑造好。在这种大前提下,司马迁在叙事实践中,对人物传记的具体写法进行了有异于编年体的处理,通过弱化时间标示的方式,隐去了人物形象塑造上因为处处进行时间标示可能会带来的模式感,这又直接强化了读者对于人物整体经历的认识,传记中的人物就更易于被理解成为活生生的"人"。这种叙事方式接近于一种悖论:通过脱离模式化明显的编年体而减少了单篇传记中的历史感,而这样做的结果却又是为了在另一个层面上增强对于历史的深入理解。

以人物事迹作为中心的纪传体史书能够从《史记》开始,占据了中国古代史书的"正统"地位,成为历代官修史书的固定体例,这说明纪传体这种史书体例本身,一定有特别适应中国历史记载甚至是特别适应中国传统文化诸方面特征的特点,才能在这么长的时间里成为官修史书的固定选择。而人物传记又是纪传体史书最重要的组成部分和突出特征,传记体在整部《史记》中不仅占有大量篇幅,而且一般谈到《史记》的体例,最显著的特征总会归结于以写人为中心。例如,由高等教育出版社出版的《中国文学史》就说:"以人物为中心的纪传体史学著作,却是司马迁的首创。"② 梁启超论到史书体例时曾说:

---

① 司马迁:《史记》,中华书局1959年版,第685页。
② 袁行霈:《中国文学史》(第一卷),高等教育出版社1999年版,第183页。

> 纪年者，历史之符号，而于记录考证所最不可缺之具也。以地理定空间之位置，以纪年定时间之位置，二者皆为历史上最重要之事物。凡符号之优劣，有一公例，即其符号能划一，以省人之脑力者为优；反是则为劣，是也。……凡文明时代之符号，必简而整。①

也就是说，史书体例的演变应当符合一种基本的规律，即这种演化后的体例能够更加简省地记录历史，同时也能够更加清晰地表达历史意义。那么，以人为中心的传记体例，与编年体、国别体相比，都有哪些优点和不足？是否能够符合史书体例演化的这种基本规律呢？

首先，史书以记录史事为第一要务，而以人物为中心则能够较好地达成这一目的，将众多人物传记组合在一起，确实能够反映出一个历史阶段内的社会发展状况。梁启超就曾指出：

> 一个人的性格、兴趣及其作事的步骤，皆与全部历史有关。太史公作《史记》，最看重这点。……《史记》每一篇列传，必代表某一方面的重要人物。如《孔子世家》、《孟荀列传》、《仲尼弟子列传》代表学术思想界最要的人物，《苏秦张仪列传》代表造成战国局面的游说之士，《田单乐毅列传》代表有名将帅，……每篇都有深意，大都从全社会着眼，用人物做一种现象的反影，并不是专替一个人作起居注。②

根据已有统计，《史记》列传共有传主127人，出现在列传中的主要人物另有275人。而且这个统计还不包括《货殖列传》《仲尼弟子列传》《龟策列传》中的人物群像，也不包括几篇少数民族史中出现的人物，如果将这些人物加入统计，数字将会更大。③ 在广阔的社会活动中，选取各方面的代表，组成以上如此庞大的人物群像，能够反映一定的社会状况。

其次，在结构上，以独立性非常强的人物活动作为中心串联事件，线索更清晰、顺畅、自然。张新科曾指出："由于不受时间的严格限制，在写人时，既可按时间顺序写，也可插写、倒写、补写，不受空间的严格限制，可以人为中心，在一个舞台上多次变换活动场所。"④ 以往的编年体史书受"时间的严格限制"，原本一个连续性很强的事件只能被打散为片段，分散

---

① 梁启超：《中国历史研究法》，中华书局2015年版，第173页。
② 梁启超：《中国历史研究法》，中华书局2015年版，第254页。
③ 马凤：《〈史记〉列传叙事策略研究》，曲阜师范大学硕士学位论文，2015年。
④ 张新科：《〈史记〉与中国文学》，商务印书馆2010年版，第85页。

在不同的时间段；而国别体史书则受"空间的严格限制"，所有的人、事都只能局限在某一个地域之内。以某个人物作为叙事中心，这个人物所活动的几十年时间、到过的所有地点，都可以顺畅自然地进入个人传记，原本的时间、空间限制都不复存在。

再次，在历史意义的表达上，以人为中心，更易于负载道德评判。在《史记》成书的年代，中国史书叙事早已形成固定的叙事意义表达模式，那就是在史书中特别重视道德评判的阐发以及道德意义的宣扬。因为个人的经历、遭遇以及结局的不同，也就更易于形成不同的"行为—道德"指向意义体系。由于道德本身就由个体的人来实现、完成，那么借助于个人事迹的书写和归纳来达成道德意义的宣扬就是再合适不过的了。李少雍就曾指出："司马迁为要达到褒贬的目的，一定要寻找一种合适的褒贬方式，既然他摒弃了《春秋》之类的一字褒贬，那他就势必采用新的方式，于是，给历史人物立传的褒贬方式产生了。我们认为，这是合乎逻辑的结果。"① 而且，某一种道德品质与具体人物结合后，能够产生令读者更加深刻的印象，更易于这种品质的宣扬。例如，读者通过阅读《孟尝君列传》，可以明白平日礼贤下士所积累的人望在关键时刻会起到多大的作用；通过阅读《廉颇蔺相如列传》，可以明白个人为了顾全大局而忍辱负重以及知错就改对于国家政局所带来的巨大影响；通过阅读《淮阴侯列传》，则不仅能够获知忍辱负重对于个人成就功业的意义，也能懂得人臣应当持守进退之道以保全性命。这些道德品质以及生活道理，因为与这些历史名人的结合，染上了深刻的名人效应，相对于一般的说教，更益于这些道德品质、生活道理的传扬。这正如过常宝所指出的："由于道德意义的现实性特征，这就使得史官将叙事的重点渐渐由事件转到人物身上，因为只有人的品质、性情才能作为道德的承担者。"②

但是，正如以时间为中心或以地域为中心的编年体和国别体都有缺陷一样，以人物为中心的传记体史书并非完美无缺，同样有其问题。

首先，在对历史意义的表达方面，以个人传记为中心，虽然能够反映一定的社会面貌，但却不易形成宏大的历史认识，整体把握不强。虽然人物传记确实能够包含一些社会生活的表现，但是，一方面，这些内容并不是传记的主体而只是附加在人物事迹之上，在很多时候需要特别去寻求才能发现；另一方面，这些内容因为附属于个人传记，所以都呈现为片段零

---

① 李少雍：《纪传体产生的原因问题》，载《西北大学学报》1981 年第 1 卷第 4 期。
② 过常宝：《〈左传〉虚饰与史官叙事的理性自觉》，载《北京师范大学学报》2006 年第 1 卷第 4 期。

散的状态。多篇人物传记作为一个整体尚有以上问题，单篇形态的人物传记就更加难以形成宏大的历史认识了。

其次，在结构方面，传记体也有无法克服的缺陷。刘知几对这方面的缺点有过激烈批评，在《史通·六家》中说："寻《史记》疆宇辽阔，年月遐长，而分以纪传，散以书表。每论国家一政，而胡越相悬；叙君臣一时，而参商是隔。此其为体之失者也。"① 在《史通·二体》中又说："若乃同为一事，分在数篇，断续相离，前后屡出，于《高纪》则云语在《项传》，于《项传》则云事具《高纪》。"② 在叙事结构方面，传记体在克服编年体的时间限制和国别体的空间限制后，自身以人物行事组织材料所带来的问题又显露出来，刘知几以上所论，正指明了这种问题。某个人物的传记因为受限于记录个人事迹，主要存在两方面缺陷，第一种是所谓的"胡越相悬""参商是隔"，也就是分散。汉武帝对匈奴数次用兵，卫青、霍去病，还有后期的李广利，都曾作为主将统领过这些大规模战役，但因为记载这些战役的具体情况被分散到个人传记中，所以关于这些重大战役的全面记载就需要到这些人物传记甚至是到其他篇章中去寻找，将这些记载组合在一起，才能组成完整的记载。第二种则是"断续相离，前后屡出"，也就是重复。一个重大历史事件，参与人物众多且都发挥了重要作用，那么这个事件如果在每个人物的个人传记中都出现，就是重复；而如果不出现，这个人物的经历就会有重大缺失。赵翼曾指出过《史记》的一处问题："《高纪》既叙高祖八男，而《吕后纪》内又叙之，殊复。"③ 赵翼所说的这两处重复分别见于《高祖本纪》和《吕太后本纪》：

> 高帝八男：长庶齐悼惠王肥；次孝惠，吕后子；次戚夫人子赵隐王如意；次代王恒，已立为孝文帝，薄太后子；次梁王恢，吕太后时徙为赵共王；次淮阳王友，吕太后时徙为赵幽王；次淮南厉王长；次燕王建。④

> 是时高祖八子：长男肥，孝惠兄也，异母，肥为齐王；馀皆孝惠弟，戚姬子如意为赵王，薄夫人子恒为代王，诸姬子子恢为梁王，子友为淮阳王，子长为淮南王，子建为燕王。⑤

---

① 刘知几撰，浦起龙释：《史通通释》，上海古籍出版社2009年版，第18页。
② 刘知几撰，浦起龙释：《史通通释》，上海古籍出版社2009年版，第25页。
③ 赵翼：《廿二史札记》，中华书局1984年版，第18页。
④ 司马迁：《史记》，中华书局1959年版，第393页。
⑤ 司马迁：《史记》，中华书局1959年版，第396页。

这两段文字在各自传记中所起的作用其实完全不同：《高祖本纪》中这段文字位于篇尾高祖已驾崩后，是对高祖后代的说明；《吕太后本纪》的文字则位于篇首，是对于高祖驾崩、吕后尚未完全掌权时政治状况的介绍。尽管功能不同，但这两处文字内容确实有相似处，均为对高祖八个儿子的简介，所以赵翼将其归于"殊复"。《史记》中类似此种情况的"重复"还有很多，顾炎武在《日知录》中就挑出一处："'敬侯十一年，魏、韩、赵共灭晋，分其地。''成侯十六年，与韩、魏分晋，封晋君以端氏。'此文重出。"[1] 顾炎武认为这两处都记载了三家分晋的史事，属于"重出"。但有关三家分晋的记载其实还不止这两处，比如《晋世家》中的记载："静公二年，魏武侯、韩哀侯、赵敬侯灭晋后而三分其地。静公迁为家人，晋绝不祀。"[2]《魏世家》《韩世家》中都有文字与之非常类似的记载。从单篇文章角度来看，三家分晋这一重大事件，对于晋是亡国之末，对于韩、赵、魏则是建国之始，在四部世家的记载中都不可或缺。但是，因为在不同篇章使用近似文字记载了相同事件，就要面对后代评论家"重出"的指责。这其实就带来叙事方式上的两难：如果一个事件只叙述一次，那么对于其他人物传记来说，就会造成缺失；如果在不同篇章中多次出现同样的事件，即使这个事件再重要，也会在整体上造成重复的结果。司马迁固然采取了"互见法"来解决这个问题，例如"鸿门宴"这个事件被置于《项羽本纪》中，但这一事件对于刘邦、张良、樊哙，就不重要吗？从整体看"互见"了，但又在某些人物的传记中留下了这些人物重大经历的空白。

但是我们还应该看到，刘知几所论固然符合事实，但实际上所有的史书体例在专注于某一方面内容的同时，都不可能再兼顾其他因素，都会存在无法克服的缺陷。一个历史事件，包含有时间、地点、人物、事件本身等主要因素，以时间为纲的编年体和以地点为纲的国别体都流于零散，很多时候无法完整展现历史事件的全貌；以人物为中心的传记体则又存在事件或分散或重复的缺陷；就是后代发展出的以事件本身作为叙事单位的纪事本末体史书，也如赵翼所说："记事者，以一篇记一事，而不能统贯一代之全"[3]，存在孤立叙述事件而无法展现历史发展演变线索的问题。所以从本质上讲，某一种体例的历史叙事重视了一方面因素，就一定会由此带来无法避免的缺陷。从史书发展的实际情况来看，古今中外，至今为止并没有任何一部史书能够做到全面、完整地记录历史。正如学者所指出的："没

---

[1] 顾炎武著，黄汝成集释：《日知录集释》，上海古籍出版社2014年版，第563页。
[2] 司马迁：《史记》，中华书局1959年版，第1687页。
[3] 赵翼：《廿二史札记》，中华书局1984年版，第3页。

有哪一种叙事话语可以将参与历史的所有因素一网打尽。"① 同样，其实也不存在有某一种史书体例可以同时涵盖所有的历史因素。作为史书体例之一，以人物为中心的传记体在有优点的同时又有缺陷，这都是体例本身带来的特征，在客观上也是无法克服的。

第二节 纪传体体例特征及产生基础

从以上对《史记》五种体例的具体分析来看，所谓的"纪传体"实际上是一种混合体例，其中有对已有史书体例的延续和继承，也有司马迁的新创。这种体例因为涵容了一些早已发展成熟的体例模式，所以并不能被认定为完全的创新；但是，这种体例并不仅仅包含有"书""表""世家"这些新创的体例，更重要的是司马迁运用全新的编排方式，将这些已经存在的以及新创的体例融汇于一编之内，使得这些体例在"纪传体"这个全新的史书体例中各自发挥作用，能够作为一个整体从多方面、多角度来反映历史发展，从而又在实际上完成了一种全新史书体例的创造。朱自清谈到《史记》的篇章设计时说：

> 十二是十二月，是地支，十是天干，八是卦数。三十取老子"三十辐共一毂"的意思，表示那些"辅弼股肱之臣"，"忠信行道以奉主上"；七十表示人寿之大齐，因为列传是记载人物的。这也是用数目的哲学作系统，并非逻辑的秩序，和《吕氏春秋》一样。②

通览《史记》，五种体例的篇数确实都比较特殊，以上这种分析并不是凭空猜测。这是一种以写作对象为基础，但又有明显的自主追求的一种结构设计，而这种设计本身就在表达某些含义：司马迁自己在《太史公自序》中对世家的篇数已经有明确的交代："三十辐共一毂，运行无穷，辅拂股肱之臣配焉。"③

《史记》之后的中国历代正史，对于"纪传体"有过某种程度的改造，

---

① 南帆：《文学的维度》，中国人民大学出版社 2009 年版，第 182 页。
② 朱自清：《中国散文的发展》，见朱自清著、朱乔森编《朱自清全集》（第八卷），江苏教育出版社 1993 年版，第 323 页。
③ 司马迁：《史记》，中华书局 1959 年版，第 3319 页。

比如上文提到的"世家"体例在后代基本被摒弃，比如《后汉书》《三国志》缺少书、表等情况，但在整体框架方面则基本继承了司马迁创造的纪传体体例，纪传体也就成了中国正史固定使用的体例模式，历2000多年未变。一种史书体例能够延续使用如此长的时间，一个民族、一种文化的历史几乎完全以一种史书体例来记载，这种文化现象在世界范围内都极其罕见。纪传体之所以能够有如此长久的生命力，除了中华文化本身有一种凝固不易变动的整体特点之外，更在于这种史书体例本身的优势。

刘知几尽管对于纪传体有诸多批评，但对于这种史书体例的作用仍然给予了肯定："《史记》者，纪以包举大端，传以委曲细事，表以谱列年爵，志以总括遗漏，逮于天文、地理、国典、朝章，显隐必该，洪纤靡失。此其所以为长也。"① 刘知几对于《史记》最大的肯定，就在于认为这种史书能够完成规模宏大地反映社会生活这个其他体例史书均无法完成的任务，而《史记》所以能够达成这种叙事效果的原因不在于材料的选取，也不在于具体的笔法，甚至不在于作者的史识，而在于司马迁创造的纪传体这种全新的史书体例。司马迁本人对于《史记》五种体例之间的关系有着非常清醒、自觉的认识：

> 罔罗天下放矢旧闻，王迹所兴，原始察终，见盛观衰，论考之行事，略推三代，录秦汉，上记轩辕，下至于兹，著十二本纪，既科条之矣。并时异世，年差不明，作十表。礼乐损益，律历改易，兵权山川鬼神，天人之际，承敝通变，作八书。二十八宿环北辰，三十辐共一毂，运行无穷，辅拂股肱之臣配焉，忠信行道，以奉主上，作三十世家。扶义俶傥，不令己失时，立功名于天下，作七十列传。②

纪传体在体例方面的巨大优势就在于此：纪传体本身即由多种不同史书体例构成，每一种体例担当起各自不同的叙事任务，本纪负责一个历史时间段整体历史意义的建构，列传通过塑造重要历史人物的群像以填补历史细节，年表则可以从更加宏观同时也更加细微的角度反映历史发展，书（志）则能够梳理社会生活中某些最重要方面的发展情况。这些体例一旦被创造性地搭建在一起，实际上并不需要后来的史书作者有多么高超的叙事技巧，只需要在充分掌握材料的基础上，完成并不困难的记录编写工作，将已有的材料填充进已经完善的叙事框架之中，也就基本完成了一个时代

---

① 刘知几撰，浦起龙释：《史通通释》，上海古籍出版社2009年版，第25页。
② 司马迁：《史记》，中华书局1959年版，第3319页。

的历史书写。赵翼似乎看到了这一点，他说："本纪以序帝王，世家以记侯国，十表以系时事，八书以详制度，列传以志人物，然后一代君臣政事，贤否得失，总汇于一编之中。自此例一定，历代作史者，遂不能出其范围，信史家之极则也。"① 因为后代正史"不能出其范围"，司马迁创造出的这种容纳性极强的综合性史书体例也就成为"史家之极则"，为后代史官延续使用。笔者并无意贬低后代史书作者的写作能力，但是后代那些大多数成于馆阁众人之手的正史，能够取得较为出色的史学成就，来自于纪传体体例方面的帮助可谓大矣。这既是一种约束，同时又是一种保障：将一切材料甚至是写法约束在既有的体例之中，但同时又能够保障以这种方式书写的历史不会有太大差错。白寿彝对于《史记》的体例有过公允的概括：

  司马迁吸收了上述前人在体裁上的成就，并且把这些尚属比较粗糙和幼稚的东西加以提高和发展，把它们综合起来，形成互相配合的整体，构成一个时代的全史，容量很大，很有伸缩性。所以《史记》在体裁上也是取众家之长，自成一家。过去称《史记》体裁为"纪传体"并不恰当，它实际上是"综合体"。②

  另外，尽管纪传体史书是一种综合性的史书体例，但是还应当承认，在这些体例当中，最重要的也是最能体现纪传体史书特点的就是人物传记。赵生群曾指出："先秦史传重在记事，人物几乎沦为事件的附庸，某个人物在书中是否出现，何时出现，他在历史舞台上扮演什么样的角色，完全取决于作者所要记载的事件，'以事取人'的倾向十分明显。"③ 这种"以事取人"的叙事方式到了《史记》发生了根本性的转变，以人物为中心成了纪传体最突出的特点，这种改变既是史书体例上的突破，同时又意味着司马迁对于"人"的认识达到了全新的层面。很多学者都意识到了这种转变，钱穆指出了《史记》以人为中心的转变："历史上一切动力发生在人，人是历史的中心、历史的主脑，这一观念应说是从太史公《史记》开始。所以《史记》是一种'列传体'，一人一人分着立传，就是以人物为中心。"④ 这种对于"人"的发现从属于西周建立后即开始的神权逐渐隐退而人的意识开始抬头的社会思潮背景，朱维铮针对这种普遍的社会思潮对史书发生的

---

① 赵翼：《廿二史札记》，中华书局1984年版，第3页。
② 白寿彝：《中国史学史》，北京师范大学出版社2004年版，第50—51页。
③ 赵生群：《〈史记〉文献学丛稿》，江苏古籍出版社2000年版，第300页。
④ 钱穆：《中国史学名著》，生活·读书·新知三联书店2013年版，第81页。

影响时曾指出:"尽管人的涵义是那样狭窄,把人的活动作为历史记录的对象,却是历史编纂学的一大进步,因为没有人便没有历史的客观存在,……以人的活动作为主线的历史记录,便既要注意活动的时间,又要注意活动的领域,有可能成为与编年史和国别史都不一样的新形式。"① 李少雍持类似观点,认为纪传体的产生最重要的原因就是历史记载中对于"人"的重视,并认为在司马迁的历史观中有两个重要方面:重视生产以及重视下层人民的作用,而重视生产实质上还是重视人的作用。正因为如此,"变编年为纪传,废弃按'年'纪事的编年体,创造以'人'为纲的纪传体,我认为,这是完全可以理解的选择"②。

本书无意探讨"人"的被发现这个大题目,只是简单梳理一下在中国早期史书叙事中对于"人"进行关注的发展变化过程。在甲骨文时代,无可置疑的神灵统治着一切,那时候所有人都匍匐在神灵的脚下。《山海经》中所记多为神怪或者身体充满异象之人,甚至可以说其中所描绘的大多数都是"非人",但是全书这种充满静态的描述还是能够透露出当时对于"人"的忽视。傅修延即指出:"任何行动都由人物的愿望驱动,愿望是故事的动力源泉,一个微不足道的愿望可能藉着因果律的力量发展壮大,最终成为推动故事之舟狂奔疾驰的鼓胀风帆。《山海经》忽视行动的根源在于忽视人物的愿望。"③ 倒是在钟鼎铭文之中,"人"的作用开始为人们所认识和铭记。这主要得益于当时人们对于夸耀祖先事迹的重视,这种夸耀虽然有虚饰成分,但已经侧重于人物的真实事迹方面。虽然还缺少自觉性,但是这种对于本部族英雄人物的怀念和记载却是对于"人"的认识的开端。《诗经》中那些关于本部族始祖的作品,也属于这一类对英雄的记载。《尚书》中的某些篇章,对于个人的重视已经开始表现出来,《甘誓》中的夏启、《盘庚》中的盘庚、《大诰》《康诰》中的成王等,这些在关键时刻发挥决定性作用的历史人物都给人以深刻印象。到了《春秋》,记事虽然简单,且并无明显的归纳"人物—事件"关系的写法,但在具体叙事过程中,"人"的作用开始凸显。随便列举《春秋·隐公七年》为例:"七年春王三月,叔姬归于纪。滕侯卒。夏,城中丘。齐侯使其弟年来聘。秋,公伐邾。冬,天王使凡伯来聘。戎伐凡伯于楚丘以归。"④ 这一年的几件大事,都有

---

① 朱维铮:《中国史学史讲义稿》,复旦大学出版社2015年版,第52页。
② 李少雍:《纪传体产生的原因问题》,载《西北大学学报》1981年第1卷第4期。
③ 傅修延:《先秦叙事研究——关于中国叙事传统的形成》,东方出版社1999年版,第143页。
④ 杜预注,孔颖达正义:《春秋左传正义》,见阮元《十三经注疏》,中华书局1980年版,第1732页。

具体的人物如"叔姬""齐侯""天王"等来实施,虽然囿于《春秋》疏朗的叙事方式,这些人物并没有任何具体的动作、语言,但是"人"作为事件主体的地位已然明确。余英时指出:"孔子修《春秋》实是以人为中心的,质言之,即欲借历史以教人,而思于世道人心有所裨益。……我们认为孔子的本意只是用之以警戒人君,并不含神的力量直接干预人事之意。"① 赵翼说得更加明确:"抑思孔子修《春秋》,日食三十六,地震五,山陵崩二,彗星见三,夜恒星不见星陨如雨一,……如果与人无涉,则圣人亦何事多费此笔墨哉。"② 也就是说,《春秋》这部中国第一部史书已经将关注点放在了人的身上。《春秋》中记载的基本都是贵族,而《国语·晋语七》中记载晋悼公即位后的措施中有"选贤良,兴旧族",原本地位尊贵的旧族到了需要国君提倡"兴"的地步,其受到下层贵族甚至是平民的冲击是可以推断的;与之形成对比的是,此时的"贤良"不仅地位提高,人数也变得众多到需要"选"的程度。《春秋》后的编年体史书《竹书纪年》,仅从辑录的某个片段来看,似乎能够集中于某位人物进行叙事:

> 七年,芮伯万之母芮姜逐万,万出奔魏。八年,周师、虢师围魏,取芮伯万而东之。九年,戎人逆芮伯万于郊。③

这一段连续三年,都将叙事的焦点集中于芮伯万一个人物身上,与后来《左传》《国语》对重耳事迹的叙述较为类似。但整部《竹书纪年》已佚,并无太大代表性。

到了《左传》,多次提出"吉凶由人""天道远,人道迩"④ 这一类明确的无神论主张——这是人的自主能动性高度觉醒的结果。更为重要的是,《左传》不仅开始将人物作为事件的核心要素,而且开始将人物的某种心理作为历史的推动力。《左传·隐公十一年》记载:"公孙阏与颍考叔争车,颍考叔挟辀以走,子都拔棘以逐之,及大逵,弗及,子都怒。"⑤ 这里开始关注人物内心活动,"子都怒"的结果在同一年显现出来:"秋七月,……颍考叔取郑伯之旗蝥弧以先登。子都自下射之,颠。"子都将个人怨气在战

---

① 余英时:《余英时文集》(卷一),广西师范大学出版社2014年版,第112页。
② 赵翼著,王树民校证:《廿二史劄记校证》,中华书局1984年版,第40页。
③ 范祥雍订补:《古本竹书纪年辑校订补》,上海古籍出版社2011年版,第44页。
④ 杜预注,孔颖达正义:《春秋左传正义》,见阮元《十三经注疏》,中华书局1980年版,第1809、2085页。
⑤ 杜预注,孔颖达正义:《春秋左传正义》,见阮元《十三经注疏》,中华书局1980年版,第1736页。

场上发泄出来，竟然为泄私愤而从背后偷袭本国率先登城的将领。显然，《左传》将这样一出悲剧归结为个人的情绪。《左传·庄公十年》记载了另外一个事件：

> 蔡哀侯娶于陈，息侯亦娶焉。息妫将归，过蔡。蔡侯曰："吾姨也。"止而见之，弗宾。息侯闻之，怒，使谓楚文王曰："伐我，吾求救于蔡而伐之。"楚子从之。秋九月，楚败蔡师于莘，以蔡侯献舞归。①

蔡国国君和息国国君娶了两姐妹，但蔡侯对待息侯夫人有所不敬，息侯愤恨之余设计了一个阴谋：请求楚国假意征伐息国，息国向蔡国求救，楚国就有了征伐蔡国的借口，最终楚国俘虏了蔡国国君。以上将原因归于人物的心理活动，或者说在叙事中认定后续事件的发生来源于某个人物的心理，这种对于历史的解读是否符合历史事实不是这里关注的重点，重点在于这种解释实质上反映了《左传》对于"人"的认识达到了一个全新的高度，开始重视个人在历史发展中所起的作用，这种观念对于以人物为核心的传记体史书的产生起到了重要作用。

如果说对于"人"的重视是一种神权隐退后较为普遍的社会意识的话，那么《史记》对于"人"的认识还有另外一个层面，即更加全面地认识人，更加真实地承认并去描绘人的本性。这一点在《货殖列传》这篇主要描写市井商人这些当时"下等人"的传记中表现得最为明显。《货殖列传》开篇即指出："至若诗书所述虞夏以来，耳目欲极声色之好，口欲穷刍豢之味，身安逸乐，而心夸矜埶能之荣。使俗之渐民久矣，虽户说以眇论，终不能化。"② 司马迁不仅承认人都有"欲极声色之好""欲穷刍豢之味"这些与生俱来的欲望，而且还认为尽管统治者费尽心机地对民众进行教化，但却"终不能化"，也就是说，面对这种与生俱来的人性，后天的教化基本上是无效的。这是对于先天人性的直接肯定和认可，并尝试以这样一种先天的人性观去解释社会现象，实际上与当时早已确立起来的儒家式的可教化的道德观是相悖的。也正因为如此，这篇传记处处体现出与当时社会正统观念的格格不入。在这篇传记的末尾，司马迁又接连列举了在当时均被视为低下卑贱职业的人物：

---

① 杜预注，孔颖达正义：《春秋左传正义》，见阮元《十三经注疏》，中华书局1980年版，第1767页。
② 司马迁：《史记》，中华书局1959年版，第3253页。

田农,掘业,而秦扬以盖一州。掘冢,奸事也,而田叔以起。博戏,恶业也,而桓发用富。行贾,丈夫贱行也,而雍乐成以饶。贩脂,辱处也,而雍伯千金。卖浆,小业也,而张氏千万。洒削,薄技也,而郅氏鼎食。胃脯,简微耳,浊氏连骑。马医,浅方,张里击钟。①

这种描写在当时那种典型的贵族政治占统治地位的社会中凤毛麟角,以出身和血统决定一切的社会阶层划分决定了文化精英们对于这些底层民众集体采取了忽视、蔑视的态度。而从以上司马迁的记载中,不仅看不到对这些下层民众的轻视,相反却能体会出对于这些依靠坚忍、勤奋、精明而致富人群的赞扬,所以李少雍评论说以上这段记载有"行行出状元"的意思。② 司马迁在整部《史记》中直接承认人性的复杂性并加以描写的例子非常多,甚至对于自己非常欣赏的李广,除了在篇末大加夸赞其"桃李不言,下自成蹊"之外,却也同时记载了他曾经杀害俘虏以及因泄私愤而擅杀曾经秉公惩戒过他的霸陵尉这些不光彩的事件。司马迁能够以人为中心记载历史,以人物传记为主体来构建整部《史记》,除了前述来自史书叙事内部的体例需求之外,还与他这种对于人、对于人性的深刻认识有极大关联。

马克思主义历史观特别强调人特别是普通人的作用。马克思在《神圣家族》中有一段非常著名的论断:

> 历史什么事情也没有做,它"并不拥有任何无穷尽的丰富性",它并"没有在任何战斗中作战"!创造这一切、拥有这一切并为这一切而斗争的,不是"历史",而正是人,现实的、活生生的人。"历史"并不是把人当作达到自己目的的工具来利用的某种特殊的人格。历史不过是追求着自己目的的人的活动而已。③

马克思不仅认为"历史"在本质上就是人以及人的活动,而且认为其中更加重要的是"追求着自己目的的人的活动",也就是司马迁所重视的来自人的天性的行动源泉。这种讨论其实已经触碰到历史学的核心,那就是

---

① 司马迁:《史记》,中华书局1959年版,第3282页。
② 李少雍:《司马迁对"人"的态度》,载《中国社会科学院研究生院学报》1981年第1卷第3期。
③ 中共中央马克思恩格斯列宁斯大林著作编译局编译:《马克思恩格斯全集》(二卷),人民出版社1965年版,第118—119页。

什么是历史，或者说什么样的事件才具有历史意义而应该被记录下来。经过中外历史学家们的讨论，基本得出以下共识：历史应当以人类活动为中心，"人"才是历史学关注的核心。从这个角度看，以人物传记为核心的纪传体史书的出现正是历史叙事发展的必然结果，而我国史书叙事因为司马迁的天才创造在2000多年前就达到了对于历史研究终极目标的认识。钱穆先生指出：

> 因此历史虽说是属于人，但重要的只在比较少数人身上。历史是关于全人群的，但在此人群中，能参加创造历史与持续历史者，则总属少数。似乎中国人最懂得此道理，因此中国历史记载最主要的在人物。向来被认为正史的二十四史的体例，特别重要的是列传。可见中国人一向以人物为历史中心。①

诚如钱穆所说，二十四史为中国官方正史，其中最重要的就是各部史书中的列传部分，这足以说明"中国人一向以人物为历史中心"这种论断的正确。这一对待历史的态度、梳理历史的方法，始自司马迁的《史记》。

---

① 钱穆：《中国历史研究法》，生活·读书·新知三联书店2013年版，第90页。

第四章 中国早期史书的叙事意义

历史,在通常的理解中一般都会与客观、真实等属性联系在一起:历史也就是对真实事件的如实记录。受西方 20 世纪七八十年代发生在几乎所有社会科学领域"语言学转向"的影响,"历史"的真实性以及原有的那些经典历史学研究方法都受到了强烈的质疑。如果说德里达声称的"没有文本之外的世界"这种观点几乎将所有原本被奉为经典的历史文本一概抹杀而比较激进的话,那么稍后的理论家则步步为营地逐渐瓦解着传统历史学存在的根基,甚至引发了"历史到底是不是一门科学""历史作为一个学科有没有存在的合理性"这样的争议。福柯虽然对叙事学本身没有直接的论述,但是他在《知识考古学》《规训与惩罚》等著作中不断提醒学者们注意:很多被我们普遍接受的知识、思想,包括常识,并非天经地义,其实都是被建构起来的,应当对其进行充分的解构和再研究。历史的权威建立在真实之上,正因如此才成为经典。但福柯却在提醒人们:这些所谓的经典本身其实很有问题。经典本身有问题,那么"真实"呢?历史难道不是真实的吗?美国学者海登·怀特最终颠覆了这一切,他声称:"对于历史学家来说,历史事件只是故事的因素。事件通过压制和贬抑一些因素……通过个性塑造、主题的重复、声音和观点的变化、可供选择的描写策略,等等——总而言之,通过所有我们一般在小说或戏剧中的情节编织的技巧——才变成了故事。"① 正因为其对于历史学的本质有如此颠覆性的论述,所以"历史学到了海登·怀特这里,已经形成了后现代历史学最重要的观点,即历史只不过是一种语言的虚构物和叙事散文体的论述"②。西方学者经过几十年的努力,终于厘清了这个关系:历史文本其实也是一种叙事方式,这种叙事方式既然要借助于语言,那么就和文学在本质上趋于一致。这种客观历史与历史文本并不能等同的问题在历史叙事极为发达的中国,其实早被敏锐的学者发现。刘知几在《史通·鉴识》篇中就说过:"斯则物

---

① 张京媛:《新历史主义与文学批评》,北京大学出版社 1997 年版,第 163 页。
② 葛兆光:《思想史研究课题讲录》,生活·读书·新知三联书店 2005 年版,第 78 页。

有恒准，而鉴无定识"①，"物"指的是已经发生在过去的客观历史，这是永恒不变的，但后人对这永恒不变的历史本身却因为各种原因产生出不同的认识结果，这就造成了所谓的"鉴无定识"，面对相同的历史会衍生出若干不同的甚至是完全矛盾的历史记载。冯友兰先生也指出：

> 严格地说，过去了的东西是不能还原的。看着像是还原的，只是一个影子。历史学家所写的历史，是本来历史的一个摹本。向来说好的历史书是"信史"，"信史"这个"史"就是指写的历史。本来历史无所谓信不信。写的历史则有信不信之分，信不信就看其所写的是不是与本来历史相符合。写的历史与本来历史并不是一回事。其间的关系是原本和摹本的关系，是原形和影子的关系。本来的历史是客观存在，写的历史是主观的认识。一切的学问都是人类主观对于客观的认识。主观的认识总不能和其所认识的客观对象完全符合。②

在中国，历史文本在比较早的时候就在某种程度上遭到了真实性方面的质疑。比如郑樵在《通志·总序》中即指出："曹魏指吴、蜀为寇，北朝指东晋为僭，南谓北为索虏，北谓南为岛夷。《齐史》称梁军为义军，谋人之国，可以为义乎？《隋书》称唐兵为义兵，伐人之君，可以为义乎？"③这里郑樵批评的虽然是某些断代史存在的问题，但也已经敏锐看到历史文本中不可回避的因"视点选择"而带来的评价立场问题。而史书当中的文学化虚构问题其实从扬雄批评司马迁"爱奇"开始就已经被批评家所察觉并不断指出，钱钟书先生曾经说过一段非常著名的话："史家追叙真人实事，每须遥体人情，悬想事势，设身局中，潜心腔内，忖之度之，以揣以摩，庶几入情合理。盖与小说、院本之臆造人物、虚构境地，不尽同而可相通。"④这里虽然评论的是《左传》，但所论到的问题则在史书叙事中普遍存在：就如同虚构的小说中作者拟出人物对话一样，史书中有很多没有第三者在场作为见证的对话等文字，也只可能是史书作者"拟"出来的，而这样做的原因就是使得史书能够"入情合理"，能够抹平历史记载的缝隙。类似的情况在西方史学著作中同样存在。修昔底德所作的《伯罗奔尼撒战争史》中，"演说辞约占全部著作四分之一篇幅"，但是"这些演说辞，有些

---

① 刘知几撰，浦起龙释：《史通通释》，上海古籍出版社2009年版，第189页。
② 冯友兰：《中国哲学史新编》（上），人民出版社1998年版，第2页。
③ 郑樵：《通志》"总序"，中华书局1995年版，第4页。
④ 钱钟书：《管锥编》，中华书局1979年版，第166页。

可能是他亲自听到的……有些可能是他听到别人说的，……有些是他根本不可能听到的，……但是这一点无损于其艺术的真实性。他自己也说：'我亲自听到的演说词中的确实词句，我很难记得了，从各种来源告诉我的人也觉得有同样的困难；所以我的方法是这样的：一方面尽量保持接近实际上所讲的话的大意，同时使演说者说出我认为每个场合所要求他们说出的话语来'"①。上述这些看待问题的角度其实正是20世纪西方新历史学家们解构传统历史学的重要武器。但是，如果说以上涉及的视点、代拟等问题是所有历史文本所共有的话，那么中国传统历史文本距离"真实"最大的问题则在于：以道德批判作为历史记载的最高标准，甚至已经达到取代"真实"的程度。

中国史书重视道德评判，这在很早就已经成为共识。是否在写作中贯彻了道德评判标准，惩恶扬善功能在史书叙事中是否得到了充分的发挥，在古代中国很早就成为评判一部史书成就的重要标准乃至最高标准。《左传·成公十四年》说"微而显，志而晦，婉而成章，尽而不污，惩恶而劝善"②，后来杜预将这句话所说的概括为"《春秋》五例"，钱钟书指出："就史书之撰作而言，'五例'之一、二、三、四示载笔之体，而其五示载笔之用。"③也就是说，这五例中的前四例都是具体的写作方法，最后一个则是写作目的，也就是所谓的"载笔之用"，专门对道德评判进行了强调。刘勰在《文心雕龙·史传》中就将《春秋》最重要的成就概括为："褒见一字，贵逾轩冕；贬在片言，诛深斧钺"④，强调的就是史书的道德评判功能。唐代的刘知几虽然对已有的诸多史学成就进行了全方位的检讨和批判，但仍然强调史书应当具备道德评判功能。《史通·曲笔》篇中说："盖史之为用也，记功司过，彰善瘅恶，得失一朝，荣辱千载。"他在《史通·直言》篇中又强调："况史之为务，申以劝诫，树之风声。"⑤ 在刘知几看来，史书最重要的"用"，即史书的功能，就是在叙事的同时应当具备强有力的褒奖善良、鞭挞丑恶这样的道德评价能力。郑樵在《通志·总序》中说："凡秉史笔者，皆准《春秋》，专事褒贬。……读萧曹之行事，岂不知其忠良？见莽卓之所

---

① [古希腊] 修昔底德著，谢德风译：《伯罗奔尼撒战争史》"译者序言"，商务印书馆1960年版，第31—32页。
② 杜预注，孔颖达正义：《春秋左传正义》，见阮元《十三经注疏》，中华书局1980年版，第1913页。
③ 钱钟书：《管锥编》，中华书局1979年版，第162页。
④ 刘勰著，范文澜注：《文心雕龙注》，人民文学出版社1958年版，第283页。
⑤ 刘知几撰，浦起龙释：《史通通释》，上海古籍出版社2009年版，第199、192页。

为，弃不知其凶逆?"① 郑樵不仅指出《春秋》之后的中国史书都遵循着"专事褒贬"这种将道德评判置于首位的传统，并且认为在具体叙事方法上也延续了《春秋》寓褒贬于叙事之中的做法。以上这些言论都出自中国古代最著名的史学家，他们都将史书最重要的叙事意义归之于道德褒贬，极为看重史书中的道德评判。

明代化名为"庸愚子"的蒋大器在为《三国志通俗演义》所作的序中说道：

> 夫史，非独纪历代之事，盖欲昭往昔之盛衰，鉴君臣之善恶，载政事之得失，观人才之吉凶，知邦家之休戚，以至寒暑灾祥、褒贬予夺，无一而不笔之者，有义存焉。②

这段话虽然是小说的序，但所论却多涉及对中国史书的认识。这段产生年代比较晚近的论述对史书应当具备的特点和功能进行了比较全面的概括，但细究这些功能，无论是"昭盛衰""鉴善恶""载得失""观吉凶""知休戚"还是"褒贬予夺"等，基本都可以将其归入道德评价这一功能体系中。以上所论史书的各种作用，归结为一点，就是要求史书不仅能使人们了解历代已经发生过的"事"，更重要的是要向人们揭示这些事件背后的意义，而道德意义又是其中最为重要的一项。更为甚者，庸愚子在论到读史应当具备的方法时还说："若读到古人忠处，便思自己忠与不忠；孝处，便思自己孝与不孝。至于善恶可否，皆当如此，方是有益。"③ 史书的功能到这里更是被高度道德化了，甚至已经将史书当成了一种道德方面的"行为规范手册"来看待。

美国学者海登·怀特曾发问："我们能否叙述化而不加以道德化?"④ 答案当然是否定的，因为任何一位作者，无论他是在写史书，还是在虚构文学作品，都无法摆脱特定的时代背景、知识积累，乃至尽力掩饰却又无法去除的情感因素，所以形成文字的叙事作品中一定负载着道德评判，中西古今概莫能外。徐岱曾概括说："审美活动固然不等于对某种道德主张和观念的简单认同，但归根到底却不能脱离一定的道德态度和选择。"⑤ 但落实

---

① 郑樵：《通志》"总序"，中华书局1995年版，第4页。
② 庸愚子：《三国志通俗演义》，上海古籍出版社1980年版，第1页。
③ 庸愚子：《三国志通俗演义》，上海古籍出版社1980年版，第2页。
④ ［美］鲁晓鹏著，王玮译：《从史实性到虚构性：中国叙事学》，北京大学出版社2012年版，第53页。
⑤ 徐岱：《小说叙事学》，商务印书馆2010年版，第81页。

在中国古代史书方面，这一特征却异常明显，对道德毫无掩饰地彰显已经成为中国史书最突出的叙事特点。

从以上论述中可以看出，如同中国古代大多数学者们所期待的那样，在大多数中国史书中，道德代替了真实，或者说道德成了更高层面上的真实。这种叙事传统形成时间很早，并在很短时间内通过多部史书的叙事实践得到强化并最终形成为一种固定的叙事模式，进而成为中国史书叙事的一个突出特点，同时也成为中国史书叙事意义在很早既已形成的聚焦中心。本章即试图梳理这一叙事模式形成及强化的过程。

第一节 "前史书"阶段的道德评判

《尚书》和《春秋》是现今能够看到的中国最早的史书，① 但道德评判的传统却早于这两部史书编订之前即已出现。这些正在初步形成的叙事传统的模糊身影寄身于中国最古老的文字形态——钟鼎铭文——当中。

铸造或者刻凿在青铜器皿上的钟鼎铭文，出现的时间较甲骨文稍晚。比之后代很可能经过窜改的传世文字，这些与实体同时保存下来的内容非常珍贵。这些钟鼎铭文锈迹斑斑地保留下最原始的书写面貌，是难得的无可置疑的研究材料。与甲骨文简略的文字风格相比，不少青铜器皿上铭文的内容已经非常丰富，特别是西周到战国晚期出现了很多具备叙事意义的长铭，已经是比较成熟、复杂的叙事文字。这些长铭依托的基本上都是大型礼器，而当时铸造这些礼器的目的很明确，前期以铭记祖先事迹、夸耀天子封赏为主，后期则多有诸侯国之间涉及联姻、媾和等外交事件的记录文字。从涉及的内容即可看出，这些铭文以纪实为主，但其中又少不了夸耀和谀辞。后代子孙在记录祖先事迹或者两国联姻时，赞颂和夸耀属于天然的立场和写作态度。这种立场和态度虽然很难改变，但这些中国最早的叙事文字却在某种程度上具备了重视道德评判的特点。因为尽管存在子孙

---

① 班固在《汉书·艺文志》中第一次明确提出所谓的"左史记言，右史记事，事为《春秋》，言为《尚书》"的说法，见班固《汉书》，中华书局1962年版，第1715页。近代章学诚又提出"六经皆史"的论断，认为包括《尚书》《春秋》在内的儒家经典其实都可以史书视之。现代学者也说"《尚书》是商周记言史料的汇编"，见袁行霈《中国文学史》，高等教育出版社2005年版，第75页。本书即将《尚书》和《春秋》看作中国史书正式出现的标志，在这之前的若干典籍尽管包含有若干史书因素，但作为一种独立文体来说都还有不少欠缺，因此本书将其归入"前史书"阶段进行探讨。

将先祖的某些丑事恶行隐去的情况，但被后代保留下来能够引以为荣且树立为榜样的，无外乎两方面：一是夸耀祖先在建功立业方面所取得的成就，二是强调祖先在品德修养方面所达到的高度。当然，在青铜铭文的时代，大多数铭文还是以夸耀事功为主，但后一方面的内容在很多器物铭文中都有出现。

　　铸于周成王时期的何尊铭文在记录了周成王对宗族的训诫后有这样一句话："唯王恭德裕天，训我不敏。"这句话带有总结性质，意思是赞美周成王拥有能够顺应上天的德行，并以此教育我们这些不聪敏的人。同样属于西周早期周康王时铸造的大盂鼎主要记录的是康王对臣盂的训诫及赏赐，在训诫中有这样一句话："今余佳令女盂，召荣敬拥德巠。"这里是周康王以命令口吻告诫臣盂，要以"德"为准则辅佐荣伯，专门强调了"德"的重要性。西周中期周穆王时的班簋主要内容是记录周穆王对毛伯班的命令及训诫，以及战争胜利后毛伯班总结胜利原因并颂扬祖先，其中毛伯班在战胜后告祭祖先时有这样一句话："佳苟德，亡攸违。"将自己能够胜利的原因之一归结为严格遵循德行要求，并将此奉为不可违背的准则。铸造于西周晚期的毛公鼎，载有现存最长的一篇青铜铭文，铭文的主要内容是周宣王对毛公的训诫和赏赐，其中开篇即说："王若曰：'父歆，丕显文武，皇天引厌厥德，配我有周，膺受大命，……'"这里的"王"指的是周宣王，在他看来，正是因为上天赐予自己的先辈文王和武王以"厥德"，也就是足以长久治国的德行，周王朝才能发展至今；后边又说"毋折缄，告余先王若德，用印邵皇天，緟恪大命"，这里又特意嘱托毛公，不要缄口不言，要将先王的明德告知、传授给"我"，以尊敬天命。铸造时代在春秋中期的秦公簋主要记载秦景公对先祖的赞美以及记录自己的德行，铭文中说："余虽小子，穆穆帅秉明德。"① 秦景公陈说这几句话时采取的姿态是面对先祖，他以一种类似于起誓的方式坚定地表达了自己承继先辈功业的志愿，其中专门强调虽然自己年辈还小，但一定会遵循持守先祖的明德。这种极其庄重的陈说姿态充分表明虽然偏于西隅，但秦国也已经将道德视为祖辈取得成功的宝贵财富而庄严继承下来。

　　以上列举出的五例，从时间跨度上来看，从西周初年的成王时期直到春秋中期秦景公时代。而这些涵盖面较广的铭文主要内容又都比较近似，以两方面为主：一为夸耀先祖或者自身的功绩，二为对臣下进行训诫和赏赐。而铭文的宣示主体在表达这两方面的内容时都强调了道德修养的重要

---

　　① 本段五处铭文均引自中国社会科学院考古研究所编《殷周金文集成释文》，香港中文大学出版社 2001 年版，卷四第 275 页、卷二第 411 页、卷三第 479 页、卷二第 433 页、卷三第 444 页。

性，这也就显示了在还没有普遍将文字书于竹帛的时代里，道德修养对成就事功、教训子孙的重要性就已经成为一种较为普遍的意识而为社会所接受了。

新近发现铸造于西周中期的燹公盨铭文则以一种更为直接的方式表达了对道德的重视：

> 天令禹敷土，堕山浚川，乃差方设征，降民监德；乃自作配，卿民，成父母。生我王，作臣，厥美唯德，民好明德，任才在天下。用厥邵好，益□懿德，康亡不懋。孝友，訏明经齐好祀，无悖心。好德婚媾，亦唯协天，敏用老，复用祓禄，永孚于宁。燹公曰：民又唯克用兹德，亡诲。①

该器物的铭文共98字，其中除了前边几句简略夸耀了大禹治水的功绩之外，主体部分铭文以大段文字阐述德与德政的重要性，教诲民众应当以德行事，反复强调"德"的重要性，"德"字成了这篇铭文的"关键词"。特别是在最后，又以这样的方式结尾："燹公曰：民又唯克用兹德，亡诲。"大概意思是告诫当时的民众以及后代子孙：如果能按照以上准则施用此德，就不会犯错误，不会有悔咎。燹公作为这件器物铭文的宣示者，在行文最后以"燹公曰"这种类似于后代"君子曰""太史公曰"一样叙事主体主动现身的方式，强调了对施行德政的强烈期盼和对道德修养的严格要求。这种期盼被铭之于金石，就不仅是对当时民众的要求，更是对子孙后代的告诫。燹公盨铭文中对道德的强调在已知铭文中是最强的。而且从现有材料看，这件器物上的"燹公曰"大概是最早的在叙事之后又以叙事者的身份对接受者（读者）进行直接劝诫和忠告的记录，而这劝诫的内容就是对道德的强调。

不仅这一时期的铭文中包含有论说道德重要性的直接记录，而且在差不多同时以及稍晚时期人们的观念中，也已经比较普遍地认为铭文应当蕴含有道德评判的因素了。《礼记·祭统》中说：

> 夫鼎有铭。铭者自名也，自名以称扬其先祖之美，而明著之后世者也。为先祖者，莫不有美焉，莫不有恶焉。铭之义，称美而不称恶，此孝子孝孙之心也。唯贤者能之。……为之者，明足以见之，仁足以

---

① 裘锡圭：《燹公盨铭文考释》，见裘锡圭《中国出土古文献十讲》，复旦大学出版社2008年版，第46—77页。

与之，知足以利之，可谓贤矣。贤而勿伐，可谓恭矣。①

　　这段话首先说子孙后代对待"莫不有美、莫不有恶"的先祖事迹，只是"称美而不称恶"，也就是说基于"为尊者讳"和"为亲者讳"的原因，后代会将先祖的某些恶行隐去。这种被儒家所肯定、推崇的观念与征实求真理念相悖，被系统提出并普遍流行当在春秋时期，但与这种观念暗合的行为却产生甚早。这段话既然说了"此孝子孝孙之心"，那么也就表明对这种舍弃真实而注重亲情的做法并无非议。更重要的是强调此种"铭者"的事情只有"唯贤者能"，并给出了具体标准："明足以见之，仁足以与之，知足以利之"，以备受儒家推崇的"明""仁""知"等品质来做出限定。通过对能真正以恰当方式将祖先事迹铭于金石的"贤者"确立的严格规范，事实上又将这些镌刻在金石上的夸耀性文字纳入了儒家道德规范中：这些铭文可以夸耀、可以隐恶，但所宣扬的理念应当符合儒家道德规范。

　　《左传·襄公十九年》中也谈到过这个问题。鲁国击败了齐国，鲁国权臣季武子将缴获的齐国兵器熔铸成"林钟"并在其上用铭文记载了这次战胜齐国的武功，鲁国大臣臧武仲对此事评价说：

　　　　非礼也。夫铭，天子令德，诸侯言时计功，大夫称伐。今称伐，则下等也，计功，则借人也，言时，则妨民多矣，何以为铭？且夫大伐小，取其所得以作彝器，铭其功烈，以示子孙，昭明德而惩无礼也。今将借人之力，以救其死，若之何铭之？小国幸于大国，而昭所获焉，以怒之，亡之道也。②

　　在臧武仲看来，这件事之所以不符合礼义规范，即在于铸造在器皿上的铭文与车驾、舞蹈、音乐类似，应当分为不同等级，就像天子可以乘坐六匹马拉的车而诸侯则只能乘坐四匹马拉的车一样，铭文的内容也依照等级的差别被规定为天子可以用以记载德行，诸侯则可以记载自己立下的功劳，一般大夫则只能用来记载征伐。这里臧武仲将使用铭文记载德行的权力归之于周天子很有可能符合实际情况，这从前边所举例子中即可看出，五处强调德行的铭文中，前边四例的宣示者都是周天子，只有最后一例为

---

① 郑玄注，孔颖达正义：《礼记正义》，见阮元《十三经注疏》，中华书局 1980 年版，第 1606—1607 页。
② 杜预注，孔颖达正义：《春秋左传正义》，见阮元《十三经注疏》，中华书局 1980 年版，第 1968 页。

秦景公。但考虑到秦景公已处于礼乐崩坏的春秋中期，而且秦国本身偏于西隅，在其他方面也常常违反周礼规定，所以这一处应以特例看待。被臧武仲所道出的这条周礼，直接反映出春秋之时主流意识就非常看重和强调铭文中所负载的道德内容，甚至已被上升为礼义规范。在这段话的后半部分，臧武仲在谈到金石文字的功能时还专门强调其功能之一就是"昭明德而惩无礼"，将"昭明德"也就是对道德的宣扬确立为铭文的最重要功能。

从上边的分析可以看出，无论是青铜铭文本身所直接展现出来的内容，还是社会主流意识对铭文所持有的态度，都显示出在这个史书还未诞生的"前史书"时代，道德就已经被认为是成就事功、劝勉子孙的重要内容而出现在中国最早的叙事文字中了。中国史书或者说中国传统文化中特别强调道德宣扬、道德评判的传统，即起源与此。

第二节 道德评判体系的形成——从《尚书》《逸周书》到《春秋》

《尚书》堪称中国最早的历史文献合集，一般认为最晚在西周初，《尚书》即已基本成书。这部文献在流传过程中历经坎坷，按照学界通行的看法，今文《尚书》29篇大体为真，基本可以作为先秦史料使用，学者们也多将其看作中国早期史书的代表。《尚书》篇名多从"口"从"言"，如《甘誓》《泰誓》《康诰》《召诰》等，记言性质明显，其大部分篇章的主体内容均为记言，有些几乎通篇皆为直接引语。《尚书》的主体内容以教导、劝勉、激励为主，但因为大多数篇章都有所针对，都属于针对具体事件而发布的教导，所以少有抽象的说教，多表现为对具体事件或行为方式的训诫或劝导。

明代徐师曾在《文体明辨序说》中说："《书》体六，今存者三。"[①] 这里所说的"今存者三"指的是"诰""誓""命"，其中"诰"体主要为告谕；"誓"主要为重大行动之前的誓词，比较类似于后代的檄文；"命"则主要为命令。与其他史书相比，这三种体例都类似于政府文书，这种特点带给《尚书》语言风格以强烈的印记，那就是具有不容置疑的强制力。《尚书》语言简洁且直接，充满力量感，精简坚定，具有明确的强制执行意味，

---

① 徐师曾：《文体明辨序说》，人民文学出版社1998年版，第77页。

这正是文体特点的显现。再加上《尚书》文字古奥，整体行文风格在先秦时代即显得非常陌生，这种简傲且陌生化的语言风格更加强化了这种强制力。而且，《尚书》中发出命令或进行劝勉的主体都比接受者地位要高，这就更进一步强化了这种强制性。《尚书》从行文的主体，到文章所要表达的内容，再到具体的语言表现，每一个环节都在不断强化着文章的强制性，这在中国古代典籍中非常罕见。

《尚书》以教导、劝诫为主要内容，其中就包含有很多涉及道德修养方面的劝诫。《尚书》中的道德劝诫受以上整体叙事特点的影响，在简明直接、不容置疑的语言风格背后，有相当一部分劝诫并不是抽象的道德说教，而是对具体行为规范的指导。

《盘庚上》中说："王若曰：'格汝众，予告汝训汝，猷黜乃心，无傲从康。'"① 这里盘庚告诫大臣们要去掉私心，不要傲慢放纵，也不要贪图享乐。后边又说："汝克黜乃心，施实德于民，至于婚友，丕乃敢大言汝有积德。"② 这里再次重申，要求大臣们克除私心，能给民众带来实际的恩惠，真的能够施及众人，这样才能够声称自己是积累了德行。《尧典》中说："克明俊德，以亲九族。九族既睦，平章百姓。百姓昭明，协和万邦。黎民于变时雍。"③ 这里以尧为榜样，教导人们要发扬宏大的德行，使家族内部亲密和睦。家族和睦以后，就能辨明民众的政事。民众的政事辨明了，就能协调万邦诸侯。这样推导下去，天下民众也就能友好和睦起来。《大禹谟》中说："克勤于邦，克俭于家。"④ 这里是教育民众在为国家服务时要勤勉，在自己家中又要节俭。

《尚书》中的道德劝诫除了以上这种具体的行为指导之外，也有很多对抽象意义上"德"的重视和向往。《洪范》中说："而康而色，曰：'予攸好德。'汝则锡之福。"⑤ 这里模拟了简单的对话，是说如果臣民和颜悦色、顺从地表示"我遵行美德"，那么君主就应当给予其赏赐。君主通过对遵从美德行为的赏赐，显示了对德行的重视。《康诰》中说："宏于天，若德裕

---

① 孔安国传，孔颖达正义：《尚书正义》，见阮元《十三经注疏》，中华书局1980年版，第169页。

② 孔安国传，孔颖达正义：《尚书正义》，见阮元《十三经注疏》，中华书局1980年版，第169页。

③ 孔安国传，孔颖达正义：《尚书正义》，见阮元《十三经注疏》，中华书局1980年版，第119页。

④ 孔安国传，孔颖达正义：《尚书正义》，见阮元《十三经注疏》，中华书局1980年版，第136页。

⑤ 孔安国传，孔颖达正义：《尚书正义》，见阮元《十三经注疏》，中华书局1980年版，第190页。

乃身，不废在王命！"① 这句话是周成王对新近获得封地康叔的告诫，在成王看来，能够保证"不废在王命"的重要条件就是拥有像天空一样广阔宏大的品德。《梓材》中说："先王既勤用明德，怀为夹，庶邦享作兄弟，方来。亦既用明德，后式典集，庶邦丕享。"② 这里将诸侯归附、周边邦国都来朝贡服役的原因都归之于先王能够施用"明德"。

《尚书》在强调对道德的重视时，使用最频繁的词汇就是上边《梓材》中提到的"明德"。"明德"一词在《尚书》中主要有两个含义：一是名词，意为光明的德行，也就是美德，比如《君奭》中说："嗣前人，恭明德"③，意思是继承前人，恭行明德；二是动词，就是彰显、宣扬德行，比如《召诰》中说："保受王威命明德"④，意思是接受王的命令，宣扬王的大德。另外值得注意的是，《尚书》中将"明德"用为动词时，有两次都与"慎罚"连用，分别是《康诰》："惟乃丕显考文王，克明德慎罚"⑤，以及《多方》："以至于帝乙，罔不明德慎罚"⑥。这两篇分别为周成王和周公发布的训话，很能代表周初的官方意识。所谓的"明德慎罚"就是强调在实行统治时，更重视对道德的宣扬而谨慎地使用各种刑罚。周初政治局势并不稳定，很多时候还需要使用武力和惩罚手段来平定叛乱，实际上《多方》就是平定暴乱后周公发布的训话。但就是在这种大环境中，周初的最高统治者在政治实践中却能如此重视道德的作用，很明显这是道德理性觉醒之后的产物。正是因为《尚书》的多次使用，"明德"一词很早就成为习语，并在之后的先秦文献中频繁出现，进而成为古代中国道德论说体系中一个非常重要的概念。

另外值得特别注意的是，《皋陶谟》中记录了一段大禹和皋陶君臣间关于以德治国问题的对话：

---

① 孔安国传，孔颖达正义：《尚书正义》，见阮元《十三经注疏》，中华书局1980年版，第203页。
② 孔安国传，孔颖达正义：《尚书正义》，见阮元《十三经注疏》，中华书局1980年版，第208页。
③ 孔安国传，孔颖达正义：《尚书正义》，见阮元《十三经注疏》，中华书局1980年版，第223页。
④ 孔安国传，孔颖达正义：《尚书正义》，见阮元《十三经注疏》，中华书局1980年版，第213页。
⑤ 孔安国传，孔颖达正义：《尚书正义》，见阮元《十三经注疏》，中华书局1980年版，第203页。
⑥ 孔安国传，孔颖达正义：《尚书正义》，见阮元《十三经注疏》，中华书局1980年版，第228页。

> 皋陶曰："都！亦行有九德。亦言其人有德，乃言曰，载采采。"
> 禹曰："何？"
> 皋陶曰："宽而栗，柔而立，愿而恭，乱而敬，扰而毅，直而温，简而廉，刚而塞，强而义。彰厥有常，吉哉！日宣三德，夙夜浚明有家；日严祗敬六德，亮采有邦；翕受敷施，九德咸事，俊乂在官。百僚师师，百工惟时，抚于五辰，庶绩其凝。"①

皋陶明确提出以德治国的主张，并列举了九种德行的具体表现，进而认为具备三种德行的卿大夫就能保有其封地，具备六种德行的人则能帮助诸侯治理好国家，而具备全部九种德行的人则能使得全部政事运转顺利，所有事情都能达到成功。虽然学者们对《皋陶谟》是否真的是商代以前的作品还有怀疑，但大多数学者认为这篇文献至少当为周初时人所作。② 如此集中地列举出多种具体的道德修养，并探讨了多种德行在具体事功方面所具备的重要意义，这在中国古代文献中是第一次，就出现在《尚书》这部中国最早的史书中。

从以上分析可以看出，在《尚书》编成的年代，人们除了重视日常具体行为中蕴含的道德规范，还对抽象层面上的"德"给予了充分的重视和探讨。《尚书》这部中国最早的史书，通过具体的叙事实践，初步确立了在史书叙事中重视道德作用，强调以德立身、以德治国的传统。③

与《尚书》性质类似的还有《逸周书》。尽管都为周代文献资料汇编，但《逸周书》更为庞杂，多为抽象的说教、议论，叙事性较弱，稍有情节的篇章也多以模拟君臣对话的形式完成意义表达。这部书对"德"进行了较为频繁的论说，只是这种论说并不借助于具体的事件或情节来表现，所以，《逸周书》中有关"德"的表述方式多数时候都是国君问、贤臣答，或者就是国君直接向臣子们进行道德训诫，很有些道德规范问答的意思。《逸周书》无论叙事说理都好罗列各种数字，有故意"凑数"的嫌疑。"九德"

---

① 孔安国传，孔颖达正义：《尚书正义》，见阮元《十三经注疏》，中华书局1980年版，第169页。

② 例如，王国维在《古史新证》中说："《虞夏书》中如《尧典》、《皋陶谟》、《禹贡》、《甘誓》，……文字稍平易简洁，或系后世重编；然至少亦必为周初人所作。"见王国维《古史新证》，清华大学出版社1994年版，第3页。

③ 晁福林先生在《先秦时期"德"观念的起源及其发展》一文中，认为《尚书》中的"德"更多的是"得"之意，并举《盘庚》篇为例，认为此篇中所有的"德"均可释为"获取""得到"。但从上边分析来看，特别是《皋陶谟》中对"德"的九种具体表现的说明来看，这些"德"还应当为品行之德。

就是《逸周书》中多次出现的一个概念，其中在《常训解》中直接进行罗列："九德：忠、信、敬、刚、柔、和、固、贞、顺。"① 《文政解》中也是直接罗列："九德：一忠，二慈，三禄，四赏，五民之利，六商工受资，七祗民之死，八无夺农，九足民之财。"② 《宝典解》中则稍微融入情节，借用武王对周公说的话，较为详细地进行了解释：

> 九德：一、孝。子畏哉，乃不乱谋。二、悌。悌乃知序，序乃伦。伦不腾上，上乃不崩。三、慈惠。兹知长幼。知长幼，乐养老。四、忠恕。是谓四仪。风言大极，意定不移。五、中正。是谓权断。补损知选。六、恭逊。是谓容德。以法从权，安上无慝。七、宽弘。是谓宽宇。准德以义，乐获顺嘏。八、温直。是谓明德，喜怒不隙，主人乃服。九、兼武。是谓明刑。惠而能忍，尊天大经。九德广备，次世有声。③

以上三次谈到所谓"九德"，但每次列举的九种德行都不相同，可知《逸周书》内部篇章之间缺少联系，原始资料汇编的性质非常明显。虽然在论到"德"时，多以这种相互间缺少联系的罗列项目、抽象说理的方式进行道德宣扬，但在这种反复论说中，却能够体会到作者或编者的良苦用心。

可以看出，在以《尚书》《逸周书》为代表的早期文献中，人们已经对抽象层面上的"德"给予了充分的重视和探讨，初步显示了对道德的重视。

《尚书》和《逸周书》虽然被认为是中国最早的史书，但毕竟还处于资料汇编的阶段，《春秋》的出现，则标志着中国史书的真正出现。而《春秋》对于负载道德评判已经发展形成了一套简单有效的"程式"：基本不会直接做出对事件和人物的道德判断，而将对人物的臧否和对事件的褒贬隐藏在叙事当中，而这种评判目的在大部分情况下又以"一字寓褒贬"这样极简的方式达成，这种程式被后世称之为"春秋笔法"。《礼记·经解》中说："属辞比事，《春秋》教也。"④ 所谓"属辞"，并非表面的遣词造句，更指借助使用不同词语来表达、暗示某种特定的含义。后来的《左传》中

---

① 黄怀信、张懋镕、田旭东：《逸周书汇校集注》，上海古籍出版社2007年版，第35页。
② 黄怀信、张懋镕、田旭东：《逸周书汇校集注》，上海古籍出版社 2007 年版，第 377—378 页。
③ 黄怀信、张懋镕、田旭东：《逸周书汇校集注》，上海古籍出版社 2007 年版，第 283—286 页。
④ 郑玄注，孔颖达正义：《礼记正义》，见阮元《十三经注疏》，中华书局 1980 年版，第 1609 页。

有多处解释《春秋》"属辞比事"的具体原则，杜预归纳出五十处，被称为"五十凡"。这充分说明《春秋》包含有高度的历史评判的自觉意识。这部文字上简单到无法再简单的史书之所以能够达到"《春秋》之义行，则天下乱臣贼子惧焉"① 的作用，最重要的原因就是因为秉持着以符合礼义规范与否的标准来记载历史事件。可以这样说，《春秋》不仅记载着历史事件，而且依靠其简洁但有效的记事方式，通过寓褒贬于叙事的方式赋予了历史事件以意义，而这种意义又都属于道德层面。所以，《左传·成公十四年》借"君子曰"总结了《春秋》这方面的特点："《春秋》之称，微而显，志而晦，婉而成章，尽而不污，惩恶而劝善，非圣人谁能修之?"② 在此以后，中国学者们普遍认为《春秋》当中秉持的道德评判标准确实是有体例且成系统的。《春秋》的出现，为后代史书树立了多方面的典范，其中之一就是史书应当以道德为依据，对历史进行评判。李洲良曾说："《春秋》虽说是中国第一部编年史，但它并不标志着中国史学的独立"，原因即在于"《春秋》以求'善'为终极目的，不是以求'真'为终极目的"③，这正指出了《春秋》这部史书特别重视叙事意义的特点。

《春秋》虽然将道德评判在全书中置于极重要的地位，但是《春秋》的性质是史书而不是"史评"，而且由于篇幅过于短小，根本就不能对具体人物或事件展开系统的评论，所以，这种典范本身的颂扬与挞伐虽然不动声色，但却很隐晦，更需要专门解说才能显现出含义。钱钟书先生所说的："《经》之与《传》，尤类今世报纸新闻标题之与报道"④，正切中了这个短处。如果没有后来的"春秋三传"为其做出全方位的解读，那么相隔年代日远的读者将很难理解这部语言精简史书中所谓的"微言大义"，恐怕真的只能将其看成"断烂朝报"。不仅如此，《春秋》这部编年史虽然极简，但其内容却未必为真。唐代的刘知几即提出了一系列关于《春秋》真实性的质疑，比如他说："观夫子修《春秋》也，多为贤者讳。狄实灭卫，因桓耻而不书；河阳召王，成文美而称狩。"⑤ 这里举了两个例子，其一是当时的狄人实际已经灭掉卫国，但孔子为了替无法保卫中原小国的诸侯霸主齐桓

---

① 司马迁:《史记》，中华书局1959年版，第1943页。
② 杜预注，孔颖达正义:《春秋左传正义》，见阮元《十三经注疏》，中华书局1980年版，第1913页。
③ 李洲良:《春秋笔法的内涵外延与本质特征》，载《文学评论》2006年第1卷第1期。
④ 钱钟书:《管锥编》，中华书局1979年版，第162页。
⑤ 刘知几撰，浦起龙释:《史通通释》，上海古籍出版社2009年版，第374页。

公掩饰而只是说"狄入卫"①；其二是击败楚国后新近成为诸侯霸主的晋文公把周天子召到了河阳，孔子为了维护晋文公的忠诚形象却将这段史实记载为"天王狩于河阳"②。再比如刘知几还说："且官为正卿，反不讨贼；地居冢嫡，药不亲尝。遂皆被以恶名，播诸来叶。"③ 这里列举了两件弑君的事例：其一为《春秋·宣公二年》记载的"晋赵盾弑其君夷皋"④，但实际弑杀晋灵公的是赵穿，赵盾只是"反不讨贼"而已，他本人并没有直接弑君的行为；其二《春秋·昭公十九年》记载有"许世子止弑其君买"⑤，但实际情况却是许悼公病重后"饮大子止之药卒"，也并没有直接证据证明太子止毒杀了许悼公，所以，后来的《左传》涉及这段史实的记载才会紧接着假借"君子曰"评价说："尽心力以事君，舍药物可也"⑥，对太子止背负弑君恶名表示了惋惜和同情。在这两处记载中，当事人都并没有真正地谋害国君却被记载为弑君的凶手。

刘知几挑出的以上这几处记载失实之处从真实性角度来看当然是正确的，正如梁启超所指出的："孔子作《春秋》，时或为目的而牺牲事实。"⑦但还应当看到，《春秋》出现以上这一类错误的原因绝不是记载失误或者是有意混淆视听，而是因为秉持着另一种历史记载的标准，这就是对建立社会理想道德体系的期盼，这些看似失实的记载正是这种期盼的具体实践。

比如《左传·僖公二十八年》中对"天王狩于河阳"的记载给出了这样的解释："是会也，晋侯召王，以诸侯见，且使王狩。仲尼曰：'以臣召君，不可以训。故书曰"天王狩于河阳"，言非其地也，且明德也。'"⑧ 情况非常清楚：周天子本来是被新近在城濮打了大胜仗而要显示实力的晋文公召到了河阳，但《春秋》的作者则认为在这个事件中，无论是召君的晋

---

① 杜预注，孔颖达正义：《春秋左传正义》，见阮元《十三经注疏》，中华书局1980年版，第1787页。
② 杜预注，孔颖达正义：《春秋左传正义》，见阮元《十三经注疏》，中华书局1980年版，第1824页。
③ 刘知几撰，浦起龙释：《史通通释》，上海古籍出版社2009年版，第371页。
④ 杜预注，孔颖达正义：《春秋左传正义》，见阮元《十三经注疏》，中华书局1980年版，第1866页。
⑤ 杜预注，孔颖达正义：《春秋左传正义》，见阮元《十三经注疏》，中华书局1980年版，第2087页。
⑥ 杜预注，孔颖达正义：《春秋左传正义》，见阮元《十三经注疏》，中华书局1980年版，第2087页。
⑦ 梁启超：《中国历史研究法》，中华书局2015年版，第22页。
⑧ 杜预注，孔颖达正义：《春秋左传正义》，见阮元《十三经注疏》，中华书局1980年版，第1827页。

文公，还是被召的周天子，都违反了礼法规范，都无法成为人们效法的对象，也就是所谓的"不可以训"。出于为尊者讳的目的，更是为了建构起一个能够全面纳入理想道德评价体系中的历史世界，《春秋》作者才采取了这样一种隐晦的记录方式。"晋赵盾弑其君夷皋"以及"许世子止弑其君买"这两条记录，则从更高的层面对臣与君、子与父应当具备的关系表达了期盼。正像《左传》中记载赵盾弑君的董狐说的那样，赵盾身为晋国执政的正卿，"亡不越竟，反不讨贼，非子而谁？"① 那么，赵盾不仅有弑君的嫌疑，而且最重要的是他身为执政卿，没有预防、阻止这样的行为，就是严重的失职，是这件事件的最终责任人。② 许国太子止作为儿子，虽然在父亲病重时尽心侍奉父亲，但向父亲进献汤药却没有仔细查看汤药是否有毒，那么他就被《春秋》作者认定为其父被毒死的直接责任人。这两处被刘知几认为是"失实"的记载，其实正从另一方面说明《春秋》试图构建的理想道德图景标准更高。在这一图景中，臣对君，子对父，都需要绝对的忠和孝，只要出现一点过失，那么就会成为被指责批判的对象。当然从另一个角度来说，《春秋》不惜以一种近乎篡改史实的方式来表达这种对理想道德建设的期盼，其实正说明当时礼乐崩坏的程度已经非常严重了。

　　事实上，虽然刘知几批评了《春秋》中所犯的以上一些史实性错误，但刘知几的出发点，依然落实在道德训诫方面，他认为对这几件事的处理造成了这样的后果："是则无辜者反加以罪，有罪者得隐其辜，求诸劝戒，其义安在？"③ 也就是说，刘知几认为这种"为贤者讳"的方式根本无益于道德训诫的负载，而如果通过直书其事的方式，体现出的道德训诫要比孔子的曲笔更加明显，这与其"良史以实录直书为贵"④ 的主张一脉相承。笔者认为，刘知几所以提出以上的批评，实际上并没有真正理解所谓的"春秋笔法"。《春秋》中的书法、义例，相对于事实本身，其实都是对事实的非正常记录，但是它的用意不在于掩盖事实真相或者遮蔽意义，而在于通过对事实的不同寻常的处理方法表明对事实的态度。例如，《春秋·隐公七

---

① 杜预注，孔颖达正义：《春秋左传正义》，见阮元《十三经注疏》，中华书局1980年版，第1867页。
② 实际上，关于"赵盾弑其君"这条记载，后代很多学者并不同意《左传》甚至是孔子的说法，比如顾炎武就指出："太史书曰'赵盾弑其君'，此董狐之直笔也。'子为正卿，亡不越境，反不讨贼'，此董狐之巽辞也。传者不察其指而妄述孔子之言，以为'越境乃免'，谬矣。穿之弑，盾主之也，讨穿犹不得免也。君臣之义无逃于天地之间，而可逃于境外乎？"见顾炎武著、黄汝成集释《日知录集释》，上海古籍出版社2014年版，第95页。
③ 刘知几撰，浦起龙释：《史通通释》，上海古籍出版社2009年版，第384页。
④ 刘知几撰，浦起龙释：《史通通释》，上海古籍出版社2009年版，第381页。

年》有一条记载:"夏,城中丘",初看起来虽然不知何意,但这种非正常的记载本身已经足够引起读者的注意,进而去思索背后的意义指向。按照《左传》的解释,这是在批评统治者不能使民以时:"夏,城中丘,书,不时也。"① 这就如严正所指出的:"在孔子这里,笔削《春秋》不仅仅是整理混乱的鲁史,更重要的是运用了一套他自己总结反省的系统的社会政治理想来褒贬历史,这就是孔子笔削《春秋》的独特意义所在。"②

从以上分析可以看出,《春秋》这部中国最早的编年史就已经出现了以理想道德建构替代历史真实的情况。余英时根据《孟子》中"孔子曰:'其义则丘窃取之矣'"的说法,认为"中国的史学,自孔子修《春秋》以降,即注重思想"③。实际上,《春秋》中构建的思想体系,主要以道德评判作为基础,道德是《春秋》最重要的思想。针对《春秋》中出现的这种情况,傅修延先生评价说:"《春秋》中虽无虚构的文学世界,却有理想的政治图景。"④ 但是,这种政治图景既然是"理想"的,那就与现实相悖,就是不真实的。而促使《春秋》作者舍弃对史实进行真实记载的原因,那就是更高一层的叙事意图——"理想的政治图景",而这种政治图景的实现在《春秋》作者看来,基础即在于理想道德体系的成功建构。正是基于此种原因,《春秋》不仅成为中国第一部在叙事过程中大量负载道德评判的史书,也同时成为中国第一部为了构建理想道德体系而不惜牺牲史实的史书,正如西方学者所说的:"从一开始,《春秋》就被视为道德判断。……尽管《春秋》记事简短、就事论事,但其作者却被展现为道德权威。"⑤ 由《春秋》建立起来的"历史—道德"这一对充满对立统一张力的关系,极为深刻地影响了中国后代史书叙事。正像梁启超所概括:"旧史官纪事实而无目的,孔子作《春秋》,时或为目的而牺牲事实。"⑥ 这个不惜为牺牲事实也要达成的"目的",就是道德训诫。在汉代,《春秋》一度超越了儒家经典的范畴,成为裁夺现实政治疑难问题的"法典",隽不疑用之解决了棘手的真假戾太子

---

① 杜预注,孔颖达正义:《春秋左传正义》,见阮元《十三经注疏》,中华书局1980年版,第1732页。
② 严正:《五经哲学及其文化学的阐释》,齐鲁书社2001年版,第328页。
③ 余英时:《余英时文集》(卷一),广西师范大学出版社2014年版,第191页。
④ 傅修延:《先秦叙事研究——关于中国叙事传统的形成》,东方出版社1999年版,第187页。
⑤ 孙康宜、宇文所安:《剑桥中国文学史》(上册),生活·读书·新知三联书店2013年版,第75页。
⑥ 梁启超:《中国历史研究法》,上海古籍出版社1998年版,第15页。

案件，① 董仲舒则更将这种方法加以系统化。② 《春秋》之所以能够在汉代衍生出如此巨大的能力，基本上受益于这种系统化的道德评判体系。

第三节　道德评判的强化——从《国语》到《左传》

一、《国语》

一般认为，《国语》和《左传》成书于战国时期，相比《尚书》和《春秋》，已经是非常成熟的史书了，这两部史书将道德评判推向了一个全新的高度。

学界对于《国语》的成书年代有一个大致的推测，即战国前期，略早于《左传》。陈桐生进而指出，《国语》中仅有11篇文章与《左传》有可比性，其他224篇文章的写作年代都早于《左传》。③ 虽然《国语》在体例方面开创出我国史书中以地域为纲记载历史的新体例，但在道德宣扬、道德评判方面延续了已经形成的史书叙事传统，更将这种道德评判作用发挥到一个新的高度。

《国语》叙事模式化倾向明显，很多学者都指出《国语》全书各篇具有较为统一的三段式叙事模式，即"事由—议论—后果"。④ 其中"议论"部分均为人物语言，是各篇的核心，全书的道德宣扬以及道德评判多借助这一部分中的人物语言这种最为直接的说教方式来完成。如果整部史书的道德宣扬都要通过直接的道德说教来完成，那么这些说教就难免会显得单调、重复、冗长。很多学者都指出过这个问题，比如李焘指出："其辞多枝叶，不若《内传》之简单峻健"，崔述评论说："而《国语》文词支蔓，冗弱无

---

① 班固：《汉书》，中华书局1962年版，第3037页。
② 《后汉书·应劭传》："故胶西相董仲舒老病致仕，朝廷每有政议，数遣廷尉张汤亲至陋巷，问其得失。于是作《春秋决狱》二百三十二事，动以经对，言之详矣。"见范晔《后汉书》，中华书局1965年版，第1612页。
③ 陈桐生：《〈国语〉的性质和文学价值》，载《文学遗产》2007年第1卷第4期。
④ 见俞志慧《〈国语·周鲁郑楚晋语〉的结构模式及相关问题研究》，载《汉学研究》2005年第1卷第2期；程水金《从鉴古思潮看〈国语〉之编纂目的及其叙述方式——兼论〈国语〉与〈左传〉之关系》，载《武汉大学学报》2008年第7期；李佳《试论〈国语〉的篇章结构及其笔法特征》，载《北京大学学报》2010年第1卷第6期。

骨。"① 以上所说的"辞多枝叶""文词支蔓"正直接点明了《国语》语言重复、冗长的问题。不仅如此，《国语》中相当多的人物对话远离口语的特征明显，很难想象这是面对面交流的现场记录，经过作者大量编辑整理甚至代言的痕迹处处可见。例如，《周语下》中有一段单襄公的话，这位在《国语》中多次做出精准预言的智者认为晋襄公的曾孙周子具备"敬、忠、信、仁、义、智、勇、教、孝、惠、让"等道德品质，所以预言这位年轻的贵族日后一定会成为晋国国君。以上单襄公一口气给出的十一条理由，都属于道德评判，然后单襄公进一步分析说：

> 天六地五，数之常也。经之以天，纬之以地。经纬不爽，文之象也。文王质文，故天胙之以天下。夫子被之矣，其昭穆又近，可以得国。②

这里所说的"天六地五，数之常也"等理念，其实是通过将人世的事件与神秘的术数建立起联系来对现实生活进行解释，显露出后来横扫整个汉代社会的谶纬学说的端倪，但此处仅仅是以六与五相加等于十一这种简单的方式与刚刚说过的周子所拥有的十一种道德品质相对应，就失之简单和牵强了。一直到这段话的最后，周子得以成为国君的决定性原因："昭穆又近"，也就是血缘关系最近的优势，才被单襄公一语带过。

就是《晋语》《越语》中那些稍显通俗、活泼的言论，立论的基础也以道德评判为主。"重耳出亡"是《晋语》的中心事件之一，其中详细记录了重耳在列国之间流亡的经历。《国语》在记录重耳经过某国遭受的无礼待遇时，总是不忘加入一段该国大臣劝谏国君不要对重耳无礼的言论，卫国、曹国、郑国等，都是如此，而这些大臣们立论的出发点，最重要的都在于"德"。比如《晋语四》中记载卫国大臣甯庄子劝说卫文公："夫礼，国之纪也；亲，民之结也；善，德之建也。国无纪不可以终，民无结不可以固，德无建不可以立。此三者，君之所慎也。今君弃之，无乃不可乎！……武族唯晋实昌，晋胤公子实德。晋仍无道，天祚有德，晋之守祀，必公子也。"③ 以上甯庄子主要从两个方面劝诫卫文公，其一是从卫国角度出发，认为卫文公对重耳无礼的举动违背了"礼、亲、善"这三种道德准则；其二则从晋国角度出发，认为晋国始祖唐叔为周武王后代，而"天祚有德"，

---

① 转引自杨伯峻《春秋左传注》，中华书局1990年版，第43页。
② 徐元诰：《国语集解》，中华书局2002年版，第88—89页。
③ 徐元诰：《国语集解》，中华书局2002年版，第326页。

上天也会眷顾保佑有德的晋国。形成鲜明对比的是，同为记载重耳经过卫国，《左传》和《史记·晋世家》中的记载都只有一句："过卫，卫文公不礼。"①再比如同为记载齐姜劝说重耳离开安逸的齐国，《左传·僖公二十三年》中这样记载："姜氏杀之，而谓公子曰：'子有四方之志，其闻之者吾杀之矣。'"②《史记·晋世家》中则这样记载："齐女曰：'子一国公子，穷而来此，数士者以子为命。子不疾反国，报劳臣，而怀女德，窃为子羞之。且不求，何时得功？'"③虽然《史记》在描写齐姜劝说重耳的语言时相比《左传》稍微复杂一些，但强调的内容仍然是《左传》所说的"子有四方之志"意思的延伸，两部史书都是从现实角度出发，认为重耳应当意识到自己身上所承担的复兴晋国的重担，不要留恋齐国的安逸生活。与《左传》和《史记》相比，《国语》在记录齐姜劝说重耳的语言时，不仅使用了大段的说辞，而且重心变成了对道德的强调。齐姜在《国语》作者的安排下，先是引用《诗经·皇皇者华》中的诗句"莘莘征夫，每怀靡及"以及民谚"怀与安，实疚大事"来说明成大事者不能被安逸生活消磨了志向，也就是应当具备不畏艰苦的德行；又引用《诗经·郑风》中的诗句"仲可怀也，人之多言，亦可畏也"来告诫重耳应当多听从随行人员的劝说，也就是应当具备从谏如流的德行。齐姜的这一大段说辞旁征博引，但其核心则在于借助有道明君应当具备的道德修养来达到劝谏目的：重耳如果以恢复晋国为目标，那么他就应当具备齐姜所说的这些德行。

《晋语九》中有这样一个事件：

> 智宣子将以瑶为后，智果曰："不如宵也。"宣子曰："宵也很。"对曰："宵之很在面，瑶之很在心。心很败国，面很不害。瑶之贤于人者五，其不逮者一也。美鬓长大则贤，射御足力则贤，伎艺毕给则贤，巧文辩惠则贤，强毅果敢则贤。如是而甚不仁。以其五贤陵人，而以不仁行之，其谁能待之？若果立瑶也，智宗必灭。"弗听。智果别族于太史为辅氏。及智氏之亡也，唯辅果在。④

在谁能成为智氏继承人的讨论中，智宣子执意选择具备五种贤能的智

---

① 分别见阮元《十三经注疏》，中华书局1980年版，第1815页；司马迁《史记》，中华书局1959年版，第1657页。
② 杜预注，孔颖达正义：《春秋左传正义》，见阮元《十三经注疏》，中华书局1980年版，第1815页。
③ 司马迁：《史记》，中华书局1959年版，第1658页。
④ 徐元诰：《国语集解》，中华书局2002年版，第453页。

瑶，但是遭到了智果的极力反对，他在承认智瑶才干的同时指出其致命问题："不仁"，也就是道德方面存有缺陷，并认为以"不仁"驱动这些才干，会导致智氏的灭亡，最终结果证实了智果的预言。这个事件典型地表明《国语》全书的叙事意图：与其他因素相比，道德因素才是决定一切的终极标准，甚至具备"一票否决"的威力。

与稍后的《左传》中频繁使用"君子曰"式评论相比，《国语》较少使用这种直接评论的方式。首先表现在数量上，据笔者统计，整部《国语》只有9处"君子曰"式评论，① 与《左传》相比，数量上有大幅度缩水。其次，《国语》中的"君子曰"都极为简短，几乎都仅有几个字，比如《晋语一》："君子曰：'善深谋也。'"②《晋语二》："君子曰：'不食其言矣。'"③ 这些评论因为过于简单，所以，只能起到对个别人物的个别行为进行品评的作用，却无法承担更加厚重的道德体系建构的任务。这种情况比较好理解，道德说教的实现，最直接有效的方法就是不断介入叙事，经常插入判断性、解释性的评语，来引导读者对意义的接受，《左传》中的"君子曰"就是这种作用。但是，到了以记言作为叙事主体的《国语》，因为道德意义的引导已经能够借助于本就显得烦琐、啰唆的人物语言来实现，"君子曰"这种介入性叙事方式就不再重要了。

程水金认为《国语》："对'德'的劝勉和表彰亦不遗余力，且比《尚书》中'德'的内涵更加系统而丰富；也比《逸周书》中抽象的'德'的诫条，更具体而深切。"④ 虽然《国语》较之《尚书》《逸周书》更能使用事例来进行道德说教，但《国语》的事件只是厚重道德说教内核之上的轻薄外壳。下面来看《国语》《左传》对于同一事件的记载：

庄公丹桓宫之楹，而刻其桷。匠师庆言于公曰：……（《国语·鲁语上》）⑤

（二十三年）秋，丹桓宫之楹。……二十四年，春，刻其桷，皆非

---

① 《楚语上》篇末连续出现两处"君子曰"，但都是在左史倚相这个人物语言中进行的引用，并不是独立的史评式"君子曰"，故未计入统计。
② 徐元诰：《国语集解》，中华书局2002年版，第270页。
③ 徐元诰：《国语集解》，中华书局2002年版，第291页。
④ 程水金：《从鉴古思潮看〈国语〉之编纂目的及其叙述方式——兼论〈国语〉与〈左传〉之关系》，载《武汉大学学报》2008年第7期。
⑤ 徐元诰：《国语集解》，中华书局2002年版，第146页。

礼也。御孙谏曰：……（《左传·庄公二十三年》《左传·庄公二十四年》）①

很明显，根据《左传》记载，"丹桓宫之楹"与"刻其桷"是发生在不同时间的两个事件，但《国语》却将这两件事合而为一，变成了"匠师庆"进行道德劝谏的事由。《国语》大部分篇章的"事由"都非常简略，而且在篇章开头明确交代时间的仅有 30 多篇。② 也就是说，《国语》根本无意于记事，进行道德宣扬才是全书写作目的所在。张以仁指出："读《国语》所得的印象是伦理方面的。即偶写征伐之事，而所重者多在礼让智勇。使读者见善而知所从，见恶而知所去。"③《晋语六》中一句"天道无亲，唯德是授"④，正道出了整部《国语》的最高宗旨。能让读者"从善去恶"，其实正是《国语》作者并没有多做掩饰的写作目的。但像《国语》这样在叙事中毫不掩饰地表现出对道德宣扬意图的强调，则会使整部书呈现出模式化明显且主题流于概念化的问题。

正如学者指出的："'语'这种文类之所以成立，主要不是因为某种特定的形式，而是特定的体用特征——明德，这与《国语》'求多闻善败以监戒'的目的恰恰是相吻合的。"⑤ 作为先秦时期"语"体著作的代表，《国语》通过自身的叙事实践以及对后代"语"体著作产生的影响，甚至使"语"这种文体在整体上都染上了道德宣扬色彩。

二、《左传》

《左传》成书于战国早期，⑥ 虽然未必完全"依经作传"，记载的史事也比《春秋》多出了 27 年，但其叙述历史时不仅在结构方面很明显地以《春秋》搭建起来的编年体为纲，而且在多种叙事特征上都延续着《春秋》确立的典范，以道德评判作为历史记录的量尺即为其中之一。但相比于

---

① 杜预注，孔颖达正义：《春秋左传正义》，见阮元《十三经注疏》，中华书局 1980 年版，第 1779 页。
② 李佳：《试论〈国语〉的篇章结构及其笔法特征》，载《北京大学学报》2010 年第 1 卷第 6 期。
③ 转引自王靖宇《中国早期叙事文研究》，上海古籍出版社 2003 年版，第 152 页。
④ 徐元诰：《国语集解》，中华书局 2002 年版，第 396 页。
⑤ 俞志慧：《语：一种古老的文类——以言类之语为例》，载《文史哲》2007 年第 1 卷第 1 期。
⑥ 杨伯峻先生认为《左传》成书于公元前 403 年到公元前 389 年之间，见杨伯峻《春秋左传注》，中华书局 1990 年版，第 41 页。

《春秋》及其他早期典籍，《左传》通过几乎覆盖全书的叙事实践，将历史叙事中道德意义的表达推向了前所未有的新阶段，具体表现在以下几个方面。

首先，《左传》在叙事过程中前所未有地大量使用"君子曰"一类的叙事评论。据统计，《左传》中"君子曰"式的评论共出现65次，另有"孔子曰""仲尼曰"22次。① 很多学者都指出，《左传》当中的"孔子曰"一类的圣人论断未必都出自孔子本人，《左传》作者捉刀代笔的可能性更大。以上这些无论有名有姓的"孔子曰"，还是面目模糊的"君子曰"，其实都可以看成《左传》作者本人道德理性觉醒的产物。

《左传》在使用"君子曰"进行叙事评论时，为了给自己的意见寻找来自权威的支持，特别喜欢引用当时的"名言警句"借以自重。这些"名言警句"来源广泛，有《诗经》中的诗句，如《隐公元年》："君子曰：'颍考叔，纯孝也，爱其母，施及庄公。《诗》曰："孝子不匮，永锡尔类。"其是之谓乎！'"② 有先秦其他典籍中的语句，如《庄公十四年》："君子曰：'《商书》所谓"恶之易也，如火之燎于原，不可乡迩，其犹可扑灭"者，其如蔡哀侯乎。'"③ 有当时或前代名人的话，如《隐公六年》："君子曰：……'周任有言曰："为国家者，见恶如农夫之务去草焉，芟夷蕴崇之，绝其本根，勿使能殖，则善者信矣。"'"④ 有当时的俗语民谚，如《隐公四年》："君子曰：'石碏，纯臣也，恶州吁而厚与焉。"大义灭亲"，其是之谓乎！'"⑤ 可以看出，《左传》中"君子曰"所蕴含的道德评判标准，代表着当时主流的道德意识，这其中以儒家思想为主体，但也杂糅着朴素的民间信仰，完全可以将其看成一种被当时社会大众所认可的"社会舆论"。故而《左传》叙事评论中所表达的绝不仅仅是作者自己领悟的道德理性，更是符合当时社会大众——至少是贵族阶层——对社会理想道德的心理期待。

按照西方叙事学的理论，这种"君子曰"式评论属于非常明显的"叙

---

① 孙绿怡:《〈左传〉与中国古典小说》，北京大学出版社1992年版，第134页。
② 杜预注，孔颖达正义:《春秋左传正义》，见阮元《十三经注疏》，中华书局1980年版，第1717页。
③ 杜预注，孔颖达正义:《春秋左传正义》，见阮元《十三经注疏》，中华书局1980年版，第1771页。
④ 杜预注，孔颖达正义:《春秋左传正义》，见阮元《十三经注疏》，中华书局1980年版，第1731页。
⑤ 杜预注，孔颖达正义:《春秋左传正义》，见阮元《十三经注疏》，中华书局1980年版，第1726页。

事干预",大部分时间里"隐身"的叙述者主动现身,通过这些评论提醒着读者:请注意,这里很重要!这样做的目的很明显,那就是为了更好地引导读者认同作者所认同的道德意识,导向意识非常明显。从接受效果来看,也确实达到了重点提示的目的,傅修延即说:"'君子'的意见一般出现在记述了较为重要的言行之后,它们或为一针见血的品评,或为一锤定音的论判,在文本中显得非常醒目。"①

"君子曰"式的评论在《左传》中的大量出现,为后代中国史书甚至整个中国叙事文学都树立了一种典范。学界普遍认为《史记》当中的"太史公曰"直接受到《左传》中"君子曰"的影响,而后代史书中比如《汉书》中的"赞"、《汉纪》中的"论"、《新唐书》中的"赞曰"、《资治通鉴》中的"臣光曰"等,都能够看到《左传》"君子曰"的影响。中国史书中受"君子曰"产生的"论赞"评论方式,成为史书叙事发表道德评判意见最重要的一个环节。"君子曰"的影响还及于后代的虚构叙事文学,在清代文言小说集《聊斋志异》中大量出现的"异史氏曰",中国古代小说中普遍存在的"有诗叹曰"等等已成习套的评论模式,在形式表达、叙事功能等方面都是由《左传》中的"君子曰"发展而来的。有的学者甚至认为:"直到今天,这种思维定式仍见诸于某些叙事,当代许多电视连续剧结束时播放的主题歌,难道不是古代'君子曰'的袅袅余音么?"②《左传》在中国文化史上具有多方面的影响力,由其开创的"君子曰"式评论方式,则是典型表现之一。

其次,《左传》中很多涉嫌虚构的内容,从叙事功能角度进行解释,都可以将原因归之于为了实现道德评判功能。比如《左传》中著名的"鉏麑之叹":

> 宣子骤谏,公患之,使鉏麑贼之。晨往,寝门辟矣,盛服将朝,尚早,坐而假寐。麑退,叹而言曰:"不忘恭敬,民之主也。贼民之主,不忠。弃君之命,不信。有一于此,不如死也。"触槐而死。③

这一段旁观者缺失、死无对证的独白太过明显,所以历来逃不掉学者

---

① 傅修延:《先秦叙事研究——关于中国叙事传统的形成》,东方出版社1999年版,第217页。
② 傅修延:《先秦叙事研究——关于中国叙事传统的形成》,东方出版社1999年版,第221页。
③ 杜预注,孔颖达正义:《春秋左传正义》,见阮元《十三经注疏》,中华书局1980年版,第1867页。

们的指摘，其中以林纾的异议最具代表性："初未计此二语，是谁闻之。宣子假寐，必不之闻，果为舍人所闻，则鉏麑之臂，久已反剪，何由有暇工夫说话，且从容以首触槐而死？"① 面对这样的诘问，作者无论如何都逃脱不掉虚构的嫌疑。那为何作者在追求真实的史书中要进行这样"公然"的虚构呢？这段故事中，如果没有鉏麑自言自语所说的话，那么不仅情节上会出现断裂，更重要的是错过了一次绝好的道德宣扬机会。已经被《左传》作者定性为"不君"的晋灵公，派出刺客去刺杀对自己屡次进谏的忠臣，这是陷害忠良，在道德上确定无疑为恶；而忠臣赵盾没有说一句话，仅仅是因为"盛服将朝""坐而假寐"这样简单的动作就感化了刺客鉏麑，进而使其陷入两难处境而自杀。这种情节设计明白无误地传达给读者这样的理念：邪恶无法战胜正义，即使正义一方处于劣势且毫无防备。②

类似的例子还有《左传·僖公二十四年》中有关介之推的一段记载：

> 晋侯赏从亡者，介之推不言禄，禄亦弗及。推曰："献公之子九人，唯君在矣。……下义其罪，上赏其奸，上下相蒙，难与处矣！"其母曰："盍亦求之，以死谁怼？"对曰："尤而效之，罪又甚焉，且出怨言，不食其食。"其母曰："亦使知之若何？"对曰："言，身之文也。身将隐，焉用文之？是求显也。"其母曰："能如是乎？与女偕隐。"遂隐而死。③

这一处与"鉏麑之叹"的情况很类似，介之推在决定退隐之前，与自己母亲有以上对话，这段对话比之上例更加绘声绘色，但同样缺乏身处现场而行史官职能进行记录的第三者，出于《左传》作者虚拟的可能非常大。实际上，介之推在《左传》所记"重耳出亡"的整个事件中，没有任何实际表现，所谓的"割股食重耳"的情节最早也要到汉初《韩诗外传》中才出现。④ 但从《左传》所说"介之推不言禄，禄亦弗及"以及后边重耳对

---

① 林纾：《左传撷华》（卷上），商务印书馆1921年版，第32页。
② 后代不少虚构文学作品都出现过类似"鉏麑之叹"的情节。最典型的莫过于《三国演义》中关云长"过五关斩六将"一节，关羽路过荥阳，夜晚只是"左手绰髯，于灯下凭几看书"，就感动了前来窥探的敌人，进而免于被火烧死。见罗贯中《三国演义》，人民文学出版社1973年版，第224页。
③ 杜预注，孔颖达正义：《春秋左传正义》，见阮元《十三经注疏》，中华书局1980年版，第1817页。
④ 《韩诗外传集释》卷十："子推割股肉以食重耳。"见许维遹《韩诗外传集释》（卷十），中华书局1980年版，第338页。

介之推之死表示悔恨等情节来看，介之推应当在重耳流亡途中立过功。《左传》作者安排这个情节的用意很明显，通过介之推与母亲的几轮对话，一步步地将介之推的美德展现出来：先是介之推在"禄亦弗及"的情况下向母亲申明，在他看来，那些所谓功臣实际上并无资格获得封赏；他的母亲就问他是否要向国君当面陈说自己的功劳，但介之推认为明知道这样做是错误还去做就是错上加错，同时透露出退隐的念头；其母又问他是否有必要让君王了解整个情况，从而避免被人误解，但这个提议又被介之推拒绝，他认为这样做有故意追求名声的嫌疑。至此，在母亲的再三追问之下，介之推逐层表明了心迹，一个不居功、不自傲，而且完全淡泊名利的忠臣形象也就塑造完成了。钱钟书曾指出过史书中有所谓的"一人独白而宛如两人对语"①，这里则很明显是"两人对语实则一人独白"。这个情节主要以人物对话构成，而发生在母子二人之间的每一句对话都在显著推动情节发展，介之推母亲的每一次提问都是为了引出介之推类似于独白的内心活动，出于作者虚构的痕迹非常明显。

《春秋》中已经出现为尊者讳的目的而篡改史实的现象，尽管有所篡改，但虚饰因素还不强烈，只是委婉地掩盖真相。到了《左传》，却将这种虚饰向前推进了一大步，以上所举的例子，作为独立的情节来说，其中最吸引读者的主体部分完全来自作者的虚构。考虑到继承了孔子"不语怪力乱神"教诲的传统儒家文化哲学并不鼓励虚构想象，《左传》中出现以上虚构，很重要的原因就是为了实现道德评判功能。而且，这些虚构在大多数时候并不被人所注意，原因即在于过常宝所说的："只有人物的道德品质才是最终的真实，任何为了呈现德性的虚饰都不会受到怀疑。"②

再次，《左传》中那些多到几乎无法确切统计数量的各类以卜筮与梦兆为主的预言，除了起到勾连情节、搭建结构的叙事作用以外，有很多都显示出作者道德说教的意图。比如《左传·庄公十四年》中记载：

> 初，内蛇与外蛇斗于郑南门中，内蛇死。六年而厉公入。公闻之，问于申繻曰："犹有妖乎？"对曰："人之所忌，其气焰以取之，妖由人兴也。人无衅焉，妖不自作。人弃常，则妖兴，故有妖。"③

---

① 钱钟书：《管锥编》，中华书局1979年版，第338页。
② 过常宝：《原史文化及文献研究》，北京大学出版社2008年版，第171页。
③ 杜预注，孔颖达正义：《春秋左传正义》，见阮元《十三经注疏》，中华书局1980年版，第1771页。

这一段使用了《左传》中常见的"初"字领起一段插叙，但在此处插入这一个神异事件，并不只是要将发生在两个时间点上的事件串联在一起，以实现对历史事件因果关系的解读。作者更重要的意图是从道德层面上对这个事件进行解释：表面上看起来神异的事件其实是在暗示人间的兴亡，而产生这样不祥异兆并进而遭遇失败的原因在于当事人失去了被称为"常"的品行。

《左传·宣公十五年》记载了著名的"结草相报"故事：

> 及洛，魏颗败秦师于辅氏。获杜回，秦之力人也。初，魏武子有嬖妾，无子。武子疾，命颗曰："必嫁是。"疾病则曰："必以为殉。"及卒，颗嫁之，曰："疾病则乱，吾从其治也。"及辅氏之役，颗见老人结草以亢杜回，杜回踬而颠，故获之。夜梦之曰："余而所嫁妇人之父也。尔用先人之治命，余是以报。"①

这一处闪回式情节与前例非常类似：不仅以"初"字领起插叙，而且以神异为外表的诠释方式赋予了"获杜回"这个事件以道德意义。当然，这个事件在情节上更离奇，信史的可能性更小。作者在两国交兵这样紧张的场景中插入的这个小故事带有比较明显的民间传说性质，传达出的理念也体现着朴素的善恶有报观念。这种来自民间的道德观念能够进入史书，证明《左传》作者对其抱有好感，而实际上这种民间道德观念也正是精英阶层试图构建的社会理想道德体系的基础。倘若离开这种认可度更广泛的民间观念，再高尚的道德体系也只能是虚幻的空中花园，《左传》作者显然明白这个道理。过常宝指出："当史官将人间的祸福命运和这些灾异现象联系起来，也就反过来确证了天命神意的存在，为人间的道德理想寻找到一种终极的依据。"②

《左传·庄公三十二年》记载了这样一件事：

> 秋七月，有神降于莘。惠王问诸内史过曰："是何故也？"对曰："国之将兴，明神降之，监其德也；将亡，神又降之，观其恶也。故有

---

① 杜预注，孔颖达正义：《春秋左传正义》，见阮元《十三经注疏》，中华书局1980年版，第1888页。
② 过常宝：《原史文化及文献研究》，北京大学出版社2008年版，第138页。

得神以兴，亦有以亡，虞、夏、商、周皆有之。"①

在莘这个地方出现了神异的事件，但内史过在回答周惠王提问时，非常明确地将这一事件的意义指向引向了"德"。按照内史过的解释，神灵下降这件事本身并不直接预示国家的兴或亡，这只是神灵对人间政治的监视，而神灵的关注点在于"监其德""观其恶"，也就是说，国家的兴亡与否也应当就在于神灵所关注的德行方面。

《左传·昭公八年》中晋侯向史赵询问，楚国攻灭陈国后，陈国是否会就此灭亡，史赵回答说：

> 对曰："未也。"公曰："何故？"对曰："陈，颛顼之族也。岁在鹑火，是以卒灭，陈将如之。今在析木之津，犹将复由。且陈氏得政于齐而后陈卒亡。自幕至于瞽瞍，无违命。舜重之以明德，置德于遂，遂世守之。及胡公不淫，胡周赐之姓，使祀虞帝。臣闻盛德必百世祀，虞之世数未也。继守将在齐，其兆既存矣。"②

徐复观评价这一段话说："史赵判断陈不会遂亡，是宗教性的判断。但他的根据有二，一是星相学，这是因史主管天文，中国的星相学，可能即是史的副产品。另一是道德的报应说，这是史臣把历史知识及他们的愿望混合在一起所构成的。"③ 徐复观先生非常明确地指出，即使在以上这种将事件原因归之于玄幻的星相学的预言，也不忘再突出道德力量在决定一个国家命运中的重要作用。

《左传》中的梦兆非常普遍，在其他表面上并没有直接宣扬道德的梦兆事件中，仍然能够体察出作者宣扬道德的意图。宋小克专门分析了《左传》中的恐怖梦象，在谈到这些恐怖梦象的道德内涵时指出："在道德上占优势的鬼神，在梦象中处于主动、强势状态；在道德上处于劣势的人物，在梦象中也处于被动、劣势状态。"④ 由此可见，《左传》梦兆类事件中比较普遍地负载有道德内涵，大部分以隐晦的方式存在。道德说教借助于梦兆、占卜等这些在当时被大多数人所信奉的方式进行，就能够借助神鬼、天地这

---

① 杜预注，孔颖达正义：《春秋左传正义》，见阮元《十三经注疏》，中华书局1980年版，第1783页。
② 杜预注，孔颖达正义：《春秋左传正义》，见阮元《十三经注疏》，中华书局1980年版，第2053页。
③ 徐复观：《两汉思想史》（第三卷），九州出版社2014年版，第141页。
④ 宋小克：《先秦史官文化与〈左传〉所载梦象》，载《北方论丛》2009年第1卷第2期。

一类不可置疑的权威力量，达到理想道德建构的目的。徐复观在对《左传·庄公三十二年》以及《左传·僖公十六年》的两处史官预言进行解读时认为，无论是史嚚所说的"依人而行"还是周内史叔兴所说的"吉凶由人"都表明："在于他（左丘明）以行为的因果关系，代替了宗教的预言，由此而使历史从一堆杂乱的材料中，显出它是由有理性的人类生活所遗留下来的大秩序、大方向，……并由此而更有力地表达了褒善贬恶的意义。"①

从叙事方式来看，预言、梦兆大都属于预叙范畴。赵毅衡曾指出："说教式叙述者情愿选择预述而不是倒述，因为预述造成的悬疑是报应究竟如何来到，而不是报应会不会来到，整个叙述就落在结局的道德影子中。"②也就是说，预叙这种叙事方式会将事件的最终结果提前揭示，而特别注重事件以何种方式发展为这个结果，那么就非常容易形成一种"报应不爽"的模式：无论实现的过程是简单还是曲折，无论身处其中的人物有怎样的举动，注定的结果都一定会到来。这就为道德说教提供了一种再好不过的叙事方式。

另外，《左传》在叙述重大历史事件时，有重原因轻过程的倾向，对于事件发生之前各种影响因素的关注远超对事件发展过程的叙述。在《左传》作者为这些重大事件所寻找到的原因中，道德因素往往具有决定意义。此类事件在《左传》中大量出现，已成习套，形成了一种固定的叙事模式，读者通过事件发生之前的各种有关道德方面的明示或者暗示，往往能够推断出事件的结果。"城濮之战"即为典型事例。这场晋楚之间的大战发生在鲁僖公二十八年，但《左传》对这场战争的叙述则可以追溯到僖公二十三年。当时正在列国流亡的重耳来到楚国，受到楚成王的热情款待。楚成王向重耳询问将来如何报答自己，重耳在追问下回答说："晋、楚治兵，遇于中原，其辟君三舍。"③ 这句话惹恼了楚国大将子玉，要杀重耳，但被楚成王阻止。这里不仅暗示晋、楚之间将来会有一场大战，甚至还暗示了晋国在这场大战中将会采取诱敌深入的战术。但《左传》却有意将晋国使用这种战术的原因归之于晋文公重耳的知恩图报以及践守诺言，也就以间接的道德意义掩盖了直接的战术考虑。在战争准备阶段，《左传》对两国主将给予了特别关注。对于楚国主将子玉，写他"复治兵于蒍，终日而毕，鞭七

---

① 徐复观：《两汉思想史》（第三卷），九州出版社2014年版，第262页。
② 赵毅衡：《苦恼的叙述者》，四川文艺出版社2013年版，第242页。
③ 杜预注，孔颖达正义：《春秋左传正义》，见阮元《十三经注疏》，中华书局1980年版，第1816页。

人，贯三人耳"①，可见子玉治军全凭刑罚手段。相比之下，晋国在大战前才在赵衰的大力推荐下决定任命郤縠担任主要将领，赵衰推荐郤縠的原因全不在于其拥有多么丰富的作战经验，按照赵衰的说法："臣亟闻其言矣，说礼乐而敦《诗》、《书》。《诗》、《书》，义之府也。礼乐，德之则也。德义，利之本也。"② 也就是说，郤縠被任命为主将完全在于他具备高尚的品德。从以上晋文公重耳的表现以及两国主将之间的对比来看，晋国君臣在道德方面达到的高度显然超过了他们的敌人，而《左传》也将道德差别看作影响战争最终结果的重要原因。从实际情况来看，与其他影响战争进程的因素例如天时、地利、双方实力对比、具体战术等相比较，人物的道德对于一场战争结果所能起到的影响其实非常有限。因为《左传》总是将事件的结果、人物的命运与当事人的道德水平联系在一起，所以有经验的读者很容易在一个事件的叙述刚刚展开时，即通过人物表现出来的道德的善恶来对事件的走向做出判断，这已经成为一种固定的叙事模式。就如王靖宇在总结《左传》叙事特点时所指出的那样："正如恶人、蠢人和高傲的人通常会给自己带来灾难一样，善人、智者和谦虚者终将得到应得的报偿。"③

《左传》不仅在叙事过程中重视道德评判因素，而且有两处通过评论《春秋》，直接表明了作者对道德评判的重视。这两处记载很相似，兹引《左传·成公十四年》为例："故君子曰：'《春秋》之称，微而显，志而晦，婉而成章，尽而不污，惩恶而劝善。非圣人谁能修之？'"④ 徐复观指出："由'微而显'到'尽而不污'，说的是书法。'惩恶而劝善'，说的是目的。"⑤ 以上评价对《春秋》取得的史学成就极为推崇，其中重要的原因之一就是因为《春秋》所具备的"惩恶而劝善"的道德评判功能。这两处评论可以看作《左传》作者的观点，很能说明《左传》中所负载的道德评判是作者自觉追求的结果。

总体来讲，《左传》这部中国早期最杰出的史书负载了太多的道德因素，有的学者甚至将其称为是"一本道德因果指南"⑥。当然这种说法也有

---

① 杜预注，孔颖达正义：《春秋左传正义》，见阮元《十三经注疏》，中华书局1980年版，第1822页。
② 杜预注，孔颖达正义：《春秋左传正义》，见阮元《十三经注疏》，中华书局1980年版，第1822页。
③ 王靖宇：《中国早期叙事文研究》，上海古籍出版社2003年版，第35页。
④ 杜预注，孔颖达正义：《春秋左传正义》，见阮元《十三经注疏》，中华书局1980年版，第1913页。
⑤ 徐复观：《两汉思想史》（第三卷），九州出版社2014年版，第229页。
⑥ 王靖宇：《中国早期叙事文研究》，上海古籍出版社2003年版，第105页。

些片面强调《左传》叙事中的道德评判因素而忽略了其作为史书的本质，但《左传》又确实以其多方面的叙事实践，将中国史书的道德评判传统发展到一个全新的高度：《左传》在记录某一事件时，这一事件的最终导向都会是一个普遍性的道德规范，而普遍道德规范又反过来解释了这一具体事件。就这样，《左传》通过宏大的叙事实践将事件与道德规范混杂在一起，越滚越大，最终成为一个无法分割开的意义整体。过常宝曾说："'礼'虽然仍然是《左传》的最高价值标准，而判断是否合礼的根据却是'德'了。"① 西方学者也曾指出："在《左传》中，历史是一个道德的、可以预期的世界，是一个社会秩序与礼仪秩序的世界。……成败与蛮力无关，而是取决于道德秩序及其外在呈现出来的礼仪形式在何等程度上被遵循。"②

高小康曾经说过："如果提到某一方的指挥者骄横傲慢，读者就会预感到他会失败。这就是潜藏在《左传》式战争叙事背后的意义模式，读者还没有了解所要讲的战争，就已经知道了如何解释这场战争。这种潜藏在不同故事背后的共同意义模式便是一定文化环境中叙事的核心要素，我们不妨把这种要素称为'基本叙述意图'。"③ 在《左传》中，道德已经不再仅仅是具体的行为规范或者是抽象的概念，运用道德作为量尺对历史事件和历史人物进行评判已经成为《左传》叙事的核心要素，《左传》的基本叙述意图就是对理想道德的渴望和宣扬。《左传》将中国史书的道德评判传统发展到一个全新的高度：在整部作品中以多种方式贯彻着作者的道德评判意图，道德在《左传》叙事中已经超出了行为规范和抽象概念的范畴，成为能够裁夺一切的终极准则。而且与之前的史书不同的是，"《左传》不是做出道德判断或是教义问答式的诠释，而是让道德教训在叙事本身中展开，将历史与历史判断同时呈现出来"④。这种将道德评判融入历史叙事的做法，与《尚书》《逸周书》中那种迫切的道德宣扬以及《春秋》中斩钉截铁式的道德判断相比，更加形象，也更加潜移默化，所能达成的接受效果也更好。钱钟书曾经批评《左传》存在的问题："（《左传》）盖知作史当善善恶恶矣，而尚未识信信疑疑之更为先务也。"⑤ 重点关注"善善恶恶"这种道

---

① 过常宝：《〈左传〉源于史官"传闻"制度考》，载《北京师范大学学报》2004年第1卷第4期。
② 孙康宜、宇文所安：《剑桥中国文学史》（上册），生活·读书·新知三联书店2013年版，第79页。
③ 高小康：《中国古代叙事观念与意识形态》，北京大学出版社2005年版，第9页。
④ 孙康宜、宇文所安：《剑桥中国文学史》（上册），生活·读书·新知三联书店2013年版，第78页。
⑤ 钱钟书：《管锥编》，中华书局1979年版，第251页。

德层面的问题,确实是《左传》叙事的突出特点。

三、道德评判确立的原因

有的学者在谈到中国早期史官文化特征时,将这种文化的特点概括为"求实"和"明德",① 已经认识到了史书中"道德"的重要性。但是,"求实"与"明德"其实在逻辑上存在矛盾:对于同一个事件,很多时候根本无法同时做到"求实"与"明德"的统一。从以上几部先秦史书的叙事实践来看,当"求实"与"明德"发生矛盾时,史官越来越倾向于求"德"而舍"实",这种对于"德"的追求不断累加,最终使对于道德的追求成为中国史书叙事最重要的特点。梁启超对于中国史书有这样的论断:"从不肯为历史而治历史,而必侈悬一更高更美之目的——如'明道'、'经世'等,一切史迹,则以供吾目的之刍狗而已。……此恶习起自孔子,而二千年历史,无不播其毒。……徒以有'为亲贤讳'之一主观的目的,遂不惜颠倒事实以就之。"② 其中"颠倒事实"的论断虽然带有启蒙时期特有的急切甚至是武断,但所论中国史书特别重视以"明道""经世"作为组织材料的目的,则确实符合实际。

是否合于道德规范,在先秦时期已经成为评判历史事件、历史人物最重要的准则,甚至在很多时候,为了实现理想道德体系的建构而在本该以真实为第一要务的历史叙事中不惜进行虚构。这种叙事方式在史书出现之前就已经在青铜铭文中露出端倪,并随着《尚书》《春秋》这两部中国早期史书的出现而得以定型,特别是《春秋》中"以一字寓褒贬"这种简单有效的叙事方式确立了道德评判在史书叙事中的地位。但是,一种叙事模式的形成,不能只依靠一部作品来完成,《春秋》之后中国最重要的两部史书:《左传》和《国语》,以各自的叙事实践,巩固强化了道德评判这种叙事传统,使之最终固定为一种叙事模式。《左传》为了实现道德评判体系建构的目的,调动起多种叙事方式,甚至加入了更多的虚构因素;而统观《国语》全书,道德说教的长篇大论则更为常见。所以,张新科总结说:"史传是一杆秤,秤星就是道德评价。"③

中国史书叙事最终走向道德评判的原因深受周代时代风气的影响,与整个时代的知识思想发展水平以及意识形态建设紧密相关。王国维在论到

---

① 王东:《史官文化的演进》,载《历史研究》1993 年第 1 卷第 4 期。
② 梁启超:《中国历史研究法》,中华书局 2015 年版,第 44 页。
③ 张新科:《史官文化与唐前史传散文》,载《陕西师范大学学报》1999 年第 28 卷第 3 期。

周代社会时曾指出：

> 周人制度之大异于商者，一曰立子立嫡之制，……二曰庙数之制。三曰同姓不婚之制。此数者皆周之所以纲纪天下，其旨则在纳上下于道德，而合天子诸侯卿大夫士庶民以成一道德之团体。……故知周之制度典礼，实皆为道德而设。①

综观周代文献，随处可见对"德"的推崇和宣扬，在这种思想背景下产生的史书最终选择道德评判作为最高标准是顺理成章的事。

另外，这在很大程度上还可以归结为史官这个群体的主动选择。史出于巫，已成学界共识。随着"尊礼尚施，事鬼敬神而远之"②的周人取得商人的天下而代之，商代那种"率民以事神"③的浓烈巫风被认为是"殷鉴"之一而被逐渐扫除，理性精神得到很大发展，神话传说被历史化，神话人物被英雄化，频繁举行的宗教仪式逐渐减少，原本需要面向神灵进行的诉说、请求、盟誓等活动，慢慢被人与人之间的活动取代。④原有的沟通神人这一重要的、能够给史官带来诸多特权的功能逐渐从史官这一群体中被剥离出去，留给史官的核心职能就集中在记录史事方面。这无疑是一种权力的丧失，面对这种情况，很有可能如同过常宝所指出的："春秋时代理性精神已经有很大的发展，史官不可能甘心这种被动的姿态，他们期望获得现实批判的权力。"⑤也就是说，史官重新获得权力的唯一可能途径就是通过执掌在其手中的史书书写来实现，而在神权逐渐隐去这样大的思想背景下，史官最可依靠的评判武器就是道德了。葛兆光在论述到春秋战国时代思想界在面对"绝地天通"这种思想大裂变之后寻找出路时，指出思想变化的三个趋向，其中第二个是在寻求"天"与"人"关系的追问中"追溯到了'德'"；第三个则是"先王之道和前朝之事是确认意义的一种标帜和依据"，也就是向历史中寻找依据。⑥在这一时期思想界的新变中，可以明显地看到

---

① 王国维：《殷周制度论》，见《观堂集林》（上卷），中华书局1959年版，第453—476页。
② 郑玄注，孔颖达正义：《礼记正义》，见阮元《十三经注疏》，中华书局1980年版，第1642页。
③ 郑玄注，孔颖达正义：《礼记正义》，见阮元《十三经注疏》，中华书局1980年版，第1641页。
④ 吴承学：《先秦盟誓及其文化意蕴》，载《文学评论》2001年第1卷第1期。
⑤ 过常宝：《先秦散文研究——早期文体及话语方式的生成》，人民出版社2009年版，第133页。
⑥ 葛兆光：《中国思想史》（第一卷），复旦大学出版社2004年版，第85—87页。

"德"和"史"的作用异常明确地被凸显出来，在这种大的思想史背景下，"德"和"史"最终被结合在一起，而完成这种结合的就是当时的史官群体。经过几部史书的叙事实践，道德成为史官记录事件、臧否人物的量尺，也成为史官介入现实政治生活、重新获得权力的工具，道德评判最终被成功植入史书叙事，并成功地融入历史事件，成为"真实"的一部分，甚至在很多时候取代了真实，成为历史本身。

以西方史学传统作为参照系，对于道德评判这一中国史书最突出的特点还能得出更加清晰的认识。西方史学的起点一般会被追认到古希腊的希罗多德以及修昔底德，古希腊先哲们的历史写作实践，为西方整个历史学的发展奠定了一种理性、批判的基础。[①] 对于某个历史事件原因的追寻并不倾向道德，比如对于希腊何以战胜强大的波斯，希罗多德认为这根源于"雅典城邦的公民享有民主自由，希波战争的结果是雅典的民主制度战胜了波斯的专制制度"[②]。在这之后，除了中世纪史学弥漫在基督教神学诠释系统之外，从启蒙时期的理性主义史学，再到19世纪在西方历史学界影响深远的兰克史学，直到20世纪法国的年鉴学派史学提倡宏观的、整体的历史解释方法，斯宾格勒将历史发展类比为有机体，求真的、理性的思路是一以贯之的传统。到了马克思主义史学，则更加看重一定历史时期的社会、经济背景，"先进的生产力"被认为是推动历史发展的最终动力。从20世纪后半段开始，受后现代思潮特别是结构主义的影响，西方历史学界更掀起了一场对于历史学科本身的深刻反思，对于历史能否成为一门"科学"提出了质疑，但是，这种方法本身则是理性批判精神的突出表现。综观西方历史学的发展过程，理性思维指引下的科学精神、反思批判传统，除了在中世纪时期受到基督教神学影响有所中断以外，自古希腊时代一直延续至今。所以从整体来看，中国与西方史学观念的根本差别，就是价值评价与理性评价的差别，而价值评价最重要的表现方式就是道德评价。

---

① 详见毛丽娅《试论希罗多德与历史编纂学》，载《北京师范大学学报》2001年第1卷第2期；黄洋《修昔底德的理性历史建构》，载《历史教学》2007年第1卷第6期。

② 陈启能：《西方历史学名著提要》，江西人民出版社2001年版，第14页。

第四节 《史记》中的道德评判

中国早期史书自《尚书》开始直至《左传》和《国语》，一步步地确立了史书叙事对道德评判的重视，从这些史书的具体叙事表现来看，对道德的宣扬在很多时候都超过了对真实的追求。道德评判以及道德宣扬，成为中国早期史书关注度越来越高的部分，这是一条比较清晰的发展线索。但中国史书发展历史上划时代的著作《史记》的出现，却没有将这一条已经形成固定模式的史书叙事传统继续向前发展。道德评判到了《史记》这里，突然变得复杂起来：一方面，司马迁将前所未有的强烈主观批判姿态带入历史写作中；但另一方面，这种本该可以促使道德评判更加强化的写作姿态却反而使得原本比较单一、绝对化的道德评判的表达效果变得复杂起来。

一、"太史公曰"中的道德评判

司马迁以一种固定的模式宣告作者对史书评论的空前加强，这就是几乎在每篇都会出现的"太史公曰"。总体来讲，《史记》中所有的 134 条"太史公曰"，不仅在形态方面，而且在功能方面也比较多样化。牛运震总结过"太史公曰"的功能类型，他说："太史公论赞，或隐括全篇，或偏举一事，或考诸涉猎所亲见，或征诸典记所参合，或于类传之中摘一人以例其余，或于正传之外撮轶事以补其漏，皆有深义远神，诚为千古绝笔。"① 可见《史记》中"太史公曰"功能之丰富。在这些功能当中，有揭示写作缘起的，例如《河渠书》中的"太史公曰"："余从负薪塞宣房，悲瓠子之诗而作《河渠书》。"② 有补充说明史实的，比如《周本纪》中的"太史公曰"："学者皆称周伐纣，居洛邑，综其实不然。武王营之，成王使召公卜居，居九鼎焉，而周复都丰、镐。"③ 有交代如何去取史料的，例如《管晏列传》中的"太史公曰"："至其书，世多有之，是以不论，论其轶事。"④

---

① 杨燕起：《历代名家评史记》，北京师范大学出版社 1986 年版，第 108 页。
② 司马迁：《史记》，中华书局 1959 年版，第 1415 页。
③ 司马迁：《史记》，中华书局 1959 年版，第 170 页。
④ 司马迁：《史记》，中华书局 1959 年版，第 2136 页。

有记录轶闻的，例如《淮阴侯列传》中的"太史公曰"："韩信虽为布衣时，其志与众异。其母死，贫无以葬，然乃行营高敞地，令其旁可置万家。"① 有介绍自己调查行迹的，例如《屈原贾生列传》中的"太史公曰"："适长沙，观屈原所自沈渊，未尝不垂涕，想见其为人。"②

虽然"太史公曰"有这么多功能类型，但其中对整篇传记进行总结性评论的则占了大部分，对正文记载的人和事发表评论是"太史公曰"最核心的功能。学者们一致认为"太史公曰"强化了由《左传》中的"君子曰"所建立起来的史书评价传统，这种传统不惟对中国史书，更是对中国整体叙事文学有重要影响。但司马迁在继承"君子曰"式史书评价传统的同时，却并没有将道德评判作为史书评价的唯一标准，在很多时候都有所偏离，这是对已经形成的较为稳定的史书叙事模式的一种背离。

首先，与先秦史书不同，司马迁不再以道德作为几乎唯一的标准对历史事件和历史人物做出评判。能否帮助国家强盛称霸、是否善于运用计谋、能否把握重要的时机等，这些与纯粹的道德相比，因为总会涉及权谋甚至诡诈，所以在先秦史书中除了《战国策》以外，都不会被肯定或赞美，但"太史公曰"对此却多有直接的肯定。比如《齐太公世家》中的"太史公曰"："以太公之圣，建国本，桓公之盛，修善政，以为诸侯会盟，称伯，不亦宜乎？"③ 以及《越王勾践世家》中的"太史公曰"："及苗裔句践，苦身焦思，终灭强吴，北观兵中国，以尊周室，号称霸王。句践可不谓贤哉！"④ 这里都直接称赞了齐桓公、越王勾践引领齐国和越国称霸的壮举，但在传统儒家理念中，这种主要依靠外在武力实现的霸业并不值得称道。《曹相国世家》中的"太史公曰"："参为汉相国，清静极言合道。然百姓离秦之酷后，参与休息无为，故天下俱称其美矣。"⑤ 以及《陈丞相世家》中的"太史公曰"："常出奇计，救纷纠之难，振国家之患。"⑥ 这两处都是赞扬曹参和陈平对国家及百姓的贡献，出发点一为能够顺应社会需要施行休养生息政策，二为善于出谋划策。《伍子胥列传》中的"太史公曰"："向令伍子胥从奢俱死，何异蝼蚁。弃小义，雪大耻，名垂于后世，悲夫！"⑦ 更是认为伍子胥能够雪耻的前提就是"弃小义"，对伍子胥舍弃道义束缚的行

---

① 司马迁：《史记》，中华书局1959年版，第2629页。
② 司马迁：《史记》，中华书局1959年版，第2503页。
③ 司马迁：《史记》，中华书局1959年版，第1513页。
④ 司马迁：《史记》，中华书局1959年版，第1756页。
⑤ 司马迁：《史记》，中华书局1959年版，第2031页。
⑥ 司马迁：《史记》，中华书局1959年版，第2062页。
⑦ 司马迁：《史记》，中华书局1959年版，第2183页。

为不但没有指责反而大加赞赏。《苏秦列传》中的"太史公曰":"夫苏秦起闾阎,连六国从亲,此其智有过人者。吾故列其行事,次其时序,毋令独蒙恶声焉。"① 这里并没有对苏秦汲汲于富贵权力的人生追求提出非议,反而因为肯定他过人的智慧而有为其翻案的意思。

其次,与先秦史书比较明显的不同是,《史记》除了为避免人身迫害而对汉代史事比较忌讳外,很少从"为尊者讳"的目的出发而隐瞒、篡改史实,取而代之的是毫不留情地直接批评。最典型的例子来自《鲁周公世家》,这篇世家记载鲁国史事,一般观念中鲁国为所谓的"礼仪之邦",但本篇的"太史公曰"则对鲁国的一系列丑闻给予了尖锐的批评:"观庆父及叔牙闵公之际,何其乱也?隐桓之事;襄仲杀嫡立庶;三家北面为臣,亲攻昭公,昭公以奔。至其揖让之礼则从矣,而行事何其戾也?"②《春秋》中多有刻意隐瞒鲁国统治者丑行的举动,对于这个问题,刘知几提出过尖锐的批评:"如鲁之隐、桓戕弑,昭、哀放逐,姜氏淫奔,子般夭酷。斯则邦之孔丑,讳之可也。如公送晋葬,公与吴盟,为齐所止,为邾所败,盟而不至,会而后期,并讳而不书,岂非烦碎之甚?"③ 虽然刘知几认为有些事"讳之可也",而有些事却不应当避讳,由此却可知《春秋》出于避讳目的而缺而不载的事件确实不在少数。《左传》以及《国语》对于这些丑行虽然不再避讳而直接付诸记载,但却没有像司马迁这样,通过这种直接的评论给予如此猛烈的抨击。这种以史评形式表达的批评,要比隐藏在叙事当中需要读者揣摩猜测的所谓"微言大义"直接得多,而这种直接的表达方式不仅意味着司马迁对待这些所谓礼义之邦的最高统治者的愤怒,他们口口声声维护的仁义道德,在他们自身却成为可以随时践踏的空头条文,更为重要的是可以体会到司马迁对于历史发展中道德决定论的深刻怀疑。

虽然与已经形成固定模式的传统相比有所偏离,但《史记》中的"太史公曰"有很多仍然是从道德层面出发对历史人物进行评判,司马迁并没有完全弃传统模式于不顾。负载着道德评判的"太史公曰"在《史记》中更为常见,比如《孝文本纪》中的"太史公曰":"汉兴,至孝文四十有余载,德至盛也。廪廪乡改正服封禅矣,谦让未成于今。呜呼,岂不仁哉!"④ 这里盛赞孝文帝推行以德治国政策给汉帝国带来的社会安定祥和的局面。

---

① 司马迁:《史记》,中华书局 1959 年版,第 2277 页。
② 司马迁:《史记》,中华书局 1959 年版,第 1548 页。
③ 刘知几撰,浦起龙释:《史通通释》,上海古籍出版社 2009 年版,第 377 页。
④ 司马迁:《史记》,中华书局 1959 年版,第 437 页。

《礼书》中的"太史公曰":"洋洋美德乎!宰制万物,役使群众,岂人力也哉?"① 此处将理想道德体系的地位设置得很高,具备制衡一切事物、有效统治民众的功能。《吴太伯世家》中的"太史公曰":"延陵季子之仁心,慕义无穷,见微而知清浊。"② 该篇体例为记录吴国一国历史的世家体,在篇末的"太史公曰"却特别表彰了吴公子季札,其出发点就在于季札拥有的高尚品德。《燕召公世家》中的"太史公曰":"召公奭可谓仁矣!甘棠且思之,况其人乎?燕外迫蛮貊,内措齐、晋,崎岖强国之间,最为弱小,几灭者数矣。然社稷血食者八九百岁,於姬姓独后亡,岂非召公之烈邪!"③ 这里将地处大国与北方少数民族之间的燕国能够绵延八九百年的结果归之于燕国始祖召公奭的仁德。《陈杞世家》中的"太史公曰":"舜之德可谓至矣!禅位于夏,而后世血食者历三代。"④ 同样认为舜的仁德是其后代能够长期保有地位的主要原因。而《孙子吴起列传》中的"太史公曰":"吴起说武侯以形势不如德,然行之于楚,以刻暴少恩亡其躯。悲夫!"⑤ 以及《白起王翦列传》中的"太史公曰":"当是时,翦为宿将,始皇师之,然不能辅秦建德,固其根本,偷合取容,以至坲身。"⑥ 这两处"太史公曰"则从反面立论,认为吴起以及王翦最终遭致失败的原因都在于他们只专注于武功,而没有凭借所拥有的地位劝说各自的君主注重道德建设。可以看出,《史记》中的"太史公曰"从具体行为到抽象理念,从正面赞扬到反面批判,从多方面都有对史书重视道德评判这种叙事模式的呼应。

从上边所举例子可以看出,仅仅是《史记》中的"太史公曰",就显现出多种不同的理念。如果这些不同的表现还只能说司马迁秉持着不同理念所造成的话,那么另有多处"太史公曰"的理念则与所属篇章主体部分的思想倾向非常不协调,显得言不由衷。过常宝有论文《论〈史记〉的"太史公曰"和"互见法"》,其中专门论述了这个问题。该篇论文详细分析了《项羽本纪》以及《淮阴侯列传》中的"太史公曰",认为《项羽本纪》中"太史公曰"中指斥项羽"天亡我,非用兵之罪也"为"岂不谬哉"是非常令人费解的,因为正文中项羽在最后时刻反复说过的那一句"此天之亡

---

① 司马迁:《史记》,中华书局 1959 年版,第 1157 页。
② 司马迁:《史记》,中华书局 1959 年版,第 1475 页。
③ 司马迁:《史记》,中华书局 1959 年版,第 1562 页。
④ 司马迁:《史记》,中华书局 1959 年版,第 1586 页。
⑤ 司马迁:《史记》,中华书局 1959 年版,第 2169 页。
⑥ 司马迁:《史记》,中华书局 1959 年版,第 2342 页。

我，非战之罪也"，"实是司马迁的逻辑，而不只是项羽的逻辑"。① 考虑到当时混战的实际情况，项羽所说的这句话极有可能出于司马迁的虚构，那么这里就变成了司马迁自己否定自己。而在《淮阴侯列传》中，司马迁对于韩信是否真的有谋反企图则留下了更多的疑点，很多学者都指出过这些疑点。② 但该篇"太史公曰"却又发出这样的感叹："天下已集，乃谋畔逆，夷灭宗族，不亦宜乎"，这就又与传记产生了矛盾。过常宝指出："司马迁在叙述和评论吕后、蒙恬、晁错、商鞅、王翦、李斯、酷吏等时，都有此类情况。它们在整个《史记》中所占的比例也许不高，但感觉上却很突出，是不应该被忽略的。"比如《吕太后本纪》几乎全篇都在写吕后如何培植党羽以及觊觎刘氏政权，特别详细描写了其将刘邦宠姬戚夫人制成"人彘"的残忍事件，但该篇的"太史公曰"却这样评价吕后："惠帝垂拱，高后女主称制，政不出房户，天下晏然。刑罚罕用，罪人是希。"与正文所记载的事实相对比，此处有意为吕后回护的意味非常明显。那么，为什么司马迁会在这些"太史公曰"中展现出完全不同的评价态度呢？

首先应当看到，这一类"太史公曰"数量上并不多，而且主要出现在本来就颇有争议的人物传记中，司马迁对这些人物事迹的认识与官方的、正统的观点本来就有差异，但司马迁却只在史书正文中表达或者暗示了自己的独特观点，在"太史公曰"这个环节则显示出向官方观念妥协的倾向。过常宝将这种情况的原因归之于司马迁写作《史记》的时代，"社会主流意识形态，已在公羊学者和朝廷的合谋中架构完成"，而身处其中的史官，已经结束了其崇高的使命，变成了简单的文化传播者，这些冠冕堂皇的"太史公曰"，"不过显示了司马迁对史官传统的依恋之情"。这种解释当然能够从一定程度上说明这种情况产生的原因，但多少显得有些"背景化"。还有的学者从"李陵之祸"给司马迁带来的惨痛经历入手分析，认为这种分裂实际上是司马迁在发泄自己心中的愤怒。比如《商君列传》这一篇，传记正文中说商鞅的新政："行之十年，秦民大说，道不拾遗，山无盗贼，家给人足。民勇于公战，怯于私斗，乡邑大治。"比较明显地对其所取得的成就进行了肯定和赞美，而且明确说明他的遇害是由于公子虔的陷害，流露出对商鞅的同情。但篇末的"太史公曰"，却马上转变成了批判："商君，其天资刻薄人也。迹其欲干孝公以帝王术，挟持浮说，非其质矣。且所因由

---

① 过常宝：《论〈史记〉的"太史公曰"和"互见法"》，载《唐都学刊》2006 年第 1 卷第 5 期。
② 比如周寿昌分析说："豨此时无反意，信因其来辞，突教之反，不惧豨之言于上乎？此等情事不合，所谓微辞也。"见韩兆琦《史记选注汇评》，中州古籍出版社 1990 年版，第 421 页。

嬖臣，及得用，刑公子虔，欺魏将卬，不师赵良之言，亦足发明商君之少恩矣。"持以上观点的学者即认为，这种矛盾的造成是因为司马迁"出于个人的惨痛经历，对于商鞅这个法家人物从态度上是反感的，这与他对待吴起、晁错一样，是同一种性质的偏颇"①，认为这是"司马迁生命体验中所形成的文化心理积淀直接影响到他对历史人物的价值评判"②。甚至有的学者认为，正是司马迁对法家一派的怨恨导致了"在《史记》'八书'中唯独没有《刑法书》"，这就有些"索隐"的危险了。单纯地依靠突发的"李陵之祸"这个单独的事件——尽管这个事件对司马迁产生了巨大的影响——而去猜测2000多年前司马迁写作《史记》时的心理历程，这样的做法无疑是有局限性的。而且如果只是将《史记》呈现出来的这种复杂、矛盾的道德评判表现归之于司马迁自身遭遇的话，那么也很可能只会得出司马迁本人借书写历史来泄私愤这样的结果。

以上解释都有其正确的因素，但都不是从史书叙事本身给出的解释。笔者认为，司马迁在这些特殊传记中的"太史公曰"这一环节中选择向官方观念妥协的重要原因之一来自于文本内部对作者的限制，即在于"太史公曰"这种史评形式本身的特点。"太史公曰"上承先秦史籍中"君子曰"而来，是对历史事件和历史人物给出的直接评价，不需要史官在叙事过程中暗设哑谜或者进行暗示，也不需要读者揣摩推测，是表达方式最直接的历史评判。但这种史评形式另一个重要特征就是太过于显眼，史官所做出的评判对于读者来说一目了然。这种特点其实就决定了所有的史官在写作这一类史评时都会有所顾忌，都不可能远离当时社会的主流观点，也都不会给人以离经叛道的印象，司马迁也不例外。这样就可以更好地解释司马迁在《商君列传》中的做法：司马迁对于商鞅一系列借助铁腕手段整顿社会秩序的做法持肯定态度，但他生活的那个年代，官方的主流思潮却是主张清静无为的黄老思想以及正越来越得到最高统治者垂青的儒家思想。特别是经过汉初一系列的批判，商鞅所代表的法家一派，早已随同秦政权一起被列为暴政的代表而遭到批判。也就是说，《商君列传》中"太史公曰"对商鞅的批评，是司马迁向当时主流认识妥协的结果。以上所举各例，都可以这样解释：司马迁对于某些历史人物抱有不同于社会一般观点的认识，但他选择将这些比较独特的认识通过对具体事件的记录尽量不露声色地蕴含于叙事当中，在需要直接表达观点的"太史公曰"这个环节中时，司马迁又变得收敛起来，选择向社会主流观点靠拢，回归于能够被统治者和主

---

① 韩兆琦：《史记选注集评》，广西师范大学出版社1995年版，第248页。
② 刘宁：《史记叙事学研究》，中国社会科学出版社2008年版，第83页。

流意识形态认可的历史意识。

  《史记》中的"太史公曰"上承先秦史书中以"君子曰"为主的已经形成固定模式的史评传统，但又有很大不同。首先，"太史公曰"与"君子曰"等形式相比，这个提示语本身就带有非常鲜明的个人印迹。赵毅衡谈到文学作品中的评论时说："过于隐身，他的判决没有来源，会失去权威性；但一旦成为介入式（成为一个人物），他的判决就太个人化，失去必要的中立性。"① 《史记》中的"太史公曰"对于一部史书来讲，确实存在着过于个人化的问题，司马迁很多时候在任由感情流露的情况下，实际上已经很难再维持一种公正中立的评判态度。其次，"太史公曰"评判人物的标准以道德评判为主导，但又没有囿于纯粹的道德决定论，而比较多样化，其中有较为偏向于实用主义的倾向，即以对社会进步是否有益处作为标准，但同时又有向社会主流意识妥协的倾向，即使司马迁对人物或事件有个人独特的认识，也很少通过"太史公曰"直接表达出来。

二、《史记》正文中的道德评判

  《史记》正文中对待道德评判的处理方式则更为复杂。总体来说，司马迁对当时已经形成固有模式的道德史观以及史书叙事中的道德决定论存有深刻的怀疑，以往通过具体实践逐步建立起来的笼罩史书叙事的道德史观，到了《史记》这里，遭受到了很大的质疑。刘知几就曾进行过尖锐批评："其所书之事也，皆言罕褒贬，事无黜陟，故马迁所谓整齐故事耳，安得比于《春秋》哉！"② 刘知几最不满的地方就在于《史记》没有圆满地完成史书应该完成的道德评判任务。尽管从整体上来看，《史记》的道德评判色彩有所削弱，但司马迁又没能提出一个全新的历史诠释体系来代替道德决定论，所以尽管在很多地方表达了强烈的质疑，但并没有彻底推翻道德史观，《史记》当中的大部分篇章仍然没有脱离道德史观的范畴，而且在某些方面甚至还对这种道德史观有所加强。这种矛盾贯穿于《史记》全书。

  很多学者都指出，《史记》全书的篇章排列顺序并非完全按照时序进行，更不是随意而为，而表明了司马迁对待历史的态度，这突出表现在对《吴太伯世家》以及《伯夷列传》这两篇的安排上。大多数学者都认为司马迁将《吴太伯世家》列为"世家"的首篇，是因为吴太伯的行为突出体现了"孝悌""礼让"这种被儒家倍加倡导的美德，而将《伯夷列传》列为

---

① 赵毅衡：《当说者被说的时候——比较叙述学导论》，四川文艺出版社2013年版，第53页。
② 刘知几撰，浦起龙释：《史通通释》，上海古籍出版社2009年版，第8页。

"列传"的首篇，也出于类似的原因，即伯夷、叔齐也有类似"礼让"的行为，体现了非常高尚的道德准则。但很显然，与其说司马迁在《伯夷列传》这篇列传中表彰了伯夷、叔齐两人的高尚情操，倒不如说是表达了对当时社会上流行的所谓"天道无亲，常与善人"这种观点的深刻怀疑。这篇列传非常特别，叙事完全让位于议论抒情，其中的议论抒情部分在文字量上远远超出了对伯夷、叔齐两人事迹的记录。从一般规律来看，在文本中出现这种外在形式明显的"断裂"，通常也就意味着作者在此处有特殊的情感寄寓和意义表达意图。司马迁将孔子弟子颜回"糟糠不厌，而卒蚤夭"的惨状与盗跖"日杀不辜，肝人之肉，暴戾恣睢，聚党数千人横行天下，竟以寿终"这种恶人而得善终的情况进行了对比，而且反复叨念着这种情况还是"尤大彰明较著者也"，更多的"岩穴之士，趣舍有时若此，类名堙灭而不称"，也就是说颜回和盗跖的事情并不只是孤例，类似的事件更多。司马迁对于这种理想观念与残酷现实的强烈反差，提出了深刻的质疑："傥所谓天道，是邪非邪？"这里需要辨析的是，被司马迁提出质疑的"天道"，并不是蕴含着宇宙天地运行规律、在当时能够解释一切现象的整个"终极智慧"。如果是这样，司马迁就是对当时整体的"世界观"提出了质疑，而从整部《史记》的表现来看，这并不符合实际情况。司马迁质疑的"天道"其实只集中于前边所说的"天道无亲，常与善人"这一个方面，也就是对于所谓的"善恶有报"观念的质疑。"善恶有报"这种观念在社会上有广泛的认可度，并且作为道德评判有效进行的基本保障而贯穿在以往的史书叙事中。如果在史书叙事中，好人做了善事却没有好的报应，或者恶人做了坏事不但没有遭受惩罚反而能够得到好的结局，那么道德评判也就失去了存在的基础，就不能有效地劝人为善远恶了。所以，司马迁在这篇传记中提出的这种质疑，其实正表达了他对已经凝固在史书叙事固有模式中的道德决定论的怀疑。

既然对于道德史观提出了质疑，那么司马迁在《史记》的叙事实践中，也在尝试以另外的观点体系对历史事件进行解释，并赋予其新的意义。相比于原来更侧重于"宏大"的道德史观，司马迁有一种将事件发生的原因落实在"微末"事件上的倾向。这表现在两个方面，一是常将重大历史事件的起因归结于小事，二是格外重视发生在个人身上的小事所反映的人物性格特征对其命运的影响。

在司马迁笔下，原本严肃的军国大事竟然由一件连当事人可能都会忽略的小事引发，这种微小的起因与严重的后果很多时候会形成一种强烈的对比，使得庄重的历史带上了一些戏剧性。《齐太公世家》中记载有这样一件事，齐桓公与夫人蔡姬一起坐船，蔡姬自己会游泳故意使船摇荡，桓公受惊后蔡姬又不停止，桓公一怒之下把蔡姬休回老家。蔡国却把回国的蔡姬又嫁给别人，这就惹恼了齐桓公，举兵伐蔡。蔡国马上投降，但作为诸侯霸主的齐桓公带着征召来的各国军队不能无功而返，最终导致齐国伙同诸侯军队攻楚的一场大战役。《吴太伯世家》《楚世家》和《伍子胥列传》都记载有"吴楚边民争桑事件"，三处记载有细微差别，但情节基本相同。吴国卑梁与楚国钟离为紧邻的边境小邑，两地居民因为采桑之事发生争执，先是两户居民打了起来，吴国人吃了亏，吴国卑梁的地方官发动"邑兵"，也就是地方部队去攻打钟离，事件已经升级。楚王得到消息，更是调动"国兵"也就是正规军吞并了卑梁。吴王"闻之大怒"，派出贵族将领公子光（即后来的吴王阖闾）攻楚，灭掉楚国两城，吴兵攻势迅猛，最后迫使楚国修筑国都的城墙进行防御。这次事件像滚雪球一样越滚越大，不断升级，两国边境居民由采桑引起的争执最终引发了两国间的战争。

  以上关于汉代以前事件的记载，司马迁可能还参考了已有的史书，但对于汉代史事的裁夺，则全部出于司马迁个人的理解。据《高祖本纪》记载，堂堂汉高祖成为起义领袖，仅仅是因为"萧、曹等皆文吏，自爱，恐事不就，后秦种族其家，尽让刘季"[1]。根据这种解释，刘邦取得其所在武装集团领袖的地位竟然是他的同伙怕日后受到牵连，被让出来的！窦姬还是服侍吕后宫女时，因为负责分派宫女的宦官忘记了她提前的嘱托，"误置其籍代伍中"[2]，将其误配给代王，没想到窦姬得到代王也就是后来汉文帝的宠爱，窦氏又生下后来的景帝，成为景帝朝的太后、武帝朝的太皇太后，影响了西汉前期几十年的政治走向。而从司马迁的记录中来看，窦姬这一切煊赫的起点，竟然来自于宦官的一个小失误。司马迁作为历史记录者，在记录完整的历史事件时，要将一系列事件进行排列组合，列出过程，记下结果，并找出原因。经过如此处理，历史才会变成可理解的并能承担一定意义的历史。在对历史原因的探寻中，司马迁没有将所有的存亡得失归结于抽象的道德或天命，而是将生活中发生的容易被忽略的细碎小事作为重大历史事件的最初起点。

  司马迁在多篇人物传记中，都会记录一些看似闲笔的小事，而这些小事又多发生在人物未踏上历史舞台之前，对历史进程也几乎没有影响。但是，此类日常生活中的小事却能够很好地展现人物的性格，司马迁记录这些小事的目的就是要通过探讨人物性格进而寻找此人在历史舞台上成败荣

---

[1] 司马迁：《史记》，中华书局1959年版，第350页。
[2] 司马迁：《史记》，中华书局1959年版，第1972页。

辱的原因。比较典型的例子是《李斯列传》，司马迁着重描写了李斯成名之前的几件小事，特别是他早年沉沦下僚时面对老鼠发出的"人之贤不肖譬如鼠矣，在所自处耳"①，以及他在学成之后辞别荀卿时所说的"故诟莫大于卑贱，而悲莫甚于穷困"②这两处内心独白。李斯一生最大的目标就是要摆脱那种"久处卑贱之位，困苦之地"的境地，这种人生目标引导他拼命去追求功名富贵。李斯的这种性格，在以后的行为中，特别是在面对赵高对他的威逼利诱，以及后来对秦二世暴政的阿谀奉承时，表现得尤为明显。而他的这种性格，从传记一开始，司马迁就用两次内心独白清楚地表现出来。其实，李斯这两次独白和他的政治活动没有直接的联系，司马迁在这里用了不少的笔墨来写这两次叹息，就是要把李斯那种贪图功名富贵的灵魂提前展示给读者，为他以后的行为定下基调。这样的例子还有很多，比较著名的是在司马迁的安排下，年轻的刘邦和项羽都亲眼见过秦始皇出巡的豪华排场，刘邦的反应是："喟然太息曰：'嗟乎，大丈夫当如此也！'"③项羽则是："籍曰：'彼可取而代也。'"④ 这两个细节通常都被解读为反映了刘、项二人不同的性格，一为雄心勃勃，一为莽撞冲动，细节中反映的性格特征具备预示两人命运的作用。

《史记》叙事与以往史书叙事的区别之一，就是《史记》中记载的历史很多时候充满了戏剧性，而这种戏剧性的造成往往在于事件起因的微小。初始时原本微小的事件经过不断放大，可能会导致后续一连串重大事件的发生。这其实反映了司马迁对待历史的一种主张：由多个事件构成的、以人物活动作为直接推动力的"历史"，其实并不能完全被道德、天命这类抽象的理念所覆盖，真正的历史很可能并无所谓的规律，重大历史事件仅仅是由微小事件所引发。而且这种从细微处预见重大变化的思考方式在中国本来就有悠久的传统，《礼记·经解》即说："《易》曰：'君子慎始，差若毫厘，谬以千里。'"⑤ 司马迁在《宋微子世家》中还记载了这样一件事："箕子者，纣亲戚也。纣始为象箸，箕子叹曰：'彼为象箸，必为玉杯；为杯，则必思远方珍怪之物而御之矣。舆马宫室之渐自此始，不可振也。'"⑥ 箕子之所以看到纣王使用象牙筷子而感到害怕并对国家的命运感到担忧，

---

① 司马迁：《史记》，中华书局1959年版，第2539页。
② 司马迁：《史记》，中华书局1959年版，第2539页。
③ 司马迁：《史记》，中华书局1959年版，第344页。
④ 司马迁：《史记》，中华书局1959年版，第296页。
⑤ 郑玄注，孔颖达正义：《礼记正义》，见阮元《十三经注疏》，中华书局1980年版，第1611页。
⑥ 司马迁：《史记》，中华书局1959年版，第1609页。

就是因为有了象牙筷子，就会把杯子也换成玉杯；有了玉杯和象牙筷这样精美的餐具，就又会贪爱远方那些奇异且难以得到的食物。照此发展下去，就会进一步去追求车马宫室等更大的享受，贪欲越来越多，没有穷尽，就会导致亡国。箕子对这件事情所做出的解释，其实就是因为他意识到微小事件会引发一系列变化，对小事的不重视，就会导致大问题。箕子这种见微知著的观察角度正来自司马迁，是其观察、记录历史的重要视角之一。对这些事件如此地记录，反映了司马迁的一种历史观，即历史是偶然的，是不确定的，身处其中的人，无论是平民百姓，还是王公贵族，面对不确定的历史都是弱者，都没有把握自己命运的能力，随时会因为无法预料和防范的原因被卷入斗争的漩涡。对于这种解读历史现象的方式，章学诚已经察觉到，他在《古文十弊》中说："陈平佐汉，志见社肉。李斯亡秦，兆端厕鼠。推微知著，固相士之应机；搜闲传神，亦文家之妙用也。"① 在司马迁笔下，严肃的军国大事的重大结果似乎经常始于一个容易被人忽视的细节，起因的微小性与最终结果的严重性的对比极其强烈，因而看上去更加戏剧化。在对历史意义的探寻中，司马迁没有将所有的存亡得失归于抽象的道德和天命。在他这里，不唯事件是个别的，原因也是个别的，军国大事往往就是起于日常生活中的细碎小事，事件虽然微小，但是在整个《史记》叙事中所承担的作用却很重要。

但是，没有人能够完全脱离所处的时代，也没有人能够完全挣脱业已存在的传统，司马迁也不例外。所以尽管存有质疑，但司马迁在对历史事件的意义进行阐释时，道德史观仍然是其所遵循的最重要准则。《宋微子世家》记载了这样一件事：

> 三十七年，楚惠王灭陈。荧惑守心。心，宋之分野也。景公忧之。司星子韦曰："可移于相。"景公曰："相，吾之股肱。"曰："可移于民。"景公曰："君者待民。"曰："可移于岁。"景公曰："岁饥民困，吾谁为君！"子韦曰："天高听卑。君有君人之言三，荧惑宜有动。"于是候之，果徙三度。②

《吕氏春秋·制乐》篇有类似的记载，只是多了子韦预言景公"君延年二十一岁"的记载，最终的结果是荧惑（火星）也离开了心宿。③ 这个事件

---

① 章学诚著，叶瑛校注：《文史通义校注》，中华书局1985年版，第31页。
② 司马迁：《史记》，中华书局1959年版，第1631页。
③ 许维遹：《吕氏春秋集释》，中华书局2009年版，第146—147页。

非常典型地表现出道德至上的理念：宋景公不肯将灾祸转移给大臣、民众和收成而宁愿牺牲自己的生命，这种高尚的道德甚至感动了上天，直接导致荧惑快速离开了宋国的分野。但是宋景公三十七年，也就是公元前480年，据黄一农根据现代天文学知识进行推算，这一年根本不可能发生所谓的"荧惑在心"这样的天象，① 也就是说，《史记》以及《吕氏春秋》的记载都是编造出来的。当然我们并不是说司马迁编造了这个故事，因为从《吕氏春秋》就有类似记载来看，这个故事的文本很可能早就存在，司马迁只是使用了已有文献而已。但考之整篇《宋微子世家》，宋景公在位时间长达64年，司马迁却只记了三件事，可见其对这个事件的重视。这实际上说明司马迁对于这一类事件还是抱有相当程度的认同，道德在他的历史评价体系中仍然占有重要地位。

《史记》并不是在所有的叙事实践当中都对道德评判传统有所消减，在某些方面，司马迁还加强了道德评判，这集中表现在两个方面。首先表现在《史记》中对特定占卜事件的记录中。在《史记》的占卜事件中，大部分当事人都虔诚地按照占卜得出的结果去规约自己的行为，这也体现出那个时代人们对于占卜的态度。据笔者统计，《史记》中共有57个占卜事件，其中明确记载没有按照占卜结果行动的只有3次，而这3个事件在意义指向方面则有着同一性。

第一个例子出于《齐太公世家》：

> 居二年，纣杀王子比干，囚箕子。武王将伐纣，卜，龟兆不吉，风雨暴至。群公尽惧，唯太公强之劝武王，武王于是遂行。十一年正月甲子，誓于牧野，伐商纣。纣师败绩。②

武王伐纣前不仅"龟兆不吉"，而且还有"风雨暴至"这样不利的自然现象出现，这些都暗示这次战争可能存在凶险，所以大臣们对于这个时候举兵伐商都表示反对，唯独姜尚坚持伐商，最后却取得了成功。在这一事件中，武王和姜尚违背占卜结果却取得成功，原因就在于他们的行为带有强烈的正义性，所以在本段开头先以"纣杀王子比干，囚箕子"铺垫，以凸显商纣无道，并表明武王行为的正义性：武王代表了天命，代表了道德

---

① 黄一农：《中国星占学上最凶的天象："荧惑守心"》，见黄一农《社会天文学史十讲》，复旦大学出版社2004年版，第30—40页。黄一农先生早年于美国哥伦比亚大学获天体物理学博士学位，致力于将现代天文学计算结果应用于中国古代史研究，成果卓著，其推算结果十分可信。

② 司马迁：《史记》，中华书局1959年版，第1479页。

上的正义，就是无法阻挡的。

第二个例子出于《晋世家》：

> 六年春，秦缪公将兵伐晋。晋惠公谓庆郑曰："秦师深矣，奈何？"郑曰："秦内君，君倍其赂；晋饥秦输粟，秦饥而晋倍之，乃欲因其饥伐之：其深不亦宜乎！"晋卜御右，庆郑皆吉。公曰："郑不孙。"乃更令步阳御戎，家仆徒为右，进兵。……缪公壮士冒败晋军，晋军败，遂失秦缪公，反获晋公以归。①

晋惠公在与秦国作战不利的情况下咨询大臣庆郑，庆郑认为这是源于晋惠公本人道义上的亏欠：晋惠公本来依靠秦国力量才得以继承王位，但是他却背叛了这种结盟关系，而且晋国闹饥荒时秦国借粮给晋国，而秦国闹饥荒时晋国却趁机发兵攻打秦国。庆郑这样的直言不讳，惹怒了晋惠公，所以战前占卜庆郑给国君驾车"皆吉"，但晋惠公以庆郑对己不敬为由，不肯让庆郑为自己驾车。结果是晋惠公战败，自己也被秦国俘虏。可以发现，晋惠公违背占卜结果而失败的根本原因在于其道义上的缺陷。

第三个例子出于《楚世家》：

> 二十七年春，吴伐陈，楚昭王救之，军城父。十月，昭王病于军中，有赤云如鸟，夹日而蜚。昭王问周太史，太史曰："是害于楚王，然可移于将相。"将相闻是言，乃请自以身祷于神。昭王曰："将相，孤之股肱也，今移祸，庸去是身乎！"弗听。卜而河为祟，大夫请祷河。昭王曰："自吾先王受封，望不过江、汉，而河非所获罪也。"止不许。孔子在陈，闻是言，曰："楚昭王通大道矣。其不失国，宜哉！"②

楚昭王率兵与吴国作战，在军中生病，又遇见了当时人们普遍以为不祥的自然现象，昭王通过咨询周太史，知道这种自然现象直接针对自己，但却可以通过"移于将相"达到免灾的目的。楚昭王认为大臣就是自己的身躯，为了驱赶灾害而伤害大臣，就像是直接伤害自己身体一样，拒绝了这种能够拯救自己的提议。昭王的做法得到了孔子的高度肯定，孔子称赞他是一位"通大道"的明君。昭王这种做法虽然没有使自己免于灾祸（他

---

① 司马迁：《史记》，中华书局1959年版，第1653、1654页。
② 司马迁：《史记》，中华书局1959年版，第1717页。

自己就死在这次率军作战途中),但他的行为感动了身边的大臣:公子闾假意答应昭王让王位于己的要求,但却在昭王死后找到昭王的儿子,将王位让与昭王之子①,这也应验了孔子对其"不失国"的预言。楚昭王违背了占卜的结果,但通过在这一事件中表现出的强大道德感召力量,使得家族得以继续保有楚国的王位。

占卜在先秦和汉代的社会生活中一直占有重要地位,《史记》记载了将近60个占卜事件却只有3个违背占卜结果,这足以说明人们对于占卜的结果一般都是无条件遵从。以上3个事件中左右人物成败的因素已经超越了对于占卜结果绝对服从的要求,而能够超越占卜的力量就来自道德评判体系,司马迁在这里赋予事件的意义就是道德的评判力量超越占卜的神秘。

另外,对于道德评判的加强还表现在"互见法"这种《史记》所特创的叙事方式上。"互见法"之所以为《史记》所特创,文体内部的原因在于《史记》所开创的杂用多种史书叙事体例但以纪传体为主的全新史书叙事体例。正如赵生群所说:"互见法的产生,是《史记》采取纪传志表综合性述史体例的必然结果。《史记》以前的史书,采取的都是相对单一的体例,而且都是以事件为单元来展开叙述,作者用不着担心事件会重复出现,也不会因体例问题而造成同一事件的割裂。"②

尽管刘知几很早就在《史通·二体》中指出了《史记》中有将一人之事分别列之于数篇的情况,③但直到宋代的苏洵才比较集中地论述了"互见法":

> 迁之传廉颇也,议救阏与之失不载焉,见之赵奢传;传郦食其也,谋挠楚权之缪不载焉,见之留侯传;传周勃也,汗出洽背之耻不载焉,见之王陵传;传董仲舒也,议和亲之疏不载焉,见之匈奴传。夫颇、食其、勃、仲舒皆功十而过一者也,苟列一以疵一,后之庸人必曰:"智如廉颇,辩如郦食其,忠如周勃,贤如董仲舒,而十功不能赎一过。"则将苦其难而怠矣。是故本传晦之,而他传发之,则其与善,不

---

① "子闾曰:'王病甚,舍其子让群臣,臣所以许王,以广王意也。今君王卒,臣岂敢忘君王之意乎!'乃与子西、子綦谋,伏师闭涂,迎越女之子章立之,是为惠王。"见司马迁《史记》,中华书局1959年版,第1718页。

② 赵生群:《〈史记〉文献学丛稿》,江苏古籍出版社2000年版,第267页。

③ 刘知几:"若乃同为一事,分在数篇,断续相离,前后屡出,于《高纪》则云语在《项传》,于《项传》则云事具《高纪》。"见刘知几撰、浦起龙释《史通通释》,上海古籍出版社2009年版,第25页。

亦隐而彰乎！①

作为早期发现并论述这个问题的学者，与后代学者多从文章结构、材料选取等方面论述"互见法"不同，苏洵将这种叙事方法的主要功能之一定位于"彰功隐过"方面，这很值得注意。在苏洵看来，这很可能是因为司马迁为了保证本传中人物特征的一致性，避免受到来自当时所谓"庸人"所持的"十功不能赎一过"观念的影响而采取的叙事方式。不论苏洵对司马迁本意的猜测是否准确，这种"互见法"的运用，确实在相当大的程度上实现了对某些人物应有身份地位的维护，同时也实现了对本传人物某方面道德伦理特点的强化。

比如汉高祖刘邦，如果仅从《高祖本纪》的记载来看，刘邦不仅是一位承受着诸多"祥瑞""天意"的真命天子，而且是一个大度、仁义的长者形象。但刘邦在其他相关传记中的诸多表现，却又完全不符合这种长者身份。他在《项羽本纪》中曾为了自己逃命，"推堕孝惠、鲁元车下"，在项羽以烹其父相威胁的情况下，竟然不顾孝道，欲分其父羹，让项羽也目瞪口呆；在《张丞相列传》中曾骑大臣周昌项；在《郦生列传》中又有"解儒冠溺溲"的行为。这些记录与刘邦在本传中表现出来的长者形象完全不符。

如果说司马迁为刘邦在本传中隐晦是因为其为汉帝国创立者的身份而给司马迁带来了"实录"方面的巨大压力而可以理解的话，那么他在记载已为亡国之君的秦始皇时，则完全没有这种压力，但司马迁却也为秦始皇在他的本传中进行了"隐恶"。秦始皇的身世问题是秦汉之际的一个热门话题，但司马迁在《秦始皇本纪》中则这样记载："秦始皇帝者，秦襄王子也。庄襄王为秦质子于赵，见吕不韦姬，悦而取之，生始皇。"从这段记载中，完全不能得出秦始皇是吕不韦私生子的结论。但《吕不韦列传》中则有如下明确记载："吕不韦取邯郸诸姬，绝好善舞者，与居，知有身；子楚从不韦饮，见而悦之，因起为寿，请之。吕不韦怒，念业已破家为子楚，欲以钓奇，乃遂献其姬。姬自匿有身，至大期时生子政。"从此处可知，司马迁确实认为秦始皇为吕不韦所生。但问题是，既然司马迁认同这种说法，而且又没有压力影响他如实记录，那么他这样记录的原因何在？

这种叙事方式与《春秋》等史书当中那些"为尊者讳"的叙事完全不同，因为读者只要翻看相关篇章，就会了解刘邦的恶行以及秦始皇的丑事，

---

① 曾枣庄笺注：《嘉祐集笺注》（卷九），上海古籍出版社1993年版，第232页。

也就是从全书角度来看，根本就不存在避讳。杨树增在论到"互见法"时曾说："为了在人物传记中集中表现一定主旨和人物的主要特征，又不违背历史之真，司马迁就将与一定主旨、人物主要特征不统一、不和谐的方面，分散于其他人物的传记之中，……这就是本传晦之、他传发之的'互见法'。"① 按照这种对"互见法"的理解，司马迁将对刘邦、秦始皇不利的事件移出本传，就是出于维护他们主要特征的目的。刘邦作为汉代的开国之君，主要特征就应当是一位受命于天的仁义长者，秦始皇虽然是个暴君，但却又是个拥有空前绝后武功并对历史进程做出过巨大贡献的帝王，更重要的是，在他个人的本传中，秦始皇拥有至高权威，对于这种会从根本上影响他权威力量的私生子传闻，司马迁尽管相信，但还是移出了他的本传。

再比如《史记》中魏公子信陵君的形象塑造，互见于《魏公子列传》《魏世家》《范雎蔡泽列传》中。在《魏公子列传》中的信陵君以礼贤下士、急人所难著称，本传中详细描写了他亲自为布衣侯嬴驾车以及冒险窃符救赵的故事。但在《范雎蔡泽列传》中，与当时秦相范雎有仇的魏齐求救于信陵君以避难，"信陵君闻之，畏秦，犹豫未肯见"，后在侯嬴劝导下才驾车迎接魏齐。但魏齐得知信陵君起初意欲不见后竟然怒而自刎。此事若写入《魏公子列传》，就会严重损害信陵君礼贤下士的名声，司马迁很有可能出于此原因做出了以上这种处理。有的学者认识到了司马迁对于人物本传的格外重视，比如过常宝说："显然，在司马迁看来，本传对于人物有着特殊重要的意义，具有盖棺论定的性质，所以，司马迁相信在其他传记中出现的过失记载，并不影响人们据本传而对人物所作出的评价。前者的过失只有认知价值而没有评判价值。"② 也就是说，在司马迁看来，对人物主要特征不利的事件只要不出现在本传中，就不会对人物的主要特征特别是道德伦理方面的特征产生负面影响。所谓的"互见法"实际上是一种选择性较强的叙事方法，此种"互见"实际上就是使用特定的叙事方法将对传主主要特征不利的事件处理为在其本传中的"不见"。李祥年对于"互见法"有较为新颖的论述：

> 既然"善善恶恶、贤贤贱不肖"已被司马迁视为《春秋》的主要精神而加以接受，并以之作为《史记》撰述的重要宗旨之一，则《史记》在人物传记中进一步发扬先秦历史文学的那种鲜明的伦理精神便成为一件必然的事情……人们经常津津乐道《史记》在人物传记方面

---

① 杨树增：《史记艺术研究》，学苑出版社2004年版，第192页。
② 过常宝：《论〈史记〉的"太史公曰"和"互见法"》，载《唐都学刊》2006年第9期。

所独创的"互见法",认为这是司马迁在写作传记中的成功的尝试,实际上这正是《史记》作者在人物本传中有意识地强调传记人物某方面的伦理精神与意义,而摒略去其他方面的性格表露的一个必然结果。[1]

"互见法"的使用,很可能来自以往史书叙事传统的影响,即历史人物应当具备在道德上或者伦理上的可判断性,也就是能够呈现出单一、明确的人物特征,以便于完成道德评判的任务。在大多数时候,"情节的整齐清晰是整齐的道德价值体系的产物"[2]。而反过来说,整齐的道德价值体系的实现,又需要意义指向相同或近似事件。某一位人物,可能在《史记》的多个篇章中呈现出相当程度的多面性,但在其个人的本传中则通常在较高程度上保持着道德伦理方面的单一性,这就是"互见法"对道德评判的强化。

另外,钱钟书先生指出:"然马迁既不信天道,而复持阴德报应之说,既视天梦梦,而又复以为冥冥之中尚有纲维主张在;圆枘方凿,自语相违。盖析理固疑天道之为无,而慰情宁信阴骘之可有。"[3]《史记》中经钱钟书梳理出来比较典型的反映"阴德阴祸"观念的篇章和人物就有《陈丞相世家》中的陈平、《韩世家》中的韩厥、《白起王翦列传》中的白起、《李将军列传》中的李广等。比如《陈丞相世家》中的陈平曾预言:"我多阴谋,是道家之所禁。吾世即废,亦已矣,终不能复起,以吾多阴祸也。"[4] 陈平预言自己后代没落后无法东山再起,并将原因归于自己"多阴谋"。这本身是一个典型的预叙,与其说是陈平预言准确,不如说这是作者司马迁所持有的因果报应理念的文本表现,而这种因果报应理念又建立在朴素民间信仰基础之上。考虑到类似的体现还有以上多例,所以可以断定司马迁对于这种"阴德阴祸"观念比较信奉。但这种来自民间的理念不仅与传统的道德史观存有矛盾,而且在《伯夷列传》中还被司马迁自己怀疑、否定过。通观整部《史记》,确实没有一种能够一以贯之的统一的思想理念统领全书,针对这样一种矛盾的情况,钱钟书总结说:"勿信'天道',却又主张'阴德',说理固难自圆;而触事感怀,乍彼乍此,亦彼亦此,浑置矛盾于不顾,又人之常情恒态耳。"[5] 整部《史记》确实存在这样一种"亦彼亦此"的问

---

[1] 李祥年:《汉魏六朝传记文学史稿》,复旦大学出版社1995年版,第58—59页。
[2] 赵毅衡:《当说者被说的时候——比较叙述学导论》,四川文艺出版社2013年版,第222页。
[3] 钱钟书:《管锥编》,中华书局1979年版,第307—308页。
[4] 司马迁:《史记》,中华书局1959年版,第2062页。
[5] 钱钟书:《管锥编》,中华书局1979年版,第303页。

题，也就是说，司马迁在面对如此深广的历史试图进行解释时，自己陷入了迷惑。

中国史书叙事很早开始就倾向于将各类历史事件纳入一个可供解释的体系中，最终道德史观在这个历史阐释体系中占据了最重要的位置，成为能够解释所有历史事件的终极准则。作为一名史官，对历史事件进行记录和阐释，并进而寻找历史发展规律是其最重要的目标，司马迁同样如此，所以他在谈到《史记》写作目标时也声称自己要"究天人之际"，也就是寻找所谓的"历史规律"。但是，司马迁并没有完全将复杂多变的历史纳入当时已经发展成熟的道德史观这个阐释体系中。而这种对于当时占据绝对统治地位的解读体系提出的质疑，不仅说明了司马迁具备独立的思想和探索精神，而且还使得《史记》具备了一定程度上的"现代性"。美国学者华莱士·马丁说过："当我们处于寻找终极原因的思维状态时，那个被我们找到的东西总会具备上帝的特征。比如黑格尔的'绝对精神'、'规律'以及我们过去认为的'生产力'，只要把这些概念上升到终极层次，就不可避免戴上某种上帝的光环，而在学术研究中，一旦某个概念具有了'上帝'的身份，就会变得一文不值。"① 从《史记》的实际情况来看，在司马迁的历史阐释体系中，并没有这样一种能够扮演"上帝"角色的绝对概念存在。在历史文本发展的初期，力图寻找一种"终极准则"的努力表明了人们试图认识世界的期盼，这种期盼和努力当然应当肯定和珍视。当这种"终极准则"被人们发现并成为能够笼罩一切、解释一切的权威之后，这个时候能够大胆提出质疑的人，则更应当受到重视。能够将纷繁复杂的现象归结为简单规律表明了人类理性的觉醒，而能够大胆质疑被认为是无可置疑的理论则意味着理性觉醒发展到了新的阶段。司马迁在对历史进行解读时，虽然没有全面突破，但他对于道德史观这种在当时占据全面统治地位的概念提出质疑，并试图从另外的角度对历史进行解读，这就是道德评判在《史记》中的表现。

---

① ［美］华莱士·马丁著，伍晓明译：《当代叙事学》，北京大学出版社2005年版，第69页。

第五章　中国早期史书叙事中的叙事者和隐含读者

　　章学诚在《文史通义·史德》篇中有一段话谈到了史书作者在史书写作中遇到的问题，分析得很深入，引用如下：

> 　　夫史所载者事也，事必藉文而传，故良史莫不工文，而不知文又患于为事役也。盖事不能无得失是非，一有得失是非，则出入予夺相奋摩矣。奋摩不已，而气积焉。事不能无盛衰消息，一有盛衰消息，则往复凭吊生流连矣。流连不已，而情深焉。凡文不足以动人，所以动人者，气也。凡文不足以入人，所以入人者，情也。气积而文昌，情深而文挚；气昌而情挚，天下之至文也。然而其中有天有人，不可不辨也。气得阳刚，而情合阴柔。人丽阴阳之间，不能离焉者也。气合于理，天也；气能违理以自用，人也。情本于性，天也；情能汩性以自恣，人也。史之义出于天，而史之文，不能不藉人力以成之。人有阴阳之患，而史文即忤于大道之公，其所感召者微也。夫文非气不立，而气贵于平。人之气，燕居莫不平也。因事生感，而气失则宕，气失则激，气失则骄，毗于阳矣。文非情不深，而情贵于正。人之情，虚置无不正也。因事生感，而情失则流，情失则溺，情失则偏，毗於于矣。阴阳伏沴之患，乘于血气而入于心知，其中默运潜移，似公而实逞于私，似天而实蔽于人，发为文辞，至于害义而违道，其人犹不自知也。①

　　章氏指出，"事必藉文而传"，历史事件一定要依凭着史官的记载才能被后人所知晓，也就是"史之文，不能不藉人力以成之"。而被记载的历史又要符合"文"的特征，即能给读者带有一定程度的阅读愉悦，才能吸引更多读者，也才能传之广远。这也就是王充在《论衡·艺增》篇中指出的事实："俗人好奇，不奇言不用也。故誉人不增其美，则闻者不快其意；毁

---

① 章学诚著，叶瑛校注：《文史通义校注》，中华书局1985年版，第220页。

人不益其恶，则听者不慊于心。"① 章氏自己也有过精简的总结："史所贵者，义也；而所具者，事也；所凭者，文也。"② 一位合格的史官能够写出一部出色的史书不仅自身需要具备出色的素质，而且还要尽量掌握原始资料。而在记录历史时，史官会受到多方面的影响，比如事件本身的"得失是非""盛衰消息"，又要考虑如何以"气"动人、以"情"入人，但不同史官自身所禀赋的"阴阳之患"并不相同，也就造成了贯注于作品中的情感、气质的差异，这都会给史书带来作者所无法掌控的，也就是文中所说的"其人犹不自知"这样的影响。

章学诚以上对史书作者的分析，建立在中国古代比较典型的以"气""情"分析作者创作过程、创作心态的方法之上，其中论及史书创作过程所遇到的困难，很可能符合实际的情况。一部优秀史书的创作，需要多方面因素的遇合，但对于史书研究来讲最难以把握的就是作者这个环节。如果将研究对象定位于中国早期史书，这种情况则更为突出——因为这一阶段的大多数史书甚至连作者是谁都还不确定。但是讨论一部作品——即使是纪实性的史书——如果缺失了作者这个环节，很多问题的解决根本无法得以推动。在这种情况下，本书将引入西方叙事学的一对重要概念——叙事者和隐含读者——来帮助加深对这一部分问题的认识。

第一节　叙事者与隐含读者

西方叙事学中有一个非常重要的概念，那就是"叙事者"。在中国传统的作品分析语境中，与作品相关的"人"就只有作为写作者的作者以及作为阅读者的读者。但在西方叙事学理论构架中，与"作者—读者"相关的概念已经有"真实作者""隐含作者""叙事者（叙述者）""真实读者""隐含读者""受述者""隐蔽叙述者""公开叙述者"等，③ 理论方面的建构也日趋复杂。本书不想过多纠缠于西方学者创造出来的复杂概念，只选取其中最为关键也是对分析作品最为有效的"叙事者"这一概念。关于叙事者这一概念，一般指的是叙事作品中叙述行为的具体承担者，也就是在

---

① 王充著，黄晖校释：《论衡校释》，中华书局1990年版，第381页。
② 章学诚，叶瑛校注：《文史通义校注》，中华书局1985年版，第219页。
③ ［美］西摩·查特曼著，徐强译：《故事与话语》，中国人民大学出版社2012年版，第132、180页。

作品中向读者交代事件发展过程、描述人物经历、进行或明或暗评论的声音。有时候一篇作品的叙事者非常明显，比如第一人称叙事中的"我"，有时候叙事者又隐藏在作品当中，比如史书叙事，通读全书也好像找不到一个引领读者的实实在在的"人物"。但无论现身或隐身，叙事者在每一篇叙事作品中都是存在的，西方学者甚至强调："叙事作品要求一个叙事者和一个故事，不多也不少。"① 正如美国著名叙事学家杰拉德·普林斯所指出："任何叙事中都至少有一个叙述者，这个叙述者可以明确用'我'直呼，也可以不那么称呼。"②

虽然叙事者与作者有着天然的联系，但与作者并不能等同。一般来讲，越是纪实性、写实性强的作品，叙事者就越接近作者；而越是虚构性的作品，叙事者就越可能远离作者，有时候叙事者甚至会在作品中表达出与作者本意完全相反的意思。③ 徐岱就曾指出："人们早已发现，果戈理在他的作品里表现出无比的伟大和崇高，但在实际生活里的他本人却正像他在小说中所嘲笑的那种卑劣、自私和虚伪之人。"④ 尽管中国早期史书中的叙事者，较少会出现以上这样比较极端的例子，但直接将作者本人与作品所表达的意思等同起来，在很多时候则会受到蒙蔽，导致对作品理解的偏差。比如中国诗歌史中著名的命题："诗庄词媚"，其中蕴含的意义当然涵盖面很大，但其中非常重要的一个方面即指出了这样一种现象：同一位诗人在进入诗和词这两种文体的写作时，很多时候会呈现出截然相反的姿态：写诗的时候显得严肃庄重，而填词时则大多表现得阴柔婉媚，尽管这种差异主要来自于文体的限制，但这其实也就是同一位作者在不同作品中呈现出的不同面貌，也就是同一位作者在不同的作品中以不同的叙事者身份进行言说的结果。如果不明白这个道理，那么面对"泪眼问花花不语，乱红飞过秋千去"⑤ 这种极尽缠绵婉媚的词和"莫嫌白发拥朱轮，恩许东州养病臣。饮酒横琴销永日，焚香读《易》过残春"⑥ 这种庄重寒瘦的诗，就很难理解为何共同出自欧阳修之手。正如赵毅衡所指出："把某一人物作为作品

---

① [美]鲁晓鹏著，王玮译：《从史实性到虚构性：中国叙事学》，北京大学出版社2012年版，第16页。
② [美]杰拉德·普林斯著，徐强译：《叙事学》，中国人民大学出版社2013年版，第8页。
③ 比较极端的例子有英国著名女作家阿加莎·克里斯蒂的推理小说《罗杰疑案》，这部小说的叙事者由一位名叫"谢泼德"的医生担任，但故事发展到最后，读者会惊讶地发现，这位医生，也就是一直带领读者破案的叙事者，就是凶手本人。一般侦探小说的叙事者都在引领、帮助读者找寻罪犯，但这篇小说的叙事者却一直在向读者隐瞒自己犯罪的事实。
④ 徐岱：《小说叙事学》，商务印书馆2010年版，第72页。
⑤ 欧阳修著，张璟导读：《欧阳修词集》，上海古籍出版社2010年版，第30页。
⑥ 欧阳修著，洪本健校笺：《欧阳修诗文集校笺》，上海古籍出版社2009年版，第460页。

全部主体意识的占有者，是不妥当的，而把作品的主体意识等同于作者意识，更是危险的。"① 在对作品进行分析解读时，一定不能简单地将文本自身的意识等同于作者本人的意识。

"隐含的读者"是德国著名接受主义美学家伊瑟尔在 20 世纪 60 年代提出的理论概念，指作家本人设定的能够把文本加以具体化的预想读者。他在《阅读行为》中对这个概念进行了较为详细的阐释：

> 如果我们要文学作品产生效果及引起反应，就必须允许读者的存在，同时又不以任何方式事先决定他的性格和历史境况。由于缺少恰当的词汇，我们不妨把他称作隐含的读者。他预含使文学作品产生效果所必需的一切情感，这些情感不是由外部客观现实所造成，而是由文本所设置。因此隐含的读者观深深根植于文本结构之中，它表明一种构造，不可等同于实际读者。②

从伊瑟尔的论述中可以看出，所谓的"隐含的读者"实际上就是一种预设，是作家在写作过程中为自己所写的文本预设的读者，通俗地说，就是作家在写作时假定自己的作品写给哪些人看，将来会有哪些人以何种眼光来阅读自己的作品。其实，这个"隐含的读者"并非西方学者的发明，我国著名学者梁启超先生在一百年前就说过："凡作一书，必先问吾书将以供何等人之读，然后其书乃如隰之有畔，不致泛滥失归，且能针对读者以发生相当之效果。"③ 很显然，尽管梁启超并没有明确提出"隐含的读者"这一概念，但是在以上论述中，已经将这个问题说得非常清楚：任何作者在进行写作时，都不会对着虚空说话，而一定会"先问吾书将以供何等人之读"，也就是预设将来会有什么人来阅读自己的作品。陈平原也指出："除非你想藏诸名山传之后世，否则，都会在写作中不知不觉地带入审查官或编辑们的眼光，因而无形中为自家的思考与论述设置了方向与禁区。"④ 这些"编辑们"其实就在扮演着隐含读者的角色。

正如赵毅衡所指出："'隐含读者'是'文本结构期待的读者'。"⑤ 也

---

① 赵毅衡：《当说者被说的时候——比较叙述学导论》，四川文艺出版社 2013 年版，第 29 页。
② 伊瑟尔：《阅读行为》，见朱立刚编著《二十世纪西方文论》，北京大学出版社 2006 年版，第 253—240 页。
③ 梁启超：《中国历史研究法》，中华书局 2015 年版，第 8 页。
④ 陈平原：《学者的人间情怀——跨世纪的文化选择》，生活·读书·新知三联书店 2007 年版，第 75 页。
⑤ 赵毅衡：《当说者被说的时候——比较叙述学导论》，四川文艺出版社 2013 年版，第 21 页。

就是说这种由作者"假定"出来的读者,与现实生活中的实际读者相比,对于作者的创作活动,其实更加重要。因为这种影响不以"作品—读者"或者"作者—读者"互动的方式展开,而直接就在作者进行创作活动的第一时间被作者作为一个重要因素考虑到作品的整体构思当中。将来会有什么人以什么样的态度、眼光来看待我的作品——这样一种预设确实会带给作者在创作时以多方面的影响,大的方面如材料的取舍、对于某个人物或事件的褒贬,小的方面如对文章进行文字润色,甚至调整具体的抄录方式,都会受到"将来会阅读这部作品的那个人"的影响。实际上,我国学者已经使用过隐含读者这一理论对《春秋》何以存在叙事文字极度简洁的原因进行过解读:"显然,这一'笔法'的逻辑前提是假设文献的阅读者熟知这些事实的存在。这一'阅读者'有如下几种可能:一是无所不知的天地宗庙之神,二是已知事实的朝廷官员;三是心照不宣的史官群体。"① 可以看出,这是一种非常有益且有效的尝试。

"叙事者"和"隐含的读者"这一对理论概念同样适用于中国最早的历史叙事,借助于这两个概念,我们会对早期史书叙事得出一些比较新鲜的认识。

第二节 中国早期史官活动概述

徐复观指出:"文化的进步,是随史官文化水准的不断提高而进步的。史是中国古代文化的摇篮,是古代文化由宗教走向人文的一道桥梁,一条通道。"② 中国早期史书的作者,基本上都是各个时代的史官,史书叙事的发展成熟与史官这一群体的形成发展有着密切联系。在分析中国早期史书叙事作者方面的问题之前,有必要简单梳理一下这一时期史官活动特别是其历史记录职能的演进过程。虽然大多数史官的姓名已不可考,但作为一个群体,他们在不同时代所表现出来的不同变化以及这些变化带给史书叙事的影响还是能够考察出来的。

---

① 过常宝:《原史文化及文献研究》,北京大学出版社 2008 年版,第 105 页。
② 徐复观:《两汉思想史》(第三卷),九州出版社 2014 年版,第 209 页。

一、由巫到史——早期史官演变

梁启超曾指出:"中国于各种学问中,惟史学为最发达。史学在世界各国中,惟中国为最发达(二百年前,可云如此)。其原因何在,吾未能断言。然史官建置之早与职责之崇,或亦其一因也。"① 正如梁启超所说,史官这一职位在中国设置得很早,《吕氏春秋·先识览》篇有这样一条记载:"夏太史令终古出其图法,执而泣之。夏桀迷惑,暴乱愈甚,太史令终古乃出奔如商。……殷内史向挚见纣之愈乱迷惑也,于是载其图法,出亡之周。……"② 如果此条记载可信,那么早在夏代中国就有了史官。虽然对于夏代历史目前因为尚无实证而只能存疑,但可以确定的是,最晚到了商代中国就已经有了史官。甲骨文中的"史"字写作 ,是个典型的会意字,由两部分构成,下边形符像右手状,上边形符则主要有两种说法,一为"笔"或者其他具体器物,另一种解释为"中"。

《礼记·曲礼上》中说:"史载笔,士载言。"郑玄注:"笔,谓书具之属。"孔颖达疏曰:"史,谓国史,书录王事者。王若举动,史必书之;王若行往,则史载书具而从之也。"③ 从郑玄和孔颖达的解释来看,史官就是手中拿着笔时刻跟随君王、记录君王一切活动的官员。④

到了许慎写作《说文解字》时,则将"史"释为:"记事者也。从又持中。中,正也。"⑤ 根据这种解释,"史"这一官职最大的特点就是持守正直、公正之心来记载历史。《尚书·立政》篇中记载:"周公若曰:'太史!司寇苏公式敬尔由狱,以长我王国。兹式有慎,以列用中罚。'"⑥ 这比较明

---

① 梁启超:《中国历史研究法》,上海古籍出版社1998年版,第10页。
② 许维遹:《吕氏春秋集释》,中华书局2009年版,第395—396页。
③ 郑玄注,孔颖达正义:《礼记正义》,见阮元《十三经注疏》,中华书局1980年版,第1250页。
④ 很多学者均认为"史"象形为右手持物,但所持何物则有不同解释。"清江永谓'凡官府书谓之中';吴大澂谓'象手执简形';王国维解释为'盛算之器';马叙伦谓为笔,陈梦家谓为田猎之网;劳干谓是弓钻,为钻灼卜骨之用。"见来新夏等著《中国古代图书事业史》,上海人民出版社1990年版,第14页。另外,金毓黻认为"中"为"保藏之档案谓之中,持中之人谓之史",见金毓黻《中国史学史》,商务印书馆1999年版,第11页。日本学者内藤湖南经过考证认为:"'史'大概最初还是手持射箭计数用计算器的形状。"见[日]内藤湖南著、马彪译《中国史学史》,上海古籍出版社2008年版,第4页。
⑤ 许慎撰,徐铉校定:《说文解字》,中华书局2013年版,第59页。
⑥ 孔安国传,孔颖达正义:《尚书正义》,见阮元《十三经注疏》,中华书局1980年版,第232—233页。

确地说明了当时的史官（太史）职能之一在于处理讼案，史官在当时具备着司法方面的职能。而史官之所以被委以司法职能，原因即在于在普遍的认识中，史官能够"兹式有慎，以列用中罚"，也就是能够秉公执法，这也就是《说文解字》中所说"持中"的意思。

但是，后代学者对于许慎的解释表示了普遍的怀疑，因为正如朱希祖所说："其实中正为无形之物德，非可手持，许君之说非是。"① 这种抽象的理念很难出现在早期造字中。金毓黻总结这个问题时说："考《说文》所释，以良史不隐为持中之道，而中正为无形之物德，非可手持，引起后贤之不满，故不从许氏，而别求解释之方。"②

以上两种说法释为笔或者其他具体器物的可能更接近"史"这个字的原始意义，释为"中"的则更多地赋予"史"这个古老官职职业操守方面的期待。如果抛开对于字形原始意义的探讨，而只从"史"的职业特点来说，完全可以将这两种说法综合在一起：史官就是以公正、正直之心，执笔记载历史的人。这里需要特别说明的是，"笔"这一形符被郑玄、孔颖达如此看重的原因其实并不仅在于笔是书写时必不可缺少的工具，更在于"笔"代表着载录历史、传达文化的能力和权力。"笔"的本义为书写工具，但在字义发展过程中，很快就具备了"书写""记载"的意思，《史记·孔子世家》中说的"笔则笔，削则削"就是这个意思。后代学者释字时将史官与"笔"联系起来，应当也是有将这种载录行为与史官职能联系起来的意图。

"史出于巫"，即中国最早的史官是由巫者群体分化演变而来的，这种认识已经成为学界共识。沈刚伯先生指出："盖远古之时，除了巫，便别无知识分子，能写字的史当然是巫了。"③ 也就是说，殷商时期巫觋作为唯一能够识文断字的阶层，其中就孕育了后代的史官。鲁迅先生谈到"史"的开端时曾说：

> 原始社会里，大约先前只有巫，待到渐次进化，事情繁富了，有些事情，如祭祀、狩猎、战争……之类，渐有记住的必要，巫就只好在他那本职的"降神"之外，一面也想法子来记事，这就是"史"的开头。④

---

① 朱希祖：《中国史学通论》，上海古籍出版社2013年版，第5页。
② 金毓黻：《中国史学史》，商务印书馆1999年版，第10页。
③ 杜维运、黄进兴：《中国史学史论文选集》（一），台北华世出版社1976年版，第9页。
④ 鲁迅：《鲁迅全集》（第六卷），人民文学出版社1981年版，第181页。

根据鲁迅的说法,"史"是从"巫"发展而来的,这一结论得到了越来越多学者的赞同。在殷商甲骨文以及周代钟鼎铭文中出现了与"史"相关的官职名称以及史官姓名,比如"作册""内史""太史""大史申""史孔""史寓""史喜"等,① 这说明从殷商开始直到周代,史官在社会生活中扮演着越来越重要的角色。正如王国维指出的:"史为掌书之官,自古为要职,殷商以前,其官之尊卑虽不可知,然大小官名及职事之名多由史出,则史之位尊地要可知矣。"② 但是,商代仍处于比较典型的"巫史不分"阶段,或者说,在商代,后代史官主要承担的记载历史事件的职责并没有独立出来。有的学者曾下过这样的断语:"春秋以前(甚至是战国以前)……虽然已经有了史官,但是当时的史官是为上层及祭祀占卜服务,其性质仍不同于后世的史职。'史'的概念还在萌芽的阶段,真正为记录历史的历史记录还没出现。"③ 徐复观将西周时期史官职责按照重要性的顺序排列为如下六个方面:"在祭神时与祝向神祷告""专主管筮的事情""主管天文星历,以推动适时与农业生产有关的措施""成为灾异的解说者""锡命或策命""掌管氏族的谱系",进而总结说:"就史所记录的内容说,最重要的发展,是由宗教的对象,进而记录到与宗教无直接关系的重要政治活动。这是史由宗教领域,进入到人文世界的重要关键。"④ 根据以上学者们的考证,一直到西周时期,史官群体虽然可能已经生成,但是其主要的职能却仍停留在以宗教为核心的若干事务上,掌管文献以及记录史事还不是史官的主要工作。

阅读甲骨文等早期文献,都能明显感觉到一种匍匐在神灵面前的虔诚。钟鼎铭文中出现了一些夸耀祖先功绩的叙事,但此时叙事的陈说对象基本还是神灵,仍是祈求神灵保佑后代,很多铭文最后一句"子子孙孙永保用"的祈求透露了这种需求。直到《尚书》中,这种情况有了变化。《尚书》中的"周初八诰",一般被认为是周初以周公姬旦为核心的统治集团所颁定施行的政治文化革新的主要文件,而周公很有可能就是这些文告的作者。尽管以上这些周初文献在行文过程中依然时常会借助祖先神灵的名义来发号

---

① 梁启超:《中国历史研究法》,上海古籍出版社1998年版,第28页;林晓平:《春秋战国时期史官职责与史学传统》,载《史学理论研究》2003年第1卷第1期;过常宝:《先秦散文研究》,人民出版社2009年版,第125页。
② 王国维:《释史》,见《观堂集林》(卷六),中华书局1959年版,第270页。
③ 吴晓筠:《中国的"原史时代"》,载《华夏考古》2005年第1卷第1期。
④ 徐复观:《两汉思想史》(第三卷),九州出版社2014年版,第203—207页。

施令，比如《汤誓》中也有"有夏多罪，天命殛之"① 这样假借上天旨意的言论，但其他大部分内容却都落实在现实中，反复指责夏桀的罪行以及申明赏罚的办法。

西周王朝与殷商统治上的一个最大区别就是进行祭祀以及对待神灵的态度，西周统治者一改殷商"淫祀"的习惯，剔除了很多的祭祀活动，这就使得巫觋这个阶层面临着失去权力的危险。从这个角度出发，过常宝经过分析后指出："巫觋要作为一个职业阶层独立出来，最有效的方法就是通过提高专业化程度来垄断话语权力。而专业化往往是通过两个途径实现的：知识的繁杂化和历史化。"② 只有拥有对于文化的持续垄断能力，巫觋才能够持续拥有权力，或者说留在权力核心。在对自身权力强化的过程中，将知识历史化是一条有效的途径。在巫觋对于所垄断的知识进行历史化的过程中，就萌生了最初的史官因素。

周初统治者"制礼作乐"的政治行为，将礼乐规范置于整个社会政治结构的顶层，这种带有朴素理性精神的施政行为，为后代史官记录历史提供了一个明确可行的路线方针以及有效的保护。过常宝认为周公是周初最大的宗教领袖，③ 如果这种说法成立，那么他其实也是借助宗教力量来实现世俗的政治目的。周初在周公领导下实施的"制礼作乐"，不仅是以孝和忠代替了殷商时代的巫鬼，还从这场朴素的理性启蒙中解放出了史官群体。从此以后，史官就逐步摆脱祖先神鬼的羁绊，以"礼法"作为记录历史的旗帜，而当史官的记录行为受到世俗政权的干扰甚至威胁时，史官所奉行的"礼法"又往往能成为保护他们秉笔直书的有效防御。摆脱神鬼束缚后，史官在向着拥有更强烈主体意识的道路上开始奋力狂奔，直到出现史书作者个人意识的显现。而且，正是这种发展，使得史书逐步成为整个中国文化中的一支重要力量，不仅成为所有文类的"最高级"，甚至具备了介入政治、引导现实的作用，历史（更多的时候其实是负载历史的史书）在中国拥有了裁决现实的权力，史书文化也成为中国文化的一大特色。

另外，早期史官中很可能存在一个特殊的群体，那就是瞽史。《国语·周语下》中记载单襄公回答鲁成公的话："吾非瞽史，焉知天道？"④ 那么可以推知，在当时人的普遍认识中，瞽史就是极少数能够"知天道"的一部

---

① 孔安国传，孔颖达正义：《尚书正义》，见阮元《十三经注疏》，中华书局 1980 年版，第 160 页。

② 过常宝：《原史文化及文献研究》，北京大学出版社 2008 年版，第 5 页。

③ 过常宝：《先秦散文研究——早期文体及话语方式的生成》，人民出版社 2009 年版，第 93 页。

④ 徐元诰：《国语集解》，中华书局 2002 年版，第 83 页。

分人。《说文解字》释为:"瞽,目但有朕也。"① 朕为缝,也就是有眼睛却看不见之意。《周语上》记邵穆公谏厉王语:"天子听政,使公卿至于列士献诗,瞽献曲,史献书,……"② 由此看来,似乎瞽与史是有所区分的两种职业。顾颉刚主要因此条记载,就提出瞽与史应当属于两种职业人群,但王树民不同意此说,认为"瞽史"属于特殊的史官群体,依靠过人的对于声音的敏感性和记忆力,在文字成熟以前扮演着重要的保存历史记忆的角色。③ 而且,从司马迁所说的"左丘失明,厥有《国语》"④,可以推断,一直到战国时期,视力受限但听力及记忆力敏锐的瞽史,仍然存在。这种早期史官群体中存在的口耳相传的事实,给早期史书的文本形态留下了明显的痕迹。鲁迅曾说:"《书经》有那么难读,似乎正可作照写口语的证据。"⑤ 傅修延据此解释说:"《尚书》难读处是史官直录口语留下讹阙所致,易解处则是史官避免了讹阙打通了障碍。"⑥《尚书》作为早期史料汇编,在流传过程中经历过瞽史群体长时间口耳相传的可能性很大,尽管瞽史对于声音具有高度的敏感性,但历经长时间多人的传播之后,再诉诸文字,难免会留下讹误,这些讹误就造成后人理解上的障碍。

二、记事职能的凸显——春秋战国史官职能演变

进入春秋战国,中国史书的发展进入了一个全新的阶段,这不仅在于在此时期内产生了若干部影响后世的史书,还因为这一时期的史官群体开始脱去灵异的外衣,并逐渐抖落身上来自于巫者的影响,以越来越独立的身份行使越来越明确的职责,而且在这一过程中,也越来越倾向于以更加清明的态度对历史进行记录。中国真正的以记录史事为主要职责的史官群体,就出现在这一时期。

林晓平对春秋战国之际史官的活动进行过较为详细的统计,有《春秋

---

① 许慎撰,徐铉校定:《说文解字》,中华书局2013年版,第68页。
② 徐元诰:《国语集解》,中华书局2002年版,第11页。
③ 王树民:《瞽史》,见中华书局编辑部编《文史》(第二十一辑),中华书局1983年版。
④ 司马迁:《报任安书》,见严可均辑《全上古三代秦汉三国六朝文》,中华书局1958年版,第271页。
⑤ 鲁迅:《门外文谈》,见《鲁迅全集》,人民出版社1974年版,第22页。
⑥ 傅修延:《先秦叙事研究——关于中国叙事传统的形成》,东方出版社1999年版,第162页。

战国史官职名及活动一览表》。① 据此表统计，此时期见于记载的史官活动共有 87 次，其中政治活动（包括论政咨询、册命出使）共有 51 次，祭祀、卜筮活动共有 25 次，而明确记载与史学有关的记言记事、掌管文献等活动则只有 11 次。从这个统计来看，好像春秋战国时期史官的工作重点仍然集中在政治活动以及祭祀占卜这两方面。过常宝据此表，即得出"春秋时期，社会理性有所发展，政治事务有脱离宗教活动的倾向，史官的宗教职责也逐渐减弱，但沟通天人之际，阐释神秘意志，仍是史官的职责"② 这样的结论。那么，这一时期史官的职责中，与记录历史相关的工作就真的像统计数字这样只是属于从属地位吗？实际情况很有可能并非如此。

《春秋》是我国第一部成熟的史书，其确立的"春秋笔法"中重要内容之一就是所谓的"常事不书"，也就是说，对于正常的事件和平常的工作，史书是给予忽略的，而被记载下来的则大多是不平常、不正常的事件，这一点被后代史书作为一种叙事原则所继承。根据这种史书叙事原则推测，以上在史官活动中占据多数的政治、占卜行为就很有可能是非日常所有的、特别的，而被史书所忽略的典籍整理、记录事件等与史学相关的活动，则恰恰是史官活动的核心，是经常发生的。比如《左传·襄公二十九年》中就有这样的记载："鲁之于晋也，职贡不乏，玩好时至，公卿大夫相继于朝，史不绝书，府无虚月。"③ 这说明了这样一种事实：鲁国和晋国之间的交流非常频繁，而这种交流都需要史官记载下来，这就是所谓"史不绝书"。但史官记载行为本身却又因为这种"不绝书"的日常性，不见于后来成文的史书记载。

实际上，在林晓平所统计的 11 次史学活动中，按照史官行使职责的性质来划分，可分为两大类，一类是对事件进行记录职责，另一类则是对文献典籍进行整理的职责。以下分别进行分析。

记录职责中有两处最为著名，分别见于《左传·宣公二年》以及《左

---

① 见林晓平《春秋战国时期史官职责与史学传统》，载《史学理论研究》2003 年第 1 卷第 1 期。据作者自述，此表在金毓黻《中国史学史》以及刘节《中国史学史稿》中的《古代史官表》基础上增补而来，收罗较广，能够反映当时史官活动的大概。虽然具体统计仍有可商榷之处（比如此表将《吕览·先识》篇中记载的"夏太史""晋太史"的活动归为一件，但很明显这应当划分为两件单独的活动，而对于襄公二十五年的大史、南史记录崔杼弑君的活动应为一次，但此表则又统计为两次活动），但此表用力较深，又建立在前辈学者积淀之上，对先秦时期史官各项活动统计较为系统全面，可作为研究此问题的重要参考。

② 过常宝：《先秦散文研究——早期文体及话语方式的生成》，人民出版社 2009 年版，第 125 页。

③ 杜预注，孔颖达正义：《春秋左传正义》，见阮元《十三经注疏》，中华书局 1980 年版，第 2006 页。

传·襄公二十五年》：

> 乙丑，赵穿攻灵公于桃园。宣子未出山而复。大史书曰："赵盾弑其君。"以示于朝。宣子曰："不然。"对曰："子为正卿，亡不越竟，反不讨贼，非子而谁？"……孔子曰："董狐，古之良史也，书法不隐。赵宣子，古之良大夫也，为法受恶。惜也，越竟乃免。"
>
> 大史书曰："崔杼弑其君。"崔子杀之。其弟嗣书而死者，二人。其弟又书，乃舍之。南史氏闻大史尽死，执简以往。闻即书矣，乃还。①

晋国的大史以及齐国的大史、南史分别不顾性命安危前赴后继地对本国权臣赵盾和崔杼弑杀国君如实记载（表中将齐国的大史和南史这两人的活动统计为两次史官活动），这几位史官在事件中典型地表现出史官不顾个人安危的求真实录精神。以上两例作为史官活动以及史官精神的典型，经常见诸各类著作进行引用，但寻遍先秦文献，其实也只能找出这两例。

另外几次则是史官行使记录事件的职能。《史记·孟尝君列传》中记载："孟尝君待客坐语，而屏风后常有侍史，主记君所与客语，问亲戚居处。"② 从行文中可以看出，这里所记"屏风后常有侍史"的现象应当为孟尝君所独有，他通过这种方法可以很快掌握门客的个人情况，是其礼贤下士的一种表现。《史记·廉颇蔺相如列传》记载了著名的渑池相会这个事件：

> 秦王饮酒酣，曰："寡人窃闻赵王好音，请奏瑟。"赵王鼓瑟。秦御史前书曰"某年月日，秦王与赵王会饮，令赵王鼓瑟"。蔺相如前曰："赵王窃闻秦王善为秦声，请奏盆缶秦王，以相娱乐。"秦王怒，不许。于是相如前进缶，因跪请秦王。秦王不肯击缶。相如曰："五步之内，相如请得以颈血溅大王矣！"左右欲刃相如，相如张目叱之，左右皆靡。于是秦王不怿，为一击缶。相如顾召赵御史书曰"某年月日，秦王为赵王击缶"。③

---

① 杜预注，孔颖达正义：《春秋左传正义》，见阮元《十三经注疏》，中华书局1980年版，第1867、1894页。
② 司马迁：《史记》，中华书局1959年版，第2354页。
③ 司马迁：《史记》，中华书局1959年版，第2442页。

这两处中的秦御史、赵御史两位史官其实完全处于从属地位，并不是事件的行为主体，只是奉命记载秦、赵两国国君相会情况，如果不是因为要表现蔺相如的勇敢机智，这种正常的史官记事活动根本不会专门被记录下来。以上《史记》中这两处与史官活动相关的记载，关注点其实都不在史官，而在于事件的主人公孟尝君和蔺相如，史官的活动在整个事件中只是陪衬。但从后边一条记载却可以推测出史官在这种国家间的外交活动中一定扮演着必不可缺的角色，会时刻准备着按照国君或权臣的要求将发生的重要行为记录下来，这种职责应当是一种常备职能。

另一类史官活动为掌管文献，见于此表统计共有 4 次（实际应为 5 次）。《左传·昭公二年》记载：

> 二年春，晋侯使韩宣子来聘，且告为政而来见，礼也。观书于大史氏，见《易》、《象》与《鲁春秋》，曰："周礼尽在鲁矣。吾乃今知周公之德，与周之所以王也。"公享之。①

这一事件中的史官活动其实只是作为"韩宣子聘于鲁"的陪衬，作为鲁国史官的大史氏没有任何实际行动，只表明大史氏较好地保存了某些典籍。《左传·昭公十五年》记载：

> 王曰："……且昔而高祖孙伯黡，司晋之典籍，以为大政，故曰籍氏。及辛有之二子董之晋，于是乎有董史。女，司典之后也，何故忘之？"籍谈不能对。宾出，王曰："籍父其无后乎！数典而忘其祖。"②

这一处记载与上例很相似，董史也没有具体活动，但却因为"数典忘祖"、没有管理好文献典籍的这种失职行为而被周王批评。《吕氏春秋·先识览》记载有两件史官活动：

> 夏太史令终古出其图法，执而泣之。夏桀迷惑，暴乱愈甚。太史令终古乃出奔如商。汤喜而告诸侯曰："夏王无道，暴虐百姓，穷其父兄，耻其功臣，轻其贤良，弃义听谗，众庶咸怨，守法之臣，自归于

---

① 杜预注，孔颖达正义：《春秋左传正义》，见阮元《十三经注疏》，中华书局 1980 年版，第 2029 页。
② 杜预注，孔颖达正义：《春秋左传正义》，见阮元《十三经注疏》，中华书局 1980 年版，第 2078 页。

商。"殷内史向挚见纣之愈乱迷惑也，于是载其图法，出亡之周。武王大说，以告诸侯曰："商王大乱，沈于酒德，辟远箕子，爰近姑与息。妲己为政，赏罚无方，不用法式，杀三不辜，民大不服。守法之臣，出奔周国。"①

以上记载的夏代史官终古和晋国史官屠黍都因为国家内乱，携带所掌管的典籍外逃，但这两次史官活动同样并不是事件的中心。这两个事件的意义在于突出商汤以及周武王见微知著的能力，也紧扣篇名"先识"的含义。另一处在《史记·老子韩非列传》中对于老子职业的记载："老子者，……周守藏室之史也。"② 此处记载其实只是介绍老子的职业，至于老子在担任"守藏室之史"这个职务时有哪些具体活动则完全没有涉及。

另外，此表虽然已经较为完整全面，但还是漏载了某些史官活动，比如《左传·昭公元年》中记载："公孙黑强与于盟，使大史书其名，且曰七子。"③ 这一处记载中作为史官的"大史"行使的就是典型的记言记事职能。

关于古代史官职责，很多文献都有直接的说明，仅在《左传》一书中就多次出现，除了上引《襄公二十九年》中所说的"史不绝书"之外，还有以下若干次。《庄公二十三年》中曹刿劝谏鲁庄公时说："君举必书，书而不法，后嗣何观？"④ 《僖公七年》中管仲在对齐桓公进行劝谏时也说："夫诸侯之会，其德刑礼义，无国不记。记奸之位，君盟替矣。作而不记，非盛德也。"⑤ 以上这两条记载中分别强调了"君举必书"以及"无国不记"，即使可能略有夸张，但当时史官行使这种日常性的记录职责当无可疑。

《左传·隐公十一年》中记载了这样一件事："冬十月，郑伯以虢师伐宋。壬戌，大败宋师，以报其入郑也。宋不告命，故不书。凡诸侯有命，告则书，不然则否。师出臧否，亦如之。虽及灭国，灭不告败，胜不告克，不书于策。"⑥ 郑国报复性地击败了宋国，但对于这一事件，《春秋》失载。

---

① 许维遹：《吕氏春秋集释》，中华书局 2009 年版，第 395—396 页。
② 司马迁：《史记》，中华书局 1959 年版，第 2139 页。
③ 杜预注，孔颖达正义：《春秋左传正义》，见阮元《十三经注疏》，中华书局 1980 年版，第 2023 页。
④ 杜预注，孔颖达正义：《春秋左传正义》，见阮元《十三经注疏》，中华书局 1980 年版，第 1779 页。
⑤ 杜预注，孔颖达正义：《春秋左传正义》，见阮元《十三经注疏》，中华书局 1980 年版，第 1779 页。
⑥ 杜预注，孔颖达正义：《春秋左传正义》，见阮元《十三经注疏》，中华书局 1980 年版，第 1737 页。

《左传》给出的解释为宋国没有"告命",也就是没有正式通报,从后边的解释中更可以看出,当时诸侯国之间对于各国所发生的事件,有着严格的通报、记录规范,凡是符合这种记录规范的情况,就会被史官记录下来。另外,《史记·晋世家》中还记载了史佚劝告周成王的话:"天子无戏言。言则史书之,礼成之,乐歌之。"① 同样能够佐证这种情况。

另外,《礼记·玉藻》中记载:"动则左史书之,言则右史书之。"②《汉书·艺文志》中则说:"左史记言,右史记事,事为《春秋》,言为《尚书》,帝王靡不同之。"③ 关于到底是左史记言还是右史记言这一问题,学者们多有争论。章学诚在《文史通义·书教上》中说得比较通达:

> 后儒不察,而以《尚书》分属记言,《春秋》分属记事,则失之甚也。夫《春秋》不能舍传而空存其事目,则《左氏》所记之言,不啻千万矣。《尚书》《典》《谟》之篇,记事而言亦见焉;《训》《诰》之篇,记言而事亦见焉。古人事见于言,言以为事,未尝分言、事为二物也。④

根据章学诚的说法,其实根本无须纠结"左史"与"右史"的确切分工,因为很有可能这种分工并不存在或者至少没有那么确切的划分,但是在此一时期,史官记事职责的存在则是毫无疑问的,而且从《礼记》和《汉书》的记载来看,史官最重要的职责很有可能就是专门强调的"记言""记事"等记录功能。

从以上文献可以看出,早期对于记载国内以及诸侯国之间发生的大事非常重视,不仅达到了"无国不记""君举必书"的程度,特别是对于"不记"的情况提出了批评,认为这样"非盛德",也就是不符合礼义规范,而完成这种载录工作的就是各国的史官。但这种在当时各国普遍存在的史官载录历史的活动本身,却又因为其日常性和普遍性,很少出现在史书记载中。西方学者同样使用数据统计的方法对《周礼》中的相关记载进行了统计工作:

---

① 司马迁:《史记》,中华书局1959年版,第1635页。
② 郑玄注,孔颖达正义:《礼记正义》,见阮元《十三经注疏》,中华书局1980年版,第1473—1474页。
③ 班固:《汉书》,中华书局1962年版,第1715页。
④ 章学诚著,叶瑛校注:《文史通义校注》,中华书局1985年版,第31页。

(《周礼》)书中列举了整个三百六十六个政府职官,其中有四十二个部分提到了读、写行为。……《周礼》中央政府常设机构中共有府442人、史994人,……《周礼》的记载清楚表明,有大量低级官员负责文书的制作、保管工作,也就是说存在数量庞大的实用性写作。①

可以看出,根据《周礼》的记载,周代仅中央政府就有多达近千人的史官设置,而这些史官所从事的又多为文书工作,所从事的非常有可能就是日常事件的记录和整理工作。钱穆先生曾经分析过《春秋》中的两条记载:"《春秋》载'晋赵盾弑其君'、'齐崔杼弑其君',那时晋国齐国的史官,下一个'其'字来称齐君晋君,可见赵盾崔杼所弑,照名义上讲,并不是晋史官齐史官之君。史官由周天子派来,义不臣于诸侯。"②仔细玩味以上两句文意,确如钱穆所分析,其中暗含的意思确实有种疏离视角下的客观性。也就是说,至少在春秋时期,各个诸侯国的史官还有一种可能,那就是由中央政府设置,由周天子直接任命。这些史官与地方诸侯关系并不密切,利益牵扯少,所从事的工作也同样是一种"实用性写作",即记录各个诸侯国所发生的事件。

综上所述,造成此表中史官与历史记载相关的活动所占比例较少情况的原因除了有少部分为统计者失误而忽略以外,最重要的原因其实正好与表面现象相反,那就是当时史官工作的重点已经在于记载历史和掌管历史文献等与历史相关的事务上,这种对于史官群体来讲在平时反复出现的"常事"就很少出现在历史记载和其他典籍当中了。实际上,尽管有以上统计得出的一边倒的数据,但是林晓平自己在论文中也说:"尤其是在进入到春秋战国时期之后,史官虽具有多方面的职责,但其最根本的,也是其他人不能代替的职责,还是史学方面的职责。"③

另外,在此一时期中,史官逐渐形成了一种类似世袭制度的职官传承传统,出现了一些史官家族。《战国策》中记载了这样一个故事:

> 安邑之御史死,其次恐不得也。输人为之谓安令曰:"公孙綦为人请御史于王,王曰:'彼固有次乎?吾难败其法。'"因遽置之。④

---

① 孙康宜、宇文所安:《剑桥中国文学史》(上册),生活·读书·新知三联书店2013年版,第87页。
② 钱穆:《中国史学名著》,生活·读书·新知三联书店2013年版,第22页。
③ 林晓平:《春秋战国时期史官职责与史学传统》,载《史学理论研究》2003年第1期。
④ 何建章:《战国策注释》,中华书局1990年版,第1075页。

这个故事除了说明御史的副手工于心计之外，还揭示了在战国时期已经形成了一种史官内部传承制度，史官职位的更迭甚至连国君都"难败其法"，也就是无法进行行政干预。更著名的例子来自司马迁在《太史公自序》中对其祖先先后担任史官的回忆，特别是他记载了其父在临终前的嘱托："余死，汝必为太史。"根据过常宝的推测："说明史官传统在一定程度上游离于当时的中央集权政治制度之外。"① 这种推测有其合理性，因为只有具备这样一种较为独立的职官传承制度，司马谈才能在自己未获跟随封禅泰山而自感失宠的情况下，还能说出这样肯定的话。这说明，史官职位的传承应当自有其内部传统，这种传统在春秋战国时既已存在，并且一直绵延到司马迁的时代。带有明显家族传承的世袭性是春秋战国时期，史官作为一个群体所具备的另一个显著特征，这一特征在很大程度上能够维护史官的地位，从而使得史官在最大程度上与现实政治拉开距离，保有独立思考、独立记录的权力。

第三节 甲骨文的作者与叙事者

大量生产、使用甲骨文的那个年代尽管距离现在非常遥远，但我们却能够从已经发现的甲骨文实物中得知3000多年前甲骨文大致的生产方式。总体来讲，甲骨文的生产具有周密的程序，从龟甲兽骨的进献、保管，一直到甲骨问事的一整套程序，都有专人负责，并按照严谨的规则制度执行，② 从这种严谨周密的程序中可以看出商人对待甲骨问事的虔诚。《史记·日者列传》中记载："夫卜筮者，扫除设坐，正其冠带，然后乃言事"③，正说明了人们从事卜筮活动时持有的端正态度。正因为这种严整的制度和规范的管理，所以到了今天，对于保存相对完整的甲骨，我们就不仅能够获知这些甲骨的进献者、加工者和保存者等信息，而且还能够知道绝大部分占卜活动的具体执行人。学界一般将一条完整的甲骨文划分为叙辞（前辞）、命辞、占辞和验辞，叙辞简单交代占卜的时间以及占卜者名字，命辞

---

① 过常宝：《原史文化及文献研究》，北京大学出版社2008年版，第341页。
② 1936年6月在河南安阳小屯村发掘的一个甲骨坑，就保存着带字甲骨17096片，学者推测为武丁王室的甲骨文档案库。而且发掘时坑中还发现埋有一个身体蜷曲、侧卧的尸骨，其身躯大部分压在甲骨上，专家认为可能是档案库的看守人。这种大型甲骨存储坑的发现，正说明了甲骨文有着严格的生产、保存程序。见陈梦家《殷墟卜辞综述》，中华书局1988年版，第102页。
③ 司马迁：《史记》，中华书局1959年版，第3219页。

会交代某一次占卜的具体内容，占辞则是通过观察、阅读龟甲经过烧灼后产生的兆纹并进而联系所谓的神意而得出的解读性文字，验辞则是应验之后再进行补刻。这种划分当然属于现代学者们的人为归纳，但是之所以能够得出这种结论，原因即在于大多数甲骨文都具备相同或近似的特点，甚至可以说甲骨文叙事已经具备较强的模式性。其中叙辞、命辞与验辞的记录者都是贞人，而负责解读占卜内容、说出占辞的则大多是商王。在占卜活动中，提出占卜事由以及提供占卜结果，是最关键的步骤。相应的，命辞与占辞就成为一条甲骨文的核心。占辞的内容一般都比较简单，只是指出吉或凶，或者指出某种情况是否存在，但表达方式值得注意。占辞通常表述为"王占曰：……"，也就是说，这一部分的卜辞是由商王（至少以商王的名义）做出的判断。所以，一条完整甲骨文中包含有贞人及商王两位叙事者，其中贞人负责陈说占卜内容及记录占验结果，商王则负责对兆纹进行解读。

在甲骨文中，我们现在能识读出某些锲刻和保存甲骨卜辞的人的名字，因为在甲骨文的记录中大多会使用"贞"这一动词表示占卜，所以这一群体常被称为"贞人"。金毓黻即指出："其文中贞字之上一字，皆为人名，称之为贞人，贞人即为某事而贞卜之人。"[1] 这些贞人在当时拥有神圣的地位，被认为能够实现人、神之间的沟通，所从事的工作也事关整个商部族文化活动的核心内容。而且，尽管以现在的观念来看这些占卜活动充满了迷信色彩，但在当时，这些贞人却是极少数掌握文字书写能力的知识群体。虽然通常由商王对兆纹进行解释，但商王的活动仪式性较为明显，这些贞人作为占卜活动的执行者，毫无疑问处于整个活动的核心地位。甲骨文中出现过的贞人姓名有"㱿""争""㱿"等[2]，因为年代相隔久远，已经无法去考证这些卜者的具体情况，但作为一个群体，他们的集体特征却很突出。

这些贞人应当就是中国第一批掌握文化知识的人群，同时也是中国第一批史官，这种现象在很多文明的原始阶段普遍存在。朱维铮就曾经指出："无论中外，任何民族，第一代历史家都是巫师，第一种历史记录都是说神与人的关系，第一类历史认识都是神意支配人间的历史观。"[3] 商代的"巫"

---

[1]　金毓黻：《中国史学史》，商务印书馆1999年版，第21页。
[2]　赵鹏：《殷墟甲骨文中的人名及其对于断代的意义》，首都师范大学博士学位论文，2006年。
[3]　朱维铮：《中国史学史讲义稿》，复旦大学出版社2015年版，第12页。

极为盛行，有所谓的"东巫、北巫、四巫、九巫"等说法①，这些贞人和巫就是中国文化中最早的文化人、最早的文字记录者。朱维铮引用《尚书·多士》中周公说的话"惟尔知：惟殷先人，有册有典，殷革夏命"，并结合考古发现，认为"商朝巫史已尝试建立原始的历史档案"。而周公很有可能读到过这些档案，才有以上训话。② 这种猜测很可能符合实际，而建立、保存被周公读到的"册"和"典"这些原始档案的人群，就应当是殷商部族的文化人——贞人。

关于命辞的性质，包括罗振玉、郭沫若、陈梦家等老一辈学者，都认为应当将甲骨文中的所有命辞看作是疑问句。在这种解读前提下，执行占卜的贞人，都应该是带着疑问去向神明讨教的。但饶宗颐、李学勤和裘锡圭却不同意这种说法，裘锡圭在使用语法分析的方法研究过命辞句式后还提出了这样的意见："鉴于确实存在非问句的命辞，同时大部分命辞又无法断定是不是问句，我们建议今后引用殷墟卜辞时，句末一律标句号，不标问号。"③ 但是这种意见在学界也没能得到一致的认可，直到1999年张玉金的《殷墟卜辞命辞语言本质及其语气研究述评》和2001年赵诚、陈曦的《殷墟卜辞命辞性质讨论述要》这两篇述评文章发表，这个问题仍旧没有得到彻底解决。但经过广泛深入的讨论，学界基本形成了三种认识：一是认为全部命辞均为疑问语气，二是认为部分命辞为疑问语气，三是认为全部命辞都为非疑问语气。

在这里之所以特别关注命辞的句式，是因为这直接关系到贞者在实施占卜活动及进行文字记载时的心态定位，而这又决定着作为叙事者的贞者以什么样的态度、视角来叙事。讨论命辞性质这个问题除了借鉴现代的文化人类学观点以及句式分析方法以外，不能忽视老一辈学者所依从的重要文献依据。《周礼·春官·大卜》中记载："凡国蓍草大贞，卜立君，卜大封。"东汉的郑玄解释这句话时引郑司农说："贞，问也。国有大疑，问于蓍龟。"④ 同时的许慎在《说文解字》中这样说："贞，卜问也。"这些都是现有最早的关于"贞"这个动词的解释，一直被大多数学者所重视。当然东汉距离甲骨文的时代也已经较远，可能存在现代学者所说的"问"或者"卜问"这个意思为后起的情况，但如果对这些古代文献采取完全忽视的态

---

① 陈梦家：《商代的神话与巫术》，载《燕京学报》1936年第1卷第20期。
② 朱维铮：《中国史学史讲义稿》，复旦大学出版社2015年版，第18页。
③ 裘锡圭：《关于殷墟卜辞的命辞是否问句的考察》，载《中国语文》1988年第1卷第1期。
④ 郑玄注，贾公彦疏：《周礼注疏》，见阮元《十三经注疏》，中华书局1980年版，第803页。

度，疑古心思太重的话，也会出现矫枉过正的问题。笔者认为，绝大部分命辞都应当是疑问句，商人带着虔诚的心态向神明进行询问，或请求神明帮助自己做出选择。这种虔诚的心态不仅影响到占卜活动，更进一步影响到卜辞叙事态度的恭敬虔诚、一丝不苟。所以，谈到甲骨文这种初朴文字对中国古代叙事文的影响，很多时候就会论述到这种叙事态度为后代史书叙事树立了典范。比如傅修延在总结甲骨文对后代叙事的影响时，第一条就是"赋予叙事高度的严肃性乃至神圣性"，并认为"殷墟卜辞处处透露出叙事者正襟危坐庄敬肃穆的神情"。①

这一问题还可以通过寻找甲骨文的"隐含读者"来得以证实。伐灭殷商的周王朝总结强大的殷商所以灭亡的原因时，就将原因之一归为"淫祀"，② 而甲骨文就是这种炽热巫风的重要遗留，整个商代花费了巨大精力来举行这些占卜仪式并且一刀刀刻画出这些甲骨文字。从已经发现甲骨文的保存情况来看，这些刻有文字的兽骨有明显的整理保存痕迹，甚至在某些甲骨片上还刻有保存者的姓名。③ 所以，这些甲骨文有非常大的可能被当作档案一样保存下来。有学者就认为，甲骨文中的"册""典"两字应该是龟板连缀的象形，这些成套的甲骨是中国图书的先驱。④ 而且可以推测，这些贞人在兽骨上一刀刀刻画文字时，他们就应当知道自己正在进行的工作会被留存。但是，甲骨文在被刻画在兽骨上时，最首要的目的绝不是被当作档案保存起来，这种文字最重要的功能还在于占卜，最重要的隐含读者并不是等待后世的任何人来阅读，而是举行这些祭祀仪式时所面对的想象中的神灵。因为这些文字涉及至高无上的神灵，所以甲骨文从程序严密的生产方式到步骤清楚的文字记录，到处都显现出特别的虔诚。

但是，随着时间的推进，甲骨文显露出来的某些叙事特征也暗示了当时人神关系的某些松动，人对于神明的态度发生了微妙的变化。我们来看以下这条卜辞：

> 戊午卜，狄贞：王其田往来亡灾？戊辰卜，狄贞：王其田往来亡

---

① 傅修延：《先秦叙事研究——关于中国叙事传统的形成》，东方出版社1999年版，第42页。
② 商人不仅重祭祀，而且在祭祀过程中还存有杀活人殉葬的野蛮行径，商人在祭祀中不仅杀人，甚至还会将被杀人的头骨自眉骨到耳部锯下做成器皿。见孙明《论商代的斩首祭祀习俗》，载《殷都学刊》2015年第1卷第4期。
③ 陈梦家即指出："除了记述甲骨的来历、整治以外，还有经管的卜官的名字，可见当时有人经管这些档案。"见陈梦家《殷墟卜辞综述》，中华书局1988年版，第46页。
④ 来新夏等：《中国古代图书事业史》，上海人民出版社1990年版，第12页。

灾？壬午卜，狄贞：王其田往来亡灾？①

很明显，以上同一个问题在相近的时间被问询了多次。不仅如此，翻查《甲骨文合集》，可以发现，从二八四三三版开始，一直到二八四九零版，将近60版的甲骨卜辞几乎全为以上这同一个问题。也就是说，同一个问题，被反反复复向神灵询问了上百次，而且这个问题本身又只是日常生活中常见的事件：商王外出打猎，往返是否能够平安？这种密集向神灵提问日常生活中普通事件的情况，与其说反映出身处其中占卜实施者的虔诚，倒不如说更透露出一种模式化下无奈的遵从。西方学者论到这个问题时的意见值得参考：

> 武丁之后，占卜不仅更为频繁，而且逐渐严格限制在与王室宗庙祭祀有关的事务范围内，这说明占卜变成了较为正式的例行活动。安阳甲骨卜辞所问者再无意外：程式化的"是"与"否"等短句交替出现，严格限定了答案的可能范围，它们表达的是生者的信心，他们的世界可以预知，而且其中的神灵并不被看成是喜怒无常的——或者也可能反映了生者试图约束喜怒无常的神灵的欲望。②

笔者认为，以上"反映了生者试图约束喜怒无常的神灵的欲望"这一猜测很可能更加符合实际。也就是说，随着占卜仪式的普遍化、模式化，无论是执行占卜的贞人，还是经常要负责对兆纹做出解释的商王，都很有可能逐渐认识到了这种活动的虚伪性。以上引文中所指出的这种语言的程式化其实就是具体执行者在实施行为时自我意识觉醒的体现。这些神秘仪式的执行人，也最有可能是最早对这些仪式本质产生清醒认识的"觉醒者"。所以，中国最早叙事文字的叙事者，逐渐采取一种外表虔诚、实则清醒的态度进行文字记录。而正如大部分学者所指出的，中国"史出于巫"，殷商时代的卜者群体演化为后代的史官。这种叙事态度直接影响于后世的史官群体，带给中国史书叙事这样一种特点：虽然很多时候披着天地神灵的外衣，却包裹着征实的内核；被史官们虔诚对待、顶礼膜拜的实际上并不是变幻莫测的神意，而是很早就已经显露出理性思维觉醒的意识。

我们还可以从甲骨卜辞的生产方式来证实以上推测。陈梦家谈到甲骨

---

① 胡厚宣：《甲骨文合集释文》，中国社会科学出版社2009年版，第1411页。
② 孙康宜、宇文所安：《剑桥中国文学史》（上册），生活·读书·新知三联书店2013年版，第33页。

文的具体生产方式时指出："卜辞有偶而缺刻横画的，……由此可知契刻之时是整行的先刻直道，然后再刻横画，如今刻字者所为。"① 也就是说，这些甲骨文字并不是像后来人们用笔写字时一个字一个字地书写而成，而是成批量地按照横、直笔画的区别刻画出来的：一行字统一先刻直道，再一起完成横道。这种生产方式一定是在刻字之人对所刻文字非常熟悉且有把握的情况下才能完成。在谈到某些甲骨有毛笔书写痕迹时，陈梦家不同意这是某种草稿的说法，他认为："刻辞有小如蝇头的，不容易先书后刻，况且卜辞所常用的字并不多，刻惯了自然先直后横，本无需乎先写了作底子。"② 从这种"无需乎先写了作底子"的生产方式上能够看出，甲骨卜辞是一种模式化很强的文字系统，刻画者对该刻的字、该刻的句子都非常熟悉。也就是说，甲骨卜辞的某些语句有很高重复率这一事实与这种模式化生产方式密切相关。这些只需变换具体时间、人物等个别信息而主要内容完全相同的刻字方式对于文字生产者来讲一定更容易操作，更容易进行生产。生产方式对于内容的影响在那个刀耕火种年代的重要程度远远超过现在，甚至具有决定意义。所以，甲骨卜辞中那些文字几乎相同的卜辞，除了反映了当时确实在进行类似的占卜活动以外，还源于以上这种更加适应生产的原因。而这种实际生产对于思维演化的影响，要深刻得多也坚实得多。也就是说，对于占卜是一种模式化仪式的认识，很有可能来自这不断重复的文字生产方式和文字记录本身。

马克思主义历史学中有一个重要的命题："人体解剖对于猴体解剖是一把钥匙。"③ 根据这一理论，很多历史现象，特别是思想史上的某些发展，其实都可以向前去寻找发展的线索。以上推测可以从后代类似的记录中寻找到旁证。春秋时期的子产是当时著名的政治家，在其当政时期，昭公七年，伯有"作祟"于郑国，面对国人的恐惧，子产立伯有之子为大夫，并解释说："鬼有所归，乃不为厉，吾为之归也。"④ 在这件事中，子产看起来是相信祖先鬼神这类神异事件的。到了昭公十九年，郑国发大水，时人声称有龙在水中争斗，向子产建议进行祭祀。但这次子产不同意，他说："我

---

① 陈梦家：《殷墟卜辞综述》，中华书局1988年版，第13—14页。
② 陈梦家：《殷墟卜辞综述》，中华书局1988年版，第15页。
③ "人体解剖对于猴体解剖是一把钥匙。反过来说，低等动物身上表露的高等动物的征兆，只有在高等动物本身已被认识之后才能理解。因此，资产阶级经济为古代经济等等提供了钥匙。"见中共中央马克思恩格斯列宁斯大林著作编译局编译《马克思恩格斯全集》（四十六卷·上），人民出版社1965年版，第43页。
④ 杜预注，孔颖达正义：《春秋左传正义》，见阮元《十三经注疏》，中华书局1980年版，第2050页。

斗，龙不我觌也。龙斗，我独何觌焉？禳之，则彼其室也。吾无求于龙，龙亦无求于我。"① 子产虽然坚决不同意祭祀所谓的水中斗龙，但却能够说出为什么不能祭祀的精深的巫术知识，可见他对于这方面十分精通，但他却以更加征实、务实的方式来处理现实生活中的灵异事件。两件事进行对比，可以发现，立伯有之子是因为子产意识到这对打消国人惶恐的心理大有帮助，这么做纯粹是为了安抚人心；而不同意祭祀水中之龙的根本原因则在于子产很清楚这无益于解决水患。巫术知识在子产的意识中早已不再是不可捉摸的神秘力量，已经成为能够灵活运用、能够任意驱使的一种统治术了。《左传·僖公十六年》还记载有这样一个事件：

> 十六年春，陨石于宋五，陨星也。六鹢退飞过宋都，风也。周内史叔兴聘于宋，宋襄公问焉，曰："是何祥也？吉凶焉在？"对曰："今兹鲁多大丧，明年齐有乱，君将得诸侯而不终。"退而告人曰："君失问。是阴阳之事，非吉凶所生也。吉凶由人，吾不敢逆君故也。"②

内史叔兴面对宋襄公对灵异事件的提问，表面上给出了一个充满灵异色彩的解读，但这位内史实际秉持的理念却是"吉凶由人"这样清醒的认识。徐复观分析说："他只好把子日观察所得的，套上宗教的外衣以作答。实则'吉凶由人'，他早已从宗教中转到人的自身上了。"③ 数百年后的文化精英如子产、叔兴们在熟知巫术灵异知识的情况下，已经能够灵活借助天地神灵以达到自身目的，甚至还能"说一套做一套"，那么数百年前长时间浸润在这种巫术之中，几乎每天都在为一些日常事件进行相同占卜的贞人们，应该已经洞悉了其中的隐秘，心中理性的觉醒也很有可能萌发了。

总体来讲，透过这些3000多年前的甲骨卜辞，从这些已经非常严整规范并已经形成固定模式的占卜文字中，我们既能感受到当时炽热的巫风，也能体会得到其中理性觉醒的萌动。这种外表虔诚包裹下的理性叙事精神，对后代史书叙事产生了深远影响。

---

① 杜预注，孔颖达正义：《春秋左传正义》，见阮元《十三经注疏》，中华书局1980年版，第2088页。
② 杜预注，孔颖达正义：《春秋左传正义》，见阮元《十三经注疏》，中华书局1980年版，第1808—1809页。
③ 徐复观：《两汉思想史》（第三卷），九州出版社2014年版，第213页。

第四节　钟鼎铭文的作者与叙事者

与甲骨文相比，钟鼎铭文的整体文字水平有了巨大的进步，这不仅表现在单篇铭文动辄几百字的篇幅是甲骨文无法相比的，更表现在有相当部分的钟鼎铭文明确标明了作者，这是一个明显的进步，也为我们研究钟鼎铭文的作者问题提供了准确得多的材料。根据《礼记》中的记载："铭者自名"，也就是说，绝大部分钟鼎铭文的作者其实就是主持铸造这些器皿的贵族。比如天亡簋铭文、何尊铭文、大盂鼎铭文、班簋铭文都在铭文的末尾交代了作者分别是天亡、何、盂、毛伯班。①

钟鼎铭文与甲骨文相比，表现的社会活动要丰富得多，不再局限于向神灵问事这一个方面，但与后代能够反应广阔社会生活的史书相比，又仅集中在某些方面。从内容来划分，钟鼎铭文主要可以分为三类：一是子孙夸耀先祖的功绩，二是天子或诸侯对下属发布训诫，三是诸侯之间以相对平等的身份缔结盟约或记录媵送嫁娶等事件。受不同内容的影响，三类铭文中表现出的作者立场、语气都有差别。

子孙夸耀先祖功绩的铭文，在现存铭文中占了很大一部分，而且这种夸耀性的内容在其他类型的铭文中同样普遍存在。也就是说，夸耀不仅是铭文中普遍存在的最重要的写作内容，同时也是铭文作者所持有的最重要的写作态度和立场。关于这一问题，《礼记·祭统》中有段话值得关注：

> 夫鼎有铭。铭者自名也，自名以称扬其先祖之美，而明著之后世者也。……铭者，论撰其先祖之有德善，功烈勋劳庆赏声名，列于天

---

① 当然存在这样的情况，某篇铭文的实际作者未必就是被铸刻在器皿上的贵族本人，很有可能是别人代笔完成。但这些代笔之人根本无法考证，另外既然这些贵族主持了这些器皿的制作，那么这些铭文中所体现的意志就应当来自这些贵族，而并不是代笔人。这种情况在古代中国很常见，刘知几曾指出朝臣为皇帝代拟诏书的情况："凡有诏敕，皆责成群下，但使朝多文士，国富辞人，肆其笔端，何事不录。是以每发玺诰，下纶言，申恻隐之渥恩，叙忧勤之至意。其君虽有反道败德，唯顽与暴。观其政令，则辛、癸不如；读其诏诰，则勋、华再出。此所谓假手也。"见刘知几撰、浦起龙释《史通通释》，上海古籍出版社2009年版，第116页。刘知几所论"假手"的情况在现代社会仍然存在，例如有些秘书为领导完成讲话稿，但这些讲稿却会被认为是领导的意志体现。所以，本书仍将某篇铭文中明确记载的刻铸人认定为该篇铭文的作者。

下，而酌之祭器，自成其名焉，以祀其先祖者也。①

这段记载一定程度上就是对铭文生产方式以及叙事意图、叙事内容的概括，从中可以看出，在周代人的意识中，铭文的生产方式就是所谓的"铭者自名"：某篇铭文的作者通常就是这件青铜器物的铸造者，铭文的叙事意图则是"以称扬其先祖之美，而明著之后世者也"，而铭文的叙事内容则主要集中在"论撰其先祖之有德善，功烈勋劳庆赏声名"。也就是说，铭文的铸造者抱着夸赞宣扬的态度对先祖的功业及受到的奖赏进行不无夸张式的记载。这表明，铭文的生产方式和叙事意图已经比较明确地远离了甲骨文中那种将注意力集中于神灵的阶段，开始关注人间实际发生的事件，这种由神到人的转变，在思想史的进程中具有重要意义。这种内容上的变化也符合周代神灵逐渐隐退而人的地位逐步上升的大背景。

这一类铭文大都以较为固定的形式结构进行叙事，一般由三部分构成：最为重要的部分即册命仪式上的演说记录，包括对祖先或自身功绩的呈现以及王室的肯定和册命，这部分内容在铭文中占有最重要的作用，因为这些功绩就是铸造这些礼器的前提。第二部分则记载青铜礼器的铸造、进献过程。第三部分则由非常模式化的祷辞组成，例如"子子孙孙永保用""颂其万年无疆""颂其万年眉寿"等。其中，第二部分和第三部分都已经非常程式化，在已发现的铭文中重复率很高。

著名的史墙盘铭文，内容上可以分为前后两部分，前部分颂扬从周文王到周共王一共七代周王的事迹，后部分则夸赞微氏家族从高祖到自己共四代的功绩。在夸耀周王时使用了"泌圉武王""富圣成王""肃握康王""玄普昭王"等这样简单直接的颂词。夸耀自己祖先时，又说"青幽高且（祖）""杏明亚且（祖）""利祖文考"等。整篇铭文充斥着以上这些夸耀之词，典型体现了夸耀功绩这种铭文功能。需要注意的是，既然是夸耀，那么这部分内容就会沿着夸耀—夸饰—虚饰的路径发展，并产生最早的虚构性文字。史墙盘铭文中就有这种虚饰的典型："宏鲁昭王，广能楚荆，隹狩南行。"② 周昭王实际上死于南征楚国的途中，这对于周王朝来讲是一场导致国君阵亡的大败仗，但在追述祖先的话语系统中却被重新包装：阵亡的周昭王反而成为"宏鲁"，败仗也被轻描淡写为到南方的楚地狩猎，对周

---

① 郑玄注，孔颖达正义：《礼记正义》，见阮元《十三经注疏》，中华书局1980年版，第1606—1607页。

② 中国社会科学院考古研究所：《殷周金文集成释文》，香港中文大学出版社2001年版，卷六第132页。

昭王的虚饰夹杂在对列位周王的整体夸耀之中，并无任何异样。

张光直先生指出："在巫教环境之内，中国古代青铜器是获取和维持政治权力的主要工具。"① 这集中地表现在很多铭文另一个常见的内容——发布训诫。发布训诫者以周天子为主，训诫内容大多集中在告诫服从周天子统治，遵从周天子颁布的各项规定，以及遵守以"德"为核心内容的礼义规范。这类铭文中发布训诫的语气与《尚书》中的典、诰等非常类似，其中的叙事者通常会以无可置疑、权威性十足的语气发布各种指示。但是，如同顾炎武所指出的："一变而《盘庚》之书则卿大夫不从君令，再变而《微子》之书则小民不畏国法。"② 也就是说，像《盘庚》这样存在着一个语气非常严厉进行训诫的叙事者的文章，其实也正说明了叙事者所面对的陈说环境非常不尽人意，至少距离叙事者理想中的状态有相当距离，才会试图通过如此严厉的训诫来改变状况。由此推断，发布这些训诫的人物很可能面临着同样的问题。反反复复地要求别人对自己服从的原因，很有可能是因为在现实中遇到了大面积的反对，极力宣扬对于礼义规范遵守的背后其实就是普遍礼崩乐坏的现实。这一类铭文中的叙事者形象在《尚书》《逸周书》等文献汇编类作品中都曾出现，在后代强制力十足的政府公文中亦不少见。但是，此种叙事姿态在后来的史书叙事中则只在某些文件和某些人物的直接引语中存在，基本没有史书叙事者使用这样一种教导性十足的语气进行叙事。

第三类铭文则以记录诸侯之间缔结盟约以及媵送嫁娶等现实活动为主要内容，这一部分铭文的文献档案性质最明显。叙事者一般会采取征实的态度，使用平实、准确的语言将事件记录清楚。铸造于周懿王时期的曶鼎铭文，共有四百余字，是青铜铭文中难得的一篇叙事长文。这篇铭文的内容可以分为两个部分：第一部分记载了周懿王命令曶继承祖位执掌占卜之职，并赐予其红铜若干，曶用周王赏赐的红铜铸造了曶鼎以纪念祖先；第二部分记载了两件诉讼案件，分别是曶与另一位贵族效父因为奴隶交易以及曶的庄稼在饥荒之年被因匡氏的奴隶抢夺而产生的两次纠纷，经过诉讼和判决，曶都取得了胜诉。第一部分是周代铭文中常见的内容，照例刻铸有"子子孙孙其永宝"的套话。但第二部分在内容方面则非常罕见，以详尽的文字记录了两次与鼎主曶相关的诉讼案件，有的学者对这两个案件做

---

① 张光直：《从商周青铜器谈文明与国家的起源》，见张光直《中国青铜时代》，生活·读书·新知三联书店1999年版，第480页。
② 顾炎武著，黄汝成集释：《日知录集释》，上海古籍出版社2014年版，第33页。

过较为详尽的内容分析,① 尽管这种分析的结果不一定能够得到广泛的认可,但这种方法的使用却有一个前提,那就是只有所记录事件的复杂性达到一定程度时,这种分析才有施展的对象。这一部分铭文的倾向性虽然依然明显(专门选取曶胜诉的案件进行记录),但在陈述案情时却不再像典型铭文那样夸张炫耀,而代之以使用平实简朴的文字条理清晰地将这两次诉讼过程陈述清楚,在诉讼取得胜利后也没有进行夸耀。在这种文字背后的叙事者与绝大多数铭文的叙事者拉开了距离,开始以更加客观的方式记录事件,这种客观并不是没有对人物、事件的评价,而是在记录过程中尽量将对人物的评价和情感隐藏起来,不进行直接表达。这种平实但清楚的叙事方式在后代史书叙事中被普遍采用。

钟鼎铭文继甲骨文而来,这种文字的很多叙事特点与甲骨文相比较会得出更清晰的认识,也能够在叙事文的发展过程中得出更加清晰的定位。

首先,铭文记录的内容与甲骨文相比发生了重大变化。甲骨文是占卜用文字,时间指向是未来,主角除了贞人、商王以外,还有未出场但却掌控一切的神灵;铭文所记内容则以过去发生的事件为主,其中的人物多为现实中的祖先、英雄或普通人。这种内容上的变化非常重要,因为所记录的大都为实际发生过的事件,大部分也就无关神的旨意或者天的意志,而是人间发生过的事实,这带给钟鼎铭文一种普遍的征实态度。这种对于过去事件的记载,也使得铭文初步具备了历史材料的性质。关于这一点,傅修延指出:"青铜铭文的可贵就在于它凝固了两千多年前的叙事话语,提供了无可置疑的文本作为研究的基础。"② 也正因为铭文具有质地坚硬、不易损坏的特点,学者们对于出土铭文中记载的史事都非常重视,常常在其中寻找信史的线索。③ 但是非常有意思的是,虽然铭文内容大都为记录现实事件,但相当多铭文的叙事者却以一种偏离事实甚至是虚构的姿态进行叙事。对于某件可能给其带来不同影响的具体事件,铭文叙事者会使用或者夸饰或者遮掩的修辞手法对事件进行重新包装,而经过这种足以让原有事件改头换面的修饰之后,很多铭文中的事件发生了彻底的改变,以上所举史墙盘铭文中对周昭王的重新包装就是典型。这一矛盾正好与甲骨文形成了强

---

① 马如森将第一个案件分为五小段,第二个则分为七小段,都是从所记载案件的发展步骤划分,这种分析方法其实就是对叙事文进行情节方面的分析。见马如森《商周铭文选注译》,上海大学出版社 2013 年版,第 191 页。

② 傅修延:《先秦叙事研究——关于中国叙事传统的形成》,东方出版社 1999 年版,第 53 页。

③ 例如,对于周昭王事件,学者就利用 1929 年出土的令簋、"安州六器"等出土器物上的铭文进行梳理,李学勤先生总结说:"这段史事原来是相当模糊的,好在当时铭文有不少发现,使其经过始末逐渐显现出来。"见李学勤《青铜器入门》,商务印书馆 2013 年版,第 41 页。

烈的对比：甲骨文所记占卜的相关事件，整体全为虚幻，验辞所载征验的事实也全凭贞人想象与占卜结果产生联系，但是卜辞中的叙事者却饱含虔诚地认真对待自己所写下的文字。也就是说，甲骨文所记事件原本为虚，叙事者却不以为虚，而将其视为绝对的真实；铭文中的事件本来为实，但叙事者却有意将其由实变虚。但从后来史书叙事的发展来看，铭文中对事件进行人为处理的叙事者姿态成为主流。从《春秋》中著名的"天王狩于河阳"这种以"为尊者讳"为名义篡改史实开始，直到《左传》《国语》，再到《史记》，或者出于作者的主观意愿，或者受到外界强权的压力，史书叙事都无法真正做到全然忠于事实。需要特别指出的是，这种文字记载与事实的差距，并不是因为材料本身出现偏差，而在于史书作者自身。也就是说，无论是主动还是被动，史书作者都清楚地知道自己所记录的事件并不是事实本身，比如《春秋》作者写下"天王狩于河阳"的时候显然知道周天子所遭受的真实待遇，但却出于另外的目的对这件事进行了遮掩。这真是应了朱淑真的说法："笔头去取万千端，后世遭它恣意瞒。"①

甲骨文中已经具备了理性的萌芽，但是到了质地更加坚硬而且更加关注现实生活的铭文，为什么从作者、叙事者这个角度来看，反而会出现主观上的虚饰、遮掩呢？笔者认为，这与钟鼎铭文的隐含读者密切相关。

与甲骨文主要呈现给神灵进行裁决不同，铭文在被铸刻到那些鼎簋之上时，这些文字的生产者有更加清晰的意识：这些文字不仅仅要被祖先神灵获知，还会被当时的族人、后代的其他人反复观看、阅读。也就是说，钟鼎铭文的隐含读者不仅包括祖先神灵，还包括自己的族人、后人，很多时候还包括范围更加广泛的人群——因为夸耀这种心理本身就希望更多的人能够获得自己希望传达的信息。这种清楚的要广为人知的心理预期，不仅带给铭文本身，同时也给中国文字的整体发展带来一种前所未有的变化：人们开始注重文字的外在形式。外在形式主要包括两个方面。首先，钟鼎铭文的语言文字开始出现主动修辞，最典型的例子是开始使用韵语。例如虢季子白盘，这篇共有111字的铭文以四字句为主，已经在某些语句中使用韵语："……经维四方。……献馘于王。……孔显有光。……彤失其央。……用征蛮方。……万年无疆。"②有学者评价这篇铭文："修饰用韵，文辞优美，行文与《诗》全似，是一篇铸在青铜器山的诗。"③ 毕庶春还认

---

① 朱淑真：《读史》，见冀勤《朱淑真集注》，中华书局2008年版，第144页。
② 中国社会科学院考古研究所：《殷周金文集成释文》，香港中文大学出版社2001年版，卷六第130页。
③ 裕阳：《体积最大的西周铜器——虢季子白盘》，载《收藏界》2014年第1卷第10期。

定这篇铭文与后代的赋有文体上的相似性。① 无论将其看成是诗还是赋的先声，实际上都是承认其中包含的鲜明的文学性。其次，在具体刻铸方式上钟鼎铭文也更加注重美感，这种对于美感的关注并不仅仅只关注文字的笔画走势等涉及单独汉字的审美特点，② 还将注意力放在整篇铭文如何更好地排列文字以使整个器皿作为一个整体如何能够更加优美，这突出地表现在一些长篇铭文中。西方学者详细分析了史墙盘铭文的外在形式：

> 这篇铭文共二百七十六个字（其中九个字重复），分铸为美观整齐的两组。每组各九列，每列十五个字，字距匀称；只有最后一列，铸工在模具中塞入了二十个字。这一瑕疵说明存在两个互相冲突的目的：首先，存在一个无法精简、甚至不能删去五个字的原始文本；其次，工匠本可另启再铸一列，但他却选择（或是被告知）不这么做，显然是为了保证两组铭文的对称平衡。以这一令人印象深刻的布局方式，工匠既尊重了文本的完整性，又确保了形式上的对称性。③

结合图5-1，可以发现以上西方学者的这种分析很可能符合这件铭文实际生产情况：史墙盘铭文的铸造者非常有可能从取悦读者（观众）的考虑出发，将这276个汉字铸造成更加美观的形式，从整体上呈现出对称之美。

下面我们使用以上方式分析著名的虢季子白盘。从图5-2来看，整篇铭文排列相当整齐，共分8列，每列均为13字，共有铭文104字，但其中第一列的"二年"、第四列的"五百""五十"都为合文，就是金文中写为单字，现今则都写为两个字（"二年"见图5-3）；第四列的"桓"字、第五列的"王"字、第八列的"子"字、"孙"字按照铭文书写习惯，在字下加"="号，意为重文（"子子""孙孙"，见图5-4），所以翻译成现代汉语则为111个字。可以看出，这篇铭文的作者在铸刻之前做过准确的计算，为了使得每一列的字数相同而看起来整齐美观，在文字的具体书写方面使用了3个合文、4个重文才使得整篇铭文呈现出8列、每列13字这种整齐的外在形态。只有对外在形式具备了高度的自觉追求后，才能创作出这样的作品。

---

① 毕庶春：《虢季子白盘铭文及似赋之铭考论》，载《辽东学院学报》2008年第1卷第3期。
② 实际上，钟鼎铭文的文字书写被普遍看作是中国书法的开端，但这个问题属于艺术史范畴，不在本书讨论范围之内。
③ 孙康宜、宇文所安：《剑桥中国文学史》（上册），生活·读书·新知三联书店2013年版，第40页。本处引文由美国普林斯顿大学教授柯马丁撰写。

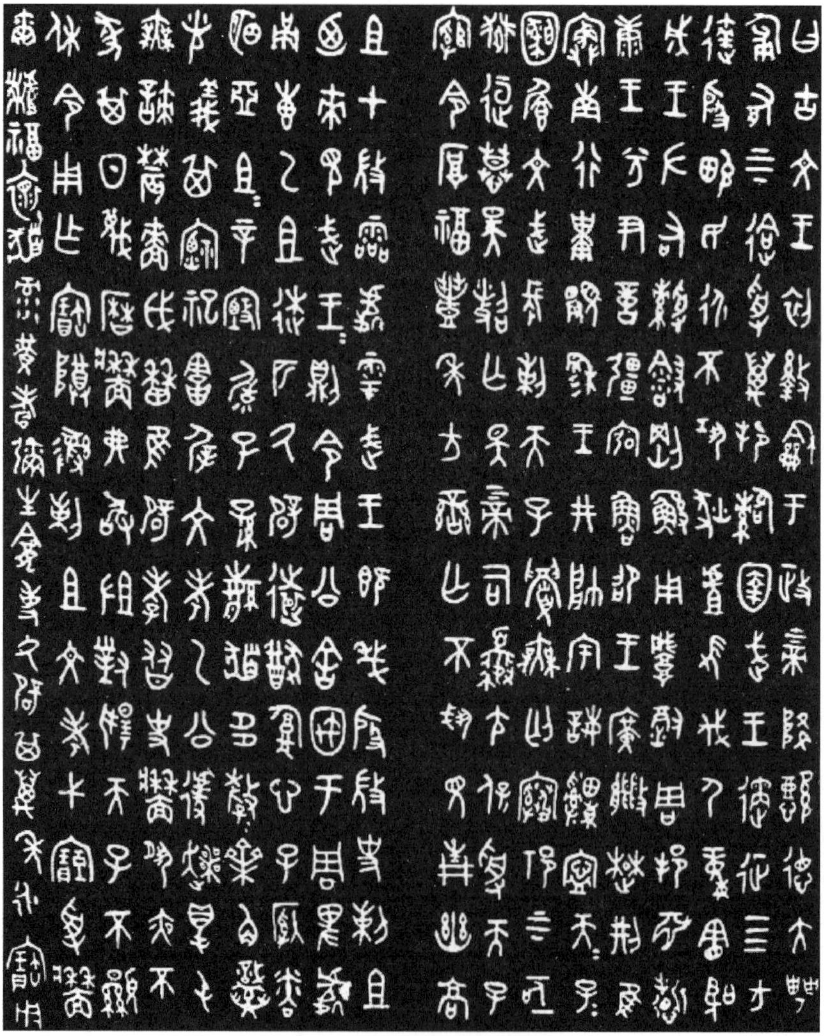

图 5－1　史墙盘铭文

第五章 中国早期史书叙事中的叙事者和隐含读者

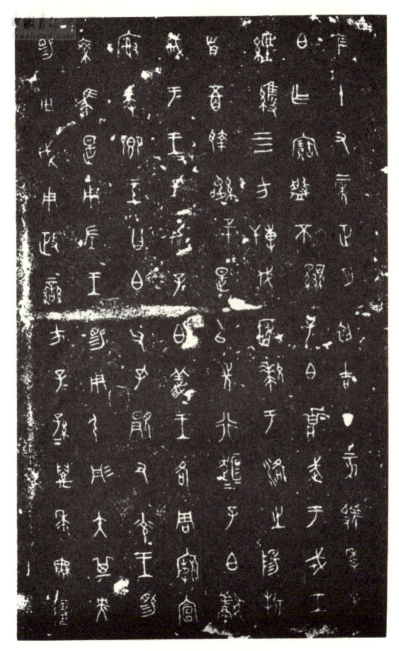

图 5-2 虢季子白盘铭文

图 5-3　金文中的合文　　　　图 5-4　金文中的重文

第五节　《春秋》的作者与叙事者

旧说《春秋》为孔子所著，但这个问题其实还没有落实，同意孔子作《春秋》的学者通常会说，在这之前大概应该存在某些底本，孔子很可能只是做了文字疏通工作；否认孔子作《春秋》的学者又不能不同意这部书与儒家和孔子本人存在着密切的联系。传统认为孔子为《春秋》的作者，这一说法来源于孟子。① 但即使将《春秋》与孔子联系起来，这种联系也应该是松散的，比如即使认为孔子为《春秋》作者的司马迁，也认为孔子只是做了"约其文辞，去其烦重"的工作。② 笔者更倾向于将《春秋》作者的归属问题付之阙如，因为从一些记载来看，某些孔子关于自己写作《春秋》的自述其实大有问题。这些"自述"中最著名的来自于《史记·孔子世家》

---

① 《孟子·滕文公下》："孔子惧，作《春秋》。"见阮元《十三经注疏》，中华书局 1980 年版，第 2714 页。
② 司马迁：《史记》，中华书局 1959 年版，第 509 页。

的记载：

> 子曰："弗乎弗乎，君子病没世而名不称焉。吾道不行矣，吾何以自见于后世哉？"乃因史记作《春秋》，上至隐公，下讫哀公十四年，十二公。①

从这段记载来看，孔子之所以写作《春秋》，最重要的原因就是担心"病没世而名不称"，也就是害怕自己的名声无法被人所了解、称颂。但在《论语》中，孔子却又明明反复申说过："人不知而不愠""不患人之不己知"，② 对于外在的名声又表现得很超脱。这样的矛盾该怎样解释呢？司马迁的《报任安书》是写给朋友的信件，从中可以找到如下的内心剖白："所以隐忍苟活，幽于粪土之中而不辞者，恨私心有所不尽，鄙陋没世，而文采不表于后也。"③ 将司马迁写作《史记》的动机与上边司马迁所记载孔子写作《春秋》的动机相对比，就可以发现非常类似，一个是"恨私心有所不尽，鄙陋没世，而文采不表于后也"，另一个则是"君子病没世而名不称焉"和"吾何以自见于后世哉"，都是对于"人不知""不己知"的担忧，而这样的担心却又恰恰被孔子否定过多次。所以，《孔子世家》中所记载孔子创作《春秋》的自述，非常有可能是司马迁本人意志的体现，是史书作者司马迁参照自身经历而加在其所记录的历史人物——孔子身上的所谓"自述"。

尽管对于《春秋》的作者是否为孔子的问题目前还没有形成定论，但《春秋》的叙事者却非常容易被辨识出来。这位叙事者以一种以往所没有的严谨、理性且前后一致的眼光来审视、记录历史，而这又是在一种通过记录历史来影响现实的自觉意识指导之下进行的。

首先，《春秋》的叙事者对于历史记录有高度的自觉性，非常清楚自己正在写作的是"历史"而不是其他任何文本。这一点可以从《春秋》所记的内容得到很好的证实。整部《春秋》所记事件，大致可分为三类：第一类为诸侯国内部的婚丧、祭祀、筑城、狩猎等事件，第二类为国与国之间的征伐、会盟、朝聘等事件，第三类则为日月食、地震、山崩、星变、水

---

① 司马迁：《史记》，中华书局1959年版，第1943页。
② 何晏集解，邢昺疏：《论语注疏》，见阮元《十三经注疏》，中华书局1980年版，第2457、2458页。
③ 司马迁：《报任安书》，见严可均辑《全上古三代秦汉三国六朝文》，中华书局1958年版，第272页。

灾、虫灾等自然现象。前两类事件属于政治活动的核心内容，第三类事件之所以被记录下来，原因并不在于这些自然现象本身，而在于当时普遍的意识中，这些自然现象是现实政治的曲折反映。一般的细民小事绝不会进入《春秋》的叙事范畴，就是涉及国君的日常事件，被写进《春秋》的，背后也都各有原因。或者如《僖公二十八年》"天王狩于河阳"实际是委婉地为周天子遮掩，或者如《隐公七年》"城中丘"实际是有违时节征发民众，所以，《左传》解释这件事被记载的原因时将其归之于批评鲁君："书，不时也。"内容如此集中的文献在《春秋》之前还没有出现过，而《春秋》后的大部分史书所关注的内容也基本不出此范围。内容的选取是一部著作的核心，社会生活包括丰富的内容，但《春秋》的叙事者剔除了绝大部分其认为不重要的事件，将关注的焦点放在以上三大类事件，这是一种非常自觉的选择。

其次，《春秋》的叙事者以一种一以贯之的理念来记录历史，那就是对"德"的推崇以及对于遵从礼义规范的宣扬。《春秋》之所以能够达到"《春秋》之义行，则天下乱臣贼子惧焉"①的作用，最重要的原因就是叙事者秉持着以是否符合礼义规范的准则来记载历史事件。《春秋》不仅记载了历史事件，而且通过寓褒贬于叙事的方式赋予了历史事件以道德层面的意义。对道德和礼义规范的推崇，贯穿整部《春秋》，成为这部史书最突出的特色。这种全书始终保持一种稳定叙事姿态，以前后一致的判断标准进行叙事的情况，是之前文献中从未出现的。

再次，《春秋》的叙事者以一种接近于隐身的姿态出现在叙事中。这一点与上述特征紧密相关，尽管我们不能同意《公羊传》《穀梁传》中那些对《春秋》经义的过度诠释，但同样也不应该忽略《春秋》中那些稍加掩饰却希望读者能够领会的政治批判意图。正如陈平原所指出："后世经师对《春秋》大义的发掘，不乏穿凿附会之处；但此书遣词造句之讲究，确实寄托遥深，绝非只是笔墨技巧。"② 对于这些使用了"春秋笔法"进行记载的事件，《春秋》的叙事者一定希望读者能够读出其中的深意——不然也不会费力去设计这些隐晦的笔法；但是，却又不希望这些事件的意义一下子完全暴露——这样还不如直接记载。这种矛盾的、需要做好平衡的叙事意图，最终就造成了整部书中的叙事者这种近于隐身的状态：大多数时候叙事者处于隐身状态，只是平实地记录事件，但当到了某些需要特别提示而使用

---

① 司马迁：《史记》，中华书局1959年版，第1943页。
② 陈平原：《从言辞到文章，从直书到叙事——秦汉散文论稿之一》，载《文学遗产》1996年第1卷第4期。

特殊标示方式的情况下，就留下了叙事者的痕迹。但是，"春秋笔法"毕竟是一种"寓论断于叙事"的叙事方式，表达作者意图也较为隐晦，与后代史书中那些叙事者直接现身的"君子曰""太史公曰"等直接评论相比还处在初级阶段，而《春秋》中的这种叙事者姿态实际上也是史书叙事刚刚出现历史评判的反映。

最后，《春秋》的叙事者以整齐划一的大局观来设计整部史书，这在中国史书叙事的发展中前所未有，具有里程碑意义。这突出表现在两个方面。一个是外在形态方面，《春秋》搭建起一个近乎完整的时间叙事框架，242年，每年分四季，无论有没有记录事件，这个时间框架的每个层次几乎没有缺损。另一个是内在意义表达方面，《春秋》使用了一整套规范统一的意义表达系统，这套系统被后人称为"五十凡"。杜预说："其发凡以言例，皆经国之常制，周公之垂法，史书之旧章，仲尼从而修之，以成一经之通体。"① 杜预之所以能够声称这些凡例来自周公、孔子，并在《左传》中捡出"五十凡"，最根本的原因就在于《春秋》这部书本身确实在依照一个意义表达系统进行选词用句，没有这一点作为基础，杜预根本不可能捡选出这么多凡例。例如《春秋·庄公三年》："凡师，一宿为舍，再宿为信，过信为次。"② 这句直接解释该年经文"冬，公次于滑"中"次"这个字的用法，顺带总结了军队出征驻扎因为不同时间而使用不同动词的规则。可以看出，《春秋》叙事者以一种极其理性的态度，使用非常严谨的方式来搭建叙事结构以及进行意义表达。这种谨严的叙事态度，对于后代史书叙事建立完整的体系以及表达规范都有示范作用。

钱钟书先生在谈到《春秋》行文为何极度简约这个问题时引孙鑛《与李于田论文集》中的说法："古人无纸，汗青刻简，为力不易，非千锤百炼，度必不朽，岂轻以灾竹木？"又引章学诚《乙卯劄记》中所说："古人作书，漆文竹简，或著缣帛，或以刀削，繁重不胜。是以文词简严，取足达意而止，非第不屑为冗长，且亦无暇为冗长也。"进而认为："文不得不省，辞不得不约，势使然尔。"③ 也就是认为《春秋》一书之所以语言极简在于当时书写条件有限。但为何在《春秋》之前的《尚书》中的若干篇，包括刻铸在钟鼎上的若干篇长铭，在叙事方面都已经能够做到曲尽其事、

---

① 杜预注，孔颖达正义：《春秋左传正义》，见阮元《十三经注疏》，中华书局1980年版，第1705页。
② 杜预注，孔颖达正义：《春秋左传正义》，见阮元《十三经注疏》，中华书局1980年版，第1763页。
③ 钱钟书：《管锥编》，中华书局1979年版，第163页。

铺排有理呢？《春秋》时代的书写条件尽管仍旧艰苦，但已经优于钟鼎铭文的生产方式。另外，根据过常宝的说法，《春秋》记事，"以一种压抑的姿态呈现事实片段，没有原因、发展和结果，也没有史官的评论，这同样显示了史官的宗教姿态"①。这是从文化背景角度来解释《春秋》叙事完全不加解说的情况，其实从隐含读者的角度还可以对这个问题得出更明确的认识。

笔者认为，《春秋》的预期读者相对更加专业化是造成其文字极度简洁的主要原因。事实上，如果没有《左传》作者这种能够真正理解《春秋》的专业读者，相隔年代一远，后代读者根本无法理解《春秋》这种标题式记事方式的真实含义。东汉的桓谭就已经发出这样的感叹："《左氏传》于《经》，犹衣之表里相待而成。《经》而无《传》，使圣人闭门思之十年，不能知也。"② 东汉距离《春秋》年代尚且较近，可以想见，如果没有《左传》，后代读者几乎无法理解《春秋》。《左传》中有很多以下这种例子，比如《左传·隐公十一年》："宋不告命，故不书。凡诸侯有命，告则书，不然则否。"③ 《左传·僖公二十四年》："二十四年春，王正月，秦伯纳之，不书，不告入也。"④ 这两处都明确说明了对于某一个事件，《春秋》之所以没有记载，原因就在于事件当事国的史官没有正式向鲁国通报。过常宝曾较为详细地讨论过春秋时期各国史官之间的"承告"制度，⑤ 春秋时期各个诸侯国的史官群体之间非常有可能存在一种信息传递和交流制度。笔者推测，《春秋》这部书在性质上原本属于鲁国史官群体内部流传的一种文本，预期流传的范围至多在春秋时期列国史官内部。而这样一部隐含读者为史官群体的作品，所使用的具体叙事方式也就非常有效且经济：只要史官们能读懂即可。而脱离了这种史官才能理解的"微言大义"的特殊意义表达语境，其他人群却又很难真正理解这部书的含义。

---

① 过常宝：《原史文化及文献研究》，北京大学出版社2008年版，第22页。
② 桓谭：《新论·正经》，见严可均辑《全上古三代秦汉三国六朝文》，中华书局1958年版，第546页。
③ 杜预注，孔颖达正义：《春秋左传正义》，见阮元《十三经注疏》，中华书局1980年版，第1737页。
④ 杜预注，孔颖达正义：《春秋左传正义》，见阮元《十三经注疏》，中华书局1980年版，第1816页。
⑤ 过常宝：《先秦散文研究——早期文体及话语方式的生成》，人民出版社2009年版，第124—134页。

第六节 《左传》的叙事者

《左传》作者虽然经过很多学者长时间多方面地讨论,依然无法得出定论。这是一个依靠现有材料根本无法考查清楚的问题。虽然作者不能确定,但全书展现出来的样貌却是《国语》以及后来的《战国策》无法相比的。《左传》结构宏大完整,思想主题前后一贯,叙事手法多样,整体叙事水平达到了我国史书叙事的一个高峰。相比之前的史书,《左传》的叙事者在以下几个方面展现出巨大的进步。

首先,尽管学界对于《左传》是否为"依经作传"仍有争议,但仅从文本的承接角度来看,《左传》的叙事者对《春秋》有相当大的归依感。虽然对于历史事实发挥甚多,补充了相当多《春秋》没有的记录,但整部《左传》中释经语句仍然随处可见。这其中属杜预归纳出来的"五十凡"最为典型,《左传》的叙事者对于《春秋》一定有全面系统的研究,不然不会总结出如此全面的解释。比如《左传·庄公二十九年》的一条:"凡物不为灾不书",① 翻查《春秋》原文,确实没有任何记录超出这条凡例的规定。不仅如此,《左传·僖公三年》还结合《春秋》的实例进一步解释了这条凡例:"三年春,不雨。夏六月,雨。自十月不雨至于五月,不曰旱,不为灾也。"② 尽管僖公三年曾经长时间没有下雨,但持续时间没有到成灾的程度,所以《春秋》的记载中没有使用"旱"这个词。而且《左传》不仅会解释《春秋》因为什么原因使用何种记录方法来对待某一个事件,甚至在很多时候会专门说明为什么某一个事件被《春秋》忽略,比如《左传·隐公元年》:"八月,纪人伐夷。夷不告,故不书。"③ 再如《左传·僖公九年》:"齐侯以诸侯之师伐晋,及高梁而还,讨晋乱也。令不及鲁,故不书。"④ 这两处都对某件事因何未进入《春秋》进行了解释。如果只是对《春秋》原

---

① 杜预注,孔颖达正义:《春秋左传正义》,见阮元《十三经注疏》,中华书局1980年版,第1782页。
② 杜预注,孔颖达正义:《春秋左传正义》,见阮元《十三经注疏》,中华书局1980年版,第1792页。
③ 杜预注,孔颖达正义:《春秋左传正义》,见阮元《十三经注疏》,中华书局1980年版,第1718页。
④ 杜预注,孔颖达正义:《春秋左传正义》,见阮元《十三经注疏》,中华书局1980年版,第1801页。

文进行解释，即使这种解释再详细，《左传》仍只是停留在对其文本进行解读的阶段；但是，这种对于《春秋》为何不记载某件事的解读，就需要《左传》叙事者从更加深入的层面去理解《春秋》的意义表达体系。综合以上分析，可知《左传》叙事者对于《春秋》的材料使用、意义表达等方面的解读具有高度的自觉性，对《春秋》的解读是《左传》重要的组成部分。

其次，虽然《左传》叙事者花费了大量精力对《春秋》进行解读，但是在思想主题方面，《左传》的叙事者则在很大程度上脱离了《春秋》的范畴，这集中表现在是否以对礼义规范的遵守作为人物、事件的衡量准则这一方面。遵守礼义规范是《春秋》全书一以贯之的核心主张，但是到了《左传》，则发生了重要转变。《左传·昭公六年》记载："三月，郑人铸刑书。"郑国著名政治家子产主持了这一次中国司法史上的重大改革：将郑国的法律条文铸刻在象征国家最高权力的鼎上，向全国公布。晋国重臣叔向写信给子产，信中说：

> 昔先王议事以制，不为刑辟，惧民之有争心也。犹不可禁御，是故闲之以义，纠之以政，行之以礼，守之以信，奉之以仁，……民知争端矣，将弃礼而征于书。锥刀之末，将尽争之。乱狱滋丰，贿赂并行，终子之世，郑其败乎！①

从这封信中可以看出，叔向劝说子产的理由，如"闲之以义""行之以礼""奉之以仁"等，正是《春秋》中信奉的礼义规范，但子产在回信中以"吾以救世也"明确表示了拒绝。能够看出，与子产观点相左的叔向才是《春秋》礼义规范的忠实信奉者，但《左传》叙事者对于敢于顺应时代潮流进行大胆改革的子产则倾注了更多的笔墨，而且两次借孔子之口，对子产表达了明确的赞赏。一次是在《左传·昭公十三年》："仲尼谓：'子产于是行也，足以为国基矣。《诗》曰："乐只君子，邦家之基。"子产，君子之求乐者也。'"② 另一次是在《左传·昭公二十年》评价子产的施政方针："仲尼曰：'善哉！政宽则民慢，慢则纠之以猛。猛则民残，残则施之以宽。宽以济猛，猛以济宽，政是以和。'"而且子产去世后："及子产卒，仲尼闻

---

① 杜预注，孔颖达正义：《春秋左传正义》，见阮元《十三经注疏》，中华书局1980年版，第2044页。

② 杜预注，孔颖达正义：《春秋左传正义》，见阮元《十三经注疏》，中华书局1980年版，第2073页。

之，出涕曰：'古之遗爱也。'"① 《左传》全书中能够获得孔子两次表彰的，唯有子产一人，而且从对其宽猛相济这种与儒家思想较为相悖的执政方式的赞扬来看，出于《左传》叙事者有意安排的可能性较大。另外，《左传》的叙事者对于开创霸业的晋文公重耳、楚庄王等人物同样偏爱有加，但如果将这些人物置于《春秋》那种极力维护周天子统治的礼义制度之下进行考量，就会发现重耳称霸后有使"天王狩于河阳"这样出格的行为，而楚国国君仅从使用"王"这个称号上就已经严重僭越。但《左传》叙事者不仅花费大量笔墨详细地记录这些人物的事迹，而且还颇为夸赞。比如《左传·僖公二十八年》："君子谓：'文公其能刑矣，三罪而民服。《诗》云："惠此中国，以绥四方。"不失赏刑之谓也。'"② 而这种赞扬刑罚封赏的态度，正与《春秋》重礼尚义的倾向相左。

再次，《左传》的叙事者开创了中国史书的一个传统，那就是开始大面积、有系统地直接介入叙事，以作者直接现身的方式对读者进行意义指引。这主要表现在频繁出现的"君子曰"一类的叙事评论。据统计，《左传》中"君子曰"式评论共出现 65 次，另外不算其他人物，仅仅是"孔子曰""仲尼曰"就有 22 次。③ 实际上，《左传》当中的"孔子曰"一类的圣人论断未必都出自孔子本人，《左传》作者捉刀代笔的可能性更大。以上这些无论是有名有姓的"孔子曰"，还是面目模糊的"君子曰"，其实都可以看成《左传》叙事者直接现身干预叙事的方式。这种叙事者直接现身的方式在之前的叙事文中只有少量出现，比如新近出土的燹公盨铭文的最后处有："燹公曰：'民又唯克用兹德，亡诲。'"④ 这一"燹公曰"，不仅在形式上非常接近"君子曰"，而且用精练的语言概括了整篇铭文的大意，与"君子曰"的作用也非常类似。《国语》中出现稍多，据笔者统计共有 9 处"君子曰"式评价。《左传》运用这种叙事者直接现身评价的频率远超之前的史书，大多数学者在论到这一问题时都认为是《左传》开创了这种史评的先河并深刻影响了后来的史书叙事，后来《史记》中的"太史公曰"以及后代史书中的论赞，源头都可以追溯至《左传》的"君子曰"。这种叙事者直接现身的叙事方式最大的作用就是总结某一个事件或者某个人物行为的意义，从

---

① 杜预注，孔颖达正义：《春秋左传正义》，见阮元《十三经注疏》，中华书局 1980 年版，第 2094—2095 页。
② 杜预注，孔颖达正义：《春秋左传正义》，见阮元《十三经注疏》，中华书局 1980 年版，第 1827 页。
③ 孙绿怡：《〈左传〉与中国古典小说》，北京大学出版社 1992 年版，第 134 页。
④ 裘锡圭：《燹公盨铭文考释》，见裘锡圭《中国出土古文献十讲》，复旦大学出版社 2008 年版，第 46—77 页。

而对读者进行意义理解的引导，避免出现偏差。

《春秋》的叙事者并无意彰显自己的倾向，甚至在很多时候还有一种欲说还休式的掩盖，而《左传》则会在叙事过程中对读者进行频繁的意义"辅导"。可以发现，在《左传》之后的史书，绝大部分都继承了《左传》这种注重意义解读的叙事方式，在叙事过程中总会以某种叙事者干预的方式来直接说明特定的历史意义。我们可以使用隐含读者的思路来分析造成这种差异的原因。《左传》及后来的史书，预期的读者群体较为大众化，因而采取了一种能够帮助读者理解的叙事方式，这种方式能够起到一种规范作用，不至于让读者的理解出现较大的偏差，从而更好地接近作者想要表达的叙事意图。而《春秋》的预期读者则相对专业化，事实上，如果没有《左传》作者这种能够真正理解《春秋》的专业读者，相隔年代一远，后代读者根本无法理解《春秋》这种标题式记事方式的真实含义。总之，从隐含读者的角度来分析，《春秋》更接近于一部在史官群体中使用的"内部文本"，而《左传》则开始面向更广泛的读者群体。

最后，《左传》的叙事者对于如何安排事件，特别是复杂事件，开始使用较为复杂多变的多种叙事方式，主要表现在以下几个方面。

第一，会对重要的标志性事件使用提示语，从而更好地揭示这些事件的重要性。比如《桓公二年》："蔡侯、郑伯会于邓，始惧楚也。"[①]《庄公十五年》："十五年春，复会焉，齐始霸也。"[②] 以上两例中的"始惧楚也"和"齐始霸也"都是对事件意义的说明和标示，这种标示的出现需要《左传》叙事者能够从非常宏观的角度审视长时段的历史才能得出这种结论，同时又是一种非常自觉的叙事追求。另外，这同样能够说明《左传》的隐含读者群体范围更广泛，《左传》的作者希望自己的叙事意图能够被读者准确地领会。

第二，《左传》叙事者开始注重探讨事件的成因，而不仅仅停留在叙述事件本身。《左传》叙事重原因的特点非常明显，本书重点讨论其中一种，即开始将人物的某种心理作为某个历史事件的推动力。《隐公十一年》记载："公孙阏与颍考叔争车，颍考叔挟辀以走，子都拔棘以逐之，及大逵，弗及，子都怒。"[③] 这里开始关注人物内心活动，"子都怒"的结果在同一年

---

① 杜预注，孔颖达正义：《春秋左传正义》，见阮元《十三经注疏》，中华书局1980年版，第1743页。

② 杜预注，孔颖达正义：《春秋左传正义》，见阮元《十三经注疏》，中华书局1980年版，第1771页。

③ 杜预注，孔颖达正义：《春秋左传正义》，见阮元《十三经注疏》，中华书局1980年版，第1736页。

显现出来:"秋七月,……颖考叔取郑伯之旗蝥弧以先登。子都自下射之,颠。"子都将个人怨气在战场上发泄出来,竟然为泄私愤而从背后偷袭本国率先登城的将领。显然,《左传》的叙事者将这样一出悲剧归结为个人的情绪。《庄公十年》记载了另外一个事件:

> 蔡哀侯娶于陈,息侯亦娶焉。息妫将归,过蔡。蔡侯曰:"吾姨也。"止而见之,弗宾。息侯闻之,怒,使谓楚文王曰:"伐我,吾求救于蔡而伐之。"楚子从之。秋九月,楚败蔡师于莘,以蔡侯献舞归。①

蔡国国君和息国国君娶了两姐妹,但蔡侯对待息侯夫人有所不敬,息侯愤恨之余设计了一个阴谋:请求楚国假意征伐息国,息国向蔡国求救,楚国就有了征伐蔡国的借口,最终楚国俘虏了蔡国国君。这种将原因归于人物的心理活动,或者说在叙事中认定后续事件的发生来源于某个人物的心理,这样一种对于历史的解读是否符合历史事实不是本书所关注的重点,重点在于这种解释实质上反映了《左传》的叙事者对于"人"的认识达到了一个全新的高度,开始重视个人在历史发展中所起的作用,这种观念对于以人物为核心的传记体史书的产生起到了重要作用。

第三,《左传》叙事者在具体叙事过程中频繁地使用倒叙、预叙、插叙等方式,② 在很多时候突破了编年体史书按照时间顺序排列事件的模式。学界对《左传》中的倒叙、插叙,特别是对于"初"字领起的叙事方式有较多的讨论,本书这里想重点分析《左传》中的预叙。所有非顺序的叙事方式其实都是以打破事件原有时间链的方式来表达特定的意义,但预叙在打断时间链的叙事方式方面远较倒叙和插叙特别,因为站在作者的角度,实际上所有的预叙都是"站在现在,书写着过去的将来"。而对于作者来讲,无论是"过去"还是"过去的将来"都是非常清楚的事实,所以如何调度安排这些事件的顺序,其中大有深意。

《左传》的预叙有些在时间上距离很近,比如《桓公元年》记载了一件单独看很奇怪的事件:"宋华父督见孔父之妻于路,目逆而送之,曰:'美

---

① 杜预注,孔颖达正义:《春秋左传正义》,见阮元《十三经注疏》,中华书局1980年版,第1767页。
② 这些叙事方式的名称并不全为西方舶来品,按照清代学者冯李骅《读〈左〉卮言》中的总结,《左传》竟有28种叙法,其中就包括补叙、串叙、追叙等。参见董榕《〈芝龛记〉凡例》所引,见吴毓华《中国古代戏曲序跋集》,中国戏剧出版社1990年版,第465页。

而艳。'"① 读到这里，读者一定很困惑：为什么《左传》要记载这样一件男人看美女的事件？在普遍关注国家政治活动的《左传》中出现这种记录，单独来看实际上是一种"破体"，与整体叙事内容非常不协调。这个事件在下一年就得到了回应，《桓公二年》记载："二年春，宋督攻孔氏，杀孔父而取其妻。公怒，督惧，遂弑殇公。"② 宋国发生了国君被大臣弑杀的恶劣事件，这场巨大的政治动荡，直接原因就在于不长时间之前华父督偶遇另一位大臣的妻子，起了垂涎之心。《左传》叙事者通过记录一件看似奇怪的路遇美女事件，暗示了这场政治风暴的发生。有些预叙距离的时间间隔非常遥远，最典型的例子来自《庄公二十二年》：

> 初，懿氏卜妻敬仲，其妻占之，曰："吉。……五世其昌，并于正卿。八世之后，莫之与京。"陈厉公，蔡出也。故蔡人杀五父而立之，生敬仲。其少也。周史有以《周易》见陈侯者，陈侯使筮之，遇《观》之《否》。曰："是谓'观国之光，利用宾于王。'代陈有国乎。不在此，其在异国；非此其身，在其子孙。……若在异国，必姜姓也。姜，大岳之后也。山岳则配天，物莫能两大。陈衰，此其昌乎。"及陈之初亡也，陈桓子始大于齐。其后亡成，成子得政。③

这里接连写了关于陈厉公之子敬仲（也就是田完）的两次预言，归纳起来有以下几点：敬仲命很好，但却要靠自己的子孙来实现；敬仲子孙注定昌盛，但却不在陈国，而在一个姜姓大国；敬仲五世孙就列为卿相，八世孙就执掌国政。这两次预言相当于说了一个含有诸多线索的谜语，但这两个预言所涉及的人物和事件要在百年之后才会实现，所以，《左传》叙事者对于这两个预言采取了较为特殊的叙事方式——即时揭开了谜底："及陈之初亡也，陈桓子始大于齐。其后亡成，成子得政。"这两件事都有确切时间可考，"陈之初亡"指的是陈国第一次被楚庄王伐灭，这件事发生在公元前598年，这时敬仲的后代陈桓子在齐国依靠"大斗出小斗进"的方式广收民心，"五世其昌"指的就是他；"其后亡成"指的是陈国第二次亡国，彻底被楚国兼并，发生在公元前478年，此时田成子田常

---

① 杜预注，孔颖达正义：《春秋左传正义》，见阮元《十三经注疏》，中华书局1980年版，第1740页。
② 杜预注，孔颖达正义：《春秋左传正义》，见阮元《十三经注疏》，中华书局1980年版，第1740页。
③ 杜预注，孔颖达正义：《春秋左传正义》，见阮元《十三经注疏》，中华书局1980年版，第1775—1776页。

在齐国对于政权的掌控已经到了杀简公立平公这种废立国君的程度，田氏开始牢牢把控着齐国政权。而《左传》叙事到鲁哀公二十七年（前468），所以"成子得政"这一事件的提前介绍并未超出《左传》叙事范围。而最终发生在公元前386年的田氏代齐，敬仲子孙正式成为齐国国君的时间则远在《左传》叙事时间之外了，所以，尽管《左传》作者以"代陈有国乎"进行了强烈的暗示，但对于这一事件，并没有明确记载。可以看出，敬仲的后代由陈入齐并最终取得齐国政权这一事件，在时间上绵延了200多年，这种预叙实际上因为时间距离如此之长，所以已经很难说有结构上的勾连作用，而这却正是学者们谈到《左传》的预叙时经常提到的叙事作用。这一处预叙，更多的作用还是在于介绍敬仲这一家族本身的发展情况，与整体结构无关。

相比于其他叙事方式，预叙需要作者或者叙事者对于一个大的时间范围内的事件有更加清晰的认识，并且对这些事件之间的关联具备非常深刻的理解，还要在具体的叙事上做好必要的铺垫、呼应一类的安排。这对于叙事者提出了远远高出简单按照时序进行叙事的要求，所以说，预叙在《左传》中的大量出现，是《左传》叙事成就的重要标志。

总体上看，《左传》的叙事者在叙事过程中，充溢着前所未有的自信心，不仅开始频繁地对历史人物和事件进行臧否评价，而且敢于突破《春秋》固有的对待某些问题的观念。这种变化从属于战国时期开始的"士人"群体崛起的时代大背景，后来的《史记》中更加敢于创造的那个叙事者正处在《左传》叙事者的延长线上。《左传》叙事者在运用多种叙事方式方面也非常成熟老到，很多具有标志性的叙事方法都出现或成熟在《左传》叙事者手中，比如大量运用"君子曰"进行评论，大量使用"初"这种倒叙方式，开始将历史事件的成因归之于个人的作用甚至是个人的情绪等。

第七节 《国语》《战国策》的叙事者

论到作者以及叙事者，《国语》和《战国策》这两部史书应当放在一起讨论，因为在这个问题上二者非常类似。《国语》和《战国策》更像是资料汇编，不仅作者很难确定是某一个人，甚至全书都可能是经不同作者之手不断累积而成的。与《左传》相比较，《国语》和《战国策》无论是在内部篇章的编排还是在整体写作思想上，都存在不统一的问题。相较《国语》，《战国策》的成书因为在西汉末年经过当时大学者刘向的整理而较为清晰。

刘向在《战国策叙录》中介绍了自己整理的方法："所校中《战国策》书，中书余卷，错乱相糅莒。又有国别者八篇，少不足。臣向因国别者，略以时次之，分别不以序者以相补，除复重，得三十三篇。"① 可以看到，在刘向开始整理《战国策》时，这部书已经处于"错乱相糅莒"的状态，刘向所采取的"以时次之""除复重"等具体方式，已经是对原有资料重新编排了。而经过这种主观性非常强的整理工作后，《战国策》与原有那一堆"错乱相糅莒"的原始资料相比已经脱胎换骨，已经无法摆脱刘向的痕迹了。但是，这种情况在中国史书、古籍的传承过程中，又是无法避免的，只不过刘向整理《战国策》的情况被明确记载下来。事实上，刘向所领导的这一次图书整理工作，规模非常大，有学者即指出："文本流传越广，口头传播与重新编辑的空间就越大；……所有现存的战国时期文本，都经过了汉代宫廷学者编订工作的重塑。……刘向等学者不得不对文本进行选择、辨认、校勘、整理；此外，他们还要用当代文字将这些文本重新抄写到新的竹简上，从而制作了一批新的标准化文本。"② 如果按照非常严格的标准，每经过一次这样移筋动骨的整理，原有的文本也就发生了改变，如此一来，我们几乎没有办法对 2000 多年前的史书做出有效的文本认定：现在我们研究的《战国策》究竟应当被认定为成书于战国时期，还是应当被认为是刘向的作品？抑或将编著者归于宋代的整理者曾巩名下？

面对这种情况，比较合理的解决办法就是将这些现有文本"认定"为原始文本。这样做有两方面原因：一是因为我们根本无法去追寻最古老的原始文本，而一切后起的所有手抄本、整理本，相对于原始文本，其实都难免会出现一定程度无意识的错误或者有意识的修改，如果采取严苛的标准，研究工作就无法进行；二是因为这些文本在被整理出一个相对稳定的定本之后，基本上没有再发生大的变化，也被广泛认可和接受。也就是说，经刘向整理后的《战国策》，在古代中国就一直被认为是《战国策》的原

---

① 刘向：《战国策叙录》，见严可均辑《全上古三代秦汉三国六朝文》，中华书局 1958 年版，第 331 页。

② 孙康宜、宇文所安：《剑桥中国文学史》（上册），生活·读书·新知三联书店 2013 年版，第 89—91 页。

本；经刘歆发掘整理的《左传》，也一直被认为是《左传》的原本。①

既然作者无法确定，本书就将研究焦点放在《国语》和《战国策》的叙事者之上，这是一个只需研究文本就能解决的问题。

总体来讲，《国语》和《战国策》虽然缺乏完整的整体结构，全书由众多独立的小段落构成，但模式化程度非常高。很多学者都指出过，《国语》叙事具有非常普遍和明显的模式，那就是"事由—议论—后果"这种近似三段式的结构。②《战国策》同样具有类似的叙事模式："很多'说'的基本剧情，大同小异：策士进言，统治者或从谏如流，或蔑然不闻。……'战国时代'的传统形象本身，很大程度上是由这些无所顾忌地谋求制胜策略的纵横家塑造而成的。"③ 而且，《国语》和《战国策》的叙事者在叙事过程中非常明显而且主动地进行着虚构。例如，《国语》中著名的"骊姬夜泣"，虚构性质就非常明显。《战国策》中更是出现了大量的虚构性寓言，陈蒲清认为有 54 则，熊宪光认为有 70 则。④ 尽管统计的标准和最终结果存在差异，但《战国策》中确实存在大量的虚构情节。这种虚饰的程度如此之高，以至于很多学者对其表达了严重不满，甚至认为不应将其归入史书范畴。《汉书·艺文志》将《战国策》与《春秋》《左传》等并列，视之为正史，但是到了《隋书·经籍志》则就将其归入杂史类。⑤ 陈平原说："故

---

① 当然中国先秦时期的史书或者古籍，几乎每一部都接受过真实与否的怀疑，特别是进入近代以后。但这种怀疑有的带有特定的政治目的，比如康有为认为《左传》为刘歆伪造，其实就是要为维新变法张目。而经过一段时间的考证，大多数学者对绝大多数先秦文献的真伪问题均持肯定态度，被学者们所肯定的这些古籍文本，其实也就是经过后代整理过的文本。除了刻在甲骨上的只言片语和铸造在青铜器物上有限的若干篇钟鼎铭文以外，在那个年代几乎不再有以原始面貌保存下来的文本，特别是在经历秦火之后，"领受俸禄的西汉宫廷古典学者们，不得不从无数捆杂乱无章、拼写法相互歧义的竹片中，创造出新的、标准化的文本。"见孙康宜、宇文所安《剑桥中国文学史》（上册），生活·读书·新知三联书店 2013 年版，第 93 页。所有的典籍都经过一系列的摹写、传抄、遗失、整理，才基本定型，成为我们今天看到的典籍。

② 俞志慧：《〈国语·周鲁郑楚晋语〉的结构模式及相关问题研究》，载《汉学研究》2005 年第 1 卷第 2 期；程水金：《从鉴古思潮看〈国语〉之编纂目的及其叙述方式——兼论〈国语〉与〈左传〉之关系》，载《武汉大学学报》2008 年第 7 期；李佳：《试论〈国语〉的篇章结构及其笔法特征》，载《北京大学学报》2010 年第 1 卷第 6 期。

③ 孙康宜、宇文所安：《剑桥中国文学史》（上册），生活·读书·新知三联书店 2013 年版，第 84 页。

④ 陈蒲清：《中国古代寓言史》，湖南教育出版社 1983 年版，第 79 页；熊宪光：《战国策研究》，重庆出版社 2004 年版，第 71 页。

⑤ 班固：《汉书》，中华书局 1962 年版，第 1714 页；魏征，等：《隋书》，中华书局 1973 年版，第 959 页。

与其将《战国策》作为信史来考辨,不如将其作为文章来欣赏。"①

那么,为何两部作品的叙事者会采取这样一种既简单且重复性如此强的叙事模式呢?笔者认为,这与两部书的叙事目的有紧密关系。《国语》的思想倾向于对理想道德的宣扬,而《战国策》则清楚明白地表露了对个人声誉以及财富地位的追求,虽然两部书的叙事目的截然不同,但又都简单明了,并无丝毫隐晦。而要实现这种简单明了的叙事目的,最恰当的叙事方法也应当是简单清晰,能够让读者一目了然。《国语》的叙事核心是每个段落中的"议论",该部分全为人物语言,《国语》的道德宣扬以及道德评判多借助这一部分中的人物语言,以最为直接的说教方式来完成叙事目的。也就是说,《国语》最希望读者接受的就是这些道德宣扬,那么以上模式中的"议论"部分就是写作的重点,而"事由"和"后果"实际上是为"议论"设计的某一个场景,在《国语》叙事中就显得不那么重要了,通常只给出一个大致的介绍,对于事件某些重要的自然信息比如时间,给予的关注都很少。根据已有统计,《国语》大部分篇章的"事由"都非常简略,而且在篇章开头明确交代时间的仅有30多篇。② 也就是说,《国语》根本无意于记事,进行道德宣扬才是全书写作目的所在。下面通过一个例子来看《国语》《左传》对于同一事件的记载:

庄公丹桓宫之楹,而刻其桷。匠师庆言于公曰:……(《国语·鲁语上》)③

(二十三年)秋,丹桓宫之楹。……二十四年,春,刻其桷,皆非礼也。御孙谏曰:……(《左传·庄公二十三年》《左传·庄公二十四年》)④

很明显,根据《左传》记载,"丹桓宫之楹"与"刻其桷"是发生在不同时间的两个事件,但《国语》却将这两件事合而为一,变成了"匠师庆"进行道德劝谏的事由。

《战国策》的情况与《国语》非常类似,徐复观即指出:"编辑《战国

---

① 陈平原:《从言辞到文章,从直书到叙事——秦汉散文论稿之一》,载《文学遗产》1996年第1卷第4期。
② 李佳:《试论〈国语〉的篇章结构及其笔法特征》,载《北京大学学报》2010年第1卷第6期。
③ 徐元诰:《国语集解》,中华书局2002年版,第146页。
④ 杜预注,孔颖达正义:《春秋左传正义》,见阮元《十三经注疏》,中华书局1980年版,第1779页。

策》者的动机，既不在于劝诫，也不在于保存此段的历史材料，而意在假助于当时权谋之策、奇谲之辞，以为游说之资；故其内容固然保存了战国这段历史的重要材料，但年月不具，缺少了作为史学的基本条件。"① 正如徐复观所指出的，从文本角度来看，《战国策》每一个小段落中最重要的同样是人物的议论，只不过内容方面变成以更加夸张的语言对于权谋的宣扬，而且相比于《国语》，《战国策》对于史实的处理更为随意，以致后代学者少有将其作为信史看待。国外学者甚至下此断语："《战国策》所记内容绝大部分都不是信史"。②

如果将考察的范围稍加扩大，我们就会发现，与《国语》《战国策》体例相类似的一些作品都存在相近的叙事结构。《晏子春秋》共有200多个关于晏婴的小故事，这些故事几乎全以晏婴的言语为叙事中心；西汉末年刘向编纂的两部故事集《说苑》和《新序》，其中《说苑》以"说"为书名，很明显每个故事都以人物语言为主，《新序》多数篇章的核心内容也为人物言论。可以看出，以上这些以人物语言为主的作品都有非常相似的结构和叙事模式：单独篇章短小，叙事结构简单，内容以人物言谈为中心，主要目的都在宣扬某种理念等。这些作品都是先秦两汉时期"说"这种文体的典型代表。也就是说，《国语》和《战国策》的叙事者采用的这种叙事方式，具有比较统一的文体属性，所以，这种叙事方式也可以说是一种文体体例特征方面的归属。③

第八节 《史记》的叙事者和隐含读者

《史记》与前代史书相比，一个明显的差别就是作者身份十分明确，司马迁拥有毫无争议的著作权。但是，关于《史记》研究的有些问题却依然牵涉到作者的身份，而借助于西方叙事学中的相关理论，这些几乎无法厘

---

① 徐复观：《两汉思想史》（第三卷），九州出版社2014年版，第276页。
② 孙康宜、宇文所安：《剑桥中国文学史》（上册），生活·读书·新知三联书店2013年版，第85页。
③ 当然还可以从另一个角度来看这个问题：以上所举的几部作品，《说苑》和《新序》本为刘向个人作品，《战国策》和《晏子春秋》又经其手整理，只有《国语》与其没有直接关系。所以，以上我们所做的文体方面的判断，还有另一种可能，就是这种文体特点其实就是刘向个人的喜好或习惯在整理文献时留给这些文献的痕迹，但是这种推断的前提是刘向对经其手的文献做过大幅度的改动。

清的问题将会得出清晰得多的认识。

《史记》一般署名为司马迁,但司马谈和褚少孙也很有可能在一定程度上可以分享著作权。认为司马谈作《史记》的观点自唐代的司马贞始,他认为:"《史记》者,汉太史司马迁父子之所述也"①,明确提出司马谈已经开始《史记》的实际写作工作。今人赵生群有《司马谈作史考》一文,综合王国维、顾颉刚等前代学者意见,较为全面地论述了这一问题。文章认为,至少有《卫康叔世家》《陈杞世家》《殷本纪》《宋微子世家》《周本纪》《齐太公世家》《秦本纪》以及《刺客列传》《樊郦滕灌列传》《郦生陆贾列传》《张释之冯唐列传》《赵世家》等篇章为司马谈全部写定的作品(其中后5种为王国维、顾颉刚所考定)。而属于司马迁、司马谈父子合著的则包括《太史公自序》(顾颉刚考定)、《历书》、《天官书》和《封禅书》。② 学界一般认为,司马谈即使没有正式撰写《史记》的正文,作为司马迁的父亲以及史学方面最重要的导师,他也在材料收集整理、写作体例设计、评价理念确立等关乎《史记》整体样貌等重要方面为司马迁做了很多前期工作。

《史记》的作者还涉及另外一个人,那就是褚少孙,或者说以褚少孙为主的一个续作者群体。班固在《汉书·司马迁传》中最早提出,虽然司马迁完成了整部《史记》的写作工作,但是却有"十篇缺,有录无书"的问题,但班固只陈述问题,并未开列具体篇目。到了南朝裴骃作《史记集解》时,引用了三国时张晏的说法:

> 迁没之后,亡《景纪》、《武纪》、《礼书》、《乐书》、《律书》、《汉兴已来将相年表》、《日者列传》、《三王世家》、《龟策列传》、《傅靳蒯列传》。元成之间,褚先生补阙,作《武帝纪》、《三王世家》、《龟策》、《日者列传》,言辞鄙陋,非迁本意也。③

这段话不仅明确标明了《史记》所缺失的十篇文章的篇名,还首次提出时代略晚于司马迁的褚少孙补作了其中的四篇。这一说法在《史记》"十篇缺"这一学术问题中影响最大,特别是经过近人余嘉锡《太史公书亡篇考》的考证后,"十篇缺"的具体篇章几乎成为定论。但褚少孙究竟补了多少篇则未有定论,按照张晏和裴骃的说法,褚少孙补了四篇,生活在开元

---

① 司马贞:《史记索隐序》,见司马迁《史记》,中华书局1959年版,第7页。
② 赵生群:《司马谈作史考》,载《南京师大学报》1982年第1卷第4期。
③ 裴骃:《史记集解》,见司马迁《史记》,中华书局1959年版,第3321页。

盛世的刘知几延续了这种说法:"褚先生更补其缺,作《武帝纪》、《三王世家》、《龟策》、《日者》等传。"① 但是,与刘知几同时的张守节作《史记正义》时,就声称褚少孙补全了亡佚的全部十篇作品②,清代赵翼不仅赞同张守节的说法,更进一步提出"十篇之外尚有少孙增入者",但所举诸例都仅为个别段落,非完整篇章。③ 另外,从班固开始,认为续补《史记》的除褚少孙外,应当还有冯商等人。④ 关于续补《史记》亡佚篇章的问题,目前仍然没有定论,只能说是褚少孙或者是以褚少孙为主的作者群体最终补全了整部《史记》。亡佚十篇,相对于《史记》一百三十篇来说,虽说只是其中的一小部分,而且褚少孙们对于《史记》的修补工作不断承受着后人的各种批评,⑤ 但这种工作至少让后代读者能够看到一部篇章完整的《史记》,而且,因为这种补缺工作在时间上较为接近的原因,尽管"非迁本意",但也有一定的价值。

综上所述,虽然不能忽略司马谈以及褚少孙们的工作,他们从不同方面、在不同程度上对《史记》的最终完成做出了贡献,但司马迁毫无疑问是《史记》的"第一作者",他的创作实践对于《史记》整体风貌的形成是决定性的,所以在下文中涉及《史记》作者时,主要以司马迁为论述对象。

《史记》中最能体现叙事者存在的部分就是"太史公曰"。"太史公曰"的大量出现,是《史记》在整个叙事过程中形成制度化叙事干预的显著标志。"太史公曰"是整个《史记》研究中的一个重要问题,很多学者都做过专门研究。习惯上将位于篇前的"太史公曰"称为序,位于篇中的称为论,位于篇末的称为赞。据张大可统计,《史记》中共有序23篇、论5篇、赞106篇,共计134条"太史公曰",其中《武帝本纪》乃后补者袭用《封禅书》之赞,世家1篇无赞,列传7篇无赞。⑥ 司马迁不仅频繁使用"太史公"的名号,而且《史记》书名原题即为《太史公书》,看起来司马迁好像确实在以"太史公"自命。对于"太史公"的身份问题,学界到现在还没

---

① 刘知几撰,浦起龙释:《史通通释》,上海古籍出版社2009年版,第313页。
② 见《龟策列传》下《正义》部分:"《史记》至元成间十篇有录无书,而褚少孙补《景纪》、《武纪》、《将相年表》、《礼书》、《乐书》、《律书》、《三王世家》、《蒯成侯》、《日者》、《龟策列传》。"见司马迁《史记》,中华书局1959年版,第3223页。
③ 赵翼著,王树民校正:《廿二史札记校正》,中华书局1984年版,第7—9页。
④ 班固:《汉书》,中华书局1962年版,第1714页;刘知几撰,浦起龙释:《史通通释》,上海古籍出版社2009年版,第314页。
⑤ 比如刘知几就批评褚少孙的补作是:"辞多鄙陋,非迁本意也。"见刘知几撰、浦起龙释《史通通释》,上海古籍出版社2009年版,第314页。
⑥ 张大可:《简评史记论赞》,载《青海社会科学》1983年第1卷第6期。

有达成统一认识,主要有以下若干种观点:认为"太史公"为汉时官称,"太史公"为当时通称,"太史公"为司马谈,"太史公"为司马迁,"太史公"为司马谈或司马迁,"太史公"为书名等。之所以出现这种纷杂的情况,原因即在于以上所有解释都不能涵盖"太史公"的全部情况。

普通读者一般都会较为自然地认为,在作品中发表评论的人物理所应当是作者本人,那么"太史公"就是司马迁。且不说这种看法模糊了作者本人思想和作品所表达思想的关系,就是从一些明显证据来看,有好几处"太史公"的身份都不可能是司马迁本人。朱榴明在《〈史记〉"太史公曰"抉疑》一文中列举了很多这方面的例子,一目了然。比如《樊郦滕灌列传》后的"太史公曰"这样写道:"吾适丰沛,……余与他广通,为言高祖功臣之兴时若此云。"① 朱榴明分析说:

> 这一段"太史公曰"中说"太史公"与他广有交往。写这篇传记,资料是从他广那里得来的。查他广是樊哙的孙子,袭封为舞阳侯,后于孝景中六年因事"夺侯国除"。孝景中六年,是公元前144年,司马迁生于公元前145年,方在襁褓中,怎能同他广有交往,听他广讲他先世的事呢?显然,这位"太史公"不是司马迁。②

类似的问题在《郦生陆贾列传》《游侠列传》《封禅书》等篇中都存在。如果说以上"太史公"自述中的"余""吾"非司马迁而是其父司马谈,这在时间上还可能实现的话,那么有的"太史公"看到或听到的事实则连司马谈都无法亲见。《刺客列传》中的"太史公曰"这样说:"始公孙季功、董生与夏无且游,具知其事,为余道之如是。"根据《史记》记载,荆轲刺秦王事件发生在秦王政二十年,司马迁任太史令在汉武帝元封二年,3年前司马谈去世,中间相隔115年。而且从"公孙季功、董生与夏无且游"可以推断,当时公孙季功和董生最少也应当成年,他们能够在有生之年将夏无且讲给他们的事复述出来,作为听者的"余",从时间上来推断不可能是司马谈。类似的例子在《史记》中还能找到,《封禅书》中的"太史公曰"声称:"余从巡祭天地诸神名山川而封禅焉。"根据《太史公自序》中的说法,司马谈就是因为无法参加汉武帝举行的封禅大典而一病不起,而无论是司马迁自己,还是后来为其做传的班固,都没有提到司马迁参加过封禅大典,这里的"余"又既不是司马谈,也不是司马迁。

---

① 司马迁:《史记》,中华书局1959年版,第2673页。
② 朱榴明:《〈史记〉"太史公曰"抉疑》,载《人文杂志》1986年第1卷第6期。

认为"太史公曰"为汉时官称、当时通称或者为书名的，实际上都是认识到无法将"太史公"这个称号划归给司马迁或司马谈而将答案宽泛化的结果，但这种将答案范围放大的做法仍然解决不了问题，因为有多处"太史公曰"通过其中的人物行动毫不遮掩地向读者明确标示了身份。"太史公曰"在《史记》中并不仅仅是一个被固化的死板模式，"太史公"也并不是一个补充些奇闻轶事或者发表评论、保持静止不动的人物，很多时候"太史公"会在书中有所行动，直接进入史书叙事，成为一个特殊的人物。《十二诸侯年表》这样开篇："太史公读《春秋历谱谍》，至周厉王，未尝不废书而叹也。曰：呜呼，师挚见之矣！纣为象箸而箕子唏。"① 这里的"太史公"不仅发表了大段的评论，甚至还"废书而叹"，作为作品中的人物在作品中有所行动。《五帝本纪》的"太史公曰"则有这样的自述："余尝西至空桐，北过涿鹿，东渐於海，南浮江淮矣，……"② 这段自述中，在四方探访历史踪迹的"余"应当就是司马迁本人。类似的情况还有很多，《天官书》中的"太史公曰"说："太史公推古天变，未有可考于今者。……余观史记，考行事，……"③；《淮阴侯列传》中的"太史公曰"说："吾如淮阴，淮阴人为余言，……"④；《屈原贾生列传》中的"太史公曰"说："余读《离骚》、《天问》、《招魂》、《哀郢》，悲其志。适长沙，观屈原所自沉渊，……"⑤ 以上这些"太史公"在作品中都是有实际行动的人物，以群体或书名视之确实不恰当。

从以上分析来看，现有的任何一种解释都无法涵盖"太史公曰"的所有情况。而无论是司马迁还是其父司马谈，又确实都担任过"太史令"这个官职，他们在进行《史记》写作工作时就都被人称呼为"太史公"，所以，司马迁或者司马谈选择使用"太史公"这个称呼来进行历史评论，其中的自觉意识、自我意识都非常强。可以假设，如果后代史官都沿用此种做法的话，那么《后汉书》中的"赞曰"就会因为范晔在宣城太守任上写成《后汉书》而变为"宣城太守曰"；《新唐书》中的"赞曰"也会因为主修欧阳修、宋祁均担任过翰林学士的官职而变为"翰林学士曰"；等等。这当然只是一种假设，但从这种假设所带来的异化感觉反观已经为人所熟习的"太史公曰"，就能体会出这种"自显姓名"的做法在史书叙事中是一种

---

① 司马迁：《史记》，中华书局1959年版，第509页。
② 司马迁：《史记》，中华书局1959年版，第46页。
③ 司马迁：《史记》，中华书局1959年版，第1344页。
④ 司马迁：《史记》，中华书局1959年版，第2629页。
⑤ 司马迁：《史记》，中华书局1959年版，第2503页。

多么巨大的突破性创造。

除了外在形态方面的无法确指,"太史公曰"的内在评价标准的不一致甚至是相互抵牾,也早已为学者所关注。一般来讲,大部分"太史公曰"的功能是对整篇传记进行总结性评论,也就是说,"太史公曰"最重要的作用就是评论:指出事件的性质、明确人物的褒贬,这些都属于典型的叙事者干预。通过这种方式,作者可以将自己对于历史的理解毫无遮掩地表达出来,读者也能够毫无障碍地接受来自作者的指点,这种叙事方式最大的作用就是能够使得意义传达更加顺畅清晰。比如《李将军列传》在记录完李广主要的事迹后,篇末的"太史公曰"中先引用"其身正,不令而行;其身不正,虽令不从"来说明李广品行中最突出的正直一面,又指出"及死之日,天下知与不知,皆为尽哀"的情况,最终得出"彼其忠实心诚信於士大夫也"① 这样一种论定,从而为读者更好地理解李广这一历史人物提供了明确的指示。《史记》中大部分"太史公曰"都负载着这种功能。

但是,《史记》中某些"太史公曰"实际起到的作用则与此相反,好像恰恰是为了迷惑读者,至少是为了不向某些特定的读者直接显示作者的真实意图而"说了谎话"。比较明显的例子就有《项羽本纪》《吕太后本纪》《李斯列传》《淮阴侯列传》《晁错列传》等篇章中的"太史公曰",对历史人物的评论与正文对人物的记录存在比较明显的矛盾。比如《淮阴侯列传》中,司马迁对于韩信是否真的有谋反企图一边在正文中留下了很多疑点,一边又在该篇"太史公曰"发出这样的感叹:"天下已集,乃谋畔逆,夷灭宗族,不亦宜乎"②,这就又与传记产生了矛盾。再比如,《吕太后本纪》几乎全篇都在写吕后如何培植党羽以及觊觎刘氏政权,更详细描写了其将戚夫人制成"人彘"的残忍事件,但该篇的"太史公曰"却这样评价吕后:"惠帝垂拱,高后女主称制,政不出房户,天下晏然。刑罚罕用,罪人是希。"③ 与正文所记载的事实相对比,此处有意为吕后回护的意味非常明显。那么,为什么司马迁会在这些"太史公曰"中展现出完全不同的评价态度呢?

对于司马迁通过"太史公曰"等形式表达出来的史评,有的学者持肯定态度,比如刘大杰曾说:"他对于历史事件的分析和历史人物的褒贬,都能坚持准则,掌握分寸,不流于主观的好恶和无原则的虚夸。"④ 但有些学

---

① 司马迁:《史记》,中华书局1959年版,第2878页。
② 司马迁:《史记》,中华书局1959年版,第2630页。
③ 司马迁:《史记》,中华书局1959年版,第412页。
④ 刘大杰:《中国文学发展史》(上卷),上海古籍出版社1982年版,第170页。

者则认为这是司马迁的失误，例如张新科曾说："司马迁对人物的评论，基本上是公允的，但也有失误之处。如说商鞅是'天资刻薄之人'，评晁错时说：'语曰："变古乱常，不死则亡"，岂错等谓邪！'"① 本书并不想对司马迁品评人物的具体得失进行评价，只是想指出，这种看似自相矛盾的记载其实正是叙事者身份变换的结果。

在面对这一问题时，我们不如承认司马迁在很多时候确实拥有不同的面孔，在不同的语言环境中对同一位历史人物评价时会更换视角、方法甚至是立场。过常宝曾指出："司马迁明显具有士和史的双重身份。当他以士的身份言说时，则汹汹然血脉贲张，意气风发；而当他以史官言说时，则板起面孔以道义褒贬人物。"② 这种承认司马迁在《史记》写作中拥有"双重身份"的思路，从叙事学的理论来说，其实就是同一位作者使用不同的叙事者身份进行叙事活动，其中那些看起来矛盾的记录或评价，就是因为叙事者发生了变换。

笔者基本同意上引过常宝的说法，"士"和"史"是《史记》中出现最多的两种叙事者，而这两种身份都渊源有自，同时被司马迁认同并借用为叙事者身份，其实是一种自然的归依与认同。

"史"的身份对于司马迁，几乎可以说是一种与生俱来的身份认同。从《太史公自序》中的陈述来看，司马氏的前身"南正重""北正黎"早在传说中的唐虞之际就行使掌管典籍以及"序天地"这样的记事职能，在周宣王时"失其守而为司马氏"，这种"失其守"其实很可能是失去巫觋功能而使史官职能专门化的一种表现，而"司马氏世典周史"则明确说明了这一家族对于史官这一职责的世代传承。以上是家族传统，而对司马迁有直接影响的则是其父司马谈以及他本人担任"太史令"的经历。这种家族传统以及个人的职官经历，使得"史"成为司马迁最为重要的身份认同，并且使得史官也成为整部《史记》中最为重要的叙事者身份，在大多数时候，司马迁都在以史官的身份对历史进行记录，对历史人物做出评判。而且从发展沿革角度来看，"史"的视角到了司马迁的时代，已经形成了较为固定的言说传统，即在严谨、典重的记事之余，非常重视以道德为量尺对历史事件、历史人物做出评判。多数时候，《史记》中的叙事者都以"史"的身份出现，并继承了这种言说传统，处于这种言说传统的框架之内，叙事者的所有活动都带有典型的史官色彩，"太史公曰"评论形式的制度化出现、某位人物本传中对其评价有向主流观点靠拢等特点，就是这种叙事者身份

---

① 张新科：《史官文化与唐前史传散文》，载《陕西师范大学学报》1999 年第 28 卷第 3 期。
② 过常宝：《原史文化及文献研究》，北京大学出版社 2008 年版，第 354 页。

的突出体现。

"士"的起源很早,顾颉刚曾论:"吾国古代之士,皆武士也。士为低级之贵族,居于国中,有统驭平民之权利,亦有执干戈以卫社稷之义务,故谓之国士以示其地位之高。"① "士"出于武士且为最低级的贵族,这一说法得到了学界的普遍认可。从春秋末期开始,随着礼乐制度的崩坏以及诸侯之间征伐的频繁,士的规模不断扩大,影响力日盛。"士"作为一个阶层,群体特征在战国、秦汉之际已经形成,按照司马谈的说法,其中最显著的特点就是"夫阴阳、儒、墨、名、法、道德,此务为治者也"②。也就是说,先秦时代的各种思想流派,最终的关注点都落实到有关治国之道方面,这同样也是"士"这个群体的集体追求和共同理想。最高理想虽然一致,但不同的士,却具有不同的现实追求以及实现追求的具体方式,而这其中对后世影响最大的却是一种不甘于成为王权的附庸而拥有对世俗权力强烈的批判精神。孟子明确提出"民为贵,社稷次之,君为轻"的主张为士阶层的独立精神树立了精神标杆,而面见齐宣王时敢于对国君喊出"王前"并明确提出"士贵耳,王者不贵"主张的颜斶,则是实践这种精神的典型。③ 尽管孟子的主张从没有真正实现过,出自《战国策》的颜斶以及他的大胆事迹也未必为真,但是敢于怀疑、敢于进谏、不与世俗同流,以所持之"道"与世俗之"势"相对抗,却逐渐成为"士"这个日益崛起阶层的最优秀品质,并在后代被继承下来。司马迁本人对于士的身份具有极高的认同度,他甚至在《报任安书》中总结性地提出了士应当具备的基本素质:

> 仆闻之:修身者智之府也;爱施者仁之端也;取予者义之符也;耻辱者勇之决也;立名者行之极也。士有此五者,然后可以托于世,列于君子之林矣。④

这封信被认为是司马迁的内心剖白书,由此可见,司马迁明显以士自居。而司马迁在以士的身份进行言说时,最常见的表现就是敢于怀疑、敢于提出与世俗不同的见解。比如,他在《伯夷列传》中对"天道无亲,常

---

① 顾颉刚:《武士与文士之蜕化》,见顾颉刚《史林杂识初编》,中华书局 1963 年版,第 85 页。
② 司马迁:《史记》,中华书局 1959 年版,第 3288 页。
③ 何建章:《战国策注释》,中华书局 1990 年版,第 395 页。
④ 班固:《汉书》,中华书局 1962 年版,第 2727 页。

与善人"这种道德决定论提出了大胆的质疑;在《商君列传》的叙事中对在汉代已经被冠以"繁法严刑""仁义不施"①等标签的法家代表商鞅治理国家的出色能力给予了肯定;在《项羽本纪》中借项羽之口及篇尾的"太史公曰",以数次"天亡我"的发问,对所谓的天道发出了深刻的怀疑。另外,进入战国以后,相当一部分士变为热烈追求建功立业而蔑视道德礼法,这一类士的价值取向完全建立在现实中成就功业与否之上,《史记》对于战国辩士苏秦、张仪,对于《货殖列传》中的卓氏、任氏等大商人都有赞颂式的记录,这其中进行言说的毫无疑问就是以士的身份出现的叙事者。以上这些例子与《史记》的整体思想体系存在着矛盾,很多学者都讨论过,这其实就是叙事者以士的身份进行言说所造成的结果。

另外,除了"士"和"史",《史记》中还有一个出现次数较多的叙事者,那就是"司马迁"。首先,"司马迁"作为一个人物在《史记》中多次出现,一般有两种形式:一是以"吾""余"等第一人称出现,"司马迁"被塑造成历史见证人的形象,通常出现在"太史公曰"中,例如"吾闻之周生曰"(《项羽本纪》)、"苏建语余曰"(《卫将军骠骑列传》)、"余睹李将军悛悛如鄙人"(《李将军列传》)等。尽管大部分的"吾"可以认为是司马迁,很多学者从《史记》中总结出司马迁的游历范围、路线等,并对他这种田野调查式的写史方式大加赞赏,②但正如前文所指出的,这些第一人称所指称的人物其实无法全部落实到某一位具体人物身上,文中的"司马迁"并不能等同于现实中的司马迁本人或者另一个具体的人。这些以第一人称出现的"司马迁",被定位为历史的亲历者、见证人,但与真实的司马迁并不能完全等同。另外一种情况是"司马迁"成为一段历史的主要参与人,这集中在《太史公自序》中。这篇文章一般被认为是司马迁的自述,但是需要注意的是,即使是自述,作为作者本人的司马迁与被写入文章中的那个"司马迁"也并不能画上等号。在这篇文章中,写作《史记》的"司马迁"被塑造成一位在青年时期接受过良好教育并有丰富游历经历、继承父亲遗志后克服巨大困难最终完成《史记》写作的史学家。文中的"司马迁"比较明显地有类似人物塑造的痕迹,比如其中写道的在司马谈病榻

---

① 贾谊:《过秦论》,见严可均辑《全上古三代秦汉三国六朝文》,中华书局1958年版,第216页。
② 杜维运根据《史记》中相关记载罗列了司马迁所到之地,并指出:"综合司马迁所言,其游历所至,殆遍中国境内,只未到过朝鲜、河西、岭南诸地。"见杜维运《中国史学史》,商务印书馆2010年版,第130—133页。刘大杰也曾指出:"在他的所见所闻中,得到许多活的史料,他把书本知识和实践知识结合起来。"见刘大杰《中国文学发展史》(上卷),上海古籍出版社1982年版,第169页。

旁"迁俯首流涕曰"、遭受李陵之祸后"乃喟然而叹曰"。最为明显的例子则是其中记载的"司马迁"与壶遂的长篇对话，这一大段剖白式的人物语言未必为真，很可能是作者虚构出这一情节，目的是借与壶遂之间的问答，安排"司马迁"将写作《史记》的主要目的进行剖白式的说明。① 余英时说："司马迁写《史记》，本身就是一个史实。"② 司马迁其实将自己撰写《史记》这一事件作为一个历史事件本身记录下来。而且从《太史公自序》整篇的行文来看，这一记录对于司马迁来讲，是高度自觉的行为。重视文本分析的西方学者针对《太史公自序》这一篇指出：

> 司马迁将自己塑造成了一个继承父业的孝子，一个古圣先贤的传人，他既要使过去那些重要人物的功名事迹不致湮没无闻，同时又希望"后世圣人君子"能够永远记住自己、记住自己的父亲。……与此同时，《史记》还最早将文王、孔子、屈原等圣人君子塑造为强有力的作者，正如司马迁的个人形象一般。③

也就是说，《太史公自序》中的"司马迁"实际是被塑造出的一位人物形象。梁启超曾在《史记》中挑选出"十大名篇"，其中即包括《太史公自序》，认为这十篇"皆肃括宏深，实叙事文永远之标范"④。能够将一篇自序写成"叙事文永远之标范"，那么其中自然少不了精心的叙事安排，自觉地完成"司马迁"的人物形象塑造只是其中一个方面。司马迁相对于以往的史书作者，具有高度的自觉意识，对于自己的著作是否能够传之后世怀有热烈的期待，关于这一点，他在《报任安书》中说得非常清楚："所以隐忍苟活，幽于粪土之中而不辞者，恨私心有所不尽，鄙陋没世，而文采不表于后也。"⑤ 这篇自序正是这种热烈期待下的产物。

所以，"司马迁"可以看作是整部《史记》中的一个叙事者，这个叙事者比较特殊，具有如下特点：虽然以第一人称出现，但并不能等同于作者

---

① 班固写作《司马迁传》时，对这一段又进行了进一步的发挥，两人的对话变得更加丰富，身处其后的班固对这一事件的记载反而比身处其中的司马迁更详细，这就更是明显的艺术虚构了。见班固《汉书》，中华书局1962年版，第2717—2719页。
② 余英时：《余英时文集》（卷一），广西师范大学出版社2014年版，第112页。
③ 孙康宜、宇文所安：《剑桥中国文学史》（上册），生活·读书·新知三联书店2013年版，第134—135页。
④ 梁启超：《要籍解题及其读法》，见梁启超《饮冰室全集》（七十二专集），中华书局1989年版，第31页。
⑤ 司马迁：《报任安书》，见严可均辑《全上古三代秦汉三国六朝文》，中华书局1958年版，第272页。

本人，作者司马迁本人只是借其身份进行言说；这个叙事者经常直接介入叙事过程，常以一种典重的姿态对历史事件做出评价，对历史人物进行臧否；这个叙事者对于《史记》当中出场的很多汉初人物都很熟悉或者与一些历史人物本人以及他们的后代都有过交往（这是任何一个现实生活中的单独个人无法做到的），并亲自到过很多重大历史事件的发生地；这个叙事者对于历史本身以及历史写作都有独到且深刻的认识，特别对于历史写作的重要作用有高度的自觉意识，能够清醒地意识到写作《史记》的价值所在。

平实典重的史官，常持批判态度的士人，以及"司马迁"，就是整部《史记》出现最多的三种叙事者身份。纵览整部《史记》，典重的史官是司马迁最为认同的，同时也努力向其靠拢的叙事者身份，这从若干篇"太史公曰"中有意识地回归史官正统论调即能明显看出。但在具体叙事过程中，特别是在一些能够极大触碰到司马迁自身情怀的人物身上，司马迁又无法抑制地使用更接近士的身份来进行叙事。而在涉及《史记》写作重要事由交代的问题上，司马迁则借助另一个"司马迁"来完成。这种叙事者身份的不统一以及不断变换，直接造成了《史记》整体叙事效果的模糊性，甚至很多看似自相矛盾之处。

另外，无论《史记》怎样变换叙事者身份，都有一个相同之处，那就是开始有意识地经营文章，更加主动地将历史写得"好看"，有些时候已经超出史书范畴。我们来对比分析《史记》中两个著名的段落：

> 广出猎，见草中石，以为虎而射之，中石没镞，视之石也。因复更射之，终不能复入石矣。[1]

史书叙事有一个重要特点，绝大多数时候在视角上采取一种全知全能的方式，叙事者以一种近乎上帝的姿态去俯瞰他所要记录的历史，会毫不吝惜地将他所知道的信息完全展现出来。文中的李广是在不知道草丛中只是石头的情况下才把箭射进石头中去的，他是在射中以后，才"视之石也"。但读者却早早地先于李广知道了他射的只是石头，因为在李广射箭之前，叙事者就已经明确告诉我们，李广所射的只不过是"草中石"。这个情节明显体现了史书叙事在信息控制上的特点：叙事者会将他所掌握的信息在第一时间与读者分享，并不会利用控制信息的方式制造悬念——事实上，

---

[1] 司马迁：《史记》，中华书局1959年版，第2871页。

只有虚构性的文学作品才会这样做。这个段落得到后代批评家的一致赞扬，从叙事方式上来看，依然没有脱离史书的范畴。但是，《留侯世家》中的这一段就完全不同了：

> 良尝间从容步游下邳圯上，有一老父，衣褐，至良所，直堕其履圯下，顾谓良曰："孺子，下取履！"良愕然，欲殴之。为其老，彊忍，下取履。父曰："履我！"良业为取履，因长跪履之。父以足受，笑而去。良殊大惊，随目之。父去里所，复还，曰："孺子可教矣。后五日平明，与我会此。"良因怪之，跪曰："诺。"……遂去，无他言，不复见。旦日视其书，乃太公兵法也。良因异之，常习诵读之。①

张良在年少时受教于黄石公的这次经历，对于他日后辅佐刘邦成就大业具有重要意义。但《史记》的叙事者却将这个事件叙述得非常虚幻、神秘，除了事件本身就有一定的神秘性之外，所采用的信息控制方法又在很大程度上加重渲染了这种神秘性：从这个故事一开始，黄石公的身份就被隐瞒起来——他姓甚名谁，从哪里来，为何要教导张良，都没有任何交代。实际上，直到《留侯世家》的结尾，司马迁才为这个神秘事件续上了一个远非圆满答案的结尾："子房始所见下邳圯上老父与太公书者，后十三年从高帝过济北，果见穀城山下黄石，取而葆祠之。留侯死，并葬黄石。每上冢伏腊，祠黄石。"② 直到最后，黄石公的身份不仅没有明确，反而愈发扑朔迷离。考虑到这个事件虚构的本质，所以以上有关这一事件的内容、叙事方式，其实都出于叙事者的有意安排。这个事件不仅神秘，叙事过程还充满悬疑——甚至直到结尾依然没有解开悬疑。司马迁不仅在虚构故事，而且在虚构过程中还非常有意识地调动读者的阅读兴趣，这就是非常明显的文学手法了。

另外，《南越列传》《朝鲜列传》的"太史公曰"都使用了韵语，比如《南越列传》："右渠负固，国以绝祀。涉何诬功，为兵发首。楼船将狭，及难离咎。悔失番禺，乃反见疑。荀彘争劳，与遂皆诛。两军俱辱，将率莫侯矣。"③ 与散体文相比，韵文所能够负载的信息量并没有提升，其最重要的作用就在于提升文章的审美效果。"太史公曰"毫无疑问并无因袭，完全是司马迁自己的创作，这又是主动将历史写得"好看"的例证。

---

① 司马迁：《史记》，中华书局1959年版，第2034—2035页。
② 司马迁：《史记》，中华书局1959年版，第2048页。
③ 司马迁：《史记》，中华书局1959年版，第2977页。

从叙事者的角度分析《史记》，可以发现一般来讲只有在虚构的文学作品中才会存在叙事者身份的不统一以及变换叙事者身份进行叙事的现象，而且可以明显发现作者在有意识地提高文章的审美效果，从这方面来看，《史记》中的叙事者已经溢出了史书范围，开始进入文学的领域了。

附录 "汤武革命"意义解读模式的形成与古代中国政权更替的政治学诠释

中国早期史书叙事在漫长的发展历程中不仅经历着体例的演化、意义表达的不断完善，在某些特定的表达方式上还逐渐形成了模式化较强的叙事方式。这些模式化叙事方式不仅存在于形式层面，更为重要的是与某种特定的意义指向紧密相连。受这种叙事方式的影响，很多著作为了更好地完成某一种特定的意义表达，通常会使用形式结构较为类似的叙事方式来实现这一目的，而某一种特定的意义以及意义的表达方式又自有其形成的过程，这种模式一旦形成，就会以强大的叙事惯性维持较长时间，甚至会成为固定的思维理念最终固化下来，比如下文涉及的"汤武革命"的合法性问题。

作为历史事件的"汤武革命"分别指的是发生在公元前16世纪的商汤灭夏以及公元前11世纪的周武王灭商。现今能够看到的最早将商汤代夏、武王灭商这两件相隔500年的历史事件并称的记载见于《周易·革·象传》："天地革而四时成，汤武革命，顺乎天而应乎人。革之时大矣哉！"[①]《革卦》全卦讲的基本都是有关变化要持守大道、顺乎规律的道理，"汤武革命"这两个历史事件在这里既然被当成"顺乎天""应乎人"的典型事例使用，可以判定《象传》的作者对这种以武力推翻暴政的事件持肯定态度。"命"是所谓的天命，那么"革命"就是新兴势力革除旧有统治者的天命，进而取而代之，也就是改朝换代的另一种说法。但细究词义，能够体察到"革命"具有其他意义相近的词汇所不具备的倾向性：旧有王朝的天命既然能被革除，那么也就意味着天命的丧失和转移，实施"革命"的新兴势力通过使用"革命"这个词，就在昭示着其改天换地的合法性。值得注意的是，这也是"革命"这个词第一次出现在中国典籍中。[②]

[①] 阮元：《十三经注疏》，中华书局1980年版，第48页。
[②] 顾颉刚先生曾论："所谓'革命'的意义是这样：前代的君不尽其对上帝的责任，所以上帝便斩绝他的国命，教别一个敬事上帝的人出来做天子。"其后就举商汤和周武王如何顺应天命而取得政权的记载为例。顾颉刚：《〈周易卦爻辞〉中的故事》，见顾颉刚主编《古史辨》（第三册），上海古籍出版社1981年版，第32页。

"汤武革命"不仅是发生在商代夏、周代商这种易代时期的重大历史事件，更重要的是经过后代对其不断的解读和讨论，不但是各派学者关注的焦点，而且成为中国新旧政权更替时期无法回避的问题，对这个问题的解读结果在很大程度上已经成为一个靠暴力上台的新政权是否具备合法性的根基。特别是在先秦两汉时期，"汤武革命"更是反复出现在当时第一流学者们的著作中，对于"汤武革命"的意义解读也为后代确立了典范。在这些探讨中，原有的只有一面的史实被打扮成各种样貌出现在各家的论著中以及当时的政治活动中心，本文的任务就是梳理这种装扮史实的过程并探讨其背后的思想史意义。

一、先秦时期对"汤武革命"意义的探讨

关于"汤武革命"的性质认定，对于儒家创始人孔子来说属于非常棘手的问题。孔子一方面对当时频繁发生的篡位弑君以及僭权越礼等事件极力反对、大声痛斥，同时对他心中"守礼"的典范——周武王大加称赞。孔子在《论语·泰伯》中说："三分天下有其二，以服事殷。周之德，可谓至德也已矣。"① 孔子认为，文王、武王虽然占据了天下大部分的土地，却仍恪守为臣本分；但孔子却对周王朝取得另外三分之一天下的暴力手段好像故意视而不见。孔子一方面对以周公为代表的西周统治者极为服膺，他在《论语·八佾》中声称："郁郁乎文哉，吾从周"②，但又好像忽略了周公在历史中最重要的身份却是文王之子、武王之弟，不仅是"汤武革命"的重要参与者、武装推翻商王朝统治的核心成员之一，而且还在周初时亲自率军镇压了商部族的复辟反攻。孔子既要维护"君君臣臣"的统治秩序，却又无法回避周王朝依靠暴力取得政权、以臣子身份推翻原有统治的事实。这是一个无法解开、一说就错的死结，所以，孔子对"汤武革命"采取了"息声"的做法，在现有文献中找不到孔子对这一重大事件的评论。

但正如在其他问题上没有遵从孔子教诲一样，③ 孔子之后的儒家对这一问题不再回避，展开了直接探讨。进入战国之后，原有的社会秩序崩塌得更为迅速，这一时期学者们的关注中心在于如何重建混乱的社会秩序，"汤

---

① 何晏集解，邢昺疏：《论语注疏》，见阮元《十三经注疏》，中华书局1980年版，第2487页。
② 何晏集解，邢昺疏：《论语注疏》，见阮元《十三经注疏》，中华书局1980年版，第2467页。
③ 关于后代儒家对孔子学说的各种偏离，可参见朱维铮《中国经学与中国文化》，见《中国经学史十讲》，复旦大学出版社2008年版，第13—16页。

武革命"成为讨论的热点问题。《孟子·梁惠王》中记载了一段孟子与齐宣王之间的对话：

> 齐宣王问曰："汤放桀，武王伐纣，有诸？"孟子对曰："于传有之。"曰："臣弑其君，可乎？"曰："贼仁者谓之贼，贼义者谓之残，残贼之人谓之一夫。闻诛一夫纣矣，未闻弑君也。"①

孟子并不认为汤、武有弑君行为，原因即在于被其推翻的桀、纣实在是"贼仁""贼义"的暴君，这样不顾道义的人已经变成失去民众支持的独夫，根本不配成为国君。孟子思想的核心之一就是明确主张"民为贵，君为轻"，从这种大的政治观背景出发看待"汤武革命"，必然会得出以上结论。另外，孟子在《离娄上》中说道："桀纣之失天下也，失其民也。……为汤、武驱民者，桀与纣也。"②在这里，孟子实际上将"汤武革命"能够获得胜利的答案引向了一个全新的角度：民意民心的向背对政治局势变化的影响。这种观点在后代得到普遍回应：统治者的有道与否而导致的民心向背，被普遍认为是"汤武革命"能够成功的首要原因。③

一般被认为是当时小生产者代表的墨家学派，对"汤武革命"持拥护态度。《墨子·非命上》中说：

> 子墨子曰：古者汤封于亳，绝长继短，方地百里，与其百姓兼相爱，交相利，移则分，率其百姓以上尊天事鬼，是以天鬼富之，诸侯与之，百姓亲之，贤士归之，未殁其世而王天下，政诸侯。昔者文王封于岐周，绝长继短，方地百里，与其百姓兼相爱，交相利则。是以近者安其政，远者归其德。④

在这里，墨家学派充分肯定了汤、武施行的一系列"兼相爱，交相利"的仁政，可以看出，"革命"之后的政治清明、百姓富足才是墨家的关注

---

① 赵岐注，孙奭疏：《孟子注疏》，见阮元《十三经注疏》，中华书局1980年版，第2679—2680页。
② 阮元：《十三经注疏》，中华书局1980年版，第2721页。
③ 回应的例子很多，比如《淮南子·氾论训》中说："且汤、武之所以处小弱而能以王者，以其有道也；桀、纣之所以处强大而见夺者，以其无道也。"见刘文典《淮南鸿烈集解》，中华书局1989年版，第442页。孔颖达在《周易正义》中也说："殷汤、周武，聪明睿智，上顺天命、下应人心，……"见阮元《十三经注疏》，中华书局1980年版，第60页。
④ 吴毓江撰，孙启治点校：《墨子校注》，中华书局1993年版，第401—402页。

点。而且参照墨家著名的"三表"标准,① 从务实主义出发,"汤武革命"正符合墨家最高的政治理想。墨家格外看重"革命"后的现实效果,这与后来荀子考察此问题的角度比较接近,这很可能直接启发了汉代"逆取顺守"观点的产生。但"汤武革命"的暴力性质,与墨家的核心主张"非攻"存在着不可调和的矛盾,这个矛盾解决不了,将影响到墨家学说的基础,所以,墨子在《非攻下》中专门就这个问题进行了说明:

> 子墨子曰:子未察吾言之类,未明其故者也。彼非所谓攻,谓诛也。……武王乃攻狂夫,反商之周,天赐武王黄鸟之旗,王既已克殷,成帝之来,分主诸神,祀纣先王,通维四夷,而天下莫不宾。焉袭汤之绪,此即武王之所以诛纣也。若以此三圣王者观之,则非所谓攻也,所谓诛也。②

墨子在这里区别了两个重要概念:"攻"和"诛"。与简单使用暴力的"攻"不同,墨子所讲的"诛",以武王为例,既有"天赐武王黄鸟之旗"这样的天命昭示,又有在征伐之后"祀纣先王"这样的善举。在墨子看来,武王的政权正因如此,所以才有"天下莫不宾"这样民众衷心归附的结果。墨子政治观中的"诛"根植在这样的实例之上,意义就比较明确了:实施"诛"这种政治行为的一方在道义上应当是正义的,取得胜利后又应当施行仁政。作为儒家最大的辩敌,墨家对"诛"所负载的政治意义进行确认时却与儒家大致相同,③ 但墨子还特别强调了取得胜利后应当施行仁政方面,又重新回到了墨家务实主义的思想理路上来。

先秦的道家学派提倡自然、无为,到了庄子这里更是进一步反对当时已经被公认为圣人的尧、舜、周公等人,对待次一等的所谓明君如汤、武,就更没有什么好感了。《庄子·盗跖》篇虚构了盗跖教训孔子的故事,其中盗跖说道:"尧、舜作,立群臣,汤放其主,武王杀纣。自是之后,以强凌

---

① "三表"是墨家最高的政治标准,在《墨子·非命上》中有明确表述:"何谓三表?子墨子言曰:'有本之者,有原之者,有用之者。于何本之?上本之于古者圣王之事;于何原之?下原察百姓耳目之实;于何用之?废以为刑政,观其中国家百姓人民之利。此所谓言有三表也。'"这里所说的"三表"大意是指政治的好坏应当以历史上的古代圣王的历史经验、以普通百姓的直接感觉、以是否符合整个国家和全体民众的利益为依据。"汤武革命"无论从哪方面来看,都符合以上三条标准。见吴毓江撰、孙启治点校《墨子校注》,中华书局1993年版,第400—401页。
② 吴毓江撰,孙启治点校:《墨子校注》,中华书局1993年版,第220页。
③ 在以"春秋笔法"为主要表现的儒家政治术语体系中,"诛"这种行为的内涵大致为:师出有名前提下的以有道伐无道,也就是杀有罪者。

弱，以众暴寡。汤、武以来，皆乱人之徒也。"① 道家把社会混乱的结果归结在所谓的圣人明君身上，并认为汤、武与强盗本没有区别。这一篇后半段又进一步论述说："小盗者拘，大盗者为诸侯。……汤放桀，武王杀纣，贵贱有义乎？"② 这就更是把汤、武看成了窃国的大盗。在道家看来，正是所谓的明君做出的这种恶行，对整个社会道德起到了巨大的破坏作用。

到了战国末年的荀子那里，又进一步发挥了孟子和墨子的看法。《荀子·正论》中说：

> 汤、武非取天下也，修其道，行其义，兴天下之同利，除天下之同害，而天下归之也。桀、纣非去天下也，反禹、汤之德，乱礼义之分，禽兽之行，积其凶，全其恶，而天下去之也。天下归之之谓王，天下去之之谓亡。故桀、纣无天下而汤、武不弑君，由此效之也。汤、武者，民之父母也；桀、纣者，民之怨贼也。今世俗之为说者，以桀、纣为君而以汤、武为弑，然则是诛民之父母而师民之怨贼也，不祥莫大焉。③

荀子明确把汤武定位在"民之父母"、桀纣为"民之怨贼"的位置上，在这种前提下，"汤武革命"就是"除天下之同害"，不仅不是弑君，相反只会带来"天下归之"这种民心归附的结果。在《臣道》篇中，荀子进一步论述道："夺然后义，杀然后仁，上下易位然后贞，功参天地，泽被生民，夫是之谓权险之平，汤、武是也。"④ 在这里，荀子使用了"夺""杀"这样的词汇，以不回避的态度承认了"汤武革命"的武装暴动性质，但强调的却是在使用武力后，给整个社会带来了"义"和"仁"这样安定平稳的政治局面，在荀子看来，这才是"功参天地"的真正善举。

身处战国末世的荀子较之孟子，有更强烈的德政、治世愿望，也就更加明确地肯定了"汤武革命"在方式上是合理的，在道德上更是正当的。特别是其提出的"夺然后义，杀然后仁"这种更加注重结果的思考理路，直接启发了后代从结果方面来诠释"汤武革命"的意义。这种理路的最大意义在于不再回避汤、武借助暴力的事实，而对暴力革命的非议也正是反对者不认同"汤武革命"合法性的关键。将荀子与以上孟子和墨子的观点

---

① 郭庆藩：《庄子集释》，中华书局1961年版，第995页。
② 郭庆藩：《庄子集释》，中华书局1961年版，第1003—1005页。
③ 王先谦：《荀子集解》，中华书局1988年版，第321—324页。
④ 王先谦：《荀子集解》，中华书局1988年版，第257页。

对比可以发现,他们都赞成"汤武革命",虽然具体的论述不尽相同,但出发点则都根基于朴素的民本主义:孟子注意到的是革命前的民不聊生,而墨子、荀子则对革命后的政治清明给予了格外关注。而且,这两种解读都能够说明"汤武革命"的合法性:既然民不聊生,那么就有了"革命"的必要;既然"革命"后能够实现清明的统治,那么同样也就有了"革命"的必要。

但是,处于荀子学说延长线上的韩非子则对这一事件持有与其老师相反的意见。《韩非子·忠孝》篇中这样说道:

> 汤、武人臣而弑其主,刑其尸,而天下誉之,此天下所以至今不治者也。……汤、武自以为义而弑其君长,……人主虽不肖,臣不敢侵也。①

身为战国法家一派中最为强调法术刑罚的代表,韩非子对"汤武革命"考量的出发点与儒家有着根本区别。韩非子虽然指出"汤武革命"的实质是弑君,但他并不认为汤、武弑君这种行为是不义的。与儒家恪守的君臣大义恰恰相反,韩非子提出批评的出发点在于"汤、武自以为义而弑其君长",也就是说汤、武自认为掌有所谓的道义才导致了弑君行为。韩非子理想的政治局面与道义无关,应当是"夫所谓明君者,能畜其臣者也"②,明确主张君主应当以权术驾驭臣子。从这种政治观出发,韩非子当然反对包括打着道义旗号的"汤武革命"在内的一切犯上作乱行为。

需要注意的是,以上无论是荀子所说的"今世俗之为说者,以桀纣为君,而以汤武为弑",还是韩非子说的"汤、武人臣而弑其主,刑其尸,而天下誉之",都表明当时社会中对这一问题存在着截然相反的两种看法,而且持支持或反对意见的群体都不在少数。可以看出这个问题在先秦时期受到了很多关注,也得到了比较充分的探讨,形成了两种主要的意见,即赞美支持和贬低反对。在荀子之后不久,中国就将迎来秦灭六国以及汉帝国建立这一系列从未有过的天崩地裂式的变革,对"汤武革命"的解释也因为新形势下的新需要而被"发明"出影响更广远的全新意义。

---

① 王先慎:《韩非子集解》,中华书局1988年版,第465—466页。
② 王先慎:《韩非子集解》,中华书局1988年版,第466页。

二、汉代对"汤武革命"意义的确立

秦，既然被戴上了暴政的帽子，那么也就失去了合法性，况且其统一六国的方式也是依靠暴力，并不符合传说中"禅让"制度的要求。既然灭六国的秦没有合法性，那么在其对立面的六国就拥有了合法性。① 但是，秦汉易代之际最重要的两大武装集团——刘邦集团和项羽集团也都不是六国后裔，而且他们都为楚怀王所任命，无论他们谁最终取得天下，其实都不具备合法性。汉帝国建立后，刚刚取得天下的刘邦集团迫切需要一种合法性理由来帮助其在法理上确立统治地位。而刘邦集团武力得天下的方式又使得"汤武革命"成为一个绕不开的重要关节，如何诠释这场已经久远的事件并将其定位在大一统帝国意识形态的设计版图上，成为汉初统治者及学者们共同关注的重要话题，围绕这个话题展开的种种争论也延续了很长时间。《史记·儒林列传》中记载了一场发生在汉景帝时期极具代表性的争论：

> 黄生曰："汤武非受命，乃弒也。"辕固生曰："不然。夫桀纣虐乱，天下之心皆归汤武，汤武与天下之心而诛桀纣，桀纣之民不为之使而归汤武，汤武不得已而立，非受命为何？"黄生曰："冠虽敝，必加于首；履虽新，必关于足。何者，上下之分也。今桀纣虽失道，然君上也；汤武虽圣，臣下也。夫主有失行，臣下不能正言匡过以尊天子，反因过而诛之，代立践南面，非弒而何也？"辕固生曰："必若所云，是高帝代秦即天子之位，非邪？"于是景帝曰："食肉不食马肝，不为不知味；言学者无言汤武受命，不为愚。"遂罢。是后学者莫敢明受命放杀者。②

辕固生在与黄生的争论中实际已处下风，因为他无法解决黄生提出的"冠与履""君与臣"这样的类比，更无法解决"主有失行，臣下……反因

---

① 例如《项羽本纪》中范增劝说项梁："今陈胜首事，不立楚后而后自立，其势不长。"项梁在其劝说下，在民间找到楚怀王的孙子立为楚王，司马迁特意说明这样做是"从民所望也"。《张耳陈馀列传》中张耳陈馀劝说陈胜："今始至陈而王之，示天下私。愿将军毋王，……遣人立六国后。"《留侯世家》中记载张良劝说项梁立韩国王室后裔为韩王。以上这些材料说明，在秦汉之际，立六国后裔能够争取民心已成为共识，而这种共识又建立在广泛的民间意识之上。以上见司马迁《史记》，中华书局1959年版，第300、2573、2036页。

② 司马迁：《史记》，中华书局1959年版，第3122—3123页。

过而诛之"这样的指责，只好抛出"高帝代秦即天子之位"这个现实问题来难为黄生，黄生还未作答，这场争论就被汉景帝制止。其实汉景帝清楚得很，如果不当场制止这种争论，一旦黄生继续固执地坚持自己的立场，其结果就必然得出刘汉政权并不具备合法性这样的结论。汉景帝不仅明智地终止了这场争论，更是规定"言学者无言汤武受命"，从而以行政命令的方式将这个敏感问题暂时搁置起来。

虽然暂时被搁置，但如此核心的问题总需要解决，解决的途径就一定要另找思路。上例中的辕固生在辩论中之所以处于下风，关键是有一个无法回避的问题，那就是桀、纣是君，汤、武则为臣，这种身份无法否认，特别是在大一统王朝建立后，统治者格外重视臣下的绝对忠诚，其时"三纲五常"观念已经明确提出，所谓的"君为臣纲"就是要求臣下无条件地服从君主。此时的政治局面和现实要求既然已经发生了变化，那么对"汤武革命"的解读也提出了新的要求：如何将这种依靠暴力取得政权的事件纳入能够被官方认可的信仰体系中。其实早在西汉建立之初，换一个角度看待这个问题的方法就已经被机敏的学者发现了。《史记·郦生陆贾列传》中记载有陆贾和刘邦的一段对话：

> 陆生时时前说称《诗》、《书》。高帝骂之曰："乃公居马上而得之，安事《诗》、《书》！"陆生曰："居马上得之，宁可以马上治之乎？且汤武逆取而以顺守之，文武并用，长久之术也。"①

这里陆贾使用了"逆取而顺守"的说法来解释"汤武革命"，但是实际上，陆贾所说的"逆取而顺守"却未必是其发明。前边已经谈到，墨家和荀子已经从实用主义出发来解释这个问题，他们不否认革命的暴力性质，但更重视革命后的结果——即由此而来的清明统治，特别是荀子所说的"夺然后义，杀然后仁"，已经非常明确地给"汤武革命"进行了定性。另外，《商君书·开塞》篇中也有类似的话："武王逆取而贵顺，争天下而上让。其取之以力，持之以义。"② 这里虽然只举武王为例，但却阐明了先秦法家中较温和一派对这一类事件的立场：只要"持之以义"，也就是在取得政权后很好地治理国家，那么"取之以力"，也就是运用暴力取得政权也并没有问题。汉初的贾谊也表明了非常近似的观点，他在《新书·立后义》中说："殷汤放桀，武王伐纣，此天下之所同闻也。为人臣而放其君，为人

---

① 司马迁：《史记》，中华书局1959年版，第2699.
② 蒋礼鸿：《商君书锥指》，中华书局1986年版，第54页。

下而弑其上，天下之至逆也。而所以有天下者，以为天下开利除害以义继之也。"① 贾谊在这里虽然尖锐地批判了汤、武以臣弑君的行为，但却认为汤、武"有天下"的根本原因在于他们取得政权后能够"以义继之"，也就是能够实行仁政。这种思路从荀子开始提出，一直到《商君书》中说的"逆取而贵顺"，再到陆贾提出"逆取而顺守"，再到贾谊所说的"以义继之"，主要观点可以归纳为：虽然作为君的桀、纣倒行逆施而违背天意，但作为臣的汤、武依靠暴力取得政权，这确实为"逆取"；但在取得政权后，只要做到顺应天意、听从民心，施行仁政，做到"顺守"，那么这一类使用暴力完成的改朝换代就没有问题。

虽然陆贾在汉初就提出了"逆取而顺守"这种阐释方式，但并没有引起多大的重视，直到景帝时学者还在争论这个问题就是证明。这大概与陆贾的阐述方式有关："汤武逆取而以顺守"只是作为事例来劝导刘邦重视文化、重视儒家理念，而并没有将"汤武革命"作为讨论对象本身。虽然陆贾的阐释并没有在汉初那个政治并不稳定的年代引起多大的重视，但后代再谈到"汤武革命"这一问题，"逆取顺守"则成了一个较为固定的阐释方式。

出现在西汉中期的《淮南子》，在对待"汤武革命"这个论题上，正延续了陆贾等人的说法。《淮南子·氾论训》中有这样的说法："然尧有不慈之名，舜有卑父之谤，汤武有放弑之事，五霸有暴乱之谋。是故君子不责备于一人，方正而不以割，廉直而不以切，博通而不以訾，文武而不以责。"② 这里也是承认汤、武通过暴力取得政权的事实，隐含的意思很明显：虽然"汤武有放弑之事"，但却可以得到谅解，除了这段话所说的不能求全责备之外，还应当有更加充分的理由来谅解这种大逆不道的行为。《泰族训》中又有这样的表述："周公诛管叔、蔡叔，以平国弭乱，可谓忠臣也，而未可谓弟也。汤放桀，武王诛纣，以为天下去残除贼，可谓惠君，而未可谓忠臣矣。"③ "惠君"一词又见于《诗经·大雅·桑柔》："维此惠君，民人所瞻。"郑玄解释为："维至德顺民之君为百姓所瞻仰者"④，也就是通常所说明君的意思。将这两处表述放在一起就比较好理解了：正因为汤、武在取得政权后又成了"惠君"，也就是对待民众能够施以仁政，即使"未可谓忠臣"，但也应当得到谅解。这种说法正处在"逆取顺守"的延长

---

① 贾谊：《新书》，见《二十二子》，上海古籍出版社1986年版，第763页。
② 刘文典：《淮南鸿烈集解》，中华书局1989年版，第449页。
③ 刘文典：《淮南鸿烈集解》，中华书局1989年版，第676页。
④ 阮元：《十三经注疏》，中华书局1980年版，第559页。

线上。

汉武帝时期的重要思想家董仲舒在《春秋繁露》中专门撰写过《尧舜不擅移，汤武不专杀》，这篇文章较为全面地探讨了与"汤武革命"相关的问题，又因为董仲舒在汉代官方思想体系建立过程中的权威地位，所以这篇文章中表述的理念带有明显的总结性质，一定程度上能够代表来自官方的意见。① 现将有关表述引用如下：

> 王者亦天之子也，天以天下予尧舜，尧舜受命于天而王天下，……故其德足以安乐民者，天予之；其恶足以贼害民者，天夺之。……故夏无道而殷伐之，殷无道而周伐之，周无道而秦伐之，秦无道而汉伐之。有道伐无道，此天理也，所从来久矣，宁能至汤武而然耶？夫非汤武之伐桀纣者，亦将非秦之伐周，汉之伐秦，非徒不知天理，又不明人礼。……君也者，掌令者也，令行而禁止也。今桀纣令天下而不行，禁天下而不止，安在其能臣天下也？果不能臣天下，何谓汤武弑？②

董仲舒敏锐地发现同时也直言不讳地指出："汤武革命"看起来虽然已经年代久远，但却直接关系到汉帝国政权合法与否这个重大问题，因为如果"非汤武之伐桀纣"，就必然推导出"汉之伐秦"同样为犯上作乱这样的结论。所以，董仲舒明确支持"汤武革命"。在进行具体阐释时，他一方面将最高统治者定位为"天之子"，将政权更替解释为"天予之""天夺之"，认为"汤武革命"实际上就是天命的转移；另一方面又承认即使君权神授，但实际的统治效果，也即统治者有道与否，才是决定一个政权能否存在的直接原因。最后，董仲舒又从统治术方面批驳了桀、纣：既然连对臣子做到令行禁止都无法实现，那么就怪不得臣子们推翻他们了。在支持"汤武革命"的各种理由中，这是比较罕见的，特别是这又出自儒家代表人物董仲舒，因为这既不是儒家传统的君臣大义，又不是汉代流行的君权神授论，

---

① 在儒家思想发展史上，《春秋繁露》被认为是满足了"一个拥有天然合理的终极依据、涵盖一切的理论框架、解释现象的知识系统以及切合当时并可供操作的政治策略在内的庞大体系"建设要求的产物，这又是儒家理论体系向实用化转变的重要标志。见葛兆光《中国思想史》（第一卷），复旦大学出版社2004年版，第258页。这部作品的问世对儒家理论在汉武帝时期跃升为带有强大统治力的官方思想具有重大推动作用。

② 苏舆：《春秋繁露义证》，中华书局1992年版，第219—221页。

而是明显的法家言论。①

　　董仲舒在解释"汤武革命"时,最大的发展就是明确将天命思想、君权神授论作为理论基础,以此作为出发点,进而认为人间政权的更迭实际是天地宇宙意志的体现,表面上的改朝换代,背后则是天命的转移。这就能够比较完满地回应认为汤、武为逆臣的观点:因为顺应了天命转移的要求,所以"汤武革命"不仅不是逆行,反而是"替天行道",是应当被提倡的。董仲舒的这种解释模式使得"汤武革命"一下子成为中国政治活动中的典型事件,其中负载了中国政治活动最常见的解释模式:君权神授,天命不可怀疑,但统治者如果倒行逆施却会带来天命的转换,也就到了应该改朝换代的时候了。

　　总体上来说,经过不同学派学者们的反复讨论,到了汉代中期,对"汤武革命"形成了三种阐释结果:一是认为这是弑君,是犯上作乱,应当反对,以韩非子的观点为代表;二是称赞这是仁义之师的胜利,以孟子的阐释为代表;三是不否认汤、武以暴力取得政权,但强调的则是"逆取顺守",更加看重"革命"后的实际效果,以荀子、陆贾的说法为代表。汉代以后持有第一种观点的人越来越少,后边两种说法成了主流。特别是在董仲舒加入了天命观的诠释方法之后,"逆取顺守"这种说法,在后代成为古代中国政治话语体系中一个重要的概念。

　　比如,根据《晋书·段灼传》中的记载,段灼在给晋武帝的长篇上书中比较系统地总结了前代兴衰治乱的经验,其中在谈到王莽失败原因时说道:"昔汤、武之兴,亦逆取而顺守之耳。"② 可以看出,以"逆取而顺守"来解释"汤武革命"已经成为社会上比较普遍的认识,要不然段灼也不会在此处不加解释地批评王莽在取得政权后没有"顺守"了。明代的古典小说《三国志通俗演义》中多次出现了相关言论,其中第十二卷庞统劝说刘备应当趁机进兵夺取蜀地时说:"且'兼弱攻昧',五伯之常;'逆取顺守',古人所贵。"③ 此处虽为小说家言,却可见"逆取顺守"作为改朝换代合法性的理由已在后代成为相当程度的共识。

---

　　① 这种看似矛盾之处其实又比较明确地表明董仲舒这段言论的官方色彩。汉承秦制,表面上推崇儒家,但实际统治时,却又多杂以法家理念。最典型的例子当属汉宣帝明确指出:"汉家自有制度,本以霸王道杂之,奈何纯任德教,用周政乎!"明确揭示出汉代自开国以来儒法兼用的事实。见班固《汉书》,中华书局1962年版,第277页。
　　② 房玄龄:《晋书》,中华书局1974年版,第1346页。
　　③ 罗贯中:《三国志通俗演义》,上海古籍出版社1980年版,第579页。

三、建构视角下的"汤武革命"预设前提考察

其实以上无论赞同或是反对"汤武革命"的观点，都有一个相同的预设前提，那就是都承认桀、纣为暴君，"汤武革命"实质上是以暴力推翻暴政的政治事件。桀、纣为暴君，是"汤武革命"合法性的前提，而且是不可动摇的前提。这个前提预设古人早已看透，比如《吕氏春秋·孝行览》中说："汤武虽贤，其王遇桀、纣也。遇桀、纣，天也。非汤、武之贤也。……若使汤、武不遇桀、纣，未必王也。"① 《战国策·秦策三》中说："汤、武虽贤，不当桀、纣，不王。"② 《淮南子·诠言训》中也说："汤、武之王也，遇桀、纣之暴也。"③ 这些说法的意思都差不多，都清醒地意识到"汤武革命"的预设前提就是"桀纣之暴"，如果桀和纣不是暴君，那么汤、武不仅做不成明君，还会一下子沦为乱臣贼子。

但这一双方都认可同意的前提，其实大有问题。早在春秋时期，孔子的得意门生子贡就对这一问题产生了深刻的怀疑，他说："纣之不善，不如是之甚也。是以君子恶居下流，天下之恶皆归焉。"④ 在子贡看来，千万别当失败者，因为如果"居下流"，那么很有可能就会落个"天下之恶皆归焉"的下场。后来的《吕氏春秋·孝行览》中说得更清楚："桀、纣不亡，虽不肖，辱未必至于此。……汤、武不王，虽贤，显未必至于此。"⑤ 即使在历史中桀、纣真的是暴君，汤、武真的是明君，他们这种暴虐与贤明也被后代无限放大了，而被放大强化的原因只在于"亡"或者"王"，即是否掌握权力。掌握权力的胜利者可以无限夸大其祖先的贤明事迹，而失败的一方则彻底失去了为自己辩护的话语权，这也就是葛洪所说的"见废之主，神器去矣，下流之罪，莫不归焉"⑥ 的道理。

顾颉刚先生早有《纣恶七十事发生的次第》一文，非常详尽地梳理出了从先秦直到晋代商纣形象的演变史，并认为之所以晋代之后关于商纣的恶行没有新的发展，"这或者因为纣的暴虐说到这等地步，已经充类至尽，

---

① 许维遹：《吕氏春秋集释》，中华书局 2009 年版，第 332 页。
② 何建章：《战国策注释》，中华书局 1990 年版，第 152 页。
③ 刘文典：《淮南鸿烈集解》，中华书局 1989 年版，第 473 页。
④ 阮元：《十三经注疏》，中华书局 1980 年版，第 2532 页。
⑤ 许维遹：《吕氏春秋集释》，中华书局 2009 年版，第 332 页。
⑥ 杨明照：《抱朴子外篇校笺》，中华书局 1991 年版，第 288 页。

再也不能加上去"①，也就是说，商纣到了晋代就已经承担了几乎所有能够想象出来的罪行。顾先生对这个问题的考证典型地体现了他力主的"层累地造成的古史"这一学术主张。与这一学术主张非常相近的是现代西方学界受福柯影响而产生的"知识考古学"这一学术思潮，"建构"就是"知识考古学"中很重要的术语，意谓当今被大多数人认为是天经地义的、已经成为常识性的东西或者概念，其实很多都是在漫长的历史发展中被不断搭建起来的，并不是天生如此、一成不变的，但大多数人却将这些概念看成是无须考订的常识，而完全忽略了其发展变化的整个过程。以这种建构的理论作为参考，会对"汤武革命"有一个更全面的认识。

根据顾先生的梳理，能够很明显地看出商纣的"恶"大部分都是被别人泼的脏水，那么他也就很有可能并非是个暴君。这种假设将从根本上动摇"汤武革命"的合法性：桀、纣既然不是暴君，那么作为臣下的汤、武，实际上就是犯上作乱，是篡夺政权。而从后来几次改朝换代的实际情况来看，无论是唐太宗亲自导演的"玄武门之变"，还是宋太祖上演的所谓"黄袍加身"以及后来发生的神秘的"斧声烛影"，或是明成祖朱棣声称的"靖难之役"，其实都是赤裸裸的政变，其中并没有丝毫道义可讲。只是这些事件发生的年代较近，我们不仅可以看到被取得政权的胜利者修改过的历史，还能通过其他材料看到这些所谓道义背后的肮脏和血腥。② 有了以上事件作为参照，就可以看出，子贡的怀疑其实很有可能并不仅仅是猜测，桀、纣的昏与暴出于被栽赃的可能性并不小。前有顾颉刚先生细致的梳理，所以本文并无意再重复考查桀、纣"成为"暴君的过程，只是想指出的是，从现存文献来看，这一过程虽然时间跨度很长，但决定性的步骤却只有两个，分别是《尚书》和《史记》中的相关记载。

现有文献中最早集中列数商纣罪恶的当属《尚书》中的据说是记载了周武王战前动员演说的《牧誓》，其中说道："今商王受，惟妇人言是用，昏弃厥肆祀，弗答；昏弃厥遗王父母弟，不迪，乃惟四方之多罪逋逃，是崇是长，是信是使，是以为大夫卿士，俾暴虐百姓，以奸宄于商邑。"③ 但这里所说的商纣的罪行并非罪大恶极，而且还都比较笼统。《尚书·泰誓》中则更进一步，罗列了更细致的罪责，这就要比《牧誓》中的指责细致且

---

① 顾颉刚：《纣恶七十事的发生次第》，见顾颉刚《古史辨》（第二册），上海古籍出版社1981年版，第92页。
② 实际上，在取得政权后，李世民等人对自己暴力夺取政权的事实，都努力掩饰过。比如李世民就对史官记载他谋杀同胞兄弟的做法很不满，进而"很暗示性地说了一个杀害兄弟而为天下的故事，要求史官修改"。见葛兆光《中国思想史》（第二卷），复旦大学出版社2004年版，第3页。
③ 阮元：《十三经注疏》，中华书局1980年版，第183页。

具体得多,特别是其中声称商纣"樊炙忠良""刳剔孕妇"① 的这些罪行,已经达到令人发指的地步。但《泰誓》早已被学者们定为后世的伪作,这些非常具体的记录很明显是后人附加上去的。

需要注意的是,《尚书》中这些对商纣的指责,与《牧誓》的文体性质有很大关系。《牧誓》实际上是战斗前的动员演说,类似于后代的檄文,这种文章当然要极力诋毁敌人,真实性就要大打折扣。比如唐代著名的《讨武曌檄》一文,且不说作者骆宾王在罗列武则天的诸多劣迹时有多少是出于虚构捏造,甚至在谈到其出身时,竟然也敢不顾清楚的事实,公然声称其"地实寒微"②,但实际上武则天其父武士彟为唐朝开国功臣,曾受封为英国公并出任过兵部尚书。武则天的出身丝毫不"寒微",而是真正的贵胄之女。③《牧誓》中的这些指责同样出自敌对一方,而且又是胜利者对失败者的指责,其真实性理应受到怀疑。

在西周、东周时期,虽然周天子日益失去了实际的政治权力,但作为天下共主提出的对改朝换代时期史实的权威记录,尽管遭到一些零星的异议,还是得到了广泛的认可。但孟子却敏锐地指出了其中的问题:"尽信《书》,则不如无《书》。吾于《武成》,取二三策而已矣。仁人无敌于天下,以至仁伐至不仁,而何其血之流杵也。"孟子察觉到了所谓的"仁义之师"与历史记载中血腥杀伐之间的深刻矛盾,这二者是无法共存的。④ 但这种偶尔出现的质疑,改变不了社会普遍认识的发展惯性,汤、武在周代已经成为仁义之君的代名词,在他们对立面的桀、纣则固定成了暴君的典型。

到了司马迁写作《史记》时,很多夏商、商周易代之际的史实大量采自《尚书》中的相关篇章,⑤ 特别典型的例子是在《周本纪》中周武王誓师的一段话:

---

① 阮元:《十三经注疏》,中华书局 1980 年版,第 180—182 页。
② 陈熙晋:《骆临海集笺注》,上海古籍出版社 1985 年版,第 330 页。
③ 对武则天的身世,《新唐书·则天皇后纪》中有明确记载:"父士彟,官至工部尚书、荆州都督,封应国公。"见欧阳修《新唐书》,中华书局 1975 年版,第 81 页。
④ 见赵岐注、孙奭疏《孟子注疏》,见阮元《十三经注疏》,中华书局 1980 年版,第 2773 页。这条记录有一问题,即我们现在看到的《武成》一篇通常被认为是"伪古文尚书",出于东晋梅赜的伪造,但从孟子的怀疑可以看出,孟子当时看到的《武成》篇即有类似"血流漂杵"的记载。今存《武成》既然为梅赜伪造,那么孟子这段话大概给了他很大启发,是其逆推出"原文"的重要线索。
⑤ 对于在写作过程中直接取材于《尚书》,司马迁在《史记》中多次谈到,比如《殷本纪》中说:"太史公曰:'余以《颂》次契之事,自成汤以来,采于《书》、《诗》。'"《三代世表》中说:"于是以《五帝系谍》、《尚书》集世纪黄帝以来讫共和为世表。"见司马迁《史记》,中华书局 1959 年版,第 109、488 页。

王曰:"古人有言:'牝鸡无晨。牝鸡之晨,惟家之索。'今殷王纣维妇人言是用,自弃其先祖肆祀不答,昏弃其家国,遗其王父母弟不用,乃维四方之多罪逋逃是崇是长,是信是使,俾暴虐于百姓,以奸宄于商国。①

如果说这段话基本就是对前引《牧誓》相关段落的翻译而对商纣的批判并无新意的话,那么在《殷本纪》中司马迁则详细列举了商纣的多种罪行,就都是《尚书》中所没有的了。商纣主要的罪行有:"好酒淫乐,嬖于妇人。爱妲己,妲己之言是从";"以酒为池,县肉为林,使男女裸相逐其间,为长夜之饮";"于是纣乃重刑辟,有炮烙之法";"九侯有好女,入之纣。九侯女不喜淫,纣怒,杀之,而醢九侯";"剖比干,观其心"等数条。②虽然无法得知司马迁是根据何种记载添加这些记录的,但是宠爱妲己、酒池肉林、举炮烙、虐杀比干这几条前代所没有的、非常具体的罪行经过《史记》的书写和确认,就变成了板上钉钉的史实,在后代与商纣这个昏庸暴虐的亡国之君形象紧紧联系在一起了。

无论是《尚书》还是《史记》,在整个中国传统文化中都具有崇高的权威地位,经过这样的强化书写,后代为商纣做翻案文章的越来越少且应者寥寥。东汉的应劭对这个问题还有清醒的认识并能提出批评:"世之毁誉,莫能得实。审形者少,随声者多,或至以无为有。故曰:'尧、舜不胜其善,桀、纣不胜其恶。'桀、纣非杀父与君也,而世有杀君父者,人皆言无道如桀、纣,此不胜其恶。"③应劭指出的"随声者多"是一种很普遍的现象,而这种认知方式不断累加的结果,就是人们不再对桀、纣的行为细加考察而习惯性地出现"人皆言无道如桀、纣"的现象:凡是说到暴君,就会想起桀、纣。在社会整体认知强大惯性的压力之下,桀、纣与暴君开始画上等号,甚至成为暴君的代名词,后世凡涉及暴君,必牵扯上桀、纣,已成习调。所以,近代的章学诚才会说:"夫是尧、舜而非桀、纣,人皆能言矣。"④桀、纣已经成为不再需要仔细考量的"天然"暴君了。

葛兆光先生在对西方学者韦伯关于一个政权合法性建构途径进行解读时提出:"每一个古代中国王朝,都经由天地宇宙神鬼的确认、历史传统与

---

① 司马迁:《史记》,中华书局1959年版,第122页。
② 司马迁:《史记》,中华书局1959年版,第105—108页。
③ 王利器:《风俗通义校注》,中华书局1981年版,第99页。
④ 叶瑛:《文史通义校注》,中华书局1985年版,第220页。

真理系统的拥有和军事政治的有效控制与管理，它才能获得合法性。"① "汤武革命"的意义之所以在古代中国获得广泛关注，并成为衡量以暴力方式取得权力的政权合法性的标准，其实正因为满足了上述这种合法性确认的衡量体系。首先，从董仲舒开始，学者们探讨"汤武革命"时总会涉及天命归属这种属于"天地宇宙神鬼确认"的问题；其次，"汤武革命"属于发生过的历史，而且是需要被恰当定性的历史，因为这将直接影响到后代相似事件的性质确定，而通过这种性质确定，历史事件在后代又变成了真理的衡量标准；最后，对"汤武革命"评价的核心内容集中在实现改朝换代的暴力方式，以及"革命"成功后的统治方式、效果等方面，这又属于军事政治方面的实践。正因为具备了这些特点，"汤武革命"才成为中国古代关于政权合法性探讨中的典型事件并因此负载了丰富的政治学意义和思想史内涵。

---

① 葛兆光：《中国思想史》（第二卷），复旦大学出版社 2007 年版，第 176—177 页。

结　　论

　　本研究在研究方法上，一方面力图吸收西方叙事学中的有力理论武器，将中国早期史书固有的叙事特点与西方擅长结构分析的叙事学理论相结合；另一方面又力图坚守中国固有叙事传统的阵地，不过多使用西方的理论分析方法。以这样一种研究方法作为总的指导思想，就造成了这样一种结果：本研究使用了"中国早期史书叙事研究"这样一个明显倾向于西方叙事学理论的研究题目，但在实际研究过程中以及得出的结论中，除了第五章借鉴了较多西方理论以外，基本能够做到立足于中国自身的叙事传统，不仅使用中国自身的传统材料，而且试图建立起属于中国自身叙事传统的分析方法以及话语体系。在以上这种总体的研究思路指导下，本研究对中国早期史书的若干特点做出以历时性为主的分析，得出以下若干主要观点。

　　中国古代纪时体系的发展与中国文化对于整体的强调密切相关，但是，纪时系统的成熟并没有在史书叙事中得到同步展现，在《尚书》及《逸周书》中就出现了较为明显的断裂，这两部书在叙事过程中都忽视了时间因素。《春秋》不仅是我国第一部编年体史书，同时也是一部高度重视时间特性的史书，全书搭建了近乎完整无缺的时间叙事框架，使用极简的叙事话语，将所有的事件嵌入时间框架之中。这种严整的叙事框架又与《春秋》重视道德训诫的叙事目的紧密相关。而编年体史书在《春秋》之后不仅演化成为一种更加成熟、更加注重使用多种方式进行叙事的史书体例，而且在国别体、人物传记体史书中都存在着依时叙事的因素，编年体史书可以说是所有史书在叙事方面的基础。

　　因为更加具体、形象的原因，中国古代空间观念的产生要早于时间观念，但作为一种叙事因素进入史书的文本表达系统则要晚得多。早期的《山海经》虽然较为明显地"分地记事"，但这本"上古巫书"中的地理观念却充满了想象成分，无法当作信史看待。但是，《山海经》采用的图画与文字相配合的叙事方式却正是早期空间因素与文字相结合的典型表现。《国语》和《战国策》一般被认为是中国国别体史书出现的标志，但这两部书的叙事存在明显的零散、重复、片段化的缺陷，缺乏基本的历史因素，笔者更倾向于将国别体史书的真正出现定位于《史记》中记载诸侯国历史的若干篇世家。但是仔细分析以上国别体史书，这种"分国记事"的叙事方式并不足以真正支撑起一种完成的史书体例，原因即在于地理因素无法像时间因素那样完成历史意义的诠释。虽然存在着一些问题，但是将历史人物和历史事件分国编排而带来的集中效果，却孕育着后代人物传记体史书以及纪事本末体史书的基因。

《史记》的出现标志着在中国绵延了 2000 多年传统的纪传体史书的成熟，但从体例角度分析，纪传体史书其实是一种包含有多种体例因素、各种体例有机配合的综合性史书，在所有的体例中，人物传记体是纪传体的核心。以人物作为叙事核心因素的史书体例产生时间最晚，与当时对于人的重视这种大的社会背景息息相关，又与史书叙事内部发展过程中对于新体例的需求相联系。以人物为叙事中心固然可以克服以时间和空间为中心的一些问题，但也带来了另外诸如历史感不强、无法反映宏大的历史图景等问题。

中国自古至今就是一个道德至上的社会，这种文化特点也充分反映在史书叙事当中，在中国"前史书"以及早期史书的发展过程中，可以非常清晰地分析出道德一步步占据意义阐释制高点的过程。钟鼎铭文中就表现出对于道德的重视，《尚书》《逸周书》等资料汇编类作品中已经开始反复强调道德的重要性，到了《春秋》，道德开始演变为评判事件、臧否人物的核心标准，《国语》和《左传》则进一步将道德训诫融入叙事之中，成为整部史书无法分割的有机组成部分。《史记》的情况则要复杂得多，司马迁一方面对于道德史观提出了深刻的质疑，但另一方面却又以某种特殊的叙事实践强化了道德史观。

西方叙事学中的叙事者及隐含读者理论，特别适合分析中国早期史书这些缺乏确切作者的作品，以这种理论视角研究早期史书，会得出一些较为新颖的结论。甲骨文的叙事者尽管以一种极为虔诚的姿态匍匐在神灵面前，但实际上却在那些不断反复的叨念中显现出最早觉醒的倾向；而金文的叙事者则在更多以实际事件作为叙述对象时引入了更多夸耀虚构的成分，金文更加注重外在审美表现的特点也加重了这种虚构；从叙事者及隐含读者的角度分析《春秋》，可以发现这部著作在编写之初，很可能仅限于流传在专业历史工作者群体内部；到了《左传》，更加倾向于以一种复杂但又希望更多普通读者能够理解的方式进行叙事；《史记》的叙事者则呈现出较为复杂的情况，至少存在史官、士人、"司马迁"等三个叙事者，这也与整部《史记》充溢着浓厚的文学色彩紧密相连。

中国早期史书叙事在某些特定的表达方式上逐渐形成了模式化较强的叙事方式。"汤武革命"作为历史事件来讲，指的是两场依靠暴力而完成的改朝换代活动，但从春秋时代开始，关于"汤武革命"意义的界定就成为思想界争论的一个热点问题。汉朝建立以后，非和平获取政权的刘汉政权对于此概念同样非常敏感，"汤武革命"就成为中国政权更替过后被反复提及的一种"历史照进现实"的典型概念。"大团圆"结局模式在中国通俗小说中反复出现，实际上这种叙事模式除了受到后来佛教思想的影响以外，自有中国早期文化自身的伦理基础，在早期史传类作品《列女传》中也有较为明显的表现。"帮助人"叙事模式以及"丑女兴邦"这两种在后代存在较多回响的叙事模式同样形成较早，也同样深植于当时的文化背景之中。

　　本研究主要将目标放在叙事体例、叙事意义、叙事者与隐含读者以及若干叙事模式的梳理这些方面，但实际上中国早期史书的相关叙事问题并不止于这些，还包括叙事视角、叙事方式、叙事层次等。但是，因为研究这些问题需要过多使用西方叙事学的理论和分析方法，与本土史书作品结合度不高，所以在本研究的进行过程中只能被暂时搁置，将来如果能有更好地使用本土材料的切入点的话，这些问题都值得进一步研究。另外，中国早期史书在发展过程中形成了较多的叙事模式，本研究只选取了其中较有代表性的几个进行研究，这一方面内容还有较大开拓余地。

者更倾向于将国别体史书的真正出现定位于《史记》中记载诸侯国历史的若干篇世家。但是仔细分析以上国别体史书，这种"分国记事"的叙事方式并不足以真正支撑起一种完成的史书体例，原因即在于地理因素无法像时间因素那样完成历史意义的诠释。虽然存在着一些问题，但是将历史人物和历史事件分国编排而带来的集中效果，却孕育着后代人物传记体史书以及纪事本末体史书的基因。

《史记》的出现标志着在中国绵延了2000多年传统的纪传体史书的成熟，但从体例角度分析，纪传体史书其实是一种包含有多种体例因素、各种体例有机配合的综合性史书，在所有的体例中，人物传记体是纪传体的核心。以人物作为叙事核心因素的史书体例产生时间最晚，与当时对于人的重视这种大的社会背景息息相关，又与史书叙事内部发展过程中对于新体例的需求相联系。以人物为叙事中心固然可以克服以时间和空间为中心的一些问题，但也带来了另外诸如历史感不强、无法反映宏大的历史图景等问题。

中国自古至今就是一个道德至上的社会，这种文化特点也充分反映在史书叙事当中，在中国"前史书"以及早期史书的发展过程中，可以非常清晰地分析出道德一步步占据意义阐释制高点的过程。钟鼎铭文中就表现出对于道德的重视，《尚书》《逸周书》等资料汇编类作品中已经开始反复强调道德的重要性，到了《春秋》，道德开始演变为评判事件、臧否人物的核心标准，《国语》和《左传》则进一步将道德训诫融入叙事之中，成为整部史书无法分割的有机组成部分。《史记》的情况则要复杂得多，司马迁一方面对于道德史观提出了深刻的质疑，但另一方面却又以某种特殊的叙事实践强化了道德史观。

西方叙事学中的叙事者及隐含读者理论，特别适合分析中国早期史书这些缺乏确切作者的作品，以这种理论视角研究早期史书，会得出一些较为新颖的结论。甲骨文的叙事者尽管以一种极为虔诚的姿态匍匐在神灵面前，但实际上却在那些不断反复的叨念中显现出最早觉醒的倾向；而金文的叙事者则在更多以实际事件作为叙述对象时引入了更多夸耀虚构的成分，金文更加注重外在审美表现的特点也加重了这种虚构；从叙事者及隐含读者的角度分析《春秋》，可以发现这部著作在编写之初，很可能仅限于流传在专业历史工作者群体内部；到了《左传》，更加倾向于以一种复杂但又希望更多普通读者能够理解的方式进行叙事；《史记》的叙事者则呈现出较为复杂的情况，至少存在史官、士人、"司马迁"等三个叙事者，这也与整部《史记》充溢着浓厚的文学色彩紧密相连。

中国早期史书叙事在某些特定的表达方式上逐渐形成了模式化较强的叙事方式。"汤武革命"作为历史事件来讲，指的是两场依靠暴力而完成的改朝换代活动，但从春秋时代开始，关于"汤武革命"意义的界定就成为思想界争论的一个热点问题。汉朝建立以后，非和平获取政权的刘汉政权对于此概念同样非常敏感，"汤武革命"就成为中国政权更替过后被反复提及的一种"历史照进现实"的典型概念。"大团圆"结局模式在中国通俗小说中反复出现，实际上这种叙事模式除了受到后来佛教思想的影响以外，自有中国早期文化自身的伦理基础，在早期史传类作品《列女传》中也有较为明显的表现。"帮助人"叙事模式以及"丑女兴邦"这两种在后代存在较多回响的叙事模式同样形成较早，也同样深植于当时的文化背景之中。

　　本研究主要将目标放在叙事体例、叙事意义、叙事者与隐含读者以及若干叙事模式的梳理这些方面，但实际上中国早期史书的相关叙事问题并不止于这些，还包括叙事视角、叙事方式、叙事层次等。但是，因为研究这些问题需要过多使用西方叙事学的理论和分析方法，与本土史书作品结合度不高，所以在本研究的进行过程中只能被暂时搁置，将来如果能有更好地使用本土材料的切入点的话，这些问题都值得进一步研究。另外，中国早期史书在发展过程中形成了较多的叙事模式，本研究只选取了其中较有代表性的几个进行研究，这一方面内容还有较大开拓余地。

参考文献

一、古代著作

（一）经部

[1] 阮元. 十三经注疏 [M]. 北京：中华书局，1980.
[2] 朱熹. 四书章句集注 [M]. 北京：中华书局，1983.
[3] 屈守元. 韩诗外传笺疏 [M]. 成都：巴蜀书社，1996.

（二）史部

[4] 刘向. 战国策 [M]. 上海：上海古籍出版社，1978.
[5] 徐元诰. 国语集解 [M]. 北京：中华书局，2002.
[6] 司马迁. 史记 [M]. 北京：中华书局，1959.
[7] 梁玉绳. 史记志疑 [M]. 北京：中华书局，1981.
[8] 班固. 汉书 [M]. 北京：中华书局，1962.
[9] 范晔. 后汉书 [M]. 北京：中华书局，1965.
[10] 刘知几. 史通通释 [M]. 浦起龙，释. 上海：上海古籍出版社，1978.
[11] 马骕. 左传事纬 [M]. 济南：齐鲁书社，1992.
[12] 吴则虞. 晏子春秋集释 [M]. 北京：中华书局，1962.
[13] 张涛. 列女传译注 [M]. 济南：山东大学出版社，1990.

（三）子部

[14] 郭庆藩. 庄子集释 [M]. 北京：中华书局，2004.
[15] 洪兴祖. 楚辞补注 [M]. 北京：中华书局，1983.
[16] 刘文典. 淮南鸿烈集解 [M]. 北京：中华书局，1987.
[17] 王先谦. 荀子集解 [M]. 北京：中华书局，1988.
[18] 王先慎. 韩非子集解 [M]. 北京：中华书局，1998.

[19] 陈奇遒. 吕氏春秋校释 [M]. 上海：学林出版社，1984.
[20] 赵仲邑. 新序详注 [M]. 北京：中华书局，1997.
[21] 向宗鲁. 说苑校注 [M]. 北京：中华书局，1987.

（四）集部

[22] 严可均. 全上古三代秦汉三国六朝文 [M]. 北京：中华书局，1987.
[23] 范文澜. 文心雕龙注 [M]. 北京：人民文学出版社，1958.
[24] 陆德明. 经典释文 [M]. 上海：上海古籍出版社，1985.

二、近人著作

（一）外国学者

[1] ［美］本杰明·史华兹. 古代中国的思想世界 [M]. 程钢，译. 南京：江苏人民出版社，2004.
[2] ［美］浦安迪. 中国叙事学 [M]. 陈珏，整理. 北京：北京大学出版社，1996.
[3] ［美］布斯 W C. 小说修辞学 [M]. 华明，等，译. 北京：北京大学出版社，1987.
[4] ［美］王靖宇. 中国早期叙事文研究 [M]. 上海：上海古籍出版社，2003.
[5] ［意］艾柯. 诠释与过度诠释 [M]. 王宇根，译. 北京：生活·读书·新知三联书店，1997.

（二）国内学者

[6] 皮锡瑞. 经学历史 [M]. 周予同，注释. 北京：中华书局，1959.
[7] 杨公骥. 中国文学：第一分册 [M]. 长春：吉林人民出版社，1980.
[8] 顾颉刚. 古史辨 [M]. 上海：上海古籍出版社，1982.
[9] 周予同. 周予同经学史论著选集 [M]. 上海：上海人民出版社，1983.
[10] 余嘉锡. 古书通例 [M]. 上海：上海古籍出版社，1985.
[11] 钱钟书. 管锥编 [M]. 北京：中华书局，1986.
[12] 翦伯赞. 先秦史 [M]. 北京：北京大学出版社，1990.
[13] 李炳海. 道家与道家文学 [M]. 长春：东北师范大学出版社，1992.
[14] 孙绿怡. 《左传》与中国古典小说 [M]. 北京：北京大学出版

社，1992.

[15] 李炳海. 周代文艺思想概观 [M]. 长春：东北师范大学出版社，1993.

[16] 赵毅衡. 苦恼的叙述者 [M]. 北京：北京十月文艺出版社，1994.

[17] 李炳海. 部族文化与中国古代文学 [M]. 北京：高等教育出版社，1995.

[18] 朱东润. 史记考索 [M]. 上海：华东师范大学出版社，1996.

[19] 李学勤. 走出疑古时代 [M]. 沈阳：辽宁大学出版社，1997.

[20] 杨义. 中国叙事学 [M]. 北京：人民出版社，1997.

[21] 孔繁. 荀子评传 [M]. 南京：南京大学出版社，1997.

[22] 南帆. 文学的维度 [M]. 上海：上海三联书店，1998.

[23] 傅修延. 先秦叙事研究 [M]. 北京：东方出版社，1999.

[24] 钱穆. 两汉经学今古文平议 [M]. 北京：商务印书馆，2001.

[25] 钱穆. 先秦诸子系年 [M]. 北京：商务印书馆，2001.

[26] 徐复观. 两汉思想史 [M]. 上海：华东师范大学出版社，2001.

[27] 李学勤. 简帛佚籍与学术史 [M]. 南昌：江西教育出版社，2001.

[28] 洪湛侯. 诗经学史 [M]. 北京：中华书局，2002.

[29] 李泽厚. 中国古代思想史论 [M]. 天津：天津社会科学院出版社，2003.

[30] 陈平原. 中国小说叙事模式的转变 [M]. 北京：北京大学出版社，2003.

[31] 李零. 简帛古书与学术源流 [M]. 北京：生活·读书·新知三联书店，2004.

[32] 杨树增. 中国历史文学 [M]. 呼和浩特：远方出版社，2004.

[33] 韩兆琦. 史记笺证 [M]. 南昌：江西人民出版社，2004.

[34] 李纪祥. 时间·历史·叙事 [M]. 兰州：兰州大学出版社，2004.

[35] 傅修延. 文本学 [M]. 北京：北京大学出版社，2004.

[36] 周建漳. 历史及其理解和解释 [M]. 北京：社会科学文献出版社，2005.

[37] 徐兴无. 刘向评传 [M]. 南京：南京大学出版社，2005.

[38] 刘立志. 汉代《诗经》学史论 [M]. 北京：中华书局，2007.

[39] 李炳海.《诗经》解读 [M]. 北京：中国人民大学出版社，2008.

[40] 李山. 先秦文化史讲义 [M]. 北京：中华书局，2008.

后　　记

　　这本书的来源非常简单，我在2013年申请到了国家社科基金的青年项目："中国早期史书叙事模式的形成及流变"，本书即为最重要的结项成果。这个选题在我读博期间就开始酝酿，确实是自己的研究兴趣所在，现在能够得以出版，当然欣喜。

　　好几年过去了，但是我仍然记得当时作为一名青年教师获得立项后的喜悦。记得立项后不久，有位老师就和我说过，"立项容易结项难，继续努力吧"，很快我就体会到了这种困难。随着研究的进行和深入，我不断推翻已有的想法，立项申请书的研究计划被一再修改直到几乎面目全非；作为青年教师，承担着大量的教学任务，我在那段时间几乎每个学期都有新课要开，回头一算，当时一共上过12门不同的本科课程；期间儿子的降生不仅带来了欢乐，同时还带来了各种繁杂的事务。

　　相信几乎所有大学里的青年教师都曾经面临过以上这种情况，每个方面的事情都需要大量精力，可偏偏这几件事又都赶在一起。现在面对已经成型的书稿，回想当时手忙脚乱的局面，当然会有一种超越后的骄傲，但更多的是成长后的从容。随着年龄的增长，要做的事情可能会越来越多，承担的责任也会越来越大，不躁不怨，尽量从容应对，做学问如此，做事做人同样如此。

　　面对成型的书稿，有很多要感谢的人。首先自然要感谢我的老师，中国人民大学的李炳海先生，这本书是博士毕业后的产物，但是从选题立项，到其中很多重要段落的定稿，先生都给予了细致的指导。其次要感谢我的爱人，她无私地承担了绝大多数家庭繁杂事务，使得我能够集中本来就有限的时间来完成这项工作，如果说这本书是一种成果的话，那么理所应当属于我们两个人。最后要感谢我的父母，长大以后，小时候的一些生活片段总是在不经意间跳出来，特别是在自己有了孩子之后，无论当时的自己是何种心情，现在头脑中出现的这些片段却都是温馨的。可能这就是生活该有的样子：有过努力的经历，一切辛苦、劳累、抱怨，到最后都会被过滤成幸福。